Strategic Mind
전략 마인드 2

경영관리자의 성공을 위한

# 뉴스와트전략 2.0
## 실천기법

### New SWOT Strategy 2.0
### Strategic Issues Solution Program

Dong J. Park

박 동 준

소프트전략경영연구원

# 뉴스와트 전략 2.0 실천기법 - 경영관리자의 성공을 위한

박동준 지음

발행처 / 소프트전략경영연구원
발행인 / 박동준
초판발행일 / 2008년 7월 16일
등록일 / 1993년 2월 10일
등록번호 / 제22-146호
www.ansoffkorea.com
주소 / 경기도 성남시 분당구 정자동 7번지 두산위브파빌리온 B-614
전화 / (02)3436-3030
팩스 / (02)3435-5656
New SWOT Strategy 2.0 - Strategic Issues Solution Program
Dong J. Park
© 2008, 2005, 2004 박동준  Printed In Korea

도서판매공급처: 도서출판 반디불이
도서주문 전화 (02)704-3331 팩스 (02)704-3360

ISBN 978-89-7736-121-8

값 25,000원

# 뉴스와트전략 2.0
# 실천기법

## New SWOT Strategy 2.0
## Strategic Issues Solution Program

Dong J. Park

박 동 준

소프트전략경영연구원

# 머리말

## 이 책에서 상정하고 있는 경영관리자의 대상 및 범위

이 책은 일반 기업 및 정부조직의 경영간부와 관리자, 중견간부의 경영성과향상을 위하여 저술된 책입니다. 조직 내에서 경영관리자라는 용어는 크게 보면 경영진과 관리자 그룹을 모두 망라하여 생각하기도 하고, 때로는 부서장을 중심으로 이해하기도 합니다. 최근에는 조직의 슬림화가 진행되면서, 관리자와 실무자간의 직무구분도 모호해지는 경향을 보이고 있습니다.

따라서 이 책에서는 경영관리자의 대상범위를 단위조직의 운영활동을 지휘하고 성과책임을 관장하는 관리자 그룹을 중심으로 하고, 조직의 규모에 따라 경영진에서 사업의 운영책임을 직접 관장하는 경우에는 경영진도 포함하여 경영관리자라고 하였습니다.

### ■ 경영관리자의 업무추진에 필요한 실천적 전략대응 역량을 높여라

정부 관련조직이나 일반 영리기업 조직의 관리자라는 직책은 조직행동의 핵심으로서 기업의 향방과 그 진행속도, 기업행동의 책무를 계획하며, 경영행동의 적부를 점검·보정·실행할 뿐만 아니라 최고경영자의 경영사고와 경영행동을 보좌하는 중책의 자리입니다. 여러분의 성과가 조직과 나아가 국가의 성과를 좌우합니다.

경영관리자라는 직분은 기업의 실정이나 특성에 따라 차이가 있지만, 현재와 미래의 기업행동을 관장하는 기업사고(企業思考)의 중심체를 이끄는 직분이라는 점을 명확히 인식하여야 할 것입니다. 또한 경영관리자는 기업행동의 당위성에 대한 적부를 판별하고, 보다 개선된 기업의 성과를 관리하기 위한 기업행동의 계획, 실행, 통제, 교정행동을 주관하며, 기업이 당면하고 있는 환경에 대응하기 위한 전략대안의 모색과 전략전개, 그 전략의 관리와 피드백을 실천합니다.

따라서 경영관리자의 책무방임은 기업조직의 판단과 의사결정을 비롯한 기업사고(企業思考) 및 기업행동의 관리활동을 방치할 수 있을 뿐만 아니라 중대한 기업의 시행착오를 반복하면서 기업과 사회에 그릇된 기업행동결과를 유발하게 됩니다.

그러나 유감스럽게도 경영관리자들의 전략적 역량을 어떻게 높여야 할 것인가에 대하여, 기업의 경영진이나 교육부문에서는 아직 그 실천적 방법을 찾지 못하고 있습니다.

대기업의 교육부문의 경우, 중견간부를 비롯한 경영관리자들에 대한 전략적 능력향상에 관련된 이론적 지식이나 단편적 전략기법을 중심으로 프로그램을 편성하여 교육하고 있지만, 그와 같은 기법이나 지식만으로는 최근 경영관리자들이 현실적으로 당면하고 있는 경영관리상의 과제들과 전략적 과제들을 제대로 해결하는데 한계를 보이고 있습니다.

특히 경영관리자들이 당면하고 있는 수많은 과제들에 대한 대응방안을 모색함에 있어서, 전략적 사고와 대응에 대한 해결논리와 방법이 체계화되지 못하여 경영관리자의 업무행동과 전략의 전개행동에서의 성과가 제대로 관리되지 못하고 있습니다.

## ■ 흔들리는 경영관리자와 역량강화방법의 한계

최근 기업조직이나 정부조직의 환경대응행동에서의 주요특징 중의 하나는 경영관리자와 조직구성원들의 성과에 대하여 대대적으로 주목하기 시작하였다는 점입니다. 이에 대한 현상으로 가장 특징적으로 주목할 수 있는 것이 매년 실시되는 성과평가와 연봉

계약과 관련된 기업 및 정부조직의 고용현상입니다.

조직부문별 사업성과나 개인별 업무성과에 대한 평가가 다양한 방법과 형태로 제시되고 강화되고 있는 현상은 21세기의 환경하에서 조직의 생존이 그만큼 어려워지고 있는 실태를 반영하는 것입니다. 이러한 현상은 조직의 경영관리 행태와 문화에도 대대적인 변화를 유발하고 있습니다.

유교적 덕목과 서열중심의 조직문화의 기틀이 와해되고 조직기능은 과거의 사람중심에서 과업중심으로 급속히 이행하고 있습니다. 이와 같은 현상이 진행됨에 따라 기업조직행동에서 실질적으로 중심적 역할을 담당하고 있는 경영관리자들은 조직내 위상과 역할에서의 본질적 변화를 경험하고 있습니다.

이와 같은 변화의 조류 속에서 안타까운 것은 경영관리자의 업적이나 성과의 평가와 책무의 정비와 같은 관리의 기준은 엄격하게 변화하면서도 경영관리자의 업적이나 성과를 향상시키기 위한 실질적인 방법의 제공이나 개선된 절차의 제공과 같은 일은 등한시되고 있다는 점입니다.

그렇다고 역량과 성과 그리고 연봉이 연동되어 있는 실정에서 경영간부나 관리자가 산더미처럼 쌓여있는 현안과제들을 뒤로 하고, 교육부서나 관리부문에게 스스로 '나 교육좀 시켜주게'라고 쉽게 이야기할 수 있는 처지도 못됩니다. 경영관리자가 몸담고 있는 환경과 그에 대응하고 있는 관리체계는 지속적으로 변화하고 있는데, 경영관리자가 실천해야 하는 관리기법이 진화되지 못할 때, 부차적으로 경험하게 되는 현상은 경영관리자의 직무수명이 단축되는 현상입니다.

### ■ 이건 아니잖아?

5년 정도 미국에서 전략경영과 관련된 이론적 기법과 실무적 절차를 개발하다가 귀국했을 때, TV방송의 코미디 프로그램을 보니 한편으로는 한심하기도 하고 한편으로는 이해되지 못하는 것들이 많아서, 사회적 세태의 변화속도에 무척 놀랐던 적이 있습니다. 대체로 제품이나 첨단기술의 변화, 최신의 복합적 최신 이론의 변화와 같은 것을 접할 때에는 그것이 창조되고 만들어지는 대상이기 때문에 쉽게 변할 수 있다고도 생각됩니다만, 세태는 사람들이 공통적으로 생각하고 느끼고 행동하는 것을 반영하기 때문에 쉽게 변하지는 않는다고 생각했었는데, 참으로 큰 폭으로 변화가 이루어지고 있음을 실감할 수 있었습니다.

코미디 프로그램 중에 어떤 젊은이들이 나와서 '이건 아니잖아'를 큰 소리로 반복적으로 외쳐 되는 프로그램이 있었습니다. 무슨 이야기를 하고 있는지 귀에 잘 들어오지는 않는데, 불편한 기색을 하면서 '이건 아니잖아'를 반복적으로 외쳐 대는 모습을 보면서, 무엇인가 불편한 것에 대하여, 자신의 주장을 펼치고 싶은 젊은이들의 의식을 반영하고 있다는 생각이 강하게 들었습니다.

## 경영관리자의 업무방법과 절차를 전략적으로 혁신해야 한다

우리의 조직내 경영관리자들도 지금처럼 특별히 개선된 경영관리 기법이나 절차를 마련하여 실행하지 못하고 과거의 경영관리의 방법과 절차에 따르면서, 새로운 환경에 적응하기 위한 경영관리의 체제에서 일을 수행하고 있다면, 그 역시 '이건 아니다'라는 생각이 강하게 드는 것은 비단 필자만의 생각은 아닐 것입니다.

이제부터는 우리의 경영관리자들도 생각하는 방법과 행동의 절차를 향상하여 자신의 경영관리능력을 제대로 발휘하고 더욱 성공하는 경영관리자들로 변모해야 합니다.

우리가 당면하고 있는 환경과 기업, 시장, 그리고 정부의 상황이 이렇게나 변화하고 있는데, 경영관리의 일상을 무모한 대응으로 일관할 수는 없기 때문입니다.

## ■ 이제부터는 전략적으로 변신해야 한다

그렇다면 이제부터는 우리의 경영관리자들도 전략적으로 변신할 필요가 있습니다.

### 사업과 기업조직의 진화를 도모하는 전략적 경영관리자로 변모한다

즉, 우리의 경영관리자들이 관장하는 사업이나 경영관리활동에서도 스스로 당면하고 있는 환경을 분석하고 전략을 수립하여, 현재 추진 중인 사업의 성과를 향상시킬 뿐만 아니라, 사업과 기업 및 조직의 진화를 도모할 수 있는 경영관리자로 변모하는 것입니다.

따라서 그동안 기획부문에서 주관하던 전략기획과 같은 능력도, 이제는 경영관리자에게는 필수적인 판단능력의 범주로 편입시키고, 수시로 자신이 주관하고 있는 사업이나 활동들에 대하여 전략적으로 판단하고 대응할 수 있는 능력을 확장해야 합니다.

실제로 많은 기업조직에서 경영관리자들의 관리업무에 기획기능을 대폭 강화하고 있습니다.

이러한 현상은 조직구조의 변화와 함께 산업 및 공공부문에서까지도 팀제의 진전이 확대됨에 따라, 기획부문의 주요 기능들이 일반 경영관리진들의 직무로 급속히 편입되어 가고 있습니다. 그동안은 기획기능을 전문적 영역으로 구분하였지만, 앞으로는 각 조직부문에서 업무관리의 기본적 역할로 변모하여 기본적 업무수행을 위한 판단기능으로 수렴될 것입니다.

따라서 경영관리자들이 이제부터 강화하고, 조직을 지휘해야 할 직무역량 중에, 전략적 대응역량을 개선하여야 한다는 요구에 부응하기 위하여, 경영관리자가 사업과 조직을 관리하면서 전략적 환경대응을 어떻게 해야 할 것인가에 초점을 맞추어 논의를 전개하겠습니다.

## 경영관리자의 성공을 위한 혁신적 경영기법을 학습한다

우선 경영관리자의 성공을 높이기 위하여 기존의 경영관리의 사고원칙과 관리행동의 관점을 재정비할 필요가 있습니다. 특히, 사고원칙과 관리행동의 관점을 새롭게 함에 있어서는 경영관리자의 입장에서 판단하고 추진할 수 있는 실천적인 관점이 중요합니다.

따라서 이 책에서는 현재 조직 내에서 일반적으로 인식되고 있는 사고 및 행동원칙과 관점을 살펴보고, 보다 진보된 경영관리의 기법적 용을 위한 관점과 착안점을 학습합니다. 이와 더불어, 기존의 업무수행이나 새로운 사업의 전개에 있어서 전략적으로 파악하고 대응하기 위하여 경영관리자와 조직구성원들의 전략역량을 향상하기 위하여 경영관리자가 스스로 파악하고 실천해야 할 점들을 중심으로 살펴봅니다.

### ■ 경영관리자의 업무능력 향상의 기본교재로 활용한다

이 책은 경영관리자의 성실한 책무수행과 개인적 발전이 기업조직발전의 원천적 역할을 수행한다는 필자의 확고한 신념 하에 작성되었습니다.

경영관리자의 행동이 최종적인 기업행동과 사회적 결과에 영향을 미치는 것은 소기업의 조직이건 대기업의 조직이건 마찬가지이며, 그것은 정부조직의 경우에도 예외가 될 수 없습니다. 그러한 연유에서 기업의 규모나 업종, 영리와 비영리 기관을 막론하여 경영관리자와 기획부서의 책임자, 그리고 사업 책임자를 보필하는 분들에게 이 책은 유용한 관점을 제시하고 있습니다.

이 책에서는 성공적인 전략경영의 논리와 실천기법에 입각하여, 경영관리자들이 당면하고 있는 주요한 현안과제들과 전략적 과제들을 어떻게 인식하고, 대응할 것인가에 대하여 경영관리자들이 실제로 자신의 업무에 활용할 수 있는 실천적인 대응기법을 살펴봅니다.

## 경영관리자의 전략사고능력과 전략대응능력을 강화한다

이 책은 경영관리의 여러 직무 중에, 특히 전략측면에서의 관리적 사고에 관하여 경영관리자로서 「생각하는 힘」을 키우고 「전략적으로 대응을 실천하는 기법」을 강화하고 경영관리자와 조직의 성공을 실현하는데 실질적인 도움을 주기 위하여 작성된 책입니다.

즉, 경영관리자의 성공적 업무전개를 위하여 필요한 신기법들과 전략적 사고 및 전략적 대응성과를 개선하는데 실천적으로 활용할 수 있는 내용을 중심으로 살펴보고 있습니다.

이 책은 경영관리자의 업무능력향상을 위한 기본교재로 활용됩니다.

여기에서 소개하고 있는 대부분의 기법들은 필자의 현장지도 경험과 연구동료들과의 지속적인 이론 연구 및 현장적용연구 노력을 통하여 필자가 새로이 개발한 최신의 독창적 기법들입니다.

조직의 전략 리더와 전략 컨설턴트를 위하여 출간한 「뉴스와트전략(2005)」, 그리고 2008년도에 이 책과 함께 시리즈 형태로 출간되는 「경영관리자의 성공전략」, 「전략포맷」, 「전략적 위기경영」과 함께 이 책은 경영관리자의 전략적 환경대응을 위한 방법과 관점, 경영사고(經營思考)를 강화하여, 소속 조직의 경영성과를 높이고 경영관리자의 업적성과를 높이기 위하여 저술되었습니다.

이 책은 경영관리자와 조직구성원들이 업무에 직접 활용할 수 있는 실무적이고 경영현장에서 필요한 내용들을 중심으로 살펴보고 있습니다.

따라서 전문가를 위한 「뉴스와트전략」에서 소개하고 있는

SIS(Strategic Issues Solution) 프로그램의 전개시 활용하는 작성도표는 일반 실무자와 경영관리자가 사용하기 쉽도록 하기 위하여 개량된 작성도표로 바꾸어 소개하고 있습니다.  또한 SIS 프로그램의 실제적용사례는 생략하였으므로, SIS 프로그램의 실천적 사례에 관심이 있으신 경영관리자께서는 「뉴스와트전략」을 참조하시기 바랍니다.

### ■ 이 책의 주요내용과 특징

이 책에서는 우리의 경영관리자들이 당면하게 되는 과제들과 전략적 업무추진에 있어서 참고해야 할 혁신적 관점과 방법을 설명하고 있습니다.

**제1장**  제1장에서는 우선 경영관리자가 주목해야 할 경영관리의 성공원칙을 살펴보고, 경영관리자의 책무를 재확인합니다.

**제2장**  제2장에서는 경영관리자가 대응해야 할 전략적 과제들에 대하여 그 대응의 방법론을 구체화시킨 전략적 중점과제경영(Strategic Issue Management)의 고전적 기법 및 SWOT 분석에 관하여 살펴봅니다.  또한 SWOT 분석기법의 적용에 있어서 유의해야 할 분석구조와 논리적 오류를 점검합니다.

**제3장**  제3장에서는 일반 기업조직 및 정부부문의 경영관리자들이 당면하고 있는 전략적 과제들에 대하여 보편적으로 대응하고 있는 상식적 방법의 현실과 그 논리적 결함을 살펴보고, 경영관리자의 전략적 과제해결성과를 높이기 위하여 혁신적인 대응방법을 어떻게 구성해야 할 것인가에 대하여 논의합니다.  여기에서는 TIES 기법과 뉴스와트 전략기법을 이용한 SIS(Strategic Issues Solution) 프로그램의 창안에 대한 배경을 살펴봅니다.

**제4장**  제4장에서는 전략적 과제를 진단하고 분석하는 기

법들을 소개합니다. 여기에는 경영관리자들이 스스로 뉴스와트 과제분석 매트릭스를 통하여 전략적 과제를 파악하고, 환경과 능력에서 파악해야 하는 입체적인 현상분석의 발상을 강화할 수 있도록, 구체적인 방법과 절차를 상황과 당면하고 있는 과제의 특성에 따라 단계별로 심도 있게 살펴봅니다.

**제5장** 제5장에서는 전략적 과제에 대응하기 위한 방안을 어떻게 모색하고 검토할 것인가에 대하여 구체적이고 실천적인 기법들을 중심으로 그 절차와 진행방법을 상세히 소개하고 있습니다. 여기에서는 경영관리자들이 현장에서 전략적 대안을 창조하기 위한 발상을 강화하기 위하여 참고할 수 있는 발상법을 안내하고 있으며 전략창조를 위하여 고려해야할 주요한 요소들을 도표를 중심으로 살펴봅니다. 또한, 전략대응방안을 모색하기 위하여 경영관리자가 고려해야 하는 주요한 점검 항목과 단계별 전략대응 절차를 살펴봄으로써, 경영관리자의 전략적 성과를 높일 수도 있도록 하고 있습니다 .

**제6장** 제6장에서는 뉴스와트 전략을 통한 전략적 과제해결에 관한 전반적인 관점을 정리하고 그 운영과 실천에 관하여 살펴봅니다. 또한 경영관리자가 효과적이고 지속적인 전략적 과제해결의 성과를 높이기 위하여 유의해야 할 점들을 살펴봅니다.

**부록** 마지막으로 부록에서는 전략감사를 위한 체크리스트와 그 활용에 관하여 첨부하였습니다. 전략감사 체크리스트는 경영관리자가 전략적 과제에 대한 접근과 대응방안을 모색하고 전개하는 과정에서 유용한 자기점검을 할 수 있도록 하고, 나아가 전략적 시행착오를 최소화하여 기업과 경영관리자 및 소관부서의 전략적 성공을 제고하는데 도움이 될 것입니다.

제4장과 5장의 실천적 절차를 학습함에 있어서 시간적 여유가

없는 분들께서는 간이작업을 중심으로 일단 당면하고 있는 전략
적 과제에 대응하는 한편, 주요 대응작업팀을 중심으로 정밀작업
과 고급작업을 추진할 수 있도록 함으로써 시간압력에 대응할 수
있도록 편성하였습니다.

 SIS 프로그램은 경영관리자들은 물론이고 전문적인 컨설턴트,
대학의 연구자들에게도 실용적인 전략기법으로 활용될 수 있습니
다.  SIS 프로그램은 기존의 SWOT 분석 기법의 문제점을 보완하
고 있을 뿐만 아니라, 앤소프 교수님의 전략적 중점과제경영
(Strategic Issues Management)의 취약점을 보강하여, 보다 환경대
응의 유용성이 높은 전략대응을 전개할 수 있습니다.

 이 책에서 소개하고 있는 뉴스와트 전략과 SIS 프로그램의 절
차는 2005년도에 출간한 뉴스와트 전략의 실천기법의 일부 내용
을 더욱 실용적으로 보완하여 일반 경영관리자들이 활용할 수 있
도록 개발한 SIS-New SWOT 2.0입니다.

 따라서 기존의 뉴스와트 전략(2005)을 학습하신 분들께서는
새로이 추가된 도표들을 중심으로 보충학습을 해주실 것을 권합
니다.

 최근 새로이 강조되고 있는 창조경영과 윤리경영의 실천적 관
점에 도움이 되는 기업의 당위성 분석과 균형적 전개에 관한 관
점과 기업의 이해관계인들에 대한 경영정치적 관점, 그리고 경영
관리자의 전략적 사고기법에 관한 논의는 이 책과 함께 후속적으
로 출간되는 「전략 마인드」 시리즈를 참조하시기 바랍니다.

 이와 관련하여 심도있게 다루어야 할 주요 주제에 관하여는
추후 새로운 책자나 교육과정, 또는 세미나를 통하여 여러분과 함
께 살펴보도록 하겠습니다.

### 이 책의 주요독자

앞에서도 밝힌 바와 같이 이 책은 경영관리자의 성공적인 전략관리업무를 염두에 두어 작성된 책자입니다.  그러나 제3장 SIS 프로그램에서 소개되고 있는 전략적 과제분석 및 대응기법은 일반 경영관리자는 물론이고 경영자, 관리부서의 실무자들도 학습할 필요가 있습니다.

또한 경영컨설턴트나 사내 강사, 또는 기업경영교육을 담당하는 분들도 이 책자에서 다루고 있는 실천적 기법을 활용하여 기업 컨설팅과 교육내용을 향상시킬 수 있습니다.

이 책이 여러분의 업적신장과 기업발전, 국가발전에 도움이 될 수 있기를 간절히 기원 드립니다.

### 감사의 글

이 책이 완성되기까지 여러분들에게서 발상과 도움을 받았습니다.  우선 이제는 고인이 되신 앤소프(H. I. Ansoff) 교수님께 가장 먼저 감사의 말씀을 드리고 싶습니다.  앤소프 교수님과 처음 교분을 맺기 시작했던 1993년부터 개인적으로 때로는 다양한 전략 워크샵을 통하여 2001년까지 앤소프 교수님은 제게 특별히 더욱 엄하고 심하게 질책하시는 한편, 유머와 직설적인 지적을 통하여 저의 부족한 점들을 일깨워주셨습니다.

이 책과 함께 저술한 「뉴스와트전략」, 그리고 「뉴 패러다임의 전략경영」은 모두 앤소프 교수님의 워크샵 지도와 강의, 그리고 연구의 족적을 토대로 전개되었습니다.  이 책에서 제시하는 논리나 패러다임이 앤소피안(Ansoffian)의 전략경영에 누(累)를 끼치지 않고 기존의 전략경영의 논리를 더욱더 발전시킬 수 있기를 희망하며 저술하였습니다.

또한 일본전략경영협회 나까무라겐이치(中村元一) 교수님께 감사드립니다. 교수님은 독특한 분석방법과 실용적인 경영지혜를 솔직하게 교환함으로써 저의 발상을 자극하시고 쉽게 무뎌지는 연구의지를 강화시켜 주셨습니다.

필자의 창의적 이론연구와 기법개발활동에 있어서 국민대학교 BIT 대학원의 전성현 교수님, 김승렬 교수님, 김은홍 교수님께 진심으로 감사의 말씀을 전하고 싶습니다. 이 세 분 교수님께서는 늘 독창적이고도 합리적 관점에서 새로운 연구활동을 격려하시고, 다양한 지적과 건설적 비판을 아끼지 않으시고, 늘 세계 최고 수준의 이론과 기법창조를 완성하기를 권장하셨습니다. 아직 그 기대에 미치지 못함을 늘 부끄럽게 생각합니다.

이 책의 본론과 SIS 프로그램의 개발에 있어서는 피터 앤토니오(Peter H. Antoniou) 박사와의 대담과 공동연구가 많은 도움이 되었습니다. 이 분들에게 모두 진심으로 감사의 말씀을 드립니다.

이 책을 초안과 수정안을 작성하는 동안 소홀히 대했던 아내와 어머님, 그리고 혁, 원, 현, 정, 웅의 다섯 명의 소중한 자녀들에게 참으로 미안하고 고맙게 생각합니다. 이 책으로 대신 감사의 뜻과 깊은 애정의 마음을 전합니다.

2008년 6월

朴 東 濬

# 목 차

**제4장  SIS 프로그램 - 전략적 과제진단 실무  193**

| 제5장 | 전략적 과제해결 실무  331 |
| --- | --- |

## 제4장

## 제5장

## 제6장

## 부록 : 전략감사 체크리스트

# 제1장

# 경영관리자의 성공모델

경영관리자의 성공전략-[전략 마인드 제1권]을 학습하신 분께서는
제1장과 2장을 생략하고 바로 3장부터 학습하실 수 있습니다.

제1장에서는 경영관리자의 전략업무와 관련된 책무와 교양을 살펴
봅니다. 즉, 경영관리자의 기획업무의 효과성과 효율성을 점검하고, 전
략업무와 관련하여 경영관리자의 업무자세의 기본에 관한 내용을 살펴
봅니다.

경영관리자는 기업조직의 향방을 결정할 뿐만 아니라, 그 기업행동
을 점검하며, 새로운 좌표수정, 전략지휘를 관장하기 때문에, 경영관리
자의 업무품질을 지속적으로 향상시키지 않을 경우, 그 성과의 향상을
기대할 수 없게 되며, 나아가 기업행동의 성과개선도 달성하기 힘들게
됩니다.

따라서 경영층 및 관련부서와의 관계를 직시하여 경영관리자의 역
할과 책무를 재인식하고 경영관리자의 업무품질을 향상시키기 위한 착
안점을 살펴봅니다.

# 제1장의 개관

제1장에서는 최근 본질적으로 변화하고 있는 경영관리자의 수행업무의 내용을 살펴보고 경영관리자의 전략적 대응능력을 좌우하는 핵심성공역량 8P 모델과 기획능력의 향상에 관하여 논의합니다. 또한 경영관리자가 수행해야 할 환경대응의 전략적 책무를 확인하고 전략적 대응의 선결요건인 전략적 문제해결과 기획능력에 관하여 조직구성원들의 수준을 점검하고, 그 대응을 위한 착안점을 제시합니다.

최근의 경영관리는 효과와 효율의 추구를 통하여 성과를 제고하기 위하여 필요한 조직적 대응을 전개하고 있습니다. 그러나 이제부터 경영관리자들은 효과와 효율을 추구하는 것은 물론이고 그에 대한 질적인 관리를 수행할 것을 요구받고 있습니다. 그에 대하여 어떠한 관점과 대응으로 보다 혁신적인 경영관리를 전개할 것인가에 대하여 후속적인 논의를 전개하기 전에 기초적인 개념들을 살펴봅니다.

여기에서 주목해야 할 내용들은 다음과 같습니다.

1. 기업의 성공원칙은 어떻게 변화해오고 있는가?

2. 경영관리자의 책무는 무엇인가?

3. 경영관리자가 발휘해야 할 경영성공모델은 무엇인가?

4. 기업도 조직구성원 개인도 모두 성공하는 경영이 되려면, 경영관리자는 무엇에 대비하여야 하는가?

5. 경영관리자가 기업과 조직구성원들의 성공을 위하여 유의해야 할 8P의 내용들은 무엇이며, 우리의 수준은 어떠한가?

6. 보다 성공적인 8P 수준으로 변혁하고자 할 경우, 어떻게 실현해나갈 것인가?

# 경영관리자의 업무성과를 제고하기 위한 성공모델

## 1. 경영관리자의 업무속성과 성공원칙이 변화하고 있다

### ■ '좀더 잘' 하는 것이 보편적 성공원칙

경영관리자의 성공은 무엇으로 판단하는가? 이러한 질문에 대하여 너무나 당연한 듯한 답변이지만 경영관리자의 성공은 일을 좀더 잘 수행하는 것에 의하여 판단됩니다. '좀더 잘' 하는 것이 경영관리자의 미덕임에는 틀림이 없습니다.

생산활동이건 영업활동이건 또는 연구개발 활동이나 경영관리 활동에서도 자신의 일을 '좀더 잘' 하는 것이 보편적인 성공원칙이라고 할 수 있습니다. 따라서 능률이나 생산성을 높이기 위한 기법이나 방안들이 다양하게 제시되고, 이에 관한 지식과 기술이 경쟁력으로 작용합니다.

그러나 경영관리자들이 조직구성원들과 '좀더 잘' 해내고 있을 경우에도 이상하게 사업의 성과가 좋지 못한 경우들이 등장합니다. 즉, 경영관리자가 조직구성원들과 수행하는 일들을 효율적으로 전개하고 있어도 매출이 늘거나 수익성이 개선되지 못하는 경우입니다.

예를 들어서 쉽게 생각해볼 수 있는 영화관을 생각해보겠습니다. 모든 직원들이 부지런히 노력을 해서, 객석과 통로, 휴게실 등 건물내부를 제일 깨끗하고, 청결하게 하고, 실내공기의 품질도 최상의 상태로 만들고, 에어컨도 최상의 상태로 가동되고 조명도, 직원들 서비스도 최고, 극장의 입구도 멋있게 갖추고 행운권과 경품 행사도 준비하고 상영하는 영화에 대한 홍보도 널리 했습니다. 그런데, 이상하게도 관객이 별로 없는 것입니다.   왜 그럴까? 그것은 바로 다름 아닌, 재미없는 영화를 상영하고 있기 때문입니다.

즉, 경영관리자를 비롯하여 조직구성원 모두가 효율적으로 일을 수행한다고 해도, 상영할 영화를 잘못 고르면, 영화관에 사람이 모이지 않는 것입니다.   그런데도 그러한 사실을 인지하지 못하고 좀더 잘 하면 성공한다는 원칙을 믿고 더욱더 열심히 청소를 하고, 광고를 늘리고, 판촉행사를 전개합니다.

이러한 경우, 효율을 추구하는 경영은 한계를 보이기 마련입니다.   따라서 드러커(P. F. Drucker) 교수님은 성공적 경영을 추구하고자 한다면 효율추구형(efficiency-driven) 경영에서 효과추구형(effectiveness-driven) 경영으로 이행할 것을 권장한 것입니다.

## ■ 효율추구형에서 효과추구형으로

효과추구형 경영은 좀더 잘 하는 것도 중요하지만, 정말 해야 할 일을 하고 있는가에 초점을 맞추는 것이 중요하기 때문에 관심의 중점을 변화시킵니다.

앞에서의 영화관의 예를 들자면, 고객들이 관람을 원하는 영화를 가급적이면 저렴하고도 편리하게 볼 수 있도록 하는 일에 초점을 맞추어 일을 수행하는 것이 중요한 것입니다.   따라서 해야할 일, 즉 목표를 잘 설정하는 것이 중요하게 됩니다.   이와 같이 설정된 목표를 중심으로 경영관리자를 비롯한 모든 조직구성원들이 일을 수행하는 것이 성공의 원칙으로 등장하게 됩니다.

따라서 목표를 잘 수립하는 일과 설정된 목표에 의한 업무의 추진과 관리가 중요하게 되므로, 소위 목표에 의한 관리 (Management by Objectives)가 경영관리의 성공원칙으로 자리 잡게 되었습니다.

<도표 1.1> 효과성과 효율성의 추구

| 과거 | | 효과성의 실현 Effectiveness (E1) | |
| | | No | Yes |
| --- | --- | --- | --- |
| 효율성의 실현 Efficiency (E2) | No | 실패/도산 E1 NO & E2 NO | 수익성 저하 E1 Yes & E2 No |
| | Yes | 수익성 저하 E1 NO & E2 Yes | 수익성의 실현 E1 YES & E2 YES |

(D. J. Park 2007)

대부분의 기업들이 이와 같은 목표에 의한 관리체제를 확립하고 경영의 효과성을 제고하는 동안, 이제 현실적으로는 기업 조직들 간에 서로 유사한 목표를 추구하게 되는 일이 빈번하게 되었습니다. 이러한 현상은 효과성의 추구가 일정 수준의 경영성과를 제고하는 성공원칙으로 작용하지만, 때로는 효과성의 추구만으로는 경영성과를 높이는 데에는 한계가 있다는 것을 인식하기 시작하였습니다.

이제는 효과성의 추구에서 성과추구(Performance driven)의 경영이 주목되기 시작한 것입니다.

### ■ 효과추구형에서 성과추구형으로

기업의 성과를 높이는 방안으로는 여러 가지의 형태의 제안들이 등장하고 있습니다.

우선 대표적인 제안들은 경영의 각 기능적 성과를 극대화하는
방안입니다. 예를 들면, 재무적 성과를 높이는 방안들이 등장합
니다. 이와 마찬가지로 시장성과를 중심으로 마케팅과 생산, 제
품을 중심으로 혁신적인 방안들이 제시됩니다. 한편으로는 사업
구조를 재편성하거나 경영의 시스템을 혁신하여 성과를 높이는
방안들도 제시됩니다. 여기에 최근에는 자원성과측면에서의 자원
전략도 등장합니다.

<도표 1.2> 기업의 성공원칙의 변화

| | 과거 | 최근 | 현재 | 미래 |
|---|---|---|---|---|
| 성공원칙 | ● 효율성 | ● 효과성 | ● 성과 | ● 창조성 |
| 경영관리 특성 | ● 효율주도형 경영 | ● 효과주도형 경영 | ● 효과 ● 효율 ● 혁신 | ● 창조경영 |
| 성공기법 | ● 생산성 ● 능률 | ● 목표관리 | ● 전략성과 ● 운영성과 | ● 창조성과 |
| 성과배가를 위한 노력 | ● 효율제고 | ● 효과제고 | ● 효과/효율을 제고 ● 혁신의 추구 | ● 창조 ● 모험 ● 리스크의 극복 |
| | ● Efficiency Double-up Approach (EDA) | ● Effectiveness Efficiency Double-up Approach (EEDA) | ● E-E-I (Innovation) Double-up Approach (EEIDA) | ● New EEI Double-up Approach (NEEIDA) (ANEEIDA) |

* ANNEIDA: Advanced New EEI Double-up Approach

(D. J. Park 2007)

따라서 기업경영의 성과를 높이기 위하여 경영관리자들에게
요구되는 업무의 내용도 과거와는 크게 변화되고 있습니다. 과거
에는 편성된 사업의 계획을 잘 수립하고 계획대로 수행되고 있는

가에 대한 감독자의 역할에 관리의 초점이 맞춰져 있었습니다. 이제는 스스로 해야 할 일을 찾아내고, 새로운 환경에서 요구하는 바에 합당하게 사업을 변혁하고 새롭게 전개하며 더욱이 조직과 사업의 성과를 높이는 일을 수행하는 역할이 강조되고 있습니다.

<도표 1.2>에서는 환경변화에 대응하는 기업의 진화와 그에 따라 변화하고 있는 성공원칙의 변화를 요약하여 설명하고 있습니다.

이제 미래의 성공원칙은 좀더 지능적인 난이도가 높은 창조성의 발휘로 이행하고 있습니다.

### ■ 「이다(EDA)」 방식에서 「니다(NEEIDA)」 방식으로

일부 기업군에서는 이미 창조경영의 전개를 위하여, 관련된 기법과 운영방법을 연구 중에 있으며, 기술집약형 산업이나 서비스 산업에서는 시범적으로 적용을 시도하고 있습니다.

따라서 경영관리자의 업무추진의 내용도 이러한 변화추세에 맞추어 변화됨에 따라, 경영관리자의 역할 또한 새롭게 정비되고 있습니다. 따라서 경영자의 성공책무도 점차 확대되어오고 있습니다. 다음 페이지의 <도표 1.3>을 보면 경영관리자에게 요구되고 있는 성공책무가 현재의 사업추진에서의 성공뿐만 아니라, 미래의 사업에서의 성공, 그리고 성공적인 미래로 이행하는 과정에서의 성공을 도모할 것도 기대되고 있다는 점을 알 수 있습니다.

<도표 1.2>의 아래에는 시간의 변화에 따라 경영관리자와 조직구성원들이 성과를 배가하기 위하여 추진해왔던 전개방법들의 특징을 조직의 경영관리자들과 조직구성원들이 기억하기 쉽게 약식으로 표현하여 이름을 붙여 놓았습니다.

즉, 효율중심의 성과배가 방법을 전개하던 「이다(EDA)」방식에

서 효과와 효율을 추구하는 「이-다(EEDA)」 방식, 그리고 성과에 초점을 맞추어 혁신적 경영을 추구해오고 있는 현재의 「이--다 (EEIDA)」 방식으로 전환되어 왔으며 이제부터는 기존의 방식에서 한번 더 나아간 새로운 방식, 즉 「니다(NEEIDA)」 방식으로 전환되어야 할 것입니다.

<도표 1.3> 경영관리자의 성공책무의 구분
Manager's Responsibility for Success

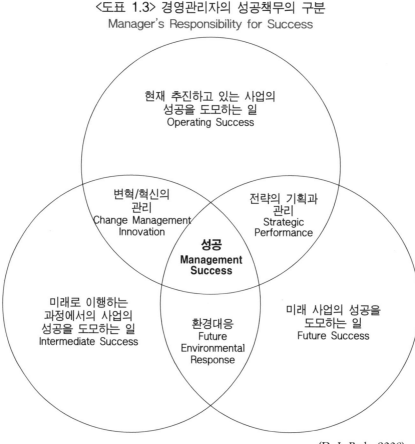

(D. J. Park, 2006)

경영자와 경영관리자 워크샵에서 이와 같이 이름을 붙여서 설명을 하면, 쉬는 시간에 저에게 이렇게 이야기들을 합니다. "말할 때마다 '무엇, 무엇을 했습니다, 또는 무엇을 합니다'라고 할 때마다, New EEI Double-up Approach가 떠오르게 되었습니다." 그렇게 생각이 들기 시작했다면, 일단 그 경영관리자는 자신의 업무와 조직, 그리고 사업을 전개할 때, 이미 새로운 접근방법이 무엇일까? 하고 생각을 움직이기 시작하게 된 것을 의미합니다.

### ■ 기업도 개인도 성공하는 경영이 되어야 한다

기존의 경영학에서 논의되는 기업의 성공, 경영성공, 사업의 성공에 있어서 간과되고 있는 참으로 중요한 한 가지가 있습니다. 그것은 바로 다름 아닌, 기업의 활동주체인 각 개인의 성공에 관한 관점입니다.

이상하게도 기업전략이나 사업전략, 경영전략의 성공적 기획과 수행활동에서 시장이나 제품, 기술, 품질과 같은 것은 종종 거론되면서도, 정작 기업에 속하여 기업활동을 전개하고 있는 조직구성원들의 개인에 대하여는 논외로 하는 것입니다.

여기에는 「기업이 성공해야 각 개인들이 성공한다」는 전제가 작용하고 있기 때문입니다. 이러한 관점은 현재 산업계에서 널리 받아들여지고 있는 관점이며 이를 편의상, 조직구성원 각 개인의 성공을 위한 「기업성공선행(先行) 명제」라고 하겠습니다. 그러나 이와는 반대로 「기업을 구성하는 개인들이 성공해야 기업이 성공한다」는 가설도 성립할 수 있습니다. 편의상 이와 같은 가설을 기업성공을 위한 「개인성공선행(先行) 가설」이라고 하겠습니다.

이와 같은 두 가지의 관점을 결합해보면 다음과 같은 흥미로운 매트릭스를 구성해볼 수 있습니다.

<도표 1.4>에서는 개인과 기업의 성공에 관한 결합관계를 설

명하고 있습니다.  이 도표를 통하여 기업과 개인의 성공관계가
어떻게 구성되는지에 따라, 개인과 기업이 지속적인 성장을 가능
하게 할 수 있는지에 대하여 판단할 수 있습니다.  도표의 제1영
역은 기업도 개인도 모두 성공하는 경우를 반영하고 있습니다.
그러나 제2영역은 기업은 성공하지만 개인은 실패하는 경우를 반
영합니다.  예를 들면, 개인의 희생 하에서 기업이 성공하게 될
경우의 영역이라고 할 수 있습니다.  제3영역은 개인은 성공하지
만 기업은 실패하는 경우를 반영합니다.  즉, 개인은 자신의 목적
과 개인의 성장을 실현하지만, 기업은 오히려 성과가 떨어지는 경
우라고 할 수 있습니다.  제4영역은 개인도 기업도 모두 실패하
는 경우입니다.

<도표 1.4> 기업과 개인의 성공여부

Corporate and Employee Success Matrix

| 기업과 개인의<br>성공여부 | | 기업의 성공<br>Corporate success | |
|---|---|---|---|
| | | ○ | × |
| 개인의<br>성공<br>Personal<br>success | ○ | 1영역: CSPS<br>기업과 개인이 모두 성공 | 3영역: CFPS<br>개인은 성공하지만<br>기업은 실패 |
| | × | 2영역: CSPF<br>기업은 성공하지만<br>개인은 실패 | 4영역: CFPF<br>기업과 개인이 모두 실패 |

C: Corporate  P: Personal   S: Success  F: Failure

(D. J. Park, 2007)

경영관리자가 어떠한 영역에서 성공을 추구할 것인가에 대하여는 두말할 나위 없이 제1영역이라고 할 수 있습니다. 그러나 제2영역에 속하고 있는 조직구성원들이 있다면, 그것은 주의하여 대응할 필요가 있다고 할 것입니다.

만약 개인이 희생되고 있음에도 불구하고 기업만 성공한다면, 그 개인은 제2영역에서 제3영역으로 자신의 행동을 이행할 가능성이 있기 때문입니다. 종종 외부에 기업기밀을 유출하거나 내부적 비리에 대한 내부 고발자들은 이와 같은 행동의 배경에 제2영역과 제3영역에서의 보상에 관한 유혹과 동기가 관련이 있습니다.

따라서 경영관리자들은 제2영역과 제3영역에 속하는 조직구성원들을 어떻게 하면 제1영역에서 활동할 수 있도록 할 것인가에 대하여 주의를 기울일 필요가 있습니다.

만약, 경영관리자 스스로가 제1영역에 속하지 않고 있다면, 자신의 성공행동의 영역을 제1영역으로 변모시키기 위하여 스스로 노력하지 않을 경우, 자신과 조직구성원들의 성공적 지휘는 곤란하게 됩니다.

## ■ 성과추구형에서 전략추구형으로

이제 21세기의 경영관리자는 전통적인 관리를 수행하던 역할에서 변모하여 전략적 경영관리자의 역할을 수행할 것을 요구받고 있습니다.

전략적 경영관리자는 현재의 사업성과를 100% 달성하는 형태의 경영관리에 만족하지 않습니다. 현재의 사업성과도 중요하지만 당면하게 될 미래의 사업성과를 염두에 두기 때문입니다. 따라서 현재중심적 경영관리의 초점을 현재와 미래로 확장할 뿐만 아니라, 현재 수행중인 업무에 대한 관리의 초점도 실행의 관리에서 선행관리와 후행관리를 병행하여 업무의 성과를 지속적으로 제고합니다.

뿐만 아니라 경영관리자가 수행하는 사업과 조직활동의 성공적 수행을 위하여 전략의 성공요인을 충족할 뿐만 아니라, 그와 동시에 전략의 수립측면에서의 선행적(先行的) 요건, 그리고 전략의 실천과정에서의 실행요건과 후행적(後行的) 요건을 동시에 충족하는 경영관리를 실천합니다.

전략의 수립측면에서의 선행적 요건은 제3장에서 살펴보는 바와 같이 환경에 대한 예비대응으로써의 성공요건을 말합니다. 여기에는 당면하고 있는 환경을 파악하고 그에 대응하는 전략내용의 편성을 어떻게 할 것인가에 대한 전략과 계획의 성과품질을 주목합니다.

실행요건은 전략의 실행과정에서 필요한 성공요건을 의미합니다. 구체적으로는 투입자원의 전개나 동원, 배치를 비롯하여, 전략행동의 실천에서 관리되어야 하는 성공요건들이 있습니다.

후행요건은 전략의 실천과 더불어 후방에서의 추격에 대비하고 기존의 전략을 정비, 보완하며 새로운 전략을 착수시킴으로써 전략의 성과를 더욱 배가시킬 수 있는 성공요건을 말합니다. 이와 같은 전략의 수립과 실천적 측면에서의 성공요건은 경영관리자의 전략경영의 실천관리행동에서 관장되어야 하는 직무입니다.

<도표 1.5>에서는 경영관리자가 전략경영의 성공적 실천을 위하여 수행해야 하는 직무를 구분하여 점검하고 있습니다. 이 도표의 왼쪽에는 경영관리자의 직무수행을 현재 추진 중인 사업과 관리업무의 실행관리와 전략적 업무대응의 실행관리, 그리고 전략적 혁신에 관한 직무를 수행해야 하는 직무와 변혁해야 하는 직무로 구분하여 살펴보고 있습니다.

도표에서 알 수 있는 바와 같이 현재 수행중인 업무성과에만 연연하는 경영관리자들은 주로 OA영역에 대한 업무, 다람쥐 쳇바

퀴 돌 듯 움직이는 영역의 집중관리에 치중하고 있습니다. 이러한 활동에서 좀더 현상을 개선하고자 하는 경영관리자의 경우는 OA영역에서 확대된 OMA영역에 대한 업무관리를 전개합니다.

그러나 현재 수행중인 업무에서 보다 높은 성과를 실현하고자 경영관리자들은 OMA영역뿐만 아니라 기존의 업무에 대한 선행적 요건과 후행적 요건을 병행합니다.

<도표 1.5> 전략경영의 실천관리를 위한 경영관리자의 직무점검
Management responsibilities for managers

|  |  | 선행요건 | 실행요건 | 후행요건 |
|---|---|---|---|---|
|  |  | Preparedness and preliminary requirements | Action requirements | After action requirement |
|  |  | 상황의 파악, 전략과 계획의 수립 | 실행, 관리, 통제, 대응자원-조직 전개 | 수정 보완 및 유지, 성과보상 |
| 실행관리 Operating Responsibility | 현재수행 직무 | OP | OA 다람쥐 쳇바퀴 | OF |
|  | 현재직무 수정보완 | OMP | OMA | OMF |
| 전략대응관리 Strategic Responsibility | 신규수행 직무 | SP | SA | SF |
|  | 현재-신규 직무 수정보완 | SMP | SMA | SMF |
| 전략적 혁신관리 Strategic Innovation Responsibility | 신규 수행요망 직무 | SIP | SIA | SIF |
|  | 사업-전략 변혁직무 | SIMP | SIMA | SIMF |

P: Plan  A: Action  F: Feedback  M: Modification
O: Operating  S: Strategic  I: Innovative

(D. J. Park, 2004, 2007)

기존의 사업을 수행함에 있어서 새로운 전략적 대응이 필요하게 되면, 도표의 가운데 SP영역에 대응합니다. SP영역의 대응하여 새로운 전략을 수립하면, SA영역에 대응하고, 새로이 추진되는 전략적 사업의 성과가 미흡하면, SF영역에 대한 대응을 통하여 새로운 SP를 전개하고 후속적인 SA영역에 집중합니다.

좀더 개선된 방법을 적용할 경우에는 SF영역에서 SMP와 SMA영역으로 확대하여 SMA대응을 통하여 그 성과를 제고합니다.

이와 같은 경영관리활동에서 성공적 결과를 도출하게 되면, 해당 전략적 사업은 다시 위쪽 O영역의 활동으로 전환됩니다.

따라서 전략적으로 업무를 전개하는 경영관리자들은 맨 위의 O영역과 가운데의 S영역의 활동을 결합 전개하며 선행(先行)과 실행, 후행적(後行的) 활동들을 점검합니다.

이보다 좀더 혁신적으로 전개하는 경영관리자들은 이상의 관리과정을 수행하면서, 혁신적 활동을 병행합니다. 즉, 기존의 OA와 SA영역에서 더욱 확장하여 SIA활동영역을 주목하고, 그에 대응하는 연관적 관리활동을 전개합니다.

### ■ 「니다(NEEIDA)」 방식에서 「아니다(ANEEIDA)」 방식으로

따라서 성공적 경영관리자가 되려면 기존에 추구해오던 방법을 좀더 새롭게 혁신하여 전략적으로 대응할 필요가 있습니다. 즉, 기존의 경영관리자 및 조직구성원들의 업무수행의 방식을 전략적으로 변혁하여, 경영관리자의 현재 추진 중인 업무성과를 향상시키고, 전략적 환경대응능력을 혁신적으로 강화하여 전략적 성과를 높이는 것입니다.

이를 위하여 경영관리자가 보완하고 정비해야 할 경영관리의 관점과 새로운 경영관리기법들을 터득할 필요가 있습니다. 이와 같은 새로운 혁신적 방법을 「니다(NEEIDA)」 방식에서 더욱 진보한 방법이라는 관점에서 「아니다(ANEEIDA)」라고 정의하고 관련된

기법을 개발해오고 있습니다.[1]

이 책에서는 경영관리자에게 요구되고 있는 전략적 과제대응을 성공적으로 수행할 수 있는 방법을 모색하고 경영관리자의 업무성과를 더욱 배가할 수 있는 실천적 기법과 절차를 살펴보도록 하겠습니다.

## 2. 경영관리자의 경영성공 8P 모델

### ■ 경영관리자에게 필요한 성공요소들

경영은 사업목적을 수행하기 위하여 사업조직과 필요자원을 편성하고 필요한 관리활동을 전개함으로써 최종 재화나 서비스로 창출하는 것이라고 할 수 있습니다.

경영관리자의 입장에서, 경영의 성공적 전개과정에 1차적으로 필요한 핵심적인 구성요소들을 중심으로 살펴보면 <도표 1.6>과 같이 크게 8가지의 P로 살펴볼 수 있습니다.  8가지의 P로 정리하였기 때문에 저는 이 도표를 경영관리자의 경영성공 8P 모델이라고 부르고 있습니다.

이 8P 모델은 필자가 동료 연구자인 피터 앤토니오 교수와 함께 경영자 및 관리자들을 중심으로 전략경영과 관련된 워크샵의 지도활동에서 경영관리자들과 함께 직무에 대한 반성과 개선을 위하여 경영관리자의 역량진단과 전략적 핵심역량을 강화하기 위하여, 활용하기 위하여 개발한 모델입니다.[2]

조직내에서 경영관리활동을 수행하면서 다양한 형태의 과업들

---

[1] ANEEIDA: Advanced New EEI Double-up Approach for managers

[2] 8P 모델에 의한 경영간부 및 중간관리자의 전략적 경영관리 역량향상 교육 프로그램은 전략적 사고증진과 전략적 환경대응기법, 8P 모델역량의 강화 워크샵으로 구성됩니다.

을 수행하게 됩니다.  이와 같은 과업들은 직책과 직무, 그리고 사업의 내용에 따라 달라질 뿐만 아니라, 환경의 상황과 조직내 여건에 따라 변화됩니다.

기업경영의 성공을 위하여 필요한 경영관리자의 핵심적 관리 요소 또는 핵심역량은 <도표 1.6>에서 보는 바와 같이 8가지로 구분하여 볼 수 있습니다.

<도표 1.6> 성공적 경영을 위한 8대 핵심관리요소
(경영성공 8P Model)

(D. J. Park, Peter H. Antoniou, 2004, 2006)

## ■ 기획 (Planning)

경영관리자가 반드시 갖추어야 할 첫 번째의 역량은 기획역량 입니다.  기획이라는 업무활동은 당면하고 있는 현상에 대하여 대 응하기 위하여 필요한 대안을 모색하고 그 실천을 위한 행동을 계획하고 판단하는 활동을 의미합니다.

이와 같은 기획역량은 기획부문의 경영관리자에게만 필요한 것은 아닙니다. 단순한 조립업무만을 수행하거나 또는 단순한 접객서비스의 업무만을 수행하는 부문의 경영관리자라 할지라도 기획역량은 현대의 경영관리자에게는 반드시 갖추어야 하는 필수역량입니다.

단순조립업무를 수행하는 관리자의 경우, 조립활동에 필요한 인력, 설비, 자원 및 조립공정의 관리활동에서 보다 높은 성과를 지속적으로 올리고, 개선해나가고자 할 때, 현상의 진단과 분석, 그리고 개선을 위한 기획능력이 필요합니다. 현장에서 종종 등장하는 현상입니다만, 갑자기 수주물량이 증대하거나, 또는 감소하였을 경우에 대처할 수 있는 능력도, 해당부문의 경영관리자의 기획역량에 달려있습니다.

접객 서비스를 담당하는 경영관리자의 경우에도, 주간 또는 월간 고객만족의 실태를 분석하고 그 성과를 제고하고자 한다면, 무엇이 당면하고 있는 현장의 문제인가를 파악하여, 그 대안을 모색합니다. 또한, 수시로 변화하고 있는 고객의 행동을 예측하고 미리 대응하고자 하는 경영관리자라면, 현장에서 일어나고 있는 문제현상 뿐만 아니라 경쟁기업의 점포에서는 어떠한 계획으로 움직이고 있는가를 파악하고, 예측하여 선행대응을 전개합니다.

이와 같이 기획기능은 사업부문이건, 관리부문이건, 현장부문이나 기술부문이건 간에 기업경영의 성공을 도모하는 경영관리자라면, 반드시 확보해야 하는 성공역량입니다.

### ■ 요소의 확보와 투입 (Procurement)

두 번째로는 프로큐어먼트(procurement), 즉 경영관리활동에 필요한 투입요소들을 확보하고 운영하는 것입니다.

경영관리자가 당면하고 있는 상황에 대응하기 위하여 필요한 대응방안을 기획하여 실행에 옮기고자 할 때, 우선적으로 동원해야하는 필요 자원과 자금, 설비, 기술과 같은 사업의 투입요소가 제대로 전개되지 못할 경우, 해당 사업을 제대로 전개할 수 없게 됩니다.  따라서 경영관리자가 주의를 기울여 관리해야 하는 성공요소는 이와 같은 투입요소들을 제 때에, 최적으로 배치할 수 있는 능력입니다.

조직 내에서는 대부분의 경우, 만성적인 자금부족, 또는 자원부족상태에 처해있습니다.  만약 일시적인 현상이 아니라, 장기적으로 자금이나 자원이 남아돌고 있다면, 그것은 조직이 전략적 대응전개에 있어서 문제가 있다는 것을 의미합니다.

즉, 기업은 늘 시장의 상황에 따라, 기존의 사업을 변혁하거나 새로운 사업을 전개하면서, 전략적 투자를 전개합니다.  전략적 투자는 투자의 회수기간이 단기간에 완료되지 않으므로, 기업전체적 관점에서는 자금의 과부족 상태에 처하게 됩니다.

따라서 경영관리자가 맡고 있는 소관사업을 보다 더 잘하기 위하여 새로운 시도를 전개하고자 할 때, 내부적인 자원과 자금의 쟁탈전이 벌어집니다.  이와 같은 내부적 자원쟁탈전은 기업내부에서 자금과 자원을 가장 중요하고 가장 효율적으로 전개할 수 있도록 하는 자원배분 메커니즘을 발휘하게 됩니다.

기업의 자금이나 자원, 설비, 기술과 같은 투입요소들의 배분은 철저하게 실천용도(practice)와 목적(purpose) 그리고 성과(performance)에 따라 전개됩니다.  필자는 이 세 가지를 요소투입의 3원칙이라고 부르고 있습니다.

따라서 경영관리자들이 사업에 필요한 자원이나 자금 등의 투입요소들에 대한 목적과 용도, 그리고 성과를 제대로 제시하지 못하거나 그 운영에서 미흡한 점이 발생하게 되면, 해당 사업에 대한 자금이나 자원배분 등의 투입은 제약됩니다.

때로는 예산부서나 인사부, 기술연구소, 실험실, 구매조달부문 그 밖의 자원할당을 관장하는 부서들과의 업무조정에 대하여, 경영관리자들이 거부감을 느낄 수도 있습니다. 그러나 사업의 성공적 수행을 위하여, 예산과 자원확보를 위한 쟁탈전을 벌이는 것은 결코 잘못된 일이 아닙니다. 좀더 적극적으로 추진하고자 하는 경영관리자라면, 사업계획을 정비하고 사업논리를 잘 점검하여, 예산과 자원확보를 위하여 매진할 필요가 있습니다.

경영관리자들이 예산과 자원확보를 위하여 노력을 기울일수록, 기업의 자금 및 자원활용의 효과성은 증대됩니다. 또한 확보된 자원과 자금을 유효적절하게 활용하기 위하여 사업전개의 일거수일투족을 점검합니다.

기업에서 자금도 넉넉하고, 최고품질과 최고 성능의 기술과 설비, 그리고 세계 제일의 인적자원을 활용하여 사업을 전개한다면, 그보다 더 부러울 일은 없을 것입니다.

그러나 대부분의 경우, 무엇이건 부족한 자원상태 하에서, 경영을 전개하기 마련입니다. 사업수행중에 탁월한 성과를 달성하여 높은 수익을 실현할 경우에도, 마찬가지의 현상에 처하게 됩니다. 왜냐하면, 현재의 성공에 만족하여 수익을 모두 다 나누어주고 나면, 새로운 전략적 투자를 못하게 되기 때문입니다. 따라서 지속가능한 성공을 실현하고자 할 경우, 새로운 미래의 창조를 위한 전략적 투자와 노력을 지속적으로 강구해야 하기 때문에, 새로운 투자의 규모는 확대되기 마련입니다.

이와 같이 자원이건 사람이건 기술이건 무엇인가 부족한 상황에서 사업을 전개해야 하므로 이러한 상황 하에서 지혜롭게 대응할 수 있는 조직운영과 사업전개를 수행할 수 있는 경영관리자가 필요하게 되는 것입니다.

따라서 경영관리자는 투입요소들을 어떻게 최적화시킬 것인가에 대한 세밀한 점검과 대응을 고려해야 하는 것입니다.

### ■ 수행과업의 프로세스 (Process)

세 번째로는 경영관리자의 업무수행, 과업전개의 프로세스입니다. 경영관리자의 업무 프로세스 역량은 기업 경영의 성과를 좌우하는 핵심역량입니다. 경영관리자의 업무는 여러 가지의 과업들(jobs & tasks)들로 구성되어 있으며, 그러한 과업을 전개하는 프로세스들이 잘못 수행되고 있다면, 경영관리자의 성과가 제대로 올라갈 수 없음은 당연한 일입니다.

우선 경영관리자 스스로의 기본적인 업무관리와 사업전개의 프로세스를 최상의 성과창출수준으로 향상시켜야 합니다.

이와 같은 기본적인 업무 프로세스 뿐만 아니라 경영관리자가 흔히 간과하기 쉬운 것으로, 소관부서내의 의사결정 프로세스와 업무의 예외적 상황에 대한 프로세스를 들 수 있습니다.

### ■ 생산 (Production)

생산은 기업의 본연의 핵심활동입니다. 제조업이라면, 제품을 생산하지만, 서비스업이라면 서비스를 창출할 것입니다. 이를 일괄적으로 생산이라고 부르겠습니다.

생산활동과 그 활동에서 전개되는 최종 산출물은 기업과 조직의 존재목적과도 같습니다. 최종 산출물이 없다면, 마케팅도 영업도 의미가 없게 됩니다. 그러나 최종 산출물이 기업의 모태인 사회에서 배척되거나 거부되는 종류의 것이라면, 그것은 바람직하지 못한 생산활동으로 평가됩니다.

아무리 조직적인 노력을 기울여, 계획과 투입, 그리고 업무처리의 프로세스를 전개해서 생산활동을 수행한다고 해도, 기업의 모태인 사회에서 받아들여지지 않을 경우에는 귀중한 시간과 자원을 투입하여 '쓸데없는 짓'을 하고 만 셈이 됩니다.

따라서 생산활동은 언제나 최종 사용자를 최우선으로 고려하면서 전개되어야 합니다. 그런데 종종, 생산현장이나 서비스 현장을 조사해보면, 작업자들은 그와 같은 의식이 결여되고, 제품이나 서비스 품질은 엉망인 경우를 종종 목격하게 됩니다.

이러한 작업자들도 결국은 자신의 모태인 사회에서 출발하고 있으므로 사회인의 눈으로 자신의 생산제품이나 서비스를 평가합니다. 그러나 작업의 양이 늘어나고 작업의 난이도가 증대하며, 작업수행의 피로도가 올라가게 되면, 사회인의 눈으로 평가하는 관점이 퇴락하고 작업자의 편의와 자신의 입장에서만 일을 수행하려고 합니다.

경영관리자는 이와 같은 생산활동을 관리하여, 최종 재화나 서비스의 품질을 높이고 보다 높은 사용자 가치를 추구할 수 있도록 관찰, 감독, 통제활동을 수행합니다. 최종 재화나 서비스의 품질에 대한 감독책임은 품질 검수부서에서만 맡는 것이 아니라, 명백히 경영관리자도 책임져야 하는 것입니다.

좀더 성공적인 경영관리자는 기존의 제품이나 서비스 품질의 유지에 만족하는 수준에서 그치지 않고, 좀더 향상된 제품이나 서비스를 제공하기 위하여, 집요한 노력을 기울입니다. 대부분의 기술개발은 첨단의 기술연구소에서 전개되는 것이 아니라 각 조직구성원들이 기존의 제품이나 서비스를 좀더 잘 제공하기 위한 시도에서 출발합니다.

### ■ 성과 (performance)

경영관리자의 활동은 자신의 성과와 조직의 성과가 결합되어 전개되고 창조됩니다. 그래서 경영관리자에 대한 업적성과를 평가하는 것은 단순 작업자의 업적성과를 평가하는 것과는 명확히 다릅니다.

경영관리자의 성과는 최종적으로는 소관부문의 성과에 의하여 결정됩니다.  경영관리자가 스스로 자신의 성과와 소관부문의 최종성과를 제고하기 위하여 노력하지 않을 경우, 경영관리자의 성과는 인정받지 못하게 됩니다.  따라서 경영관리자는 어떻게 하면 소관부서의 성과를 극대화할 수 있는가를 연구하고 실천해야 합니다.

또한 현재의 사업성과에만 치중하지 않고, 최소한 2~3년은 앞을 내다보고 3년 뒤의 성과를 고려해야 합니다.  따라서 현재의 일에만 매진하다가 3년 뒤의 일에 대하여 대비하지 않을 경우, 경영관리자 본인은 물론이고, 소관사업이나 기업 전체에 중대한 영향을 미칠 수 있습니다.

### ■ 조직구성원 (People)

조직구성원의 중요성에 대하여는 부연하여 설명드릴 필요가 없을 것입니다.  조직구성원들은 경영관리자의 분신과도 같이 경영관리자와 생각과 뜻을 같이 하여, 최종 산출물을 창조하고 성과를 올리는 주역으로 활동합니다.

기업에서 최종 산출물을 창조하는 전 과정에서 조직구성원들의 역량과 행동성과는 조직의 성과에 직결됩니다.  따라서 경영관리자들은 조직구성원들의 역량과 행동성과를 보다 더 높이기 위하여, 지휘하고 행동을 촉진하며, 육성하고, 잘못된 행동을 교정합니다.

경영관리자의 조직구성원에 대한 리더십이 종종 강조되고 있는 이유는 바로 경영관리자의 지휘능력을 제고함으로써 조직구성원들의 행동성과를 제고하기 위한 것입니다.  그러나 경영관리자의 리더십의 강화만으로는 조직성과가 크게 개선될 수 있을지 의문입니다.  아무리 경영관리자의 리더십이 개선된다고 할지라도, 앞에서 언급된 여러 가지의 성공요소들이 간과될 경우에는, 그것이 종이호랑이와 다를 바 없기 때문입니다.

더욱이, 최근에는 조직구성원들의 근면, 성실, 창의, 연구와 같은 노력들을 제고하기 위한 경영관리자의 역할이 새로이 조명되고 있습니다. 이러한 역할을 충실히 수행하기 위해서는 경영관리자가 스스로 공부하고, 모범을 보이며, 연구하고 창조하는 경영관리자로 변모해야 합니다.

### ■ 열정 (Passion)

마지막으로는 성공적인 경영관리를 위하여 경영관리자에게 요구되는 것은 열정입니다. 아무리 유능하고 총명한 사람이라도 일에 대한 강렬한 열정이 없다면, 복잡하게 지루하게 전개되는 경영활동에서의 성과가 어떠할지는 눈에 보이듯 선명하게 보입니다.

---

사막의 난공사를 이루는 열정이나 거대한 댐을 만드는 건설현장에서 우리는 열정을 느낍니다. 밤늦게까지 문제와 씨름하는 연구소의 실험실에서도 열정을 느끼고, 밤늦게까지 환자를 돌보고 귀가하는 간호원에게서도 열정을 느낍니다.

열정은 영어로는 'passion'이라고 합니다만, 이 말은 라틴어 passio, passus + ion)에서 왔다고 합니다. 여기에서 passus는 기독교의 예수님의 수난을 의미한다고 합니다. 즉, 인간에 대한 사랑의 열정이 순교로 이어진 엄청난 의미의 열정을 의미하는 것입니다. 이와 발음이 비슷한 그리스어 파토스, 또는 패이서스(pathos) 또한 '연민의 정(을 자아내는 성질)'을 의미합니다.

박동준, SERI 앤소프전략경영연구회 포럼-전략과 경영에 대한 에세이 중에서, 2003.11

---

열정은 아무리 불가능한 상황 속에서도 인간의 행동을 추스르게 하고, 아무리 가혹한 상황 하에서도 앞으로 향해 나아가게 하는 힘의 원동력으로 작용합니다.

열정적인 경영관리자는 소극적이고 무기력한 조직구성원들에게 추진력을 발휘할 뿐만 아니라, 제품의 결함이나 최종 사용자의 불편사항에 대하여 경청하여, 자신이 대응할 수 있는 최선의 방안

을 강구하도록 합니다.  일에 열정적으로 매진하는 경영관리자는
눈빛도, 걸음걸이도, 말소리도, 문제해결의 방향이나 내용도 그렇
지 않은 경영관리자와는 명확히 다릅니다.

혼히 열정을 생각할 때, 뜨거운 정열과 같은 것을 염두에 두어,
일을 추진하는 것을 생각하게 됩니다.  그러나 앞에서도 언급한
바와 같이 열정(passion)이라고 하는 것은 뜨거운 감성적 요소보
다도 무엇인가를 위하여 희생하고자 하는 노력과 헌신적 자세와
같은 면이 더욱 부각됩니다.  따라서 이성적(理性的) 열정이라고
할 수 있습니다.

<도표 1.7> 성공적인 열정발휘의 균형적 관리

| 열정 | | 차가운 열정<br>Passion (P1)<br>Logos | |
|---|---|---|---|
| | | No | Yes |
| 뜨거운 열정<br>(Devotion)<br>(P2)<br>Pathos | No | 실행의 부재 | 몰입의 저조 |
| | Yes | 무분별한 행동 | 높은 성과 |

(D. J. Park 2007)

그렇다면 열정에는 이성적 열정과 감성적 열정으로 나누어 살
펴볼 수 있습니다.  열정의 발휘에는 이 두 가지의 열정을 균형적
으로 조화시키는 것이 중요합니다.

이성적 열정은 감성적인 면에 의존하지 않고 상대방이나 사회
적 가치의 추구를 위하여 노력하는 열정(passion)이라고 할 수 있

습니다.  반면에 감성적 열정은 그러한 열정을 발휘할 수 있는 자신의 노력을 불러일으키고 더욱 더 헌신할 수 있도록 하는 헌신(devotion)의 열정이라고 할 수 있습니다.  이성적 열정이 사려분별에 의한 기여를 주도한다면, 감성적 열정은 그러한 이성적 열정을 실현시키는 열정이라고 대비해볼 수 있습니다.

대체로 이성적 열정을 배재하고 감성적 열정만으로 일에 몰입하게 될 경우, 진정한 목적이 배제되거나 목표를 상실한 채로 개인이나 집단은 과도한 행동을 전개할 수 있습니다.

<도표 1.8> 열정의 균형성공모델
ELP Success Model

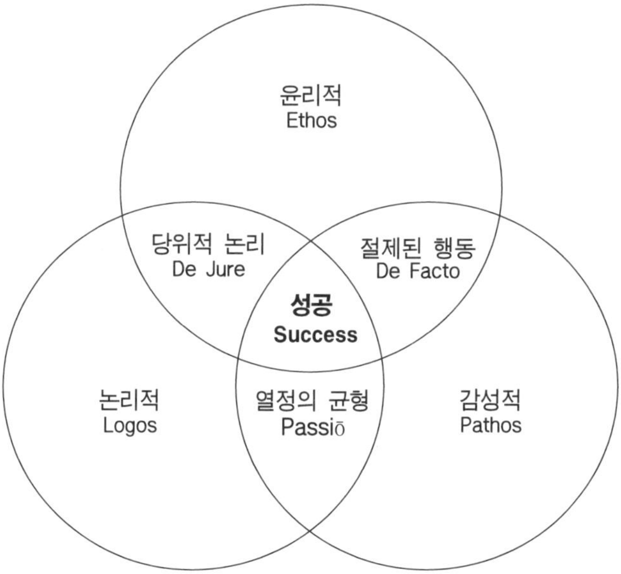

(D. J. Park, 1999, 2007)

일례로 2007년 초에 국내 대표적인 자동차회사의 노조에서는 기업의 입장은 어찌되건 자신의 주장을 관철하겠다는 의사표시를 하기도 한 적이 있었습니다.

이와 같은 열정은 감성적 열정은 발휘되고 있지만, 이성적 열정이 배제되어 있기 때문에 열정의 조화가 제대로 실천되지 못하여 과격한 행동을 유발하게 됩니다.

따라서 이성적 열정과 감성적 열정을 균형적으로 발휘하고 유지할 수 있도록 관리하는 것이 필요하게 됩니다.  그러나 이성적 열정과 감성적 열정을 유지할 경우에도, 그것이 조직적 행동으로 발휘될 경우에는 조직과 사회의 원칙에 합당한 것으로 조절될 필요가 있습니다.

따라서 조직의 열정과 관련하여 성공적 경영을 추구하는 경영관리자들에게 필자는 <도표 1.8>과 같은 **ELP** 삼각균형을 늘 당부합니다.  즉, 이성적 열정도 감성적 열정도 도의적 열정에 기초하여 발휘하도록 함으로써, 기업행동과 자신의 업무행동에서의 성공을 도모하는 것이 자신과 기업의 지속적 성공을 보장할 수 있다는 점을 명심하도록 하는 것입니다.

이와 같이 경영관리자는 자신과 조직구성원들이 열정을 조화롭게 발휘하도록 하여 사업과 업무에 임할 때, 프로정신과 프로자세가 확립될 뿐만 아니라, 일과 사업의 전문가로써의 성공적인 성과를 높게 창출해낼 수 있습니다.

### ■ 철학 (Philosophy)

경영관리자는 철학을 확립하여야 합니다.  철학이라고 하면, 너무 거창하고 어려워 보이지만, 쉽게 표현하자면 경영관리행동의 원칙을 정하는 것이라고 할 수 있습니다.

우리가 기업현장에서 수행하는 활동들은 대부분 경영관리의 사고방법에 의하여 수행됩니다.  예를 들면, 예산을 절감한다거나 시간을 효율적으로 활용한다거나, 불량을 줄이는 등의 행동은 성공적 경영관리의 사고방법에 입각한 행동들입니다.

그러나 이와 같은 사고와 행동들이 서로 상충되거나 조율해야 할 경우, 그 판단원칙이나 방향이 제대로 설정되지 않으면, 종종 혼란을 유발하게 됩니다. 따라서 사업과 관련하여 사업철학을 확립할 필요가 있습니다. 이와 같은 원칙을 설정하는 것을 조직이나 기업이념, 또는 사업이념이라고 할 수도 있고, 행동원칙이라고 할 수도 있습니다.

경영관리자는 기업과 사회, 그리고 자신의 사업조직을 효과적으로 운영하기 위해서 필요하다면 새로운 원칙을 설정하고 그 원칙을 지휘하여 사업을 전개할 수 있어야 합니다. 예를 들면, 새로운 사업환경이나 경영환경의 변화가 예상될 경우, 그에 합당한 사업원칙이나 경영원칙을 수립함으로써, 사업부문의 경영행동을 바람직한 방향으로 이끌어 갑니다.

경영관리자의 철학이 궁극적으로는 조직구성원들이 확립하고 준수해야 할 사고방식과 논리적 체계를 명확하게 할 뿐만 아니라 당면하고 있는 현상에 대응하는 행동의 기틀을 구성합니다.

예를 들면, 새로운 사업의 전개나 기존의 사업변혁을 위하여 경영의 원칙을 수정해야 할 경우에도 어떠한 것을 바꾸고 어떠한 것은 바꿔서는 안 되는지에 대한 판단도 바로 경영관리자의 철학에 따라 달라집니다.

콜린스(J. Collins)와 포라스(J. I. Porras)는 초일류기업에 관한 연구에서 성공적인 기업들의 특성으로 상황에 따라 흔들리는 것이 아니라 어떠한 상황에서도 반드시 고집해야 하는 원칙에 관하여 언급하고 있습니다.[3]

즉, 핵심가치와 목적으로 구성되는 핵심이념(core ideology)을 명확히 설정하고 그 원칙을 전개해나가는 능력이 성공적인 경영관리자에게 요구되는 것입니다.

---

[3] James C. Collins and Jerry I. Porras, Built to last: successful habits of visionary companies, HarperCollins Publishers Inc., 2002. pp.46-80

경영관리자가 사업원칙을 명확하게 수립하지 않고, 우왕좌왕할 경우, 사업행동에 대한 판단이 혼란스럽게 되며, 조직구성원들의 행동 또한 혼란스럽게 됩니다.  이와 같은 혼란은 새로운 전략이나 조직의 변화를 추구할 때에도 등장합니다.

가장 비근한 예를 들면, 수익원칙의 추구를 들 수 있습니다. 모든 것을 수익원칙에 입각하여 판단하는 것은 잘못된 것은 아닙니다.  그러나 성공적인 기업에서는 경영학과에서 주창하는 바와 같이 수익만을 유일한 기업의 원칙으로 받드는 것이 아닙니다.[4]

> 흥미롭게도 대부분의 초일류기업들에 대한 연구에서 경영대학원에서 가르치는 교의라고 할 수 있는 수익극대화나 주주이익의 극대화같은 것을 최고의 원칙으로 추구한 기업들은 찾아볼 수 없었다.  그러한 기업들은 외견상 돈을 벌어들이는 것이 추구하는 목표들 중의 하나인 것처럼 보이지만, 실제로 많은 성공적인 기업들은 단지 돈을 벌어들이는 것보다는 경제적 행위이상의 것을 추구해왔음을 알 수 있다.
>
> J. Collins and J. I. Porras, Built to last, p. 56.

그러나 경영관리자가 수익의 추구만을 유일한 원칙으로 설정하고 그것에만 입각하여 사업전개를 할 경우, 사업의 지속적인 성공을 실현하기 어렵게 됩니다.  뿐만 아니라, 수익원칙의 적용도 단기적 수익의 실현과 장기적 수익실현은 그 내용과 관점에 따라 사업추진의 내용이 달라집니다.  이와 같은 경우, 경영관리자의 원칙설정과 해석, 그리고 운영에 대한 철학이 요구됩니다.

대부분의 조직의 구심력은 경영관리자의 확고한 철학과 그 실현의지에 입각하여 빌휘되기 때문입니다.

이상으로 간략하게 성공적 경영을 위한 경영관리자의 관리의

---

[4] J. Collins and J. I. Porras, 전게서, pp. 46~80

중점인 8가지의 항목을 살펴보았습니다. 이와 같은 8가지의 중요한 핵심관리요소를 참조하여 경영관리자가 무엇을 해야 하는가에 대하여 점검해볼 수 있습니다.

### ■ 경영관리자의 관리중점에 대한 현상의 파악

앞에서 제시한 경영성공의 8P 모델에 입각하여, 우리의 경영관리자의 실상은 어떠한가를 <도표 1.9>와 같이 점검해봅니다.

<도표 1.9> 경영관리자의 8P 수준 (B사의 예시)

| | Planning P1 기획 | Procurement P2 투입관리 | Process P3 과업수행 | Production P4 최종산출 | Performance P5 성과 | People P6 구성원 | Passion P7 열정 | Philosophy P8 원칙과 철학 |
|---|---|---|---|---|---|---|---|---|
| 세계최고 | 5 | 5 | 5 | 5 | 5 | 5 | 5 | 5 |
| 국내최고 | 4 | 4 | 4 | 4 | 4 | 4 | 4 | 4 |
| 보통 | 3 | 3 | 3 | 3 | 3 | 3 | 3 | 3 |
| 문제수준 | 2 | 2 | 2 | 2 | 2 | 2 | 2 | 2 |
| 형편없다 | 1 | 1 | 1 | 1 | 1 | 1 | 1 | 1 |
| 수준진단 | 3.5 | 3.8 | 4 | 3.9 | 3.8 | 3.8 | 3.2 | 3.9 |
| 격차 (격차2) | 0.5 (1.5) | 0.2 (1.2) | 0 (1) | 0.1 (1.1) | 0.2 (1.2) | 0.2 (1.2) | 0.8 (1.8) | 0.1 (1.1) |
| 비고 | E | C | A | B | C | C | F | B |

(D. J. Park, 2007)

### ■ B사의 현상분석

<도표 1.9>는 몇 년 전까지만 해도 해당업계에서 국내 선두기

업의 지위에 자리하던 B 기업의 경영관리자들의 자기진단의 예시를 가공하여 옮겨놓은 도표입니다.

도표에서 보면 알 수 있는 바와 같이, B사 경영관리자의 자기분석을 통하여 선두기업의 지위를 경쟁기업체에게 넘겨주게 되는 이유를 알 수 있습니다.

즉, B사에서는 과업수행(P3)에서는 거의 국내 선두기업의 수준을 유지하고 있지만, 조직구성원들이 발휘하는 일에 대한 열정(P7)도 떨어지고 있으며, 전략적 대응을 모색하는 기획능력(P1)이나 투입관리(P2), 생산활동과 최종산출물(P4)이 상대적으로 열세에 있습니다.  그와 같은 요인들과 함께 조직구성원(P6)의 역량도 떨어지고 있으며, 성과(P5)에 대한 관리도 상대적으로 떨어진다고 판단되고 있습니다.

흥미로운 사실은 자신들의 과업수행의 수준이 국내 최고의 수준이라고 자만하고 있다는 점입니다.  따라서 일은 잘 하고 있지만, 최종 산출물과 기업의 성과의 수준은 과업수행의 수준에 비하여 다소 미흡하다고 보고 있는 것입니다.

물론 이 회사의 경우, 유능한 인재들이 많이 포진하고 있고 업무 프로세스도 확립되어, 과업추진의 수준이 높다고 판단할 수도 있습니다.  그러나 세밀히 들여다보면, 과업추진의 프로세스가 경직되어 있으며, 새로운 모험적 시도는 기피할 뿐만 아니라, 확실하게 입증된 방안이나 절차에만 의존하려고 함으로써 실제로 사업의 성과는 크게 개선되지 못하고 있음을 알 수 있습니다.

더욱이 내부적으로는 가장 격차가 큰 P7의 열정을 먼저 강화해야 한다고 하는 주장되기도 합니다.  그러나 명확한 전략적 방향모색과 전략적 전개를 통한 성공에 대한 확신이 뒷받침 되지 않을 경우에는 떨어져가는 조직의 사기도 본인의 열정도 쉽사리 강화되질 않습니다.

더욱이 모처럼 조직구성원들의 열정을 불러일으키는 일을 성 공할 경우에도 그것을 지속적으로 전개하고자 한다면 경영관리자 가 나머지 일곱 가지의 P를 세밀하게 운용해야 할 것입니다.

특히 새롭게 다져진 열정을 최종적인 성과로 전환시키고자 한 다면, 당면하고 있는 현안과제들에 대하여 전략적 판단을 강화하 여 시행착오를 줄이고 대응활동에 주의를 기울이지 않으면 조직 의 열정과 새로운 시도들은 좌절하기 쉽습니다.

따라서 이에 대한 경영관리자의 각오를 새롭게 다지고 다시 선두탈환을 위한 전략과 방법을 모색하는 일(P1)을 우선으로 하 여 나머지의 P들을 효과적으로 운용하여 대응하는 것이 중요합니 다.5)

## ■ A그룹사의 현상분석

<도표 1.10>은 현재 국내 최고수준의 제조업 A그룹의 임원진 에서 그룹 기업의 8P 수준을 스스로 평가한 결과입니다.

<도표 1.9>와는 달리 국내 선두의 지위에 처하고 있으면서도 자사의 수준에 대하여 엄정한 눈으로 재평가하고, 각 분야에서의 분발을 촉구하고자 하는 관점을 이해할 수 있습니다.

A그룹의 경영진들은 최종산출물인 제품의 경쟁력에 대하여는 현재 경쟁력 측면에서 국내 최고의 수준이라고 자부하고 있지만, 일본의 경쟁제품의 수준을 감안해볼 때, 아직 아시아지역에서의 선두그룹에 진입하지 못하고 있으며, 또한 세계최고의 수준에 이 르지 못하고 있다고 판단하고 이에 대하여 각오를 새롭게 다지고 있습니다.

특히 과업수행(P3), 성과의 관리와 개선(P5), 그리고 구성원의

---

5) 경영관리자를 위한 8P 모델 역량강화를 위한 워크샵 및 교육 프로그램은 소 프트전략경영연구원에서 제공하고 있습니다.

능력(P6)의 강화를 위한 조치를 수행해야할 것으로 파악하고 있
으며 기획(P1)이나 투입관리(P2)에 대한 전반적인 개선활동 및 조
치를 수행해야 할 것이라고 판단하고 있습니다.

<도표 1.10> A 그룹 임원의 8P 수준 (예시)

| | Planning P1 기획 | Procurement P2 투입관리 | Process P3 과업 수행 | Production P4 최종산출 | Performance P5 성과 | People P6 구성원 | Passion P7 열정 | Philosophy P8 원칙과 철학 |
|---|---|---|---|---|---|---|---|---|
| 세계최고 | 0 | 0 | 0 | 1 | 0 | 0 | 2 | 1 |
| 아시아 최고 | 0 | 0 | 0 | 1 | 0 | 0 | 3 | 6 |
| 국내최고 | 5 | 6 | 11 | 15 | 15 | 10 | 12 | 15 |
| 그저 그렇다 | 15 | 15 | 12 | 5 | 6 | 14 | 3 | 4 |
| 문제수준 | 0 | 0 | 0 | 0 | 0 | 0 | 0 | 0 |
| 수준진단 | 2.25 | 2.28 | 2.47 | 2.91 | 2.71 | 2.42 | 3.2 | 3.15 |
| 격차 (격차2) | 1.75 (2.75) | 1.72 (2.72) | 1.53 (2.53) | 1.09 (2.09) | 1.29 (2.29) | 1.58 (2.58) | 0.8 (1.8) | 0.85 (1.85) |
| 비고 | D | D | C | B | B | C | A | A |

(D. J. Park, 2007)

특히 해외사업망의 확장과 더불어 전략의 내용과 전개에 있어
서 필수적인 기획방식과 내용, 그리고 경영관리자의 전략적 판단
능력(P1)을 강화해야 할 것으로 판단됩니다.

이러한 경영노력이 방임될 경우, 오래지 않아 최종산출물의 시
장경쟁력 또한 제약받게 됩니다.

<도표 1.11> 8P 진단 레이더 차트

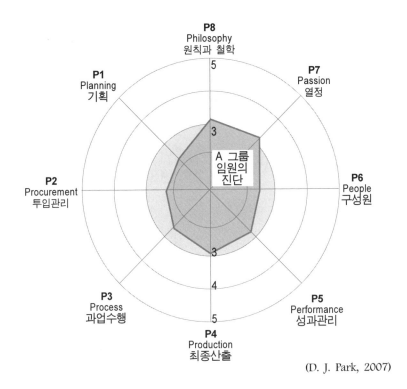

(D. J. Park, 2007)

## ■ C그룹사의 현상분석

<도표 1.12>는 독과점 품목을 중심으로 국내의 10대 그룹에 속하고 있는 C 그룹사 경영관리자들에 대한 필자의 8P 진단예시 입니다.

C 그룹의 경우, 대표적인 사업은 업계내에서 독점적 지위를 누리고 있지만, 나머지 계열사의 경우는 1등 제품이나 업계 1위 기업이 하나도 없는 기업그룹입니다.

최근 경영개선작업의 일환으로 그룹 CI 작업을 새롭게 하고 세계로 나아가는 혁신적이고도 대대적인 기업전략을 전개할 것을 크게 선언한 바 있습니다. 그러나 이 그룹의 경우에는 그러한 전략을 전개할 만한 도전적인 인재도 부족할 뿐만 아니라 그러한 전략을 구체적으로 발전시킬 수 있는 인재들도 별로 많지 않다고 볼 수 있습니다.

<도표 1.12> C 그룹의 8P 진단 레이터 차트

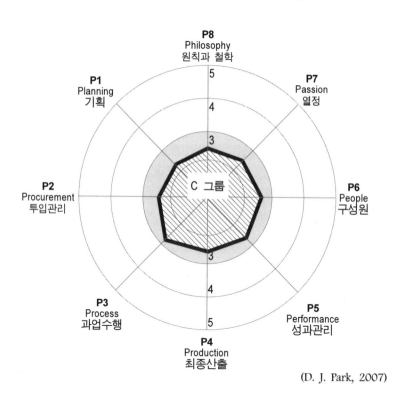

(D. J. Park, 2007)

더욱이 기존의 업무수행의 성과 또한 미흡할 뿐만 아니라, 제품이나 시장성과 또한 선두기업 흉내 내기에 급급합니다. 한국적 토양에서 자라온 기업이지만, 한국내 시장에서도 어떻게 시장과 고객에게 대응해야 할지 잘 모르는 이 기업집단에서 세계적 시장에서 어떻게 지속가능한 글로벌 전략을 전개하려고 하는지에 대한 대안도 아직 구체화되어 있지 않습니다.

이러한 그룹에 대한 경영자와 관리자에 대한 8P 진단을 내려보면 <도표 1.12>와 같이 살펴볼 수 있습니다.

이와 같은 경우, C 그룹의 경영진은 <도표 1.13>에서 보는 바와 같이 혁신 목표수준은 국내 정상의 수준을 넘어서 아시아 지역의 최고수준을 달성하고 세계적 수준으로 향상시킬 것을 기대하고 있는 것입니다.

<도표 1.13> C 그룹의 8P 혁신 목표수준

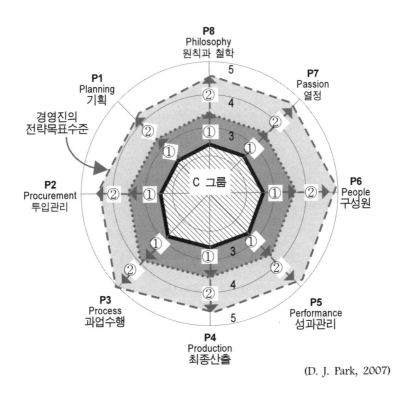

(D. J. Park, 2007)

그동안의 경영관행과 실태를 참작해볼 때, 참으로 놀라운 변화가 아닐 수 없습니다.  그러나 문제는 이와 같은 목표가 잘못 편성되었다는 것이 아니라, 목표에 도달하기 위한 실천능력이 결여되어 있을 경우, 그러한 목표는 거의 그림의 떡으로 끝나게 되거나 상징적 표상의 제시에 지나지 않게 됩니다.

만약, C 그룹 총수가 이에 대하여 전심전력으로 직접 진두지휘한다면 어느 정도는 그 성과를 기대할 수 있을지 모릅니다.  그러나 과거와는 달리, 최고경영자의 관심과 경영노력을 경주한다고 해도, 부분적으로는 가시적인 성과를 거둘 수는 있지만, 근본적으로 조직구성원들의 8P의 수준이 대폭적으로 개선되지 않는 한, 기업의 경영성과의 개선은 크게 기대할 수 없게 됩니다.

따라서 이 그룹의 경우에는 우선 제1단계로 국내 선두수준의 8P 달성을 위한 구체적인 경로와 방안이 모색되고 강구되어야 할 것이며, 지속적으로 제2단계의 전략전개를 실현할 수 있도록 하기 위한 실천방안을 전개하여야 할 것입니다.

이와 같은 조치가 결여된 채로, 무리한 전략전개를 실천하게 될 경우, 다양한 전략적 시행착오를 경험하게 될 것입니다.

전략적 시행착오는 결과적으로는 경영관리자의 성과평가와 직접적인 연관이 있으므로, 해당부문의 경영관리자들은 몸을 사리게 될 수밖에 없으므로, 과감한 사업전개가 어렵게 됩니다.

또한 대부분의 전략적 시행착오를 환경에서 비롯된 문제로 변명을 삼거나 장기적으로 지대한 전략적 성과를 거둘 수 있는 중대한 사업의 전개를 미루고 우선 눈에 보이고 수익이 들어오는 사업에 매진하는 현상이 등장하게 될 수 있습니다.

결과적으로 전략적 과업이나 과제들은 경영관리층에서 방임되고 기업의 전략적 대응성과는 점차 떨어지게 되어 위기에 처하게 될 소지를 미리부터 유발하게 될 소지가 있습니다.

<도표 1.14> 8P의 상호연관관계

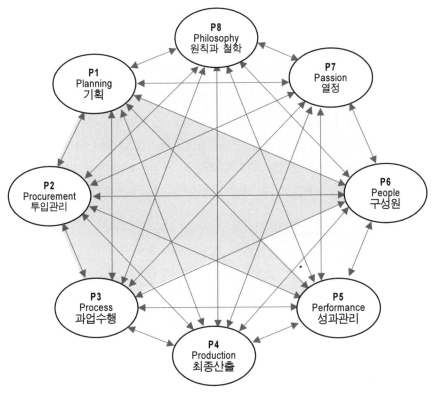

(D. J. Park, 2007)

이와 같은 예시를 통하여 알 수 있는 바와 같이 8P의 수준을 어떻게 재정비하고 대응할 것인가에 따라, 기업의 성공과 경영관리자의 성공을 도모할 수 있음을 알 수 있습니다.

이제부터는 8P 모델에서 경영관리자의 전략적 능력을 개선하고 그 성과를 높일 수 있는가에 대하여, 실천적 기법을 중심으로 살펴보겠습니다.

경영관리자의 전략적 능력의 발휘는 최종적으로는 조직구성원들의 전략능력을 어떻게 제고하고, 발휘하도록 할 것인가에 따라 결정됩니다.   그러나 경영관리자 스스로, 어떻게 전략적 대응을 해나갈 것인가에 대하여 구체적이고 실무적인 기량이 부족하다면, 조직구성원들의 전략능력이 탁월할 경우에도 이를 잘 지휘통솔할 수 없을 뿐만 아니라, 당면하게 되는 다양한 전략적 과제들에 대한 대응성과가 크게 떨어지게 됩니다.

　따라서 이제부터는 경영관리자가 경영현장에서 조직구성원들과 함께 전략적 과제를 선별하고 전략적으로 대응할 수 있는 실천기법을 단계적으로 검토함으로써 경영관리자의 전략대응능력을 실무적으로 개선할 수 있는 방법들을 살펴보도록 하겠습니다.

# 제2장
# 전략적 중점과제대응과 SWOT 분석

제2장에서는 수시로 등장하고 있는 전략적 과제들에 대응하기 위한 전략경영의 실천기법인 SIM(Strategic Issue Management)의 개요를 살펴보고 SWOT 분석의 논리를 살펴봅니다.

SWOT 분석은 우리나라뿐만 아니라 전 세계적으로 널리 활용되는 기법이지만, 그 작성과 활용의 실제에서 품질과 내용이 천차만별할 뿐만 아니라 제대로 그 작성법이나 활용법에 대한 이해가 부족한 경우도 비일비재합니다.

제2장에서는 이와 같은 SWOT 분석작업의 문제점과 오류를 살펴보고 제3장에서부터 다루게 되는 New SWOT 전략과 SIS 프로그램을 왜 전개해야 하는가에 대한 논의의 발단을 이해합니다.

SWOT 기법을 이용한 간이형 전략수립방법의 이해와 사례는 제1권을 참조하시기 바랍니다.

## 제2장의 개관

제2장에서는 급변하는 환경변화 속에서 전략적 대응의 성과를 높이기 위하여 전개하는 전략경영의 실천기법인 Strategic Issue Management의 사고방법을 살펴보고, 전략분석기법으로 유명한 SWOT 분석기법의 개관과 문제점을 살펴봅니다.

여기에서 경영관리자가 주목해야 할 내용들은 다음과 같습니다.

1. 어떠한 과제들을 전략적 과제로 설정할 것인가?
2. 전략적 과제를 판별하기 위하여 참조할 수 있는 내용과 항목들은 무엇인가?
3. 전략적 과제들을 어떻게 분류할 것인가?
4. 전략적 과제를 파악하고 대응하는 절차와 논리는 무엇이며, 우리는 어떻게 대응하고 있는가?
5. SWOT 분석기법의 활용에서 등장하는 문제점은 무엇인가?
6. SWOT 분석기법과 관련된 오류에는 어떠한 것들이 있는가?
7. SWOT 분석기법의 한계점을 어떻게 극복할 것인가?
8. 현재 우리가 대응해야 할 긴급한 전략적 과제들은 무엇인가?
9. 우리가 당면하고 있는 전략적 과제들에 대한 우리조직의 대응방식에는 어떠한 문제점이 있으며, 어떻게 보완해야 할 것인가?

전략적 중점과제경영기법(Strategic Issues Management)은 난기류가 높은 환경 하에서 어떻게 하면, 난기류 상황에서 여기저기에서 돌출하고 있는 과제들과 앞으로 당면하게 될 과제들에 대하여 적시에 대응하기 위한 방안으로 앤소프(H. I. Ansoff) 교수님이 창안하여 소개한 방법입니다.

# 1. 전략적 중점과제 경영기법

앤소프 교수님의 전략적 중점과제 경영은 다음과 같이 전개됩니다.6)

1950년대에 전략계획이 도입될 당시에는 완만하게 변화하고 있는 환경을 충분히 예측할 수 있었기 때문에 전략계획에서는 가장 타당한 계획을 한 가지 형태로만 준비해도 별 문제가 없었다.

그러나 예측성이 떨어지게 되자, 여러 가지의 전략계획안들을 작성해야 했으며 가장 그럴듯한 계획안을 **기본계획**(basic plan)으로 하고 발생가능성이 다소 낮은 보조계획안들을 준비하여 기본계획이 타당하지 못하다고 판명될 경우 활용하는 **상황대응계획들**(contingency plans)을 만들기 시작하게 되었다.

그러나 1970년대 중반까지 상황대응계획들 그 자체만으로는 예측할 수 없는 미래에 대한 대비책으로는 충분하지 못하였다. 그것은 상황의 변화속도가 증대되어 특정사건이나 현상들이 표면화될 경우, 너무 빨리 상황이 진전됨에 따라 그와 같은 여분의 보조계획들을 수립할 수 없었기 때문이다.

전략적 구도설정에 의한 대응은 다양한 수준의 경영관리진의 참여와 수개월간 계속되는 **전사차원의 프로세스**이다. 따라서 정부나 외국 경쟁기업들, 연구개발에서의 혁신적 성과 등에 따라, 환경변화의 속도가 계획수립 사이클의 속도보다 더 빨리 진전하여 갑자기 등장하게 되는 예측하지 못한 돌발상황에 대응하기 위하여 이 방법을 적용하기에는 시간적 여유가 없을 뿐만 아니라 작업과정상 번거로운 점도 많다.

환경의 난기류 수준이 4수준으로 올라가기 시작하자 기업들은 소위 전략적 **중점과제대응형 경영**(*strategic issue management*)이라는 리얼

---

6) 앤소프, <전자도서> 전략경영실천원리, 소프트전략경영연구원, 수정판, 2002

타임(real-time) 시스템을 활용하기 시작하였다. 전략적 중점과제대응형 경영을 <도표 2.1>에 예시하였다. 이 시스템은 도입 및 관리가 단순하고 기존의 조직과 시스템들과 충돌하지도 않는다.

개략적으로 설명하면 **중점과제경영의 구성요소들**은 다음과 같다.

1. 환경-사업-기술-경제-사회-정치적 추세들에 대한 지속적인 감시가 제도화된다.

2. 추세들의 영향과 긴급도를 추정하여 최고경영진에게 수시로 회의를 통하여 새로운 중요한 위협 또는 기회가 파악될 때마다 주요 전략적 중점과제들(strategic issues)을 보고한다.

3. 계획담당 스탭들과 함께 최고경영진은 중점과제들을 다음의 4가지 항목으로 분류한다.

   (a) 즉각적인 대응을 필요로 하며 파급효과가 넓고 긴급도가 높은 과제들

   (b) 내년 계획수립에 반영하여 해결할 수 있는 과제들로 파급효과는 넓게 미치지만 긴급도는 중간정도의 과제들

   (c) 파급효과가 넓지만 긴급하지 않은 과제들로 계속적으로 감시를 해야 하는 과제들

   (d) 허위 정보에 의한 과제들로 추가적인 검토에서 제외될 과제들

4. 긴급한 과제들은 기존의 사업운영업무 조직단위들, 또는 신속히 여러 부문에서 공동으로 대응해야 할 경우에는 특별 태스크포스팀들에게 할당하여 과제들을 연구하고 그 대안들을 도출하도록 한다.

5. 전략전술적 관점에서 과제들의 해결과정들을 감시한다.

6. 중점과제들과 그 우선순위들을 정리한 중점과제 목록을 주기적으로 최고경영자에게 검토 받아서 정비한다.

<도표 2.1> 전략적 중점과제대응형 경영

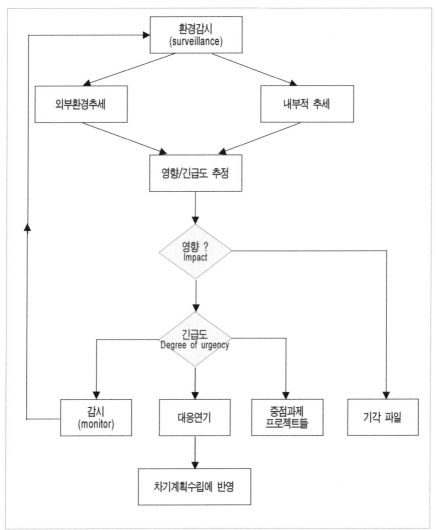

(Ansoff, 1992)

이와 같은 앤소프 교수님의 전략적 중점과제 경영의 구체적인 기법을 「전략경영 실천원리」에서 직접 인용하여 살펴보자면 다음 과 같습니다.

## ■ 중점과제의 식별

중점과제 분석의 주요한 순서는 <도표 2.2>와 같다. 가장 먼저 착수할 일은 **중점과제의 식별**이다.

도표에서 보는 바와 같이, 시급한 전략적 중점과제들에 대한 정보원천들에는 다음과 같은 세 가지의 원천들이 있다. 그것들은 외부의 환경변화추세, 조직내부의 변화추세, 자사의 성과추세이다. <도표 2.3, 2.4, 2.5>에 각각의 추세들을 설명하였다. <도표 2.3>은 선진제국의 대부분의 기업들에게 중요한 환경변화의 추세들을 설명하고 있다. <도표 2.4>는 시간과 함께 변화하고 전형적으로 중점과제를 초래하는 내부적 특성들을 열거한 것이다. <도표 2.5>는 성과의 속성들(목표들)의 포괄적인 목록이며 기업들은 이에 따라서 자사의 성공과 실패를 측정한다.

복잡하고 급격하게 변화하고 있는 환경 하에 있는 영리기업이나 비영리 조직의 모든 기업들은 조직에 중대한 영향을 미치는 미래의 주요한 환경변화 추세들을 파악해야 하며, 특히 당면하게 될 수 있는 (기술분야에서는 브레이크쓰루(break-through)라고 불리는) 미래의 중요한 비연속성을 식별해야 한다.

<도표 2.3>은 **중점과제를 식별하기 위한 출발점**을 설명하고 있다. 그 절차는 자사에 관련이 없는 과제들을 제외시키고, 환경정밀조사에서 파악된 별도의 과제들을 추가하는 것이다.

복잡한 대기업들에서는 조직의 성과에 중대한 영향을 미칠 것으로 예상되는 조직내부의 중요한 추세와 현상들을 파악함으로써, 환경의 감시를 보강해야 한다. 이는 조직이 일정한 규모와 복잡성을 초월하게 되면, 경영관리진이 자사의 효율 및 환경대응에 정(正) 또는 부(負)의 영향을 미치게 되는 문화, 경영관리자들, 조직기구, 시스템, 수용능력에 대한 진전 또는 발전사항들을 관리할 수 없게 되기 때문이다.

<도표 2.2> 전략적 중점과제의 분석

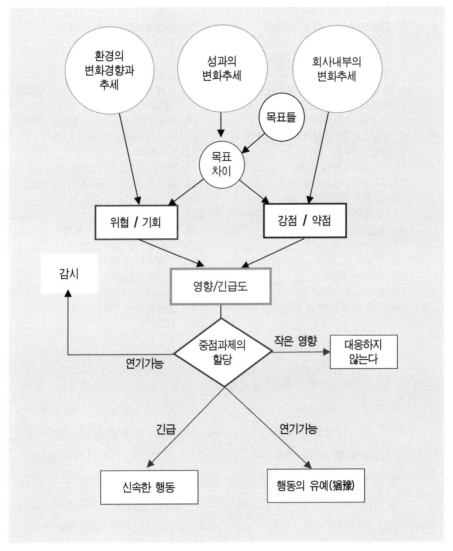

(Ansoff, 1992)

## <도표 2.3> 환경의 추세

| | |
|---|---|
| 1. 글로벌 시장의 추세<br>　(보호주의 vs 자유무역주의) | 20. 구매의욕이 없는 소비자에 대한<br>　판매 |
| 2. 고객으로서의 정부의 성장 | 21. 사업에 대한 사회의 태도 |
| 3. 유럽시장의 발전 | 22. 정부의 통제 |
| 4. 동유럽에서의 사회적·정치적·경제적<br>　혁명 | 23. 소비자의 압력 |
| | 24. 노동조합의 압력 |
| 5. 환태평양 제국의 경제적인 발전 | 25. 생태환경(ecology)에 대한 사회의<br>　관심에서 비롯되는 영향 |
| 6. 일본의 도전 | |
| 7. 미국의 경쟁력의 상실 | 26. 제로성장 주창자(主唱者)의 영향 |
| 8. 발전도상국의 경제적·정치적 추세 | 27. 제품 라이프사이클의 단축 |
| 9. 금융의 추세 | 28. 범유럽이라는<br>　민족주의(nationalism) |
| 10. 인플레이션의 추세 | |
| 11. 다국적 기업의 출현 | 29. 다국적 기업과 국가이익의 대립 |
| 12. 경쟁도구로써의 기술 | 30. 사업에 대한 대중의 불신 |
| 13. 경쟁도구로써의 규모의 크기 | 31. 예측범위의 축소 |
| 14. 성장의 포화 | 32. 전략적인 돌발상황·충격 |
| 15. 신산업들의 출현 | 33. 발전도상국와의 경쟁 |
| 16. 기술적인 돌파(breakthrough) | 34. 전략자원의 부족 |
| 17. 서비스부문의 성장 | 35. 기업내에서의 권력의 재배분 |
| 18. 풍요로운 소비자들 | 36. 근무태도의 변화 |
| 19. 고객의 연령분포 변화 | 37. 고용유지에 대한 압력 |
| | 38. 기타: |

(Ansoff, 1992)

　　내부적인 추세파악은 급성장중인 중소규모의 기업들에서는 특히 중요하다. 왜냐하면, 경험에 의하면 회사가 일정한 규모로 커지게 되면, 규모가 커짐에 따라서 당면하게 되는 새로운 복잡성, 즉 대비하고 처리해야 할 일의 내용들이 과거보다 더 복잡해지게 된다. 복잡성이 증가하면, 그것에 대응하여 처리해야 하는 조직의 능력 또한 한계를 보이며, 조직이 커짐과 동시에 조직의 **주요한 약점들도** 그에 따라 커지게 되기 때문이다. 예를 들면, 소규모에서 중규모로 이행함에 따라, 일반저으로 설립자인 기업가의 통제력과 기업가적 관점을 상실하게 된다. <도표 2.4>는 내부적 추세의 파악을 위한 목록이다.

### <도표 2.4> 내부적 추세

| | |
|---|---|
| 1. 규모 | 10. 경영스타일 |
| 2. 복잡성 | 11. 경쟁능력(competence) |
| 3. 조직기구 | 12. 로지스틱(' 노동력 ')능력 |
| 4. 시스템 | 13. 자본집약도 |
| 5. 커뮤니케이션 | 14. 기술집약도 |
| 6. 권력구조 | 15. 제품의 다양성 |
| 7. 역할의 정의 | 16. 시장의 다양성 |
| 8. 집권화/분권화 | 17. 기술의 다양성 |
| 9. 가치관/규범 | 18. 기타: |

(Ansoff, 1992)

<도표 2.5>에 있는 목표목록은 중점과제들에 대한 중요한 추가적 정보를 개발할 때, 활용할 수 있다. 우선 <도표 2.5>에서 자사가 추구하고 있는 목표들과 그에 할당된 상대적 우선순위를 파악하는 것이다. 전형적으로 이 작업에 의하여 <도표 2.5>의 긴 목록을 4~5개로 요약할 수 있다.

목표들을 파악한 뒤에는 ( 시스템적인 연간계획을 채용하고 있는 기업에서는 그 목표들은 이미 파악되어 있겠지만) 목표들과 그 동안의 성과의 추세들과 비교할 수 있다. 이 경우에도 연간계획을 채용하고 있는 기업은 예측의 형태로 이미 성과추세들을 이용할 수 있으며, 성과목표들과 예측전망치들이 비교는 연간계획수립 사이클의 일부가 된다.

이 비교작업에서 <도표 2.2>에 나타난 **목표차이**(*objectives gap*), 즉 미래의 성과에서 예상되는 목표미달성 정도를 파악한다. 이러한 차이들(gaps)은 보통, 원인들을 판정하기 위하여 진단(*diagnosed*) 된다. 대부분의 원인들은 **성과의 비효율성** 또는 **전략의 비효과성**에 따라 파악되며, 그에 대한 수정조치들은 연간계획으로 프로그램 된다. 그러나 원인들 중의 일부는 전체적인 위협(예를 들면, 물가상승에 따른 전반적인 이익의 압박), 또는 조직상의 약점들(예를 들면, 변화추세를 효과적으로 예측하지 못하는)에서 비롯된다. 이러한 전체적인 위협들과 약점들을 연간계획수립·실행의 프로세스와 별도로 (그러나 병행하여) 처리하기 위하여 중점과제 목록에 포함시킨다.

　요약하면, 위협들과 기회들, 미래의 강점들과 약점들은 <도표 2.2>의 맨 위에 보이는 세 가지의 원천들을 통하여 파악할 수 있다. 성과의 추세들은 **정기적인 성과의 검토활동들**을 통하여 분석될 수 있지만, 환경의 변화추세들과 조직 내부적 추세들은 우발적이고 급격한 돌발적 변화요소들을 확실하게 파악하기 위하여 하루도 방심하지 않는 지속적인 정밀조사가 필요하다. 7)

### <도표 2.5> 목표들

| | |
|---|---|
| 1. 성장성 | 14. 좋은 시민의식 |
| 2. 수익성 | 15. 근로의 만족감 |
| 3. 주기적 안정성 | 16. 사내의 이해관계인들의 욕구에 |
| 4. 유연성 | 　　대응 (이해관계인들과 그들의 |
| 5. 예측할 수 없는 환경상황에 대한 안 | 　　기대를 파악) |
| 　　정성 | 　　(a) |
| 6. 지급능력 | 　　(b) |
| 7. 부채 / 자기자본 | 　　(c) |
| 8. 외부의 합병인수에 대한 방어능력 | 　　(d) |
| 9. 경쟁적 리더십 | 17. 외부의 이해관계인들에 대한 대응 |
| 10. 혁신성 | 　　(a) |
| 11. 시장점유율 | 　　(b) |
| 12. 조직 내부의 사회적 풍토 | 　　(c) |
| 13. 외부의 사회적 대응 | 18. 기타 : |

(Ansoff, 1992)

---

7) 좀더 자세한 논의는 Ansoff, Implanting Strategic Management 참조

<도표 2.6> 환경 추세의 영향 / 긴급도

| 변화추세 | 영향 | 영향이 미치는 시간 | 필요한 대응시간 | 긴급도 | 중점과제의 할당 |
|---|---|---|---|---|---|
|  |  |  |  |  |  |

(Ansoff, 1992)

이상과 같은 전략적 중점과제 경영기법의 절차를 실무적으로 간략하게 요약정리해보자면 다음과 같습니다.

1. 우선 기업이 당면할 중점과제들을 인식합니다.

2. 어떠한 환경대응방식을 선택할 것인지를 고려합니다.

3. <도표 2.3, 2.4, 2.5>를 참조하여 전략적 중점과제를 식별합니다.

4. 도표를 참고하여 주요 변화요인들에 대한 참조 키워드들과 그 추세들을 참작하여 전략적 중점과제들의 긴급도와 영향도를 파악합니다.

5. 우선적으로 추진할 중점과제들을 선별하고 나머지 중점과제들을 선별하여 추진계획을 세웁니다.

6. 기회, 위협, 강점, 약점(SWOT) 분석을 실시합니다.

7. 시너지를 감안하여 중점과제들에 대한 기회, 위협요인에 대한 추가적인 분석을 합니다.

8. 영향도/긴급도에 따라 중점과제들에 대한 대응방안을 실천합니다.
9. 수행해야 할 중점과제들을 병행 또는 순차적으로 대응을 실천합니다.

이와 같은 방식으로 정기적인 계획수립 중에 반영되지 못한 중점과제들이나, 또는 예기치 못한 중점과제들이 급속히 등장하게 될 경우, 기존의 경영활동의 전개과정에 추가적으로 대응할 수 있도록 조치함으로써 기업의 환경대응력을 증가시키는 것입니다.[8]

이 책에서 논의하고 있는 New SWOT기법과 SIS 프로그램은 전략적 중점과제 경영기법의 보완·응용편으로 기업현장에서 경영관리자들이 손쉽게 활용하기 쉬운 기업의 위기점검 및 관리를 위한 기법으로 새로 고안하게 되었습니다.

우선 SWOT 분석기법의 기본적 내용과 유의사항을 먼저 살펴보겠습니다.

## 2. SWOT 분석기법

SWOT 분석기법은 당면하고 있는 상황이나 환경에 대하여 무엇을 어떻게 대응할 것인가에 대한 발상과 방안을 모색하는 데 도움이 되는 판단기법입니다.

이 기법은 전략성공명제인 환경과 전략 그리고 능력의 세 가지 요소들이 그 속성이나 내용에 합당하게 편성되어야 한다는 원리에 입각하고 있습니다.

---

[8] 전략적 중점과제의 대응(Strategic Issues Management)에 대한 좀더 자세한 내용은 다음 자료를 참고. 앤소프, 전략경영실천원리, 제5부, 소프트전략경영연구원, 2002.

즉, 환경에서 부여하고 있는 요인들에 대하여 조직이 보유하고 있는 능력을 활용하여 대응하고자 할 때, 요인들을 구분하여 대응함으로써 전략적 대응을 식별할 수 있도록 전략적 사고를 촉진합니다.

구체적으로는 당면환경을 이해할 때, 이를 전체적으로 받아들이지 않고 기회요인과 위협요인으로 구분하여 대응해야 할 환경을 나누어 대응할 수 있도록 합니다.  또한 우리의 능력을 환경대응의 측면에서 강점과 약점으로 구분하여, 대응할 수 있도록 합니다.

이와 같이 기회요인과 위협요인으로 구분된 환경에 대하여, 강점과 약점으로 구분된 능력으로 전략적으로 대응할 것이 무엇인가를 찾아내기 위하여 매트릭스의 분석틀을 이용하여 대안을 구성합니다.

이러한 SWOT 분석방법의 첫 번째의 장점은 분석에 임하는 경영관리자들에게 전체적인 환경을 하나의 큰 덩어리로 살펴보던 방식에서 기회와 위협을 중심으로 구분하여 살펴보게 됨으로써, 주요한 특징적인 요인들을 중심으로 환경대응요소들을 식별할 수 있도록 하고, 대응해야 하는 환경이나 능력에 대한 판별력을 높일 수 있다는 점입니다.

또한 두 번째의 장점은 두드러지게 부각되고 있는 기회와 위협요인에 대하여 자신의 강점과 약점을 가지고 어떻게 대응할 것인가에 대한 전략적 발상이 가능하다는 점입니다.  이와 같은 장점 때문에, 규모와 업종에 상관없이 많은 조직에서 SWOT 매트릭스를 당면하고 있는 환경에 대응하기 위한 전략적 발상기법과 전략활용의 참고기법으로 널리 활용되고 있습니다.

## &lt;도표 2.7&gt; SWOT 매트릭스 작성(예시)

| S W O T<br>매트릭스<br><br>**양념통닭집<br>창업을 위한**<br>SWOT분석의 예시 | 1. 기회<br>① 높은 소비성향<br>② 영양 간식의 수요증대<br>③ 원부자재 구입방식의 개선<br>④ 기존업체들의 경영의 한계 및 전략낙후성<br>⑤ 자가용이용의 증가<br>⑥ 레저의 증가<br>⑦ 금리안정 | 2. 위협<br>① 대체제품의 경쟁압력<br>② KFC, 기존 체인점들의 경쟁압력<br>③ 대기업의 진출가능성<br>④ 타업종에서 신규진입<br>⑤ 대형외식산업 및 케이터링 서비스의 확대<br>⑥ 품질기준 규제<br>⑦ 높은 임대료<br>⑧ 초기투자, 설비비 부담<br>⑨ 금융기관의 자금경색 |
|---|---|---|
| **3. 강점**<br>① 점포주의 자질과 능력이 많다<br>② 직원관리경험이 풍부하다<br>③ 회계/재무관리, 총무, 자재 등의 업무능력 보유<br>④ 동문회 등 외부조직을 많이 거느리고 있다<br>⑤ 외국어가 능통하다<br>⑥ 은행관리능력 | **기회: 강점**<br>① 영업전략 및 경영전략을 강화한다<br>② 전문조리사를 채용<br>③ 점포를 확장 또는 보다 좋은 입지의 점포확보<br>④ 자가용 패키지 개발<br>⑤ 특별메뉴의 개발<br>⑥ 미국의 우수 프라이드치킨 체인점을 수배<br>⑦ 학생용 생일패키지<br>⑧ 세트 메뉴, 보조 메뉴 개발<br>⑨ 자금차입 | **위협: 강점**<br>① 상표권, 서비스권 등록<br>② 지역방송 홍보이벤트<br>③ 친지의 자금찬조와 합작운영<br>④ 제품제조매뉴얼 개발<br>⑤ 지역사회활동의 전개 |
| **4. 약점**<br>① 통닭점포운영 경험이 전무하다<br>② 서비스노하우가 부족하다<br>③ 자본금이 취약하다<br>④ 점포 및 시설투자에 많은 비용이 든다<br>⑤ 점포의 입지<br>⑥ 점포가 신설점포이며 규모가 작다 | **기회: 약점**<br>① 배우자의 활용?<br>② 영업지배인의 채용?<br>③ 체인점 서비스 연수 프로그램에의 참가<br>④ 조리학원의 활용<br>⑤ 영업시간의 연장(오전)<br>⑥ 아르바이트 배달사원 확보, 영업권역의 확대<br>⑦ 주기적인 홍보 이벤트 | **위협: 약점**<br>① 외식사업 전문가자문<br>② 입지조건이 좋은 곳으로 진출 |

(D. J. Park, 1997)

그러나 매트릭스의 구성을 잘못하게 될 경우에는 전략적 발상과 대안의 모색과정에서 종종 오류를 유발하게 될 뿐만 아니라, 전략내용의 특성을 잘못 편성하여 전략적 시행착오를 조장할 수 있다는 중대한 위험성이 도사리고 있습니다.

경영관리자들이 유의해야 할 SWOT 분석기법과 관련된 유의점을 살펴보겠습니다.

### ■ SWOT 분석기법의 작업품질이 천차만별

조직 현장에서 SWOT 분석기법을 수행한 결과를 보면, 작성자마다 제각기 다른 내용을 편성하고 있음을 알 수 있습니다.

<도표 2.8> SWOT 작업의 품질이 제각기 다른 이유

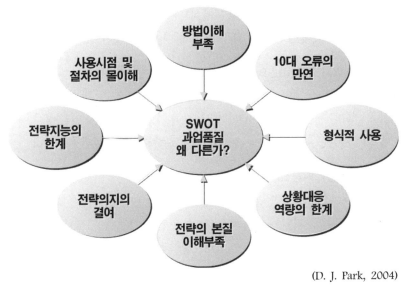

(D. J. Park, 2004)

물론, 당면하고 있는 상황이나 환경의 이해와 능력에 대한 판단이 제각기 다를 뿐만 아니라, 그러한 요인들에 대응하는 전략적 대응의 내용이나 방식들이 모두 같은 내용으로 도출될 것을 기대하기란 어렵습니다.

오히려 서로 다른 내용들을 도출하고 그러한 대안들을 토대로 전략논의를 발전시켜가는 것이 바람직하다고 할 수 있습니다.

그러나 내용이 서로 다른 것이 문제가 아니라, 작업내용의 품질이 제각기 다르다면, 작업의 전개가 혼란스럽게 될 뿐만 아니라, 잘못된 판단에 치중할 위험성도 있습니다.

<도표 2.8>에서 보는 바와 같이 작업의 품질이 다른 이유를 살펴보면, 우선 분석작업에 대한 방법의 이해가 부족하다는 점을 들 수 있습니다.

### ① 작업내용과 방법, 절차에 대한 이해가 부족하다

SWOT 분석작업을 왜하는지, 그리고 분석작업수행에 대한 실무적인 방법과 절차에 대한 지식과 논리에 대한 이해가 부족한 경우, SWOT 매트릭스의 내용편성에 대한 품질이 조악합니다.

### ② SWOT 매트릭스의 전개에 대한 10대 오류가 작용한다

SWOT 분석작업에는 그 분석의 논리와 구조적 특성 그리고 방법에 따라 실무적으로 10가지의 오류가 개입할 수 있습니다. 이에 대하여는 <도표 2.9> (p. 89)를 중심으로 살펴보겠습니다.

### ③ SWOT 매트릭스를 형식적으로 사용한다

계획수립이나 사업분석, 전략수립과 같은 작업에서 매트릭스를 활용하기는 하지만, 실천적으로 활용하기 보다는 상황의 이해를 이와 같은 내용을 했다는 식의 장식용 자료로 만들어 계획서에 삽입하는데 급급하고 형식적으로 사용하는 경우가 많습니다.

### ④ 전략의 본질을 이해하지 못한다

기업과 사업의 전략적 성과를 높이기 위한 대안을 모색하기 보다는 일상적 업무나 현재 수행중인 업무의 추진방법의 개선을 위하여 대안을 모색하거나, 자신 또는 자신의 입장을 방어하기 위하여 활용하기도 하고, 자신의 지위를 유지하는 방안을 중심으로 대안을 전략적으로 포장하는 경우가 비일비재합니다.

#### ⑤ 상황대응역량이 부족하다

근본적으로는 당면하고 있는 환경상황에 대응하기 위한 전략대안을 도출하기 위하여 SWOT 분석내용을 편성하지만, 상황대응에 대한 역량을 개선하지 않은 채로 대응방안을 편성하려고 하는 경향이 있기 때문에, 즉흥적이고 조악한 대안들을 구성합니다.

#### ⑥ 전략의지가 결여되어 있다

환경에서 유발되고 있는 다양한 해결과제들과 극복해야 하는 난제들에 대하여 철저하게 대응하고자 하는 불굴의 투지와 책임감을 집요하게 발휘해야만 그 대응방안이 모색될 상황에서도, 이를 무시하고 안이한 자세로 획기적인 대안을 그려내려고만 합니다.

#### ⑦ 전략지능을 고려하지 않고 대응한다

전략적 환경대응에는 필요한 정보와 지식, 경험들을 총 동원하여 지능적으로 대응해야 비로소 성과를 도출할 수 있는 활용 가능한 전략적 대안이 도출되지만, 그와 같은 지능적 노력을 발휘하는 일을 꺼려하면서 즉흥적인 대안을 도출하려고만 합니다.[9]

특히 이전의 모색했던 전략적 대응과 같은 일들에 대한 결과나 시행착오의 내용을 주도면밀하게 분석하여 그 결과와 경험을 축적하고 새로운 대응을 체계화하는 일을 경시하고 새로이 전개하는 SWOT 분석작업과 연계하여 전개하지 않으므로 전략적 지능이 제대로 발휘되지 못합니다.

#### ⑧ 사용시점 및 절차를 이해하지 못한다

마지막으로 SWOT 분석작업을 언제 수행할 것인지, 어떻게 활용해야 하는지, 그리고 그 대안들이 도출되었을 경우, 어떻게 실천적 행동계획으로 발전시킬 것인지에 대하여 실무적으로 잘 알

---

[9] 전략대안의 지능적 점검에 대하여는 이 책의 자매서 「전략포맷」 (소프트전략경영연구원, 2008)을 참조

지 못한 채로 작업에 임합니다.

### ■ SWOT 분석기법의 활용과 관련된 10대 오류

뿐만 아니라 작업전개에 있어서 현장에서 주목해야 할 다음과 같은 주요한 10가지의 오류들이 작용합니다.

이러한 오류는 경영관리자 뿐만 아니라 전문 컨설턴트들도 종종 경험하고 있는 주요한 SWOT 기법과 관련된 주요오류이므로 특히 유의할 필요가 있습니다.

<도표 2.9> SWOT 작업의 10대 오류

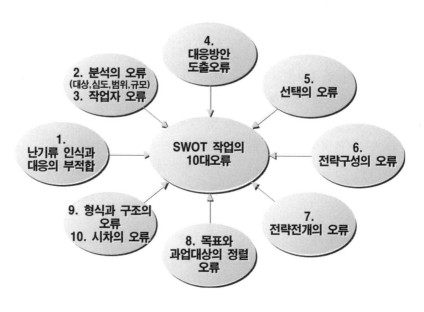

(D. J. Park, 2004)

① 난기류 인식과 대응의 부적합에 따른 전략내용편성의 오류

우선, 첫 번째 주목해야 할 오류는 대응해야 할 주요한 환경요인이나 전략적 과제들에 대하여 그것이 어떠한 난기류 조건에 속

하고 있는 것인지에 대한 판별을 하지 않고, **환경변화의 속성과 무관하게 평이한 조건하에서의 대안을 모색하려고 하는 것입니다.**

예를 들어, 난기류 수준이 높아져서 불확실성이 높고, 급속하게 변화하고 있는 환경상황 하에서의 기회요인과 위협요인의 분류는 사실상 불가능할 경우가 종종 있습니다.  이와 마찬가지로 조직의 강점과 약점의 상대적 분류도 용이하지 않습니다.

더욱이 불확실성이 증가하고 있는 상황하에서 대안을 모색할 경우, 그에 따라 전략적 대안의 속성 또한 불확실한 내용을 포함하게 되므로, 전략적 대안이 구체적으로 등장하지 못할 수 있습니다.  이와 같은 경우에는 SWOT 매트릭스의 오른 쪽 하단의 4가지 영역에 대하여 전략적 대안들이 제대로 구성되지 못할 가능성이 많습니다.

결국, 난기류가 낮은 상황에서의 SWOT 전략모색의 내용과 난기류 상황이 높은 경우에서의 SWOT 전략대응의 내용은 다르게 편성되어야 함에도 그에 대한 대안을 구분하지 못하게 됨으로써 전략적 대응의 내용편성과 전개의 오류를 유발할 수 있습니다.

② **분석의 오류가 작용한다**

SWOT 작업을 수행하는 과정을 유심히 살펴보면, 대상과 심도, 범위, 규모에 대하여 어떻게 구분하고 대응할 것인지에 대하여 불분명합니다.

형식적으로는 기회와 위협, 강점과 약점으로 구분하여 대응할 수 있는 것처럼 보이지만, 구체적으로 사업대상이나 심도, 대응의 범위와 규모를 정의하지 않을 경우, 무엇을 분석하는지에 대한 목적과 내용의 혼란을 가져오게 됩니다.

환경요인에 대한 분석에서 종종 이러한 문제가 유발됩니다. 예를 들면, C사업을 수행하는 기업에서 특별한 근거나 전략적 타당성과 무관하게 A사업에 대한 검토가 종종 논의되는 까닭은 분석은 하되 분석대상에 대한 선행적 점검을 하지 못하게 되는 분석오류가 종종 등장합니다.

③ 만연되어 있는 작업자의 오류

SWOT 분석작업에서 종종 등장하는 오류로, 작업에 참여하는 사람들의 동기, 이해관계 등이 작용하여 환경이나 기업의 능력에 대하여 편향적으로 바라보기도 하고, 또는 추진해야 할 전략대안들을 도출하는 과정에서 그 대안들이 실행될 경우, 자신이 불편해지거나 자신에게 불리하게 될 과업이나 사업내용들을 의도적으로 기피하는 등의 작업의 내용과 전개를 왜곡하는 오류입니다.

④ 대응방안 도출의 오류

대응방안의 도출에서는 새로운 환경의 도전과제나 대응과제들에 대하여, 본질적이고 핵심적인 전략대안을 도출해야 하지만, 그에 대한 가이드라인이 없을 경우, 반드시 추진해야 할 전략적 대안들과는 상관없이 오히려 잡다한 일을 만들어내는 대안들을 구성하기도 하고, 앞으로 신속히 나아가야 할 중대한 상황 하에서, 주변을 청소하는 듯한 종류의 잡다한 대안을 편성하기도 합니다.

더욱이 명확하게 기회요인으로 판명되어 신속히 대응을 해야 할 대안을 도출해야 할 국면에서 기회를 방임하거나 소극적 대안을 편성할 경우에도 그에 대한 검증의 수단이 없기 때문에, 도출된 대안의 내용을 제대로 점검할 수 없습니다.

⑤ 선택의 오류

SWOT 전략대안이 도출되면, 매트릭스의 오른쪽 하단의 기회/강점(SO), 위협/강점(ST), 기회/약점(WO), 위협/약점(WT)에 대한 대응전략을 구분하여, 우선적으로 실시하거나 중점적으로 대응하고자 하는 판별을 합니다.

예를 들면, 기회/강점에 해당하는 전략대안을 중점적으로 추진한다는 식의 발상입니다.

환경에 대하여 우리 조직만 대응한다면, 그것도 일리가 있지만, 우리가 대응하고자 하는 기회/강점에 해당하는 대안들은 우리의 경쟁조직 또한 마찬가지의 입장이 됩니다.

이와 같은 경우, 결국 전략적 대응이라고 하여도, 서로 비슷한 대안들을 가지고 시장에서 비슷한 경쟁을 하는 셈이 되므로, 결과적으로는 대동소이한 전략들이 시장에서 난무하게 되어 전략적 성과는 크게 기대하지 못하는 현상들이 초래됩니다.

반면에 위협/약점에 해당하는 대안들은 무시될 수도 있지만, 그러나 좀더 넓게 본다면, 우리의 위협/약점은 우리의 경쟁상대도 유사한 상황에 처하기 때문에, 비슷한 생각을 하고 있는 상황이라면 오히려 이에 대한 대책을 좀더 신중히 고려할 필요가 있습니다.

이와 같이 선택의 원칙을 잘못 편성하면, 가장 전략적일 수 있는 대안이라 할지라도 그 전략이 역설적으로 가장 비전략적으로 전락할 수 있는 소지가 있습니다.

### ⑥전략구성의 오류

전략구성은 SWOT 매트릭스의 핵심적인 과업수행의 목표이지만, 종종 전략의 내용구성을 점검하지 못하게 될 경우가 종종 등장합니다.  예를 들면, 전략적 과제를 편성해서 그에 대응해야 한다는 식의 대안이 전략대안처럼 포장되는 경우를 들 수 있습니다.

구체적인 예를 들자면, 영업부진을 극복하기 위한 대안을 모색하는 과정에서, 영업망을 확충해야 한다는 전략적 과제가 도출될 경우, 이를 그대로 옮겨 쓰고, 영업망 확충을 영업부진의 해결을 위한 전략대안으로 구성되는 경우를 들 수 있습니다.

만약 이와 같은 경우, 가격이나 품질, 또는 사업내용을 수정하는 것이 전략대안이었다면, 이 조직은 잘못된 전략대안을 전개하게 되는 것이 자명할 것입니다.

### ⑦전략전개의 오류

더욱이 SWOT 전략대안들이 모색된 다음에, 그 대안들을 구체적인 전략전개를 위한 기획안으로 발전시키는 과정에서 점검수단과 전개기법이 결여되어 있기 때문에 전략전개의 오류가 종종 등장하게 됩니다.  이는 마치 기발한 발상을 내어놓고, 그럴 듯한 계획안으로 편성한 다음, 현실적으로는 그림의 떡으로 전락해버리는 신드롬과 같습니다.

더욱이 대부분 환경추정에 따라 도출한 기회와 위협요인들에 대하여 구체적인 수단을 모색하고자 하는 전략전개의 작업은 추정과 현실에서 늘 괴리가 발생합니다.  이와 같은 괴리를 극복할 수 있는 실천적 방안이 결여되어 있을 경우, 종종 현실적으로 전략전개는 사실상 불가능한 것으로 받아들이게 됩니다.

### ⑧목표와의 정렬 오류

SWOT 전략대안을 모색할 경우, 추진목표나 방향을 미리 설정해놓지 않을 경우, 전략대안들이 제각기 다른 규모나 방향, 내용, 수준으로 편성되기 때문에, 이를 조직화하는 과정에서 목표와의 정렬 또는 조정을 위한 작업이 후속적으로 대기하게 됩니다.

이 경우, 목표와의 정렬을 위한 작업이 방치될 경우, 모처럼 검토된 중대한 전략대안들이 살아서 실천되지 못하고, 자료의 형태로만 남아서 대응시기를 놓치게 되는 경우가 종종 있습니다.

따라서 작업을 실시하기 전에 잠정적 목표와 방향을 잡아서 전략대안을 모색할 수 있도록 하지 않을 경우, 작업내용의 실용성이 대폭 저하됩니다.

물론 SWOT 작업을 통하여 새로운 목표를 설정할 수도 있습니다. 목표설정에 대한 전략적 검토를 하지 않을 경우, SWOT 작업에서 잘못된 목표를 도출하고 그에 따라 잘못된 목표를 설정할 수 있다는 점에 유의할 필요가 있습니다.

### ⑨형식과 구조의 오류

SWOT 분석작업의 실제에서 기본적인 두 가지의 맹점이라고 할 수 있는 형식과 구조의 오류, 그리고 시차의 오류는 SWOT 작업을 수행하거나 지휘할 때, 특히 유의할 필요가 있습니다.

이 매트릭스의 형식과 구조는 기본적으로 2분법 분석논리로 편성되어 있습니다.

우선 당면하고 있는 환경에 대하여 기회와 위협으로 구분하는 방식은 기회도 위협도 아닌 환경요인을 고려대상에서 제외할 소지가 있습니다. 만약 기회도 위협도 아니지만 반드시 대응해야 할 환경요인이 있다면, 그러한 환경요인은 어디엔가 반드시 잡아 넣지 않을 경우, SWOT 매트릭스의 검토대상항목에서 처음부터 배제될 수밖에 없게 됩니다.

이와 마찬가지로 능력요인을 살펴볼 때에도, 강점도 약점도 아니지만, 우리 조직의 핵심적 기능이 반영되어 환경에 대응해야 할 경우, 핵심적 기능의 전개를 통한 환경대응을 모색할 기회가 배제됩니다.

더욱이 매트릭스 자체의 구조적 특성 때문에 S, W, O, T의 항목에 기입되지 못할 경우에는 그에 대응하는 전략적 대안은 모색대상에서 처음부터 배제되는 구조적 결함을 내포하고 있습니다.

이러한 문제점을 극복하기 위하여 다음에 설명될 New SWOT 매트릭스를 활용합니다.

### ⑩시차의 오류

SWOT 매트릭스의 환경요인, 즉 기회와 위협에 대한 판단은 현재(T1)시점에서부터 대응하고자 하는 시간의 지평, 즉 가까운 미래시점(T2)에 대한 추정을 고려하여 식별해냅니다.

그러나 우리의 능력은 현재까지의 시점(T1)에서 강점과 약점을 분별합니다.

그리고 대응해야 할 전략의 내용의 편성은 대응하고자 하는 시점(T2)에서 대응할 내용입니다.

여기에서 시점의 격차가 발생합니다. 시점의 격차는 바로 상황의 격차를 의미합니다. 즉 T2의 상황에 대응하는 논리가 T1의 상황분석을 토대로 모색되는 것입니다.

만약 T1의 상황과 T2의 상황간의 격차가 별로 없다면, 현재 모색된 전략은 제대로만 편성되었다면, 주효하게 될 수도 있습니다. 그러나 환경의 변화정도나 변화의 속도가 변화하여 환경의 난기류가 증대하여, T2의 시점에서의 상황이 T1의 상황과 많이 다른 경우라면, SWOT 분석작업에서 논의된 전략은 재구성되어야 할 것입니다.

그러한 점을 고려하지 않을 경우, SWOT 전략대안은 거의 초보적 참조수단에 지나지 않게 되기 때문입니다.

이상으로 SWOT 분석기법과 관련하여 유의해야 할 품질과 오류에 대하여 살펴보았습니다. 다음 장부터는 이와 같은 오류를 극복하기 위한 방법적 대안으로써 경영관리자가 활용할 수 있는 혁신적 전략대응기법으로 New SWOT 전략기법과 SIS 기법의 절차를 살펴보도록 하겠습니다.

# 제3장
# 뉴스와트 전략과
# 전략적 과제 해결기법 기초

## New SWOT Strategy &
## Strategic Issues Solution Program 2.0

경영관리자들이 당면하는 전략적 과제들에 대하여 효과적으로 대응할 수 있는 실천적 경영관리기법을 체계화시킨 SIS 프로그램과 뉴스와트 전략기법은 미국에서 필자를 중심으로 연구 동료들과 2002년도부터 2년간에 걸친 연구와 현장적용의 테스트를 통하여 개발되었습니다.

국내에는 2005년부터 소개되어 국내의 초일류 기업 및 전략 컨설턴트들에게 소개되어 활용되고 있으며, 정부부문에서는 2006년부터는 농림부 정책 간부의 혁신전략기획 교육과정으로 선정되어 교육을 실시하고 있습니다.

또한 일부 정부부문의 EA 프로젝트에서 목표설정에 관한 의사결정의 To-Be Model로 제시되고 있는 탁월한 전략적 과제 분석 및 대응기법입니다.

제3장~6장까지 살펴볼 뉴스와트전략 2.0에서는 2005년도에 발표한 뉴스와트전략 내용을 조직내에서 활용하기 쉽도록 도표작성 및 작업방법을 보완하는 한편, 작업품질을 향상하기 위하여, 일부 작업절차를 추가하였습니다. 이전에 학습하신 분들께서는 뉴스와트 2.0에서 새로 보완된 장표와 절차의 내용을 추가적으로 학습하시기 바랍니다.

## 제3장의 개관

　제3장에서는 경영관리자와 조직구성원들이 업무의 현장에서 일상적으로 전개하는 기존의 문제해결논리를 분석하고 문제인식의 관점을 개선하여 보다 높은 성과를 올릴 수 있는 새로운 형식의 문제해결 논리와 실천적 프레임워크를 제시합니다.

　여기에서 주목해야 할 관점은 다음과 같습니다.

1. 현상을 피상적으로 파악하지 않고 핵심현상과 원인 및 조건, 그리고 파생적 연관관계를 구조적으로 인식하여 대응한다.

2. 문제현상의 구성요소를 분석하고 당위적 인식을 제고한다.

3. 우리의 환경대응행동의 실제를 살펴보고 단순 직접대응 방식 이외에 예비대응과 수정대응, 본격대응이라는 단계별 대응행동에 대한 이해를 통하여, 각 대응행동의 전개과정을 관리함으로써 환경대응성과를 높인다.

4. 약한 신호의 환경변화에 대하여 그 내용이 명확하게 파악될 때까지 기다리지 말고, 일단 과제로 선정하여 예비대응을 전개하고 후속적인 작업을 추진할 수 있도록 대응의 적극성을 발휘한다.

5. 기존의 SWOT분석에 의한 전략적 대응기법의 논리와 전개과정에서의 오류를 극복하고 절차와 방법을 혁신적으로 개선하는 새로운 전략적 과제해결기법을 전개한다.

6. 당면과제와 환경인식의 관점을 경쟁의 관점, 성장의 관점, 당위의 관점, 대응 타이밍의 관점으로 구분하여 이에 대응한다.

7. 당면과제의 수행방법을 단순수행방식에서 평가수행방식으로 혁신한다.

8. 전략적 과제의 진단과 대응행동의 전개 프로세스를 관리하여 모범적 전략대응을 전개한다.

# 전략적 과제 해결기법

## 1. SIS 프로그램

전략적 과제 해결기법은 기업조직 및 정부조직의 현장에서 경영관리자들이 일상적으로 당면하는 전략적 과제들에 대하여 효과적으로 대응할 수 있도록 하기 위하여 개발한 실천적 경영관리기법입니다.

### ■ 계획수립과 실행의 기존 경영관리 방식에서의 문제점

대부분의 정부 및 기업조직의 경영관리자들이 전개하고 있는 경영관리의 방식은 계획을 세우고 그에 입각하여 실행하고 평가하는 방식, 즉 PDS(Plan-Do-See) 사이클에 의한 경영관리방식을 적용하고 있습니다.

전형적으로는 금년도의 사업은 전년도에 수립한 계획에 입각하여 사업활동을 전개하고 내년도 사업은 금년도에 수립한 계획에 의하여 전개합니다. 각 조직에서 수행하는 사업의 평가 원칙과 기준 또한 이와 마찬가지의 논리로 적용됩니다.

이와 같은 PDS 경영관리의 방식은 환경이 급변하지 않고, 비연속성이 낮은 상황에서는 효과적으로 전개될 수 있습니다. 그러나 환경의 복잡성이 증대하고, 난기류 수준이 높아지게 되면, 계획의 정확성은 떨어지게 되고, 조직은 환경대응성과는 떨어지게 됩니다. 이와 같이 예상하지 못한 다양한 문제들의 등장에 따른 상황과 현상에 어떻게 대응하는가에 따라 조직의 성과가 달라집니다.

앤소프 교수님은 기업조직에서 전략적 환경대응을 전개하고자 할 때, 현실적으로 당면하게 되는 두 가지의 문제점에 대하여 주목하여 이미 1980년대에 실천적 대안을 제시하였습니다.

## ■ 불확실성에 어떻게 대비하여야 하는가?

첫 번째의 문제점은 기업이 당면하게 될 미래상황에 대하여 주도면밀하게 예측과 분석을 하고, 전략을 수립하여 필요한 전략자원들을 재배치하고 전략을 실행하고자 할 경우에, 종종 당면하게 되는 문제현상들 중에 근본적으로 대응이 어려운 불확실한 미래환경에 대한 환경인식이 쉽지 않다는 점입니다.

그리고 두 번째의 문제점은 그와 결부하여 전략계획의 수립과 대응과 관련된 기업의 환경대응절차에서 유발되는 문제였습니다.

즉, 미래환경에 대비하고자 할 때, 아직 '미래의 상황전개가 제대로 파악되지 못하고 있는 상황 하에서 어떻게 환경에 대비할 것인가?'의 문제는 대부분의 조직에서 골칫거리로 등장하고 있었으며, 불확실성에 대비하기 위한 확실한 대응방안을 모색하는 일은 어떠한 조직에서건 쉽지 않은 일입니다.

환경상황에 대한 전체상에 대하여 식별하지 못하고 부분적으로만 정보를 확보하게 되거나, 또는 중요한 환경정보가 아직 신호가 미약하여 제대로 파악할 수 없을 경우, 조직에서는 그에 대하여 명확한 의사결정을 내리기 어렵게 됩니다. 만약, 불확실한 정보에 기초하여 중요한 전략적 의사결정을 내리게 된다면, 불확실성에 따른 리스크를 더욱 높일 수 있을 뿐만 아니라, 오히려 상황을 잘못 전개시킬 수도 있기 때문입니다.

따라서 환경에서 발신되고 있는 정보의 신호가 미약할 경우에는 완전한 형태의 정보를 확보하여 대응하는 방식과는 다른 형태의 대응이 필요하게 됩니다. 예를 들면, 정보의 부족에 따른 리스크에 대하여, 리스크를 최소화하기 위한 방법을 동원하거나, 전략적 이슈들을 관리하거나 또는 약한 신호에 대응하기 위하여, 위협과 기회에 대한 대응능력을 강화하는 조치들을 강구합니다.10)

---

10) 리스크 대응 인식과 대응 프로세스에 관한 실천적 절차와 방법론은 김승렬,

따라서 앤소프 교수님은 이에 대한 대응성과를 높이기 위하여 예측할 수 없는 변화에 대비하기 위한 경영대응의 방법으로, 조직의 경영형태에 따라 당면하게 되는 위협과 리스크 속에서의 대응절차를 개선하기 위한 약한 신호(weak signal) 하에서의 전략대응과 전략적 중점과제 경영(SIM: Strategic Issue Management)이라는 탁월한 개념과 절차적 방법을 소개하였습니다.[11]

이에 대한 논의를 전개하기 전에, 이 책에서 서술하는 전략적 과제해결에 대한 독자의 이해를 명확히 하기 위하여 이 책에서 사용하고 있는 문제와 과제(issue)에 대한 정의를 먼저 간략히 살펴볼 필요가 있습니다.

### ■ 문제란 무엇인가?

경영현장에서 당면하게 되는 수많은 문제들에 대하여, 경영관리자가 그 개념과 정의를 명확하게 내리지 못할 경우, 현실적으로는 문제현상에 대한 판단에 혼란이 유발됩니다.

심지어는 당면하고 있는 모든 것이 다 문제라고 생각하기도 하고, 또는 해결해야 할 일들이 모두 문제라고 간주하기도 합니다. 그러나 경영관리자가 문제라는 것에 대하여 이와 같이 애매한 판단으로 문제를 대하게 되면, 그 해결과정이나 대응행동에서도 애매한 행동이 전개되어 문제해결의 성과를 관리하는데 어려움이 있습니다. 따라서 무엇이 문제인지에 대한 정의를 경영관리자가 명확히 하는 것이 중요합니다.

문제에 대한 개념의 정의는 당면하고 있는 상황과 문제의 속성에 따라 다양하게 내려질 수 있습니다. 그러나 이 책에서는 경

---

박동준, 전략적 위기경영-실천기법, 소프트전략경영연구원, 2008 참조

[11] H. Igor Ansoff and M. McDonnell, Implanting Strategic Management, Prentice-Hall, 1992, 박동준 역, 전략경영실천원리, 제5부 리얼타임의 전략적 대응, 소프트전략경영연구원, 1997.

영관리자의 업무를 중심으로 다음과 같이 문제의 개념정의를 내리도록 하겠습니다.

---

**문제의 개념정의**

문제란 목표 또는 바람직한 수준이나 기준에서 벗어나 있는 정도나
차이(Gap)를 말한다.

---

문제란 목표 또는 바람직한 수준이나 기준에서 벗어나 있는 정도나 차이(Gap)라고 정의됩니다. 이와 같은 정의는 차이분석에서 설명되고 있는 문제에 대한 정의를 따른 것입니다. 따라서 문제해결이란 그 차이를 최소화하거나 또는 그러한 편차치를 해소하는 일을 의미합니다.

이와 같은 정의를 따라 살펴본다면 동일한 현상이라도 목표나 기준이 달라지면, 문제현상으로 등장할 수도 있게 됩니다. 흔히 동일한 현상을 보면서도, 그 현상을 바라보는 사람들마다 '문제가 된다, 또는 아니다'에 대한 견해가 나뉘는 근본적인 이유는 문제 자체가 현상에 따라 달라지는 것이 아니라 문제성립의 기준에 따라 달라지기 때문입니다.

따라서 경영관리자는 문제성립의 기준을 명확히 하는 것이 중요합니다.

이와 같은 정의에 따라 문제를 파악하게 된다면, 문제현상을 바라보는 시각과 관점이 명료해집니다. 그것은 문제 그 자체에 초점을 맞추는 것이 아니라 문제해결의 관점에서 무엇이 문제의 본질이며, 그 내용이 무엇인가에 대하여 좀더 주목하도록 하기 때문입니다.

예를 들어, A라는 조직구성원이 임금수준이 낮기 때문에 문제라고 이야기 하는 경우, A가 생각하는 바람직한 임금수준이 무엇인가를 명확하게 제시하지 못할 경우, 현재의 임금수준이 얼마나

낮은 것인지를 알 수 없게 되며, 따라서 정확한 문제의 해석이 되지 못한 채로, 막연하게 문제시하고 있음을 알 수 있습니다.

만약 본인에게 바람직한 임금수준이 파악되었다면, 현재 받고 있는 임금수준과의 차이를 명확히 할 수 있게 되며, 예를 들어 1천만원이 낮다고 한다면, 현재 받는 수준이 문제가 아니라 못 받고 있는 1천만원이 문제라는 점을 알 수 있게 됩니다.

그렇다면 그 1천만원을 더 받고자 한다면 무엇을 해야 할 것인가를 찾아내고 실현시켜 1천만원을 더 받을 수 있도록 하는 것이 바로 문제해결행동이 되는 것입니다. 그러한 문제의 성립기준이 고려되지 않고, 막연히 임금이 낮다고 하는 것은 문제상황을 혼란스럽게 할 뿐만 아니라 그 해결방안도 명확하지 않기 때문에, 문제의 해결성과도 낮게 됩니다.

또 다른 예로, 현재 매출수준이 낮다면, 어느 수준이 바람직한 수준인지를 파악하고 그 미달수준이 얼마인지를 파악해서 부족분에 대한 해결방안을 움직이도록 합니다. 따라서 경영관리자는 조직구성원들과 함께 문제에 대한 기본적인 관점을 명확히 하고 그 문제해결과 대응의 관점에서 문제에 대한 기준과 차이극복방안을 동원할 수 있도록 하는 것이 중요합니다.

이와 같은 문제개념의 정의에서 유의해야 할 점은 문제의 기준이 무엇인가에 대한 개인적 판별능력과 관점의 차이에 따라 문제 판별과 대응현실이 좌우된다는 점입니다.

예를 들어 현실안주형 관점을 가진 경영관리자는 문제성립의 기준을 낮게 설정하지만, 새로운 현실을 창조하려는 경영관리자는 현재의 기준을 버리고 새로운 기준을 설정하거나 현재의 기준을 더욱 강화함으로써 문제성립의 내용을 변화시켜갑니다.

따라서 현실에 안주하는 현상을 거부하고 새로운 창조를 전개하는 발상과 행동을 촉진하게 됩니다.

## ■ 문제해결의 방법적 논리

문제해결에는 문제를 둘러싸고 있는 여러 가지 요인과 문제특성에 따라 그 해결방법이 달라집니다.

논리적으로는 문제가 발생하면 그것을 근본적으로 해결하는 것을 문제해결이라고 상정하지만, 현실적으로는 <도표 3.1>에서 보는 바와 같이 문제에 대하여 그 해결의 수준을 구분하여 보면, 문제해결의 주체와 상황, 그리고 그 해결방법과 내용이 제각기 다릅니다.

<도표 3.1> 문제의 특성에 따른 대응방법과 해결의 수준

| 문제해결의 수준<br>문제대응의 방법 | | 문제해결의 정도 | | | | |
|---|---|---|---|---|---|---|
| | | 최소해결 | 증상해결 | 발본해결 | 재발방지 | 사전방지 |
| 최소자원<br>투입 | 최소희생 | | | | | |
| | 희생유발 | | | | | |
| | 희생불문 | | | | | |
| 적정자원<br>투입 | 최소희생 | | | | | |
| | 희생유발 | | | | | |
| | 희생불문 | | | | | |
| 최대자원<br>투입 | 최소희생 | | | | | |
| | 희생유발 | | | | | |
| | 희생불문 | | | | | |

(D. J. Park, 2007)

근본적으로 문제의 해결에는 문제해결에 투입되는 시간, 자원, 노력과 같은 문제해결행동과 투입자원이 필요합니다. 아무리 머릿속으로 문제를 해결해야겠다고 수없이 생각하고 있어도, 그에 대한 대응행동이 전개되지 않으면, 자발적 문제해결은 불가능합니다.

　다행스럽게도 상황이 호전되어 문제현상이 경미해지거나 또는 소멸되는 경우도 있지만, 이와 같은 경우에도 상황에 대응하는 적극성이 결여될 경우, 상황에 대한 대응성과는 떨어지기 마련입니다.

　경영관리자가 이에 대하여 특히 주목할 점은 문제해결에 대한 행동을 전개할 경우, 투입노력과 자원의 투입과 관련하여 기회적 관점을 고려해야 한다는 점입니다.

　즉, 문제의 발생과 당면하고 있는 문제의 해결에 따라, 그것이 또 다른 성공이나 실패를 유발하는 계기로 작용하는 현실에 유의할 필요가 있습니다.

<도표 3.2> 문제고려의 10원칙

| |
|---|
| 1. 문제는 언제나 생긴다. |
| 2. 문제는 어디에서나 항상 생긴다. |
| 3. 문제는 누구에게나 항상 생긴다. |
| 4. 문제는 생성되어 진행하고 발전하고 소멸된다. |
| 5. 문제를 해결하고 있는 동안에도 관련된 문제가 또 생긴다. |
| 6. 모든 문제를 다 해결할 수는 없다. |
| 7. 문제가 문제를 만든다. |
| 8. 문제에는 반드시 원인과 과정, 그리고 결과가 있다. |
| 9. 문제에는 구조와 특성이 있다. |
| 10. 문제가 사람에게 해결을 요구하기도 하지만, 사람이 문제를 이용하여 자신의 개인적 목적을 달성하기도 한다. |

(D. J. Park, 2004)

　대부분의 성공과 실패는 당면하고 있는 문제에 대하여 어떻게 대응하고 있는가에 따라 좌우됩니다.

　경영관리자가 당면하고 있는 문제현상을 유심히 살펴보면 당면하고 있는 하나의 문제가 새로운 문제를 유발하기도 하며, 심지어는 문제의 내용과 규모가 시간의 경과에 따라서 확대되기도 합니다.  더욱이 당면하고 있는 하나의 문제를 제대로 해결하지 못할 경우, 그 문제는 없어지지 않고, 그대로 현실에 용해되어 지속적으로 작용하며 경영관리자와 조직구성원들의 성과에 영향을 미치게 됩니다.

따라서 경영관리자가 문제의 등장에 대하여 그 해결을 지연하고 방치하거나 방임하고 있을 경우, 문제는 방임된 채로 대기하는 것이 아니라 지속적으로 변화하면서 조직성과에 중대한 영향을 미치게 되거나 또는 심각한 경영위기에 직면하게 됩니다.

### ■ 문제의 출발점

경영관리자가 당면하고 있는 문제현상들의 인지는 대부분 당면하고 있는 환경과 그에 대응하는 환경대응주체의 대응행동에서 시작됩니다.  때로는 당면하고 있는 문제현상을 제대로 인식할 수도 있으며, 때로는 여러 가지의 문제가 상존하고 있지만, 인식하지 못할 수도 있습니다.

문제에 대한 대응을 전개하는 일은 문제의 인식에서 출발하므로 만약에 문제인식을 제대로 하지 못한다면, 그 해결을 제대로 해낼 수 없게 됩니다.

일반적인 경우, 사람들의 보편적인 행동은 보편적인 행동의 법칙에 지배받는 경향이 있습니다.  예를 들면, 새로운 것에 대한 호기심을 보이거나 또는 배척하는 행동경향을 보이는 현상을 목격할 수 있습니다.  이와 마찬가지로 자신에게 불편한 행동이라도 이미 자신에게 익숙해진 습관에 대하여는 무의식적으로 그 행동을 반복하는 행동들도 목격됩니다.

다른 사람의 관점에서 볼 때에는 '도대체, 왜 그러한 일들을 반복하고 있는 것일까?' 하고 의문이 당연시되는 경우에도, 본인은 전혀 문제 삼지 않는 경우도 있습니다.

자신과 상황에 대하여 바라보는 관점 또한 이와 유사한 경향을 보일 수 있습니다.  따라서 경영관리자가 문제현상에 대하여 의식적으로 주목하지 않을 경우, 중요한 문제현상을 간과하거나 방임할 수 있게 되고 자신과 조직의 성과를 개선하는 일에서 반복적 실패를 경험하게 됩니다.

이와 같은 일을 예비하기 위하여 경영관리자는 당면하고 있는 문제들을 의도적으로 발견해내고 이를 박멸하고자 하는 강력한 의지를 발휘하여 대응하는 것이 중요합니다.

따라서 경영관리자가 당면하고 있는 문제에 대하여 적극적으로 대응하고자 할 때, 현실적으로 어떠한 것에 초점을 맞추어 문제를 발견해내고, 그에 대응할 것인가에 대한 방법론을 명확히 갖출 필요가 있습니다.

이제부터는 그러한 방법론을 터득하고 자신의 것으로 명확히 만들어내기 위한 기법을 살펴보도록 하겠습니다.

## ■ 문제의 인식과 문제해결의 단계

우선 경영관리자가 당면하고 있는 문제에 대응하고자 할 때, 문제에 대한 관점을 새롭게 할 필요가 있습니다.  앞에서도 언급한 바와 같이, 문제는 추구하고자 하는 목표, 또는 바람직한 수준에서 미달되고 있는 차이의 정도라고 정의하였습니다.

경영관리자들이 당면하고 있는 문제들은 일상적인 업무활동에서 유발되는 문제들과 새로운 사업이나 업무의 전개에서 유발되는 문제들로 구분할 수 있습니다.

이러한 문제들은 대부분 그 문제를 유발하고 있는 원인이나 요인들이 있으며, 그러한 요인들에 대응하지 않을 경우, 문제현상은 지속적으로 유발되기 마련입니다.

만약 당면하고 있는 문제현상에 대하여 그 원인이나 문제현상에 영향을 미치고 있는 요인들을 명확히 파악할 수 있다면, 문제해결기법을 동원하여 그에 대응합니다.

그러나 문제의 현상이 단순하게 전개되지 않고, 복잡하게 얽혀 있어서 문제의 인식이 불명확하게 될 경우에는 이와 같은 단순논리를 적용하는 것이 어렵게 됩니다.

더욱이 외부적 환경의 변화와 연관되어 문제가 지속적으로 등장하는 경우, 이를 해결해야 하는 책무를 지닌 경영관리자가 복잡한 환경요인에 대응해야 할 경우에는 기존의 문제해결의 기법에서 제시하는 문제인식과 대응논리를 전개하는데 어려움을 경험하게 됩니다.

따라서 이에 대한 체계적인 대응기법을 전개할 필요가 있습니다.

### ■ 문제의 인식수준을 향상시켜야 한다

특히 문제의 인식수준을 대폭적으로 향상할 필요가 있습니다. 경영관리자가 당면하고 있는 수많은 문제현상의 대응을 위하여 문제현실을 파악하는 현실적 방법으로 무엇이 문제인가를 파악하는 방법과 무엇이 당면하고 있는 과제인가를 파악하는 방법으로 구분해볼 수 있습니다.

과제(課題)는 당면하고 있는 문제를 해결하기 위하여 구체적으로 해결하거나 대응해야 할 문제를 말합니다. 따라서 과제는 문제를 실천적 측면에서 보다 구체화하여 대응해야 할 문제들로 구분한 것입니다.

따라서 문제를 둘러싸고 있는 현상과 대응의 관점에서 볼 때, 경영관리자가 택할 수 있는 실천적 노하우는 문제해결을 위하여 과제에 초점을 맞추는 것이 한결 유용할 뿐만 아니라 그 대응의 관리가 용이합니다.

경영관리자가 대응해야 하는 문제해결의 단계는 다음 <도표 3.3>과 같이 살펴볼 수 있습니다.

<도표 3.3>에서 알 수 있는 바와 같이, 일반적 문제해결의 기법들은 당면하고 있는 문제현상에 초점을 맞추어 문제해결의 방법을 찾아내고 대응하는 논리로 구성되어 있는 반면, 도표의 아래쪽 전략적 문제해결에서는 당면하고 있는 환경의 상황을 분석하여 전략적 과제를 파악하여 그에 대응함으로써 경영관리자의 경영성과를 제고합니다.

<도표 3.3> 일반적 문제해결과 전략적 문제해결

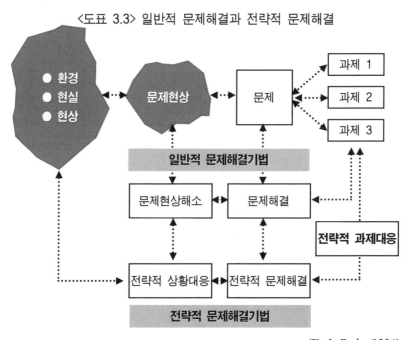

(D. J. Park, 2004)

이와 같이 경영관리자는 이제부터 당면하고 있는 문제현상을 인식하고 대응함에 있어서 기존의 방법에서 크게 개선하여 전략적 문제해결의 성과를 높일 수 있도록 하기 위하여 자신과 조직구성원들의 역량을 강화할 필요가 있습니다.

## ■ 미해결 전략적 과제들이 기업성과를 저해한다

전략적 중점과제(strategic issue)란 '기업이 목표를 달성하기 위한 능력에 중대한 영향을 미칠 수 있는 조직내부 또는 외부에서 조만간 발생하게 되는 과제'를 말합니다.[12]

이와 같은 전략적 과제들은 그 내용 및 대상에 따라 정기적인 전략계획, 예를 들면 5개년 전략계획이나 차기 전략계획에 반영되어 대응을 전개할 수도 있지만, 여러 가지의 이유에서 전략계획 과정에 반영되지 못하여 그 대응이 방치되고 있는 전략적 과제들도 있습니다.

이해하기 쉽게 조직 내부적으로 또는 외부 환경적 요인에 의하여 우리 기업에서 처리해야 할 전략적 과제들이 매월 한 가지씩 등장한다고 가정해보겠습니다. 그렇다면, 1년 동안 처리해야 할 전략적 과제들은 12개의 새로운 과제들이 해결해야 할 과제의 재고로 쌓이게 됩니다. 이와 같은 과제들에 대하여 대응하지 않고 있다면, 내년도 사업계획까지 기다렸다가 수행할 수 밖에 없습니다. 그것은, 기존의 사업계획의 수립 및 대응에 대한 시스템이 그와 같이 편성되어 있기 때문입니다.

즉, 이와 같은 조직에서는 무엇인가 새롭게 대응해야 할 일들이 등장을 해도, 내년의 사업전략, 또는 사업계획을 수립하는 것은 금년 12월경까지 작업을 해서 확정을 하고 내년 사업추진에 필요한 경영자원을 조직화하고 배분합니다.

그러나 새로운 1년이 진행되는 동안, 환경의 부단한 변화에 따라 등장하고 있는 새로운 전략적 과제들 중에는 전년도에 미처 고려하지 못하여 그 대응방안을 마련하지 못한 것들이 있기 마련입니다. 이와 같은 경우, 경영관리자들은 신속하게 기존의 전략을 수정하여 대응하지 않으면 곤란한 상황에 처하게 됩니다.

---

12) 앤소프, 전략경영실천원리, 소프트전략경영연구원, 1997, p. 579

경영관리자들이 이에 대하여 기민하게 대응하지 않을 경우, 해결해야 할 전략적 과제들의 재고는 시간이 흐를수록 계속 늘어가고, 전년도에 수립된 과업을 수행하면서 동시에, 계속해서 등장하고 있는 과제들을 스스로 해결하는데 역부족을 느끼게 되고 점점 더 곤란한 상황에 처하게 됩니다. 이와 같은 경우, 전사적 대응을 위한 프로젝트가 발족되거나 또는 차기 사업전략의 수정과 같은 전사적 전략계획활동이 전개되며, 대응활동전개의 과정에서 종종 주요한 과제들에 대한 대응 타이밍을 놓치게 됩니다.

따라서 기존의 계획수립과 대응 시스템만으로는 이와 같이 수시로 등장하는 전략적 과제들에 대하여 적절히 대응할 수 없게 되므로, 「계획 따로 실행 따로」와 같은 「따로 국밥 현상」이 등장하기도 하고, 결과적으로는 실행성과의 관리도 어려워지게 됩니다.

이와 같은 현상에 대응하기 위하여 전략적 과제들이 등장할 때마다, 경영관리자들이 주축이 되어 신속히 대응할 수 있도록 실천 시스템을 갖추는 것이 필요합니다. 그에 대한 절차와 방법을 이론적으로 체계화한 것이 제2장의 서두에서 소개한 전략적 중점과제 경영기법(SIM)입니다.

## ■ 전략성공원칙

전략적 과제의 대응에 있어서, 그 대응원리의 핵심이 되는 것은 전략계획의 기본적 원칙으로 작용하는 전략성공원칙입니다.

즉, 기업이 추구하는 전략은 환경의 속성과 내용에 부합하여 그에 잘 대응해야 한다는 것이 첫 번째의 원칙이고 기업이 확보하고 있는 능력은 첫 번째의 원칙에 합당한 전략을 제대로 전개할 수 있는 능력을 확보해야 한다는 것이 두 번째의 원칙입니다.

너무도 당연한 것처럼 보이는 이 성공원칙을 현실적으로는 실현하기가 말처럼 쉽지 않기 때문에, 대부분의 기업들이 전략적 시행착오를 반복하게 됩니다. 전략경영이란 바로 이와 같은 전략성 공원칙을 실현하는 방법과 절차, 필요한 자원전개 및 실천 시스템을 구축하고 실행하는 것을 의미합니다.

---

### 전략성공원칙

1. Strategy should be aligned with the Environment.
2. Capability should be aligned with the Strategy.

H. I. Ansoff

---

이와 같은 전략성공원칙을 조직 내에서 성공적으로 실현하고자 한다면, 다음과 같은 가정이 성립되어야 합니다.

---

1. 전략수립에 있어서 당면하는 환경에 대응하는 전략내용이 완전해야 한다.
2. 그러한 전략을 수행할 수 있는 조직의 역량이 제대로 갖춰져야 한다.

---

그러나 현실적으로 변화하고 있는 동태적이고 비연속적인 환경 하에서 아무리 탁월한 전략가라고 할지라도 그 대응전략의 내용을 완전한 것으로 구성할 수 없으며, 또한 그러한 전략을 수립할 수 있는 조직의 역량이나 또는 전략을 완전하게 수행할 수 있는 능력을 갖추어 실행하는 것은 사실 쉬운 일이 아닙니다.

따라서 전략적 중점과제 경영(SIM)에서는 수시로 등장하는 전략적 과제들에 대응하기 위하여, 필요한 절차를 수립하고, 당면하는 환경상황들에 대하여 신속하게 대응할 수 있는 실천 시스템을 구축합니다. 또한 당면하고 있는 환경상황에 가장 적확한 전략을 구사하기 위하여 전략수립활동 노력과 지능을 최대한 빌휘하는 한편, 수시로 변화하고 있는 환경에 대응할 수 있는 실천역량을 제고하게 됩니다.

그러나 현실적으로 전략적 과제들을 파악하고 실질적으로 대응해야 할 조직구성원들의 역량은 크게 개선되지 못하여, 기업이나 정부조직의 많은 경영관리자들은 자신의 사업부문에서의 전략적 성과와 조직의 전략적 성과를 제고하는데 좌절과 실망을 경험하고 있습니다.

여기에서 주목할 점은 전략적 중점과제들에 대한 '해결주체가 누구인가?'에 대한 것과 '누가 그에 대한 해결책임이 있는가?' 그리고 '지금 어떠한 방법으로 해결하고 있는가?'에 관한 것입니다.

### ■ 전략적 과제들의 해결주체와 책임은 경영관리자에게 귀속된다

전략적 과제들에 대한 제1차 해결책임은 경영관리자에게 귀속됩니다.  그동안 전략책임은 경영진에게만 귀속되는 것으로 간주되어 왔습니다.  이와 같은 생각이 보편적으로 자리하게 된 이유는 신규전략 사업추진에 대한 투자의사결정의 권한이 경영진에게 전유되어 있다고 판단되어왔기 때문입니다.

그러나 최근에는 소유와 경영의 분리에 따라 자본 자유화가 기업내 현상으로 진행되면서 투자의사결정과 사업의사결정이 구분되고 있습니다.  또한, 경쟁 환경이 치열해지고 조직의 사회구조가 변화되면서, 경영관리자의 사업의사결정의 재량이 급속히 확대되고 있습니다.  즉, 사업의사결정이 경영자로부터 경영관리자로 급속히 이행되고 있으며 현실적으로 경영자의 사업의사결정은 경영관리자의 의사결정내용을 추인하거나 승인하는 형태로 변화되고 있습니다.

투자의사결정 또한 이와 같은 사업의사결정을 토대로 전개되면서 조직내 경영관리자의 전략적 판단과 역할이 더욱 강조되고 있습니다.

여기에 고려해야 할 또 다른 중대한 경향으로 자원의사결정에 대한 책무가 점차 강조되고 있다는 점입니다.  자원의사결정은 조직 내에서 사업을 전개하는데 필요한 자원의 선택, 조달, 활용에 관한 의사결정에 관한 것을 말합니다. 이와 같은 자원의사결정은 근본적으로 소관 사업을 수행하고 전개하기 위하여 경영관리자가 주도하게 됩니다.

더욱이 경영관리자의 사업의사결정의 재량이 확대되는 것과 동시에 자원을 어떻게 동원하고 활용할 것인가에 대한 경영관리자의 재량과 책무가 확대되고 있습니다.  최근의 경영관리자들에 대한 업적평가의 원칙은 대부분 투입자원에 대한 산출 프로세스와 성과에 관한 평가에 기초합니다.

이와 같은 현상들은 기업조직내에서 전략적 과제에 대한 대응책임이 경영진으로부터 경영관리자들에게 급속히 이행하고 있음을 시사하고 있습니다.

그렇다면, 조직의 사업에 대한 전략적 책무가 부여되고 있는 해결주체로서의 경영관리자들은 '현재 전략적 과제들을 어떻게 해결하고 있는가?'에 대하여 점검해봐야 할 것입니다.

### ■ 경영관리자들의 전략적 과제들의 해결방법은 어떠한가?

경영관리자들의 업무추진에 있어서 활용하고 있는 전략적 과제 해결기법이나 추진방법들은 대체로 일반적인 문제해결의 사고방법과 나름대로의 전략기법을 적용하고 있습니다.

이에 대하여 전략적 중점과제의 대응기법들은 전사적 관점에서 전략성과를 높이기 위하여 전사적 대응을 위한 절차와 시스템을 구축하기 위한 방안으로 제시되었지만, 실제로 경영관리의 현장에서 실무자들이 일반적으로 활용할 수 있는 구체적인 기법으로 제공되지는 못하였습니다.  즉, 부단히 변화하고 있는 환경에 대응하여 사업을 전개하고 전략적 과제들에 대응하기 위하여 조직구성원들이 활용해야 할 혁신적인 전략적 사고기법과 절차는 그동안 크게 개선되지 못하였습니다.  현실적으로 기업 및 정부조직의 경영관리자들이 자신의 업무수행의 과정에서 활용하고자 할 때, 전략적 괴제해결을 위한 기법을 활용하여 자신의 업무추진에서 당면하게 되는 전략적 과제에 대응하기 위한 일반적 방법으로 적용하는 데에는 어려움이 많았습니다.

따라서 급변하는 경영환경에 대응하기 위하여, 수시로 등장하고 있는 전략적 과제들에 대하여 경영관리자들이 전략적으로 대응하는 방법을 보완하고, 손쉽게 사용할 수 있는 구체적인 기법을 체계적으로 개발할 필요성이 더욱 높아졌습니다.

이러한 필요성에 착안하여 필자는 기존의 전략적 중점과제대응 경영기법인 SIM (Strategic Issues Management)의 전개논리와 실천적 프레임워크를 정비하고, 3년여 기간에 걸쳐 미국 캘리포니아의 샌디에고에서 앤소프 전문가그룹 내의 동료연구자들의 협조를 얻어 논리적 모델과 체계를 설정하고 실천적 기법으로 개발해왔습니다.

즉, 일반 조직구성원들이 활용하기 좋은 절차와 기법을 제공함으로써 기존의 SIM의 현실적 적용범위를 넓힌다는 관점에서 이 방법의 이름을 전략적 과제해결 기법이라고 하고 영문으로는 SIS(Strategic Issues Solution) Program이라고 하였습니다.

SIS 프로그램은 기존의 약한 신호 하에서의 전략대응 절차의 한계점을 극복하고 실용적으로 대응할 수 있는 체계적인 절차와 기법으로 고안되었습니다. SIS 기법은 일반 기업조직이나 정부조직에서 당면하고 있는 다양하고 복잡한 전략적 과제를 해결하는 데 실무적으로 활용할 수 있으며, 경영관리자가 당면 환경의 복잡성의 증가와 기업의 환경대응성의 어려움이라는 문제를 해결하는 데 유용한 도구로 활용됩니다.

이제부터는 경영관리자들의 전략적 과제의 인식과 대응성과를 높일 수 있도록 하기 위하여 새로이 체계화하여 정부부문 및 산업계에 보급되기 시작한 전략적 과제해결기법인 SIS 기법의 활용 방법을 자세히 살펴보도록 하겠습니다.

SIS 프로그램을 살펴보기 전에, 우리 조직의 현장에서 실천되고 있는, 기존의 PDS 사이클에 의한 경영관리방식에서 상존하고 있는 보편적인 문제해결의 논리에 대하여 살펴보겠습니다.

## 2. 문제해결의 논리와 절차

대체로 정부부문이나 일반 기업조직에서 문제나 주요 과제들이 등장하면, 그에 대응하는 논리는 다음과 같은 상식을 전제로 하고 있습니다.

---

**일반적 문제인식과 그 대응에 관한 보편적 대응논리**

문제해결논리 : 문제가 발생하였으므로 문제를 해결한다.

전제 1. 문제는 제대로 인식된다.

전제 2. 문제해결대안을 전개하면 문제는 제대로 해결된다.

---

이와 같은 상식을 전제로 하여 현장에서 흔히 활용되는 논리적 전개방식을 다음 <도표 3.4>에서 보는 바와 같이 편의상 「1:1 대응논리」라고 부르겠습니다. 1:1 대응논리를 따르는 합리적 근거로는 문제현상에 대하여 직접 대응하는 경험적 논리가 작용하고 있습니다.

<도표 3.4> 문제해결의 1:1 대응논리

예를 들면, '불이 나면 불을 끈다'거나 또는 '물이 새면, 물을

막는다'는 식의 발상이 이와 같습니다.  이와 마찬가지의 사고방식이 기업경영 현장에서도 그대로 발휘되어, 주요 시장에서의 시장점유율의 급감이나 주요 핵심기술의 유출과 같은 이슈에도 동일한 논리에 의하여 대응하려고 합니다.

### ■ 1대1 대응 원리의 한계

조직의 현실을 주목해보면, 주요 경영현안과제나 외부환경에 대한 대응을 모색하고자 할 때, 일반적인 사고방식과 대응원칙은 「자극과 반응(행동)모델」과 유사한 형태의 사고방식이 일반적 경향으로 자리 잡고 있습니다.  예를 들면, '불이 나면 불을 끈다, 또는 불이 났으니 불을 끈다'는 형태의 발상과 대응을 생각해볼 수 있습니다.

<도표 3.5> 자극-반응 모델과 경영환경대응

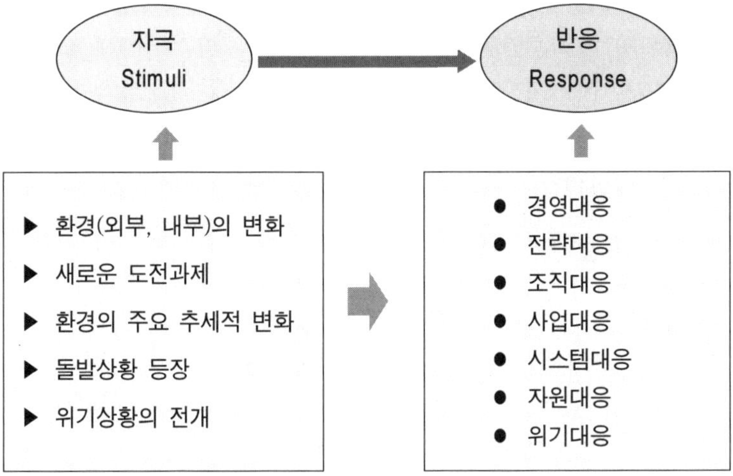

(D. J. Park, 2006)

이러한 자극반응모델은 외부자극이나 환경조건에 대한 반응행동과 관련하여 여러 분야에서 폭넓게 적용되어오고 있습니다.  자극과 반응의 관계모델 뿐만이 아니라, 원인과 결과, 도전과 대응과 같은 형태의 논리모델 또한 유사한 관점을 보이고 있습니다.

이와 같은 방식의 상황 대응은 「1대1 대응의 논리」에 의한 사고방식이라고 할 수 있습니다. 편의상, 이러한 사고방식에 의한 대응을 「1대1 대응 원리」에 의한 대응이라고 부르겠습니다. 이러한 대응은 원인 또는 현상을 한 가지로 구분할 수 있고, 그에 대하여 한 가지의 대응행동으로 대응하는 사고방식으로 특징지을 수 있습니다. 이와 같은 사고방식은 환경의 복잡성이 낮고, 그 대응의 리스크가 적을 경우, 환경적응활동을 전개하고자 할 때 별다른 문제없이 실용적인 기법으로 활용될 수 있습니다.

어두운 방에서 전구의 불을 키고 싶다면 스위치를 올리고, 불을 끄고 싶다면 스위치를 내린다면 이러한 단순논리는 타당하게 적용됩니다.

그러나 그동안의 일반기업조직이나, 산업현장, 정부부문의 과업전개에서 살펴본 바에 의하면, 이와 같은 단순논리에 의하여 현안과제들에 대하여 접근하고 대응할 경우, 그 현실적 성과가 떨어진다는 사실을 인지하게 되었습니다. 즉, 이것은 명확한 「실천적 논리 오류」입니다.

"불이 나면 불을 끄면 된다는 생각이 어디에 잘못된 것일까?"

그것은 실제로 불이 나면 불을 끄려고 해도, 불을 끄기 위하여 필요한 자원이나 설비, 인력, 또는 절차가 결여되어 있을 경우에는 생각처럼 쉽게 불을 끌 수 없다는 사실에 기인합니다. 따라서 대부분의 화재현장에서, 그와 같은 단순한 사고방식만으로 대응하게 된다면 화재의 진압도, 피해의 최소화도 거의 불가능하게 됩니다. 즉, 불이 나지 않았을 때, 사전에 화재에 대비하는 소방시설과 조치를 취해놓지 않으면, 화재의 현상에 대응하는 일이 거의 불가능하게 되는 것입니다.

## ■ 스위치의 논리

건물 내에서 전구를 키고 끄는 스위치 논리는 폐쇄적 시스템의 논리입니다.  전구의 스위치 시스템에는 전구에 전원을 키거나 끄는 폐쇄회로가 준비되어 있으며, 전구의 행동은 스위치에 의하여 철저하게 통제됩니다.  그러나 만약 스위치가 제대로 작동되지 못한다면, 그와 같은 통제도 제대로 실행되지 못합니다.

현실에서 대부분의 경우, 경영관리자들이나 정책관리자들이 담당하는 일상적인 업무에서 새로이 당면하게 되는 과제들은 통제된 시스템의 형태로 등장하지도 않거니와 우리가 원하는 방식으로 등장하지 않습니다.  구체적으로 보자면 다음과 같습니다.

첫째로 우리가 통제할 수 있는 시스템 내부에서 과제가 등장하게 될 경우에도, 해당 과제를 해결해야 하는 프로그램은 문제의 성격과 내용에 따라 대응해야 하는 시스템을 새로이 편성하여 해결해야 할 경우가 많습니다.

둘째로, 새로이 등장하는 과제들은 우리가 통제할 수 있는 시스템 내에서 해결할 수 없는 종류의 과제들이 많습니다.

대체로 경영관리자들에게 부여되는 새로운 과제들은 우리의 업무 시스템과 조직 외부의 환경에서 유발되고 있는 일들이나 사건들과 개방적으로 연계되어 등장하기 마련입니다.  따라서 스위치를 키거나 끄는 형태의 폐쇄적 대응논리로는 소기의 성과를 거둘 수 없는 것은 당연한 것입니다.

그런데도 일상적으로 문제가 발생하면, 놀랍게도 직접 스위치를 작동하는 방식과 마찬가지로 습관적으로 그에 대응하려는 시도가 비일비재합니다.  고객의 불만이 등장하면, 즉각적으로 고객의 불만을 달래려는 시도를 하려고 합니다.  그러나 고객의 불만에 대해 명확한 원인에 대하여 대책을 만들어 줄 수 없을 경우, 고객을 이리 저리 돌리면서, 고객의 불만을 오히려 가중시킵니다.

　지방자치단체의 지역개발사업의 경우도 이와 유사한 현상이 목격됩니다. 신도시 개발 사업의 수행에 있어서 주거시설의 단지 개발에는 성공적으로 수행했지만, 자녀들의 학교시설이나 주변의 생활편의시설은 세부 추진활동에서 제외됨으로써, 신도시의 입주자들의 불만이 가중됩니다.

　때로는 저소득층을 위한 정책이나 농촌개발을 위한 중요한 정책이 엉뚱한 사람들을 위한 향연이 되기도 하고, 문제해결을 위한 대책이 또 다른 문제들을 유발시키는 경우도 비일비재 합니다.

　해마다 여름철만 되면, 수재해 때문에 국가 전체적으로 난리가 납니다. 최근에는 자연환경의 이상변동이 극심해짐에 따라, 예기치 못한 집중호우가 수시로 극성을 부립니다. 기상청의 수퍼 컴퓨터도 이와 같은 돌발적 기상변화의 난기류를 예측해내기는 용이하지 않습니다. 그러다보니, 매년 여름만 되면 제대로 된 기상예보를 받게 될 경우에도 재난을 선포해야 할 정도의 상황이 반복됩니다. 그러나 이 경우에도 비가 오면, 즉시 그 현상에 대응한다는 식의 대응논리가 작용합니다.

　이러한 1:1 대응논리의 대표적인 예가 화재시 비상구의 예라고 할 수 있습니다. 화재경보가 울리면, 비상구를 찾는다는 논리는 전혀 틀린 것이 아니지만, 비상구가 어디 있는지를 모를 경우, 또는 비상구에 접근할 수 있는 상황이 불가능하게 된다면, 비상구를 통한 상황의 해결방안이나 대응성과는 거의 제로의 수준으로 변화됩니다.

　스위치를 조작하는 방식으로는 도저히 문제가 해결되지 않을 경우에도, 이상하게도 머릿속에서는 스위치 논리에 의한 습관적 대응을 고집하게 되는 것입니다. 심지어는 문제가 발생하면 반사적으로 스위치 해결방식을 추구하게 되는 경향도 생깁니다. 이와 같은 경우, 스위치 기능조차 제대로 동작하지 않는다면, 상황은 거의 경악의 수준으로 돌변하기도 합니다.  기업의 위기관리의 경우에도 이와 같은 스위치 논리에 의한 대응방안을 추구하게 될 경우에는 위기대응능력을 오히려 저하시킬 소지가 있습니다.

그러나 해마다 물난리로 고생을 하던 경기도 북부의 문산시의 경우에는 그 해결방법이 달랐습니다.  비가 오면 비의 피해에 대응하는 것이 아니라 비가 왔을 때, 당면하게 되는 일에 대하여 미리 대응함으로써, 해마다 반복적으로 경험하던 지역재난을 최근에는 예비할 수 있게 되었습니다.  해결방법을 달리하면, 상황에 대한 대응성과가 명확히 달라지는 것입니다.

그렇다면, '1대1 대응의 논리에서 유발되는 문제현상과 논리적 오류를 어떻게 극복하여 전략적 환경대응의사결정과 사업행동의 품질을 높일 것인가?'에 대하여 새로이 생각하지 않을 수 없게 됩니다.

### ■ 복합대응논리

1대1 대응원리는 하나의 현상의 인식과 대응에 대하여 한 가지의 단순한 이벤트로 인식하고 그에 따라 단순한 방안으로 대응함으로써, 인식과 대응에서 오류를 유발하고 있습니다.

만약, 하나의 현상이 개별적인 단순한 하나의 이벤트라면, 그에 대응하는 하나의 대안으로 대응하는 것이 가능합니다.  그러나 기업조직이 당면하고 있는 환경의 복잡성이 증대하게 되면 눈에 보이는 현상들은 그 원인이 한 가지의 원인이나 하나의 현상으로 등장하는 것이 아니라, 복잡한 연관관계를 형성하며, 구조적으로 등장하게 됩니다.

이와 같은 경우, 1대1 대응원리를 단순하게 적용하게 되면, 그 대응성과를 제대로 보장할 수 없으며, 경우에 따라서는 또 다른 파생적 문제점을 유발하게 되기도 합니다.

예를 들면, 당면하고 있는 환경상황에 대응하기 위하여 제한된 경영자원의 배분을 하고자 함에 있어서, 영업매출을 늘리기 위한 마케팅 예산을 증가시키려는 시도는 여타 부문에 대한 예산과 자원의 활용을 제약하게 됩니다. 이와 마찬가지로 신규 사업개발이나 연구개발을 위한 투자의 시도는 기존의 사업전개에 필요한 투입자원을 억제합니다. 소위 기회비용이라는 관점은 이와 같은 자원의 제약성에 기초하고 있습니다.

이와 같은 경우, 특정 현안과제에 대응하는 일이 잘못될 경우, 여타부문의 원활한 기능의 전개에도 부차적인 연관성을 미치게 됩니다. 따라서, 복잡하고 난기류가 증대되는 환경에 처해 있는 기업이나 정부 부문의 경우, 1대1 대응 원리는 실제로는 그 대응 성과를 보장하기 어려울 뿐만 아니라, 경우에 따라서는 잘못 상황을 전개시켜 위기상황을 오히려 증폭시킬 수 있는 소지를 내포하고 있다고 할 수 있습니다.

문제현상에 대응하는 논리는 <도표 3.6>에서 보는 바와 같이 단순대응과 복합대응으로 구분할 수 있습니다.

단순대응방식으로 가장 흔하게 언급되는 대표적인 예는 바로 당면하고 있는 현상에 대하여 대증요법(對症療法)에 의한 처방으로 해결하고자 하는 방식이라고 할 것입니다.[13]  만약 대증요법에 의한 처방으로 문제현상이나 과제들에 대하여 근본적인 해결이 된다면, 상황은 종료됩니다. 그러나 잘못된 현상의 근본을 바로잡을 수 있는 해결책이 아니라 상황이나 증세에 대하여 임시변

---

[13] 사실, 의료에 있어서 대증요법(symptomatic therapy)은 잘못된 방식이라고 할 수는 없습니다. 환자의 증상에 따라 대응하여 치료하는 것이므로, 대증요법은 중요한 의료법이라고 할 수 있습니다. 그러나 일반적인 경우, 근본적이고 구조적인 원인을 파악하여 근원적인 것을 해결하지 아니하고, 눈에 부각되는 현상에만 대응하고자 할 때, 이를 빗대어 대증요법적 처방이라고 하는 경향이 있습니다.

통적 처방으로 전개될 경우, 그것은 제대로 된 상황의 해결이 아닐 뿐만 아니라, 경우에 따라서는 상황을 더욱 악화시킬 소지가 있습니다.

<도표 3.6> 문제현상대응논리

|  | 국부(부분)대응 | 전체대응 |
|---|---|---|
| 원인대응 | 직접원인대응 | 발본적 대응 |
| 현상대응 | 단순대응 | 복합대응 |
| 원인-현상 종합대응 | 원인 또는 현상에 대하여 부분적 대안을 결합전개 | 원인과 현상에 대하여 전반대응 |

(D. J. Park, 2006)

따라서 하나의 현상에서 파악되는 여러 가지의 요소들에 대하여 대응하는 요소들 간의 적합성 여부에 따라, 1대1 대응논리는 성립되기도 하고 또는 성립되지 않기도 합니다.

복합대응은 하나의 현상에서 파악되는 여러 가지의 관련현상요소들에 대하여 복합적 대응요소들을 결합하여 대응하는 방법입니다.

이와 같은 대응을 전개함에 있어서 현상에 영향을 미치는 원인에 대응하는 것을 원인대응이라고 하고, 그 대응내용에 따라 현상에 직접 원인으로 작용하고 있는 요소에 대응하는 것과 근원적인 원인요소들을 제거하는 발본적 대응이 있습니다. 따라서 이두 가지의 대응논리를 결합하여 원인과 현상에 대하여 부분적인 대안들을 결합하여 전개하는 방식과 전반적인 대응을 전개하는 방식이 활용됩니다.

## ■ 하나의 현상에는 하나 이상의 구성요소가 있다

겉으로 보기에는 하나의 현상처럼 보일 때에도, 그 현상을 구성하는 요소들로 나누어보면, 몇 가지의 구성요소들이 있다는 것을 알 수 있습니다.

문제를 해결하기 위하여, 무엇이 문제의 핵심인가를 찾아가는 과정을 생각해보겠습니다. 만약 문제의 핵심을 놓치게 된다면, 아무리 잘 편성된 문제해결의 대안들이라고 할지라도 사태의 해결과는 거리가 먼 조치들로 노력과 자원을 낭비하는 결과만을 초래하게 될 수도 있습니다.

문제의 핵심을 제대로 판별하는 것은 전략적 관점에서 생각해볼 때에는, 상황의 인식이나 현상의 이해, 문제의 본질의 파악과 같이, 상황의 해결 과정을 결정하는 중요한 요체입니다.

그렇다면 다소 현상학적인 고찰처럼 보이지만, 우리가 전략적 사고의 폭과 심도를 넓고 깊게 하고, 그 대응성과를 높이기 위하여 현상의 구성요소를 어떻게 전개해나갈 것인가를 생각해볼 필요가 있습니다.

## ■ 현상의 시공간요소

현상의 구성요소를 살펴보는 기준으로 먼저 시공간(時空間)에 대한 이해가 필요합니다.

시공간은 시간과 공간으로 구성됩니다. 먼저 시간을 중심으로 보면, 지나간 시간과 현재의 시간, 그리고 다가올 시간을 판별합니다.

시간을 중심으로 볼 때, 우선 현재의 현상은 언제부터 시작된 것인지를 판별합니다. 만약 아직 시작된 것이 아니라면, 언제 시작될 것인가를 생각할 수도 있습니다. 이와 마찬가지로 이미 시작된 현상은 언제 종료할 것인가를 생각할 수도 있습니다.

그리고 다음으로 생각할 것은 현재의 현상의 추세가 어떻게 될 것인가를 생각합니다.  현재의 현상이 시간의 경과에 따라 '더욱 증대 또는 감소하는 것인가?  아니면, 현재의 수준이 유지될 것인가?'를 판별합니다.

<도표 3.7> 현상의 물리적 원소와 관계성

| 물리적 원소 / 관계성 | 시간 | | | 공간(지역) | | |
|---|---|---|---|---|---|---|
| | 과거 | 현재 | 미래 | 축소 (폐쇄) | 현재 | 확대 (개방) |
| 인과관계 | | | | | | |
| 영향관계 | | | | | | |
| 주종/종속관계 | | | | | | |
| 조건부 관계 | | | | | | |
| 상황관계 | | | | | | |
| 계약관계 | | | | | | |
| 이해관계 | | | | | | |
| 세력관계 | | | | | | |

(D. J. Park, 2006)

이와 같이 현상의 시간적 전개를 유추하거나 그 추이를 바라볼 때, 현재 목격되고 있는 현상의 윤곽을 이해할 수 있게 됩니다.

이러한 시간의 관점은 미래의 목표를 세워야 할 경우에도 마찬가지입니다.  미래의 목표는 현재부터 우리가 무엇인가를 수행하여 미래의 시점에 도달하고자 하는, 또는 완성하고자 하는 것을 구체화한 것을 의미합니다.

'과거에는 그랬고, 현재는 이렇다.  그렇다면, 앞으로는 어떻게 되어야 할 것인가?'를 고찰하면서, 미래의 상황에서 도달하고자 하는 또는 완성하고자 하는 것을 구체적으로 그려냅니다.

그렇다면, 현재는 우리가 과거의 현실을 주목하여, 목표를 설정하여 추구해온 궤적들이며, 그 결과의 집적이라고 볼 수 있습니다.

다음으로 공간을 중심으로 생각할 때에는, 우선 과거의 공간과 현재의 공간, 그리고 미래의 공간을 고려합니다.   현재의 현상은 공간을 중심으로 '확대되고 있는가? 축소되고 있는가?   아니면, 현재공간을 계속 유지하게 되는가?   공간변형이나 전이, 또는 이동의 전개가 가능한가?'

미래의 목표를 설정하기 위하여 공간을 조망할 때에는 '과거와 현재의 공간은 어떠했고, 그리고 앞으로 미래의 공간은 어떻게 될 것인가?   또는 어떻게 되어야 할 것인가?'를 고찰합니다.

이것이 현상을 이해하는 첫 번째의 시공간의 관점입니다.   이를 논의의 편의상 「현상의 물리적 원소」라고 정의하겠습니다.

### ■ 현상의 관계성

두 번째의 현상의 이해에 필요한 관점은 관계성입니다.   현재의 현상은 '무엇과 어떠한 관계성을 가지고 있는가?'를 살피는 것입니다.   관계성에는 관점과 특성에 따라 여러 가지의 형태의 분류가 가능합니다.

즉, 원인과 결과를 중심으로 하는 인과관계, 상호 영향을 주고 받는 영향관계, 중심과 주변의 주종관계와 종속관계, 조건에 따라 움직이는 조건부 관계, 상황에 따라 등장하는 상황관계, 특정한 계약원칙에 따라 움직이는 계약관계, 관계자들의 이해(利害)에 따라 결정되는 이해관계, 지역세력의 형성과 이해논리에 따른 세력관계가 있습니다.

하나의 현상에 대하여, 이상의 8가지의 관계성이 개별적 또는 복합적으로 작용합니다.

이를 논의의 편의상 「현상의 관계성」이라고 정의하겠습니다.

## ■ 복합적 요소들이 작용하는 문제현상

이와 같은 현상을 구성하는 물리적 원소와 관계성들을 이해한다면, 하나의 현상에 대하여 복합적으로 작용하고 있는 요소들을 재검토할 수 있을 뿐만 아니라, 그에 대하여 어떠한 대응을 해야 할 것인가에 대한 착안의 심도와 범위를 정비하여 대안을 강화시킬 수 있습니다.

예를 들어, 2007년도 초에 트랜스 지방이 심장질환, 동맥경화의 유발 위험성이 보도되면서, 트랜스 지방을 사용하고 있는 식품 제조판매회사에서는 심각한 위기에 당면하고 있습니다.  이에 대한 문제현상에 대하여, 매스컴에서 잠시 거론되다가 시간이 지나면 잠잠해지는 상황관계의 것이라고 판단하여, 단순하게 대응한다면, 그것은 명백한 오판이 될 것입니다.

좀더 지혜로운 기업이라면 트랜스 지방의 이슈는 이제부터 식품분야에 대한 투입요소 전반에 대하여 재점검을 해야 할 뿐만 아니라 좀더 미리 대응행동을 전개하는 선행적(先行的) 경영으로 대비해야 한다는 점에 착안해야 할 것입니다.

왜냐하면 소비자의 건강과 직결되는 기업의 제품과 고객간의 부적절한 영향관계는, 소비자의 권익을 보호하는 수많은 이해관계와 세력관계에서의 대응활동을 유발하여 치명적인 매출감소와 기업 이미지의 실추와 같은 인과관계를 가져오게 될 것이기 때문입니다.

더욱이 이에 대하여 제대로 대응하지 못한다면, 시장의 축소, 즉 사업공간의 축소는 물론이고, 미래시점에서의 성장이나 발전은 커녕, 조만간 심각한 경영위기에 봉착하게 될 소지가 높습니다.

현상의 인식과 더불어 세 번째로 고려해야 할 관점은 원칙 또는 당위(當爲)와 현실에 관한 관점입니다.

## ■ 당위와 현실

우리가 당면하고 있는 동일한 현상을 바라볼 때에도, 서로 다른 관점을 갖고 있을 때, 그 판별이 달라집니다. 그럴 때에는 사고방식이 다르기 때문에 그런 것이라고 생각해버리고 말거나, 서로의 관점의 차이를 규명하고, 적극적으로 상황을 해결하려고 노력하는 바람직한 경우도 있지만, 대부분의 경우 상황을 무시하거나, 소란을 일으키는 것이 불편하고 귀찮기도 하여, 방임하기도 합니다.

그러나 주목해야 할 현상으로 서로 다른 관점이 아니라, 서로 동일한 관점으로 같은 현상을 바라볼 경우에도 이상하게 다른 결론이 나는 경우가 종종 있습니다.

<도표 3.8> 원칙과 현실

| | | 합법성(당위, 또는 원칙) De jure | |
| --- | --- | --- | --- |
| | | No | Yes |
| 실재성 (實在性) De facto | No | (4) 현실적으로도 합법적으로 해당되지 않는 것 | (2) 합법적으로는 해야 하는데 현실적으로 되지 않고 있는 것 |
| | Yes | (3) 합법적으로는 해서는 안 되는 것이지만 현실적으로 실행되고 있는 것 | (1) 합법적으로도 현실적으로도 준수되고 있는 것 |

(N. GenIchi, 1999, D. J. Park, 2006)

<도표 3.8>의 (2)에 해당하는 난에서 보는 바와 같이, 사람들이 머릿속에서는 당연히 그렇게 해야 한다고 믿고 있음에도 실제

로 그렇게 하지 않는 것이 대부분의 사람들의 일상이라면, 그러한 현상이 제대로 된 것인지, 아니면 제대로 되지 않은 것인지에 대한 판단도 기준도 불분명하게 됩니다.

또한 도표의 (3)에 해당하는 영역에 속하는 현상들에 대하여는 마땅히 그렇게 해야 한다는 사실을 인지하면서도 현실적으로는 그렇지 못하기 때문에, 그것은 이상(理想)에 지나지 않고 현실은 늘 그런 것이라는 생각을 하게 하기도 합니다.

현실적으로, 조직 내에서 새로이 바람직한 기준을 설정하고자 할 경우거나 또는 현상에서 당면하고 있는 문제들을 해결하고자 할 때, 이러한 차이가 발생하게 될 경우, 조직의 바람직한 환경대응성과를 어렵게 합니다.

예를 들어, 고객이 회사를 상대로 불만사항을 거론하게 되거나, 국민이 정부를 상대로 정책적 요구사항을 제기할 경우에도, 그것은 현실적으로 너무 지나친 이상적인 주장에 지나지 않는 것이라고 판단하게 된다면, 그러한 요구사항들에 대한 대응은 불가능하게 됩니다. 만약에 그러한 요구사항을 경쟁기업 측에서는 당연히 해야 할 일이라고 판별하여 그에 미리 대응한다면, 상황은 어떻게 전개될 것인지 미루어 짐작해볼 수 있을 것입니다.

따라서 경영관리자는 다음 페이지의 <도표 3.9>에서의 A조직과 B조직의 사고방식과 행동특성에 유의하여 살펴주시기 바랍니다. 이 도표는 기업이나 정부조직 구성원들이 당연히 해야 한다고 믿는 것과 실제의 행동의 전개에 있어서 당위(當爲) 관점에 대한 차이가 이해관계인들의 요구사항에 대하여 각각 대응행동방식과 내용 면에서 큰 차이를 유발하고 있음을 설명하고 있습니다.

## ■ 당위관점이 다르면 문제의 해결내용도 다르다

<도표 3.9>에서 보는 바와 같이 A기업은 도표 내에서 각 항목

들에 대하여 현실적으로 그 어떠한 추가적 노력도 기울이려고 하지 않고 있습니다. 그러나 B기업의 경우에는 각 항목들에 대하여 어떻게 하든, 더 잘해보기 위한 노력을 경주하려고 애를 쓰고 있습니다. 고객 또는 이해관계인의 입장에서 어떠한 쪽에 더 관심과 애정을 갖게 될 것인지는 명확할 것입니다.

<도표 3.9> 이해관계인 요구사항에 대한 조직의 당위적 관점차이

| A 조직 | | 합법성(당위, 또는 원칙) De jure | |
|---|---|---|---|
| | | No | Yes |
| 실재성 (實在性) De facto | No | (4) 고객(이해관계인)이 거부하는 행동을 우리는 하지 않고 있으므로 아무런 문제가 없다. | (2) 고객(이해관계인)의 요구는 합리적이지만, 조직의 입장에서는 현실적으로 대응할 수 없다. |
| | Yes | (3) 고객(이해관계인)은 우리보고 그렇게 해서는 안 된다고 하지만, 현실적으로는 그렇게 할 수 밖에 없다. | (1) 고객(이해관계인)의 요구가 지당하고, 우리도 당연히 그렇게 하고 있다. |

| B 조직 | | 합법성(당위, 또는 원칙) De jure | |
|---|---|---|---|
| | | No | Yes |
| 실재성 (實在性) De facto | No | (4) 고객(이해관계인)이 거부하는 행동을 지금 우리는 하고 있지 않지만, 언제 우리가 실수로라도 하게 될지 모르므로, 각별한 대비책을 강구하고 늘 주의하는 것이 필요하다. | (2) 고객(이해관계인)의 요구가 지당하다. 우리의 현실을 적극적으로 바꾸어 그에 신속히 대응해야 한다. |
| | Yes | (3) 고객(이해관계인)이 우리보고 그렇게 해서는 안 된다고 하므로, 현재까지 지속해오던 이런 일들을 과감히 일소하고 새롭게 일을 수행하자. | (1) 고객(이해관계인)의 요구가 지당하며, 더 잘 하기 위하여, 기존의 실재를 더욱 개선하자. |

(D. J. Park, 2006)

　이와 같은 현상에 대한 인식의 차이를 편의상「당위적 인식편차」라고 부르겠습니다.　환경에 처하고 있는 조직에서 당면하고 있는 현상에 대한 당위적 인식편차가 그 대응의 성과를 좌우하게 된다는 것을 알 수 있습니다.

　따라서「당위적 인식의 확대」는 현상에 대한 관점을 근본적으로 변화시킬 뿐만 아니라, 그에 대한 해결의 방식에도 차이를 가져오게 됩니다.

　그렇다면, 당면하고 있는 여러 가지의 복합적 요소들로 구성된 문제현상에 대하여, 당위적 인식을 스스로 확대하고 개선하지 않고, 성과가 불확실한 졸속대안으로 고식적으로 대응하게 된다면, 기업이건 정부이건 간에, 그 성과가 제약될 것은 명확합니다.　더욱이 당면하고 있는 현상이 초래할 결과에 위험도가 클 경우, 이와 같은 대응방식을 고수하고 있다면, 그것은 스스로 실패를 자초하는 것과 마찬가지라고 할 수 있습니다.

<도표 3.10> 문제현상의 구성요소

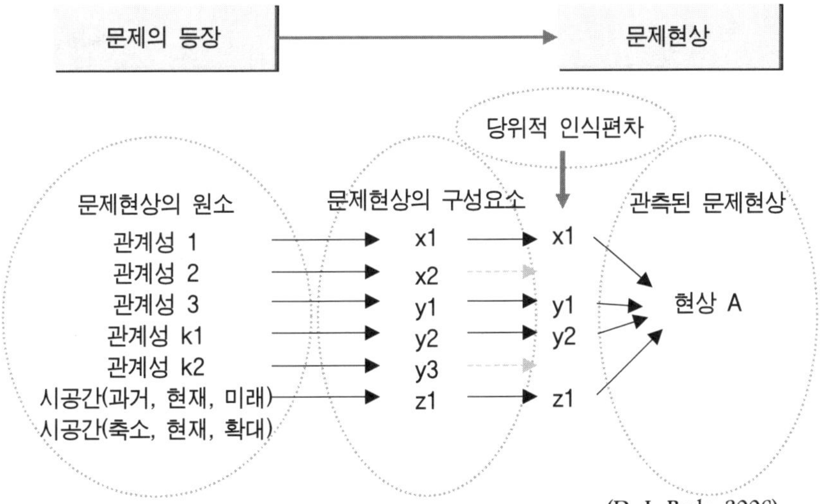

(D. J. Park, 2006)

　　<도표 3.10>에서는 현재 당면하고 있는 현상에 대하여 그 현상을 구성하는 요인들은 하나가 아니라 다양한 구성요인들이 작용하고 있음을 도식화하고 있습니다. 도표의 중앙에서 오른쪽의 당면현상(A)을 살펴보고자 할 경우, 그것을 왼쪽의 구성요소별로 분석하지 않을 경우, A라는 현상에 대하여 관측되는 것을 중심으로 피상적으로 판별할 수밖에 없게 됩니다.

　　그러나 구성요소별로 분석을 하고자 할 경우에도, 사안에 따라서는 일부 구성요소들이 현재의 상황에 작용하고 있지만 잠재적으로 작용함으로써, 분석작업에서는 그러한 구성요소들은 판별되지 않고, 식별가능한 구성요소들만 관측될 수도 있습니다.

<도표 3.11> 문제현상의 인식과 대응

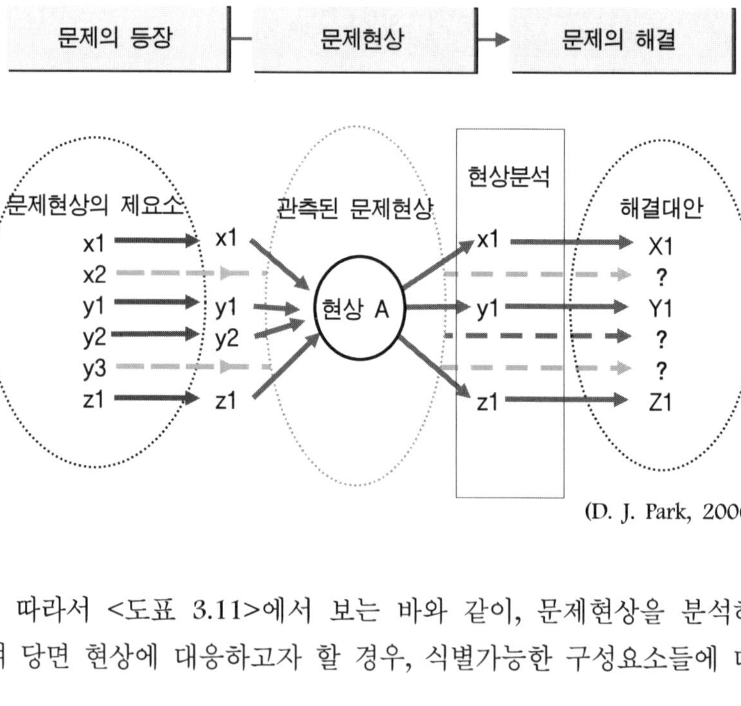

(D. J. Park, 2006)

　　따라서 <도표 3.11>에서 보는 바와 같이, 문제현상을 분석하여 당면 현상에 대응하고자 할 경우, 식별가능한 구성요소들에 대하여 대응을 전개하는 시도가 이루어집니다.

이와 같이 환경을 분석하여 대응을 전개할 경우, 그것이 완벽한 대응을 전개한다고 단정할 수는 없지만, 1:1 대응원리에 의한 대응보다 높은 성과를 내는 것은 당연합니다.  그러나 1차적인 대응성과가 기대에 미치지 못하여 불만족스러울 경우, 아직 완전히 해결되지 못하고 여전히 작용하고 있는 문제현상에 대하여, 제대로 대응하고자 한다면, 추가적으로 환경분석 작업을 수행하고, 2차 문제해결과정을 전개함으로써 그 해결정도를 높여갑니다.

앞에서 논의한 바와 같이, 1:1 대응의 현실적 대응논리의 오류를 극복하기 위한 방법이 복합적 대응논리, 즉 「M:N 대응」의 논리입니다.

<도표 3.11>에서는 당면하고 있는 문제현상의 제요소들을 6가지($x1$, $x2$, $y1$, $y2$, $y3$, $z1$)로 예시하고 있으며, 그에 대응하는 대응방안들을 3가지($X1$, $Y1$, $Z1$)로 편성하여 대응하는 논리로 되어 있습니다.  즉, 6가지의 복합적 문제현상들에 대하여 3가지의 복합적 대응방안으로 대응하는 경우라고 할 것입니다.[14]

그렇다면, 1차 대응에서는 3가지가 해결되었으므로 1차대응의 성과는 50%라고 할 수 있습니다.  결과가 미흡하지만 그 결과에 대하여 문제해결의 주체가 스스로 만족한다면, 문제를 해결해야 하는 상황은 현 단계에서 마무리됩니다.

앞의 <도표 3.9> 당위적 관점차이에서 살펴본 바와 같이 당위관점이 낮은 A사의 경우라면, 이 정도의 상황에서도 상황을 종료할 것입니다.  이와 같은 조직은 제1장에서 살펴본 8P 모델의 관

---

[14] 만약 하나의 대응방안이 1개 이상의 현상에 대응할 수 있다면, 문제현상의 수효와 대응방안의 수효는 반드시 동일할 필요는 없을 것입니다.  그러나 논의의 편의상 현상을 구성하는 요소와 요소별 대응방안은 1:1 대응을 전제로 하였습니다.  또한 각 구성요소들과 그에 대응하는 대안들 간의 중복성이나 연관성은 없다고 가정하겠습니다.

점에서 본다면 경영관리자들의 일의 수행에 대한 철학, 즉 원칙설정(P8)의 수준이 낮고 그 해결에 대한 열정(P7)도 성과제고(P5)에 대한 애착도 떨어지기 때문이라고 할 수 있습니다. 따라서 더 이상의 과업수행(P3)이 전개되지 못하고 있는 것입니다.

<도표 3.12> 2차 현상분석과 대응

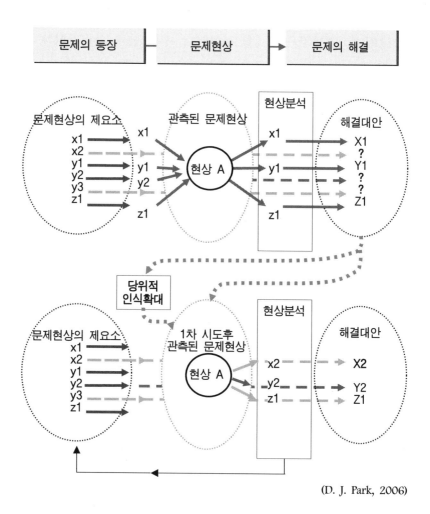

(D. J. Park, 2006)

그러나 이와는 다른 조직에서는 1차 해결의 성과에 대하여 만족하지 않고, <도표 3.12>에서 보는 바와 같이 2차 해결단계를 전개하여 좀더 정밀한 대응방안을 전개합니다. 즉, 새로운 현상에 대하여 현상을 통찰하려는 눈을 부릅뜨고, 현재의 문제 상황을 구성하고 있는 문제의 원인을 점검하고, 물리적 요소나 관계성에 대하여 분석하는 한편, 당위적 인식편차의 관점도 확대하여, 추가적인 해결방안을 도출하여 그 해결활동을 전개합니다.

앞의 <도표 3.9>의 당위관점이 높은 B조직의 경우, 2차 해결뿐만 아니라 <도표 3.12>의 연장 작업으로 3차, 4차의 해결단계를 지속적으로 전개합니다. A조직보다 열정과 철학, 그리고 기획과 성과 등 경영관리자의 8P 핵심관리요소의 모든 면에서 차이를 보이기 때문입니다. 심지어는 <도표 3.9>의 B조직의 (4)면에서 보는 바와 같이 현재 잘못되지 않고 있는 현상들에 조차도 민감하게 주의를 기울여 대응함으로써 문제유발의 소지를 미연에 방지하는 노력을 강화함으로써 사전적 문제해결과 상황대응의 높은 수준의 기량을 발휘합니다.

### ■ 대응성과를 높이려면 방법적 한계를 극복해야 한다

이상의 논의를 정리해보면 다음과 같습니다. 즉, 문제해결의 인식과 대응의 과정에서, 「현상에 대한 이해와 그에 대응하는 논리가 1:1 대응으로 전개될 경우」, 현실적으로 당면하는 상황에 대응하는 성과는 제한될 수 있으며, 심지어는 부정적 결과를 초래할 수 있습니다.

이와 같은 현상은 당사자들이 아무리 열심히 문제를 잘 해결하려고 하여도, 문제해결을 전개하는 논리와 문제해결의 과정에서 내재하는 방법적 한계를 극복하지 않는 한, 그 해결성과를 보장할 수 없기 때문에 유발됩니다. 그것은 문제해결에 대한 기대나 의지와 상관없이 문제해결의 논리와 방법에서 필연적으로 수반되는 것이기 때문입니다.

더욱이 문제현상의 이해와 대응에 있어서 당위적 관점을 강화하고 대응할 경우와 그렇지 않은 경우, 대응방식에 있어서 큰 차이를 유발하기 때문에, 경영관리자는 이에 대한 관점을 강화할 필요가 있습니다.

따라서 이와 같은 당면문제에 대한 해결방법과 절차상의 한계점을 개선하지 아니하고, 그 성과의 개선을 기대하는 것은 우발적 또는 외생적 도움이 수반되지 않는 한, 거의 현실성이 부족하다고 할 수 있습니다.

### ■ 문제해결의 논리와 방법, 절차를 개선하여 대응성과를 높인다

따라서 문제해결의 논리와 방법, 그리고 필요한 절차를 보완하여 개선함으로써 우리가 당면하고 있는 문제나 과제, 또는 당면현상에 대한 대응성과를 높일 필요가 있습니다. <도표 3.13>에서는 논리적 오류를 극복하고 절차의 개선과 대응내용의 질적 수준을 제고함으로써 문제해결의 성과가 어떻게 증진되는가를 보여주고 있습니다.

즉, 문제해결의 성과를 높이거나 또는 상황에 효과적으로 대응하기 위하여 「현상을 구성하고 있는 물리적 원소들과 관계성을 중심으로, 복합적인 현상을 이해하고 대응하는 방식을 기존의 1:1 대응에서 보다 세분화된 m:n의 복합적·구조적 대응방식으로 개선」하는 것이 필요합니다. 이와 같이 당면현상을 구성하고 있는 관계성을 파악하고, 그 대응의 성과를 높이는 것을 「대응논리를 강화하는 방법」이라고 할 수 있습니다.

또한 상황을 인식하고 대응하는 논리적 한계를 극복하기 위하여, 반복적, 지속적인 대응과 절차적 개선을 통하여 그 대응의 성과를 높이는 것을 「대응절차를 개선하는 방법」이라고 하겠습니다.

<도표 3.13> 문제해결의 논리와 방법, 절차의 개선을 통한 성과증진

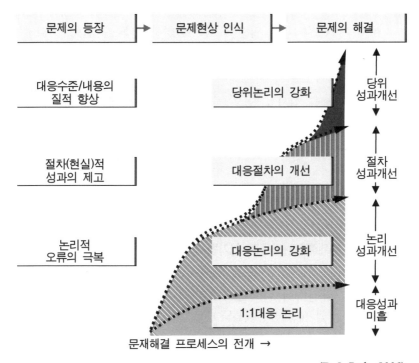

(D. J. Park, 2006)

그리고 현상인식에 대한 당위관점을 확대하고, 심화시킴으로써 그 대응활동의 내용과 수준을 높이는 것을 「당위논리를 강화하는 방법」이라고 할 수 있습니다.[15]

이 세 가지의 논리와 절차적 방법의 개선을 통하여, 기존의 PDS(Plan-Do-See) 조직구성원들의 경영관리방식에서의 상황대응

---

15) 「당위논리를 강화」한다는 것은 결국, 기업 또는 정부조직의 「윤리적 행동을 강화한다」는 점에서 「기업윤리를 제고하는 방법」이라고 할 수도 있습니다. 여기에서는 당면하고 있는 문제해결의 논리를 강조하고, 「대응논리」의 강화와 연관지어서 살펴보는 것이 독자의 이해를 높일 수 있을 것으로 사료되어 「당위논리」의 강화라고 제시하였습니다.

능력을 보완하고, 우리 조직구성원들이 일상적으로 당면하고 있는 문제 현상들에 대한 대응성과를 한층 더 높일 수 있습니다.

이제부터는 우리가 일상적으로 당면하게 되는 전략적 과제들에 대하여 이와 같은 방법적 논리와 절차적 개선을 통하여, 환경 대응의 시행착오를 줄이고 우리의 조직 구성원들이 투입하는 노력을 절감하며, 성과를 올릴 수 있는 방법에 대하여 살펴보도록 하겠습니다.

## 3. 전략적 문제해결을 위한 신기법 – 오지법

### ■ 기존의 문제해결기법들과 신기법 창안의 필요성

산업계에서 활용하고 있는 문제해결을 위한 발상법과 해결기법은 꾸준히 발전하여 이제는 경영관리자들이 활용할 수 있는 기법들이 다양하게 제시되고 있습니다.

문제의 인식과 해결을 위하여 가장 대표적인 발상과 전개기법으로는 차이분석법(Gap analysis)이 있습니다.

차이분석법이란 목표수준 또는 바람직한 수준과 현재 수준과의 차이를 인식하고 그 차이를 최소화하기 위한 방법을 모색하는 방법으로 대부분의 문제해결논리에서의 근간을 이루고 있는 논리적 방법입니다.

여기에 문제를 인식하고, 문제를 구성하는 체계를 파악하고 그에 대하여 대응하기 위한 피쉬본차트(Fishbone chart)법이 제시되었습니다.  이 방법은 어골도(魚骨圖)라고도 불리우는 기법으로 중심이 되는 문제와 주요한 골격(체계)을 중심으로 연관되는 문제 현상들을 구체화하여 문제의 전체상을 파악하고 대응하는데 유용하게 활용됩니다.

이러한 방법에 추가적으로 제시된 실용적 기법으로 카와지타 지로의 KJ법이 있습니다.  이 방법은 당면하고 있는 현상이나 문제들을 대분류 항목, 중분류 항목, 소분류 항목으로 구분하고 명함크기 만한 카드에 작성하여 분류하고 그 관계성을 파악하여 각 항목에 대하여 대응과제의 선별과 그에 대하여 어떻게 대응할 것인가에 대한 판별을 손쉽게 할 수 있는 기법입니다.

또한 문제현상을 체계적으로 파악하려는 시도의 일환으로 문제인식의 구조화작업을 통하여 수직적 체계를 구성하는 기법들이 적용되어 왔습니다.  즉 중심이 되는 문제들을 중심으로 어떠한 체계를 통하여 상황이 전개되는가를 수직적으로 구성하여 대응하는 방법입니다.

이와 같은 체계적 인식과 대응방법은 산업전반에 걸쳐 폭넓게 적용되어 왔으며, 특히 시스템적 접근방법을 촉진하는 효과를 가져왔습니다.  여기에 통계적 문제해결기법이나 산업공학에서 개발된 다양한 엔지니어링의 문제해결기법이 추가되면서 산업의 발전은 급속히 촉진되었습니다.

그러나 시스템적 접근방법은 시스템적 사고의 틀 안에서 새로운 사고를 제약할 수 있다는 점에서 수직적 사고의 틀을 뛰어넘는 새로운 사고의 기법이 제시되었습니다.

그 대표적인 사고법이 에드워드 드보노(Edward De Bono)의 수평적 사고의 기법입니다.  수평적 사고기법은 현상의 이해나 해결을 위하여 동일한 체계에서 판단하는 원칙을 뛰어넘어서 다른 체계 또는 다른 패러다임에서의 사고를 동원하여 전혀 새로운 관점에서의 문제해결을 권장하는 방법입니다.  예를 들면, 우물을 파고자 할 때, 하나의 우물을 파들어 가서 물을 찾을 수도 있지만,

여러 군데에서 동시에 우물을 파들어 가서 물이 먼저 나오는 것을 찾는 것을 생각해볼 수 있습니다.

수평적 사고는 수직적 사고의 발상과 논리의 한계를 뛰어넘어서 다양한 사고의 매체나 논리의 구성을 가능하게 하였습니다. A가 안되면 B를 동시에 추구하거나 또는 C, D의 대안적 사고를 적극적으로 전개하는 사고방식을 촉진하였습니다. 따라서 창의적 사고를 촉진하는 유용한 방법으로 제시되었습니다.

그러나 다양한 환경요인들이 작용하고 있는 기업현장에서 전략적 과제에 대응하기 위하여 경영관리자나 조직구성원들이 사용할 수 있는 기법은 의외로 개발되지 못하고, 기존의 문제해결기법들을 원용하여 당면하고 있는 상황에 따라 제각기 익숙한 방법을 사용하면서 대응해오고 있는 실정입니다.

따라서 경영관리자와 조직구성원들이 전략적 과제를 판별하고 대응할 수 있는 기본적인 발상법과 표준적 대응법을 고안할 필요성을 느끼고 20여년간의 정부부문 및 주요 산업체의 전략적 환경 대응에 관한 지도경험과 관련된 기법연구를 통하여 필자는 이에 대응할 수 있는 실천적 기법을 개발하게 되었습니다.

### ■ 5지법(5指法: TIES Thinking Principle)

앞에서 살펴본 1대1 대응논리와 스위치 논리에 입각하여 기업이 당면하고 있는 현상에 대응할 경우의 폐단과 실패의 가능성은 이미 살펴본 바와 같습니다.

따라서 복합대응의 논리를 경영관리자와 조직구성원들이 보다 간명하게 전개하기 위하여, 당면하고 있는 문제현상의 내용을 필수적인 내용을 중심으로 구조적으로 분석하여 대응하는 방법을 고안하였습니다. 간략히 표현하자면 현상대응을 위한 구조적 진단과 사고방법이라고 할 수 있습니다.

구체적으로는 당면하고 있는 현상을 다섯 가지로 나누어, 살펴
보아야 할 과제항목으로 구분하여 ①핵심현상, ②원인과 상황조
건, ③연관현상을 살펴보고 ④전반적 현상과 ⑤긴급대응을 요하는
현상을 나누어 살펴보는 방법입니다.  이와 같이 다섯 가지로 나
누어 살펴본다고 하여 기억하기 쉽게 다섯 손가락 판단법(TIES:
Technique of Issues Evaluating and Solution), 또는 전략적 과제
진단과 해결의 5지법(5指法), 줄여서 5지법이라고 하였습니다.

■ **5지법의 특징**

5지법에서는 당면하는 현상이나 해결해야 하는 과제를 바라볼
때, 앞에서 설명한 바와 같이 다섯 가지의 관점으로 살펴봅니다.

<도표 3.14> 5지법의 왼손 사고법칙

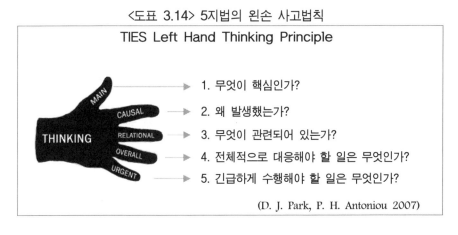

(D. J. Park, P. H. Antoniou 2007)

우선 <도표 3.14>에서 보는 바와 같이 특정한 현상에 대하여
현상에 대하여 직접 대응행동을 전개하기 전에, 현상의 핵심적인
내용과 현상을 둘러싸고 있는 요인들이 무엇인가를 판별하고, 현
재의 당면하고 있는 현상과 관련하여 유발되고 있는 관련 현상이

나 과제가 무엇인지를 판별합니다.

이와 같이 하나의 현상에 대하여 핵심과 원인 그리고 연관현상을 인식하고 난 뒤, 전체적으로 대응해야 할 과제를 판별하고, 우선 대응해야 할 과제가 무엇인가를 파악함으로써 환경에서 유발되고 있는 당면과제를 구조적으로 파악합니다.

이와 같이 판별하는 방식을 편의상 5지법의 왼손 사고법칙이라고 부르겠습니다.

왼손 사고법칙은 현상을 조명하고 문제를 파악하고자 할 때, <도표 3.15>에서 보는 바와 같이 1대1 대응 논리원칙을 적용할 때와는 달리, 당면현상에 대하여 근본적이고 전략적 대응을 촉진할 수 있습니다. 그것은 상황에 대하여 어떻게 대응할 것인가에 초점을 맞추어, 상황을 분별하기 때문에, 분별력이 높아지고 대응의 효과성이 높아집니다.

<도표 3.15> 일반적 사고와 5지법 사고법칙 적용의 차이점

|  | 일반적 사고 | 5지법 사고 |
|---|---|---|
| 현상의 이해 | 전체와 부분을 동시에 하나로 무분별하게 인식 | 현상의 전체를 대응행동에 초점을 맞춰 분별함 |
| 대응과제의 파악 | 대응의 초점이 불명확함 | 대응해야 할 내용을 구분하여 초점을 정밀하게 하여 대응과제를 파악 |
| 대응행동의 전개경향 | 당면하고 있는 현상에 대하여 즉각적/습관적 대응을 전개하려는 경향이 강함 | 당면하고 있는 현상에 대하여 과제를 구체적으로 구분하여 과제별 대응을 전개함 |
| 대응성과 | 대응해야 할 과제가 불명확한 채로 대응을 전개하므로 대응성과가 미약함 | 대응과제별 체계적 대응을 전개하므로 대응성과가 대폭적으로 개선됨 |

(D. J. Park, 2007)

즉, 5지법에 의하여 분별력이 높아져서, 상황을 파악하고 대응
과제가 무엇인지를 제대로 파악할 수 있다면, 그 대응에 있어서도
보다 정교한 상황대응을 전개할 수 있습니다. 즉, <도표 3.16>
의 오른손 행동법칙에서 보는 바와 같이 당면하고 있는 문제현상
에 대하여 한층 더 효과적인 해결을 도모할 수 있습니다.

<도표 3.16> 5지법의 오른손 행동법칙

TIES Right Hand Action Principle

1. 핵심 대응행동은 무엇인가?
2. 원인, 상황 대응행동은 무엇인가?
3. 연관조지는 무엇인가?
4. 전체적 대응조치는 무엇인가?
5. 긴급대응조치는 무엇인가?

(D. J. Park, P. H. Antoniou 2007)

예를 들어, 소비자 불만처리를 상담하는 경우, 1대1 대응 논리
나 스위치 논리에 의한 대응을 전개할 경우와 5지법에 의한 대응
을 수행할 경우에는 <도표 3.17>에서 보는 바와 같이 소비자의
불만에 대응하는 방식이 크게 달라집니다.

경영관리자가 이와 같은 사고방식에 의하여 조직구성원들을 훈
련시키고 그에 입각하여 사업활동을 치밀하게 전개할 경우, 전략
적 성과를 크게 개선할 수 있을 뿐만 아니라, 경영관리자의 전략
적 지휘능력 또한 대폭적으로 신장됩니다.

5지법에 의하여 상황에 대한 인식을 강화하게 되면, 그에 대응
하는 대응방법 또한 5지법에 의하여 효과적으로 대응할 수 있습
니다. 즉, 당면하고 있는 문제현상에 대응할 경우에도, 즉각적으

로 무분별하게 대응하는 것이 아니라, 핵심적 대응과 원인에 대한 대응, 연관현상에 대한 대응활동을 구분하고, 전체적으로 대응해야 할 것과 긴급하게 대응해야 할 것을 구분하여 실시함으로써 전략적 대응의 효과성을 대폭 향상시킬 수 있게 됩니다.

<도표 3.17> 소비자 대응에 있어서 5지법 사고법칙 적용의 장점

| 소비자불만<br>대응의 경우 | 일반적 사고 | 5지법 사고 |
|---|---|---|
| 현상의 이해 | 소비자의 불만의 내용을 접수한다. | 소비자 불만의 이유를 핵심적 이유와 불만의 원인, 그리고 연관적으로 어떠한 일이 일어났는지 파악한다. |
| 대응과제의 파악 | 소비자 불만 처리를 위한 매뉴얼에 의하여 대응해야 할 일을 파악한다. | 소비자 불만을 해소하고 추후 발생하지 않도록 하기 위하여 핵심적으로 대응해야 할 과제, 원인을 해결하기 위한 과제, 연관적으로 조치해야 할 과제, 전사적으로 조치해야 할 과제, 그리고 우선 당장 무엇을 해야 할 것인지를 구분하여 파악한다. |
| 대응행동의 전개경향 | 대응할 수 있는 내용이 없을 경우 어떻게 무엇을 대응해야 할지 모른다.<br>관련부서로 돌린다. | 5가지로 구분된 대응과제에 대하여 당사자들이 종합적으로 대응한다. |
| 대응성과 | 소비자 불만에 대한 근본적 대응이 결여되므로 소비자 불만이 근본적으로 해결되지 못한다. | 소비자 불만에 대하여 근본적 조치와 원인현상에 대한 조치, 연관조치, 전반적 조치, 긴급하게 대응할 조치를 수행함으로써 그 대응성과가 높다. |

(D. J. Park, 2007)

이와 같은 5지법은 경영현장에서 보편적인 조직구성원들이 전략적 과제를 효과적으로 해결하기 위하여 필요한 기법으로 개발하였지만, 실제로 그동안 경영관리자들에게 이 기법의 지도를 위한 워크샵을 실시하는 과정에서 개인의 일상적인 활동에서도 활용될 수 있다는 점을 알 수 있습니다.

## 4. 오지법을 이용한 전략적 대응 프로그램의 보완

### ■ 약한 신호 하에서의 의사결정이 곤란하다

SIS 대안수립 프로세스는 기존의 전략적 중점과제경영 기법을 보완하기 위하여 창안되었습니다.  우리 회사에서 긴요하게 대응해야 할 전략적 중점과제가 등장하게 될 경우, 그것이 중대한 이슈(issue)의 형태로 등장하게 될 수도 있고, 때로는 아직 이슈처럼 보이지 않는 약한 신호의 형태로 다가올 수도 있습니다.

즉, 앤소프 교수님께서 지적하신 바와 같이 환경변화의 조짐이 명확하지 않고, 잘 알아차리기 힘든 약한 신호의 형태로 다가오게 될 경우입니다.  환경에서 발신되고 있는 신호가 강하고 확실하여 중대한 과제의 형태로 등장하게 될 경우에는 그에 대한 대응방안을 마련하면 되지만, 약한 신호로 등장할 경우에는 미처 대응과제로 설정하지 못하고 상황을 계속 주시해야 하며, 상황을 명확히 이해할 때까지는 관측상태로 대기하고 있어야 합니다.

이와 같은 경우, 주요 이슈를 중심으로 관리해야 하는 경영관리자들은 이직 미확정 이슈에까지 신경을 쓸 겨를이 없게 됩니다. 그리고 마침내 미확정 이슈가 구체적으로 확정되어 경영관리자들이 사태를 인지하고 대응해야 하는 순간에는 이미 대응 타이밍을 실기할 소지가 있습니다.

따라서 기존의 전략적 중점과제 경영을 전개할 때, 약한 신호들에 대한 지속적인 관찰을 자칫 소홀히 하게 될 경우에는 전략시스템의 효과성을 상실할 소지가 있습니다.  물론 이를 위하여 약한 신호들에 대응할 수 있도록, 그 탐지능력을 키워야 한다고 제안하고 있습니다만, 현실적으로는 약한 신호를 놓치게 되는 경우가 많게 됩니다.

<도표 3.18> 기존의 전략적 중점과제 경영의 프로세스와
약한 신호에서의 문제

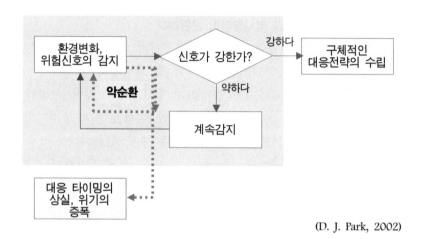

(D. J. Park, 2002)

그러나 지속적으로 환경감시의 눈을 부릅뜨고 있을 경우에도, 지속적으로 감시하는 보초활동이나 감시의 긴장상태를 유지하는 것에 실패하게 될 경우에는, 환경의 신호가 강한 신호로 변환되는 타이밍을 상실할 개연성이 높습니다.

대부분의 여러 기업의 현장에서 실제로 관측할 수 있는 사례로, "아!, 그건 우리가 전에 생각해보았던 것인데…" 와 같이, 대응 타이밍 실기의 경우를 많이 볼 수 있습니다. 즉, 어렴풋하게나마, 대안을 생각해보았지만, 구체적으로는 대안을 만들지 못하고, 실제로 언제 대응을 할 것인지에 대한 행동계획을 만들지 못하였기 때문에, 전략적 과제가 방치되고 타이밍을 놓쳐 곤란을 겪게 되는 것입니다.

따라서 이러한 문제를 개선하기 위하여 앤소프 교수님은 환경을 계속 주시하면서 신호가 강해지거나 명확해지는 것을 기다리면서 소위 약한 신호에도 환경인식을 잘 해낼 수 있도록 하기 위하여 정보감응도를 개선하고 정보인식의 방법을 개선할 것을 권장하고 있습니다.

이러한 착안은 <도표 3.35> (p.177)에서 개략적으로 살펴보는 바와 같이, 조직구성원들의 정보인식단계에 관련된 여러 가지의 고려점을 제시하였으며, 각 개인의 정보인식활동에 있어서 각자의 의식필터나 권력필터, 그리고 환경분석 필터가 중요한 역할을 하고 있다는 분석을 할 수 있게 하였습니다.

인식과정에서의 이러한 분석적 이해는 단순히 환경정보의 이해에만 국한되는 적용되는 것은 아닙니다.  전략 인식과 행동뿐만 아니라 기업 사고와 행동 전반에 걸쳐 진행되고 있습니다.

그러한 점에서 볼 때, 이러한 인식의 기본은 좀더 정교하게 발전되어 전략경영의 일반이론을 구성하는 토대로 이해되어야 합니다.  이러한 점에 대하여는 다른 기회에 좀더 살펴보도록 하고, 우리의 경영관리자들이 기업조직의 현장에서 일단 약한 신호의 경우에도 환경대응을 신속하게 효과적으로 전개할 수 있도록 하기 위하여, SIS(Strategic Issues Solution) 프로그램이라는 방법적 대안을 적용하는 방법을 살펴보겠습니다.


## ■ SIS 전개도에 대한 설명

<도표 3.19> SIS 전개도에서 보는 바와 같이, 환경의 신호가 일단 잡히면, 그것이 약한 신호이건 강한 신호이건 SIS 대안수립 프로세스를 전개합니다.  만약 신호로써 인식되지 않고, 지나치게 약한 신호일 경우에는 계속감지하면서 기존의 약한 신호 하에서의 전략적 중점과제 경영 시스템을 가동합니다.

그러나 일단 신호형태로 감지가 되면, 바로 SIS 프로그램의 과
제진단 프로세스와 대안수립 프로세스를 전개합니다.  여기에서
대안수립 프로세스를 통하여 대안이 도출되면 즉시, 조기 실천으
로 대응하면서 상황이 변화되는 과정과 조건의 변화 등에 대하여
관찰하고, 변화된 신호가 감지되면, 다시 SIS 대안수립 프로세스를
가동시킵니다.16)

<도표 3.19> 약한 신호의 취약점을 개선한 SIS의 전개도

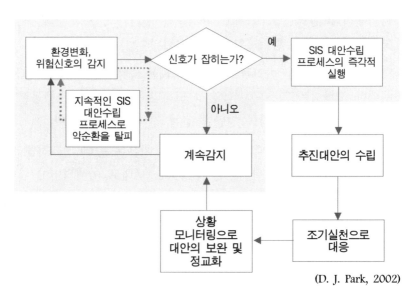

(D. J. Park, 2002)

SIS 프로그램의 해결대안 프로세스를 전개할 때에는 전략적 중
점과제경영의 수행에 있어서 환경 내에서 전략적 과제가 잘 감지

---

16) 이와 같은 발상은 나까무라겐이치 교수님의 지론 중에 환경변화가 불확실하
고 기업의 환경대응속도와 적응성을 높이기 위해서는 'Start early and small'
이라는 키워드를 강조하고 있는데, 이러한 점을 염두에 두어, 문제상황인식과
그 해결에 대한 신속성과 정확성이라는 문제를 해결하기 위하여 고안한 것입
니다.  나까무라겐이치, 도표 50으로 배우는 전략경영, 제5장 참조, 소프트전
략경영연구원. 1993.

되지 않을 경우, 그것이 약한 신호인지의 여부를 판정하기 위하여 기다리지 않습니다.

즉, 지속적으로 환경감시의 노력을 계속 강화하는 한편, 환경의 신호가 강해질 때까지 기다리다가, 대응의 타이밍을 놓치는 악순환을 반복하기보다는, 일단 전조가 의심스럽다고 생각될 경우에는 SIS 대안수립 프로세스를 전개함으로써 신속한 대응과 절차적 방법의 전개로 상황에 대한 해결성과를 높입니다.

SIS 대안수립 프로세스에서는 명확한 진단과 처방을 만드는 것도 중요하지만, 현재 무엇이 파악되고 있고, 무엇을 해결해야 할 것인가에 대한 현재 시점에서의 전략적 판단을 확보하는 것을 중요시합니다.

전략의 효과성이란 나가야 할 방향을 제대로 설정하는 것에 의하여 결정됩니다. 다른 관점에서 보자면, 가서는 아니 될 방향으로 가지 않도록 하는 것이 중요한 것입니다. 일단, 당면 상황이 긴박해지고 있다면, 얼마나 잘할 것인가도 중요하지만, 더 중요한 것은 하지 말아야 할 일들을 하지 않고, 정말 해야 할 일들을 찾아서 수행 하는 일입니다.

SIS 대안수립 프로세스에서 1차적으로 신속하게 파악하고자 하는 것은 바로 이러한 전략적 대안의 방향을 제대로 잡자는 것이 주 목적입니다.

좀더 정확한 진단과 처방을 원하고자 한다면 분석기법에 충실하면서 반복적으로 피드백 과정을 통하여, 상시운영 프로그램으로 활용함으로써 그 처방과 대안의 정확도를 높일 수 있습니다.

SIS방법의 고안에 있어서 두 번째로 특기할 것은 기존의 SWOT 분석의 활용에 대한 문제점을 보완할 필요가 있다는 점입니다.

SWOT 분석논리는 1965년 앤소프 교수님이 기업전략론을 창안하여, 기본적인 전략대응의 원칙을 설정한 후, 몇 년 뒤 케네스 앤드류스(Kenneth Andrews) 교수님과 연구 동료들과의 발상의 교류에 의하여 탄생한 분석틀입니다.  그 기본적인 전개의 논리는 기업이 당면하고 있는 환경에 대응하기 위하여 환경의 요소들을 기회와 위협요인으로 구분하고, 그에 대응할 수 있는 기업역량을 강점과 약점으로 나누어 전략적 대응방향과 그 대안을 모색하기 위하여 제시되었습니다.

이 방법은 현장에서 전략을 모색하거나 지휘를 할 때, 유용하게 활용할 수 있는 방법으로, 다양한 상황에서의 전략모색을 가능하게 합니다.  우선, 기존의 SWOT 분석방법의 내용을 우선 간략하게 살펴보도록 하겠습니다.

### ■ 기존의 SWOT 분석방법

제2장에서도 살펴본 바와 같이 SWOT 분석방법은 전략을 도출하기 위하여 자사의 능력을 점검하여 환경에 대응하기 위한 방안으로 도출되는 방법 중의 하나입니다.  스와트(SWOT) 라는 이름은 조직이 확보하고 있는 능력의 강점/약점(Strength/Weakness)과 환경의 기회/위협(Opportunity/Threat)의 영문 머리글자만을 따서 붙인 것입니다.

우선 환경분석을 살펴보면, 여기에는 활용하고자 하는 환경예측, 분석기법에 따라서 그 내용이 달라집니다.  이러한 SWOT 분석의 실제로 컨설팅 기관마다 독자적으로 양식을 개발하여 다양한 형태의 변형된 작업양식들을 활용하고 있습니다만, 주요 항목들로는 환경변화의 요소나 속성, 그 내용(기회, 위협)의 구분, 영향의 정도와 같은 내용들이 구성됩니다.  추가적으로 시기나 또는 우선순위와 같은 항목들을 추가할 수도 있습니다.

이어서 기업능력을 평가합니다.  기업능력의 평가작업에서는 우리 회사가 지니고 있는 역량의 강점과 약점을 평가하는 것입니다. 우리 자신의 실상을 점검함으로써, 변화하는 환경에 어떻게 대응할 것인가에 대한 전략을 모색하기 위한 것입니다.

환경분석에서 기회요인과 위협요인이 식별되고, 기업능력에 대한 강점과 약점이 파악되면, 이제 무엇을 해야 할 것인가에 대한 환경대응 내용을 결정하는 작업을 수행합니다. 이러한 작업을 SWOT 분석이라고 하고, 제2장에서 살펴본 바와 같이 <도표 2.7> (p. 82)와 같은 형태로 작성됩니다.

이와 같은 분석을 통하여 조직에서 환경에 대응하는 방안들을 어떻게 만들 것인가에 대한 방법적 모색이 가능하게 됩니다.

### ■ 기존의 SWOT 분석방법의 한계점

그러나 현장에서 실무자들의 SWOT 분석작업을 전개할 때나 전략 수립 워크샵을 지도할 때, 몇 가지의 실천적인 방법상의 문제점을 느끼게 되는데, 그것은 주로 다음과 같은 것들입니다.

1. 우선, 환경인식의 기법이나 예측, 분석방법이 제대로 갖춰지지 않을 경우, 환경에 대한 자의적인 선별과 해석으로 중요한 환경요소들이 간과될 수 있다는 점입니다.

이러한 점을 보완하기 위하여, 앤소프 교수님은 일련의 참고항목들을 제시하고, 그에 준거해서 검토할 것을 권장하고 있습니다. 그러나, 해당 항목들에 대한 인식이 제한되어 있거나 또는 경영관리진의 실감필터[17]가 부정적으로 작용하게 될 경우, 기업현장에서는 이에 대한 접근이 사전적으로 차단된다는 문제점이 노출되었습니다.

2. 기업 능력에 대한 검토에 있어서는 강점과 약점에 대한 명

---

17) 실감(實感) 필터(realization filter)에 관하여는 후술하는 <도표 3.36> (p. 180)과 그 해설을 참조하시기 바랍니다.

확한 인식이 쉽지 않습니다.  더욱이 미래의 시점으로 전환하여 우리 기업의 강점 약점에 대한 작업은 다분히 자의적인 해석에 좌우되며, 시장지능이나 기술지능, 정보지능과 같은 지능발휘에 대한 관점도 결여되어 있습니다.

기업지능이 제대로 발휘될 것인지에 대한 문제점도 중요하지만, SWOT 분석자의 전략지능의 여부에 따라서 그 내용이 달라지며, 또한 훌륭한 대안을 모색한 경우에도 그 대안이 수용되지 않고 기각되는 경우가 많다는 점입니다.

3. 강점인가 약점인가에 해석도 명확하지 않습니다.  강점과 약점의 판단은 실제로 부딪쳐 봐야 알 수 있는 것입니다.  즉, 상황이 전개되어 실전에서 그 결과를 놓고, '이것이 강점이다, 저것이 약점이다'라는 판단이 가능하다는 것입니다.  그러나 사전에 이를 구별해내기란 사실 쉽지 않습니다.

기업규모나 역량면에서 경쟁기업간에 현저하게 차이가 날 경우에는 비교가 가능해보여도, 대체로 경쟁기업들의 자원확보상황을 보면, 상당히 유사한 질과 양, 그리고 서로 비슷한 내용의 경영자원들을 확보하고 있습니다.  더욱이 상대 경쟁기업의 면면을 세세히 알 수도 없고, 상대기업의 기업지능의 진화상태나 속도, 투지와 같은 것을 쉽게 분별하여 우리의 역량과 비교하기가 쉽지 않습니다.

그런데, 강점과 약점으로 나누려 하다보면, 미세한 차이를 더욱 벌려서 생각하는 경향이 있고, 더욱 유의해야 할 점은 미세한 차이의 약점을 크게 생각하여 공격적으로 나아가야 할 때에도, 수성의 전략에 치중할 수 있거나, 또는 수성의 전략에 치중해야 할 시점에서도 강점을 너무 확대 해석하여, 공격적 전략의 내용으로 나아갈 수 있다는 점입니다.

4. 강점과 약점을 구분하는 과정에서, 강점인지 약점인지 명확

하지는 않지만, 전략적 대응을 위하여 핵심적 역량으로 간주되어야 할 요소들조차, 강점과 약점의 분류항목에 해당되지 못할 경우, 그러한 요소들은 전략적 대응 모색을 위한 SWOT 매트릭스 내의 분석작업에 들어가지 못하게 됩니다.

5. 또한 사전에 관측이 가능한 강점과 약점이란 조건이나 기준에 따라 변화하기 마련입니다. 즉, 기업의 진행방향이나 또는 내부 경영자원들의 정비상황에 따라서 상대적으로나 절대적으로 변화합니다. 무엇이 현재의 강점이고 약점이며, 그 강점과 역동성이 어떻게 변화할 것인지를 알지 못한다면, 당면하게 될 미래의 기회요인과 위협요인에 대한 대응의 편성이 잘 될 수도 있지만, 잘 못될 수도 있습니다. 즉, 전략의 유효성이 떨어지게 된다는 점입니다.

이러한 점에 대응하기 위하여 SWOT 분석은 반복적으로 실시할 것이 요구됩니다. 그러나 그 반복적 실시의 타이밍을 놓치게 된다면, 전략의 수정과 보완은 시기를 놓칠 수 있게 됩니다.

6. 환경의 기회요인과 위협요인 또한 그 인식이 쉽지 않습니다. 약한 신호의 경우, 그것이 기회인지 위협인지에 대한 이해가 불가능하며, 이 두 가지의 항목, 즉 기회와 위협으로 분류되지 않게 되면, SWOT 분석작업에 고려될 여지가 없습니다.

물론 SWOT 분석만으로 전략을 모두 수립하게 되는 것은 아니지만, 일단 SWOT 분석기법의 논리적 프레임워크로는 기업의 역량을 가지고 환경에 대응할 수 있는 것처럼 보이지만, 현실적으로는 기회와 위협요인도, 강점과 약점요인도 그 요인파악에 실패를 하게 될 경우, 그 분석 프로세스 내에 분석해야 할 요인이 추가되지 못함으로 인하여 그릇된 결론을 도출하게 되거나 또는 분석결과의 품질이 형편없는 것으로 나올 수 있다는 분석방법상의 맹점이 있습니다. 이상과 같은 점들은 특히 작업시 유의할 필요가 있습니다.

7. 또한 SWOT 분석작업에서는 당면환경에 대한 분석이 일정한 기간이나 시점을 전제로 기회와 위협을 살펴보고, 우리의 강점과 약점을 파악합니다.

예를 들어 당면하는 환경에 대하여는 현재가 아닌 1년이내 또는 3년 이내와 같은 기간을 고려합니다. 즉, 현재의 시점을 T라고 한다면, 환경에 대한 시점의 고려는 예를 들면, T+1이나 T+3과 같이 현재가 아닌 미래의 시점이 됩니다. 그러나 능력의 경우에는 현재의 능력, 즉 T의 시점을 기초로 강점과 약점을 판별합니다. 따라서 대응시점에서의 판별이 일치하지 않기 때문에, 시간논리에 있어서 차이가 발생합니다.

이와 같은 시점의 차이는 대응방안의 모색을 전개하는 분석시점과 대응시점에서의 대안에 있어서 근본적인 시간오류와 그에 따른 내용의 허구성이 작용하게 됩니다.

따라서 이와 같은 일에 대비하려면, 시간의 경과에 따라, 지속적으로 반복적인 작업을 실시하여 시간오차에 따른 시간오류와 그에 수반되는 내용의 허구성을 최소화하기 위한 노력을 기울여야 하는 것입니다.

8. 추가적으로 SWOT 분석에서는 각 대안들이 서로 어떠한 상관이나 보완관계가 있는지, 환경의 돌파를 위한 대안인지, 사업환경의 정비나 상황조건에 대응하는 것인지에 대한 구분이 어렵다는 점입니다.

따라서 SWOT 분석작업 이후의 실행방안의 전개에 어려움을 느끼게 됩니다. 즉, 각 대안들을 종합하고 정리하는 과정에서 각 대안들이 어떠한 부류의 조치를 의미하는지 이해가 어려우며, 그것을 종합화하기가 또한 어렵습니다.

제2장에서 살펴본 바와 같이 SWOT 분석의 논리구조와 방법전

개상의 오류 뿐만 아니라, 실천적 측면에서의 방법적 문제들 때문에 SWOT 기법의 타당성을 확보하기 어렵게 되고 그 활용도 및 작업결과의 신뢰도가 떨어지게 됩니다.

### ■ 방법보완을 어떻게 할 것인가?

따라서 새로운 방법을 설계함에 있어서 우선 이상과 같은 SWOT 분석기법의 약점을 보완하고자 한다면, 우선 이 기법의 구조를 이해해볼 필요가 있습니다. SWOT 분석기법의 가장 두드러진 특징은 하나의 도표에 환경의 문제와 기업의 문제를 조합하고 이에 대한 대안을 수립하는 형태로 되어 있습니다.

따라서 평범한 전략지능을 지닌 일반인들이 이와 같은 작업을 수행하게 될 경우에는, 작업이 아주 어렵다고 느끼는 것이 일반적입니다. 물론 전략워크샵의 지도를 통하여 1, 2회 반복 수행하면서 작성기법과 유의사항, 그리고 관련 검토사항들을 학습하게 되면, 소위 기법에서 요구하는 전략지능을 서서히 소화하게 될 수 있습니다.

그러나 기법의 단순성에 따른 구조적 특징으로써 너무 포괄적인 환경의 문제를 제한적인 역량의 조건하에서 실질적인 전략대안을 구성해야 한다는 문제를 내포하고 있습니다. 따라서 환경의 기회와 위협요인을 파악한 이후에도, 무엇을 해결해야 할 것인가에 대한 해결과제인식이 쉽지 않습니다. 따라서 최초에 이 작업을 수행하는 사람들은 해결해야 될 내용의 식별작업부터 어려움을 느낍니다.

이와 같은 방법상의 문제는 이 기법의 여러 가지의 유용성에도 불구하고 실제 작업의 난이도가 높으며, 또한 어렵게 작업을 해도, 제대로 그 내용을 점검할 수 있는 역량이 부족한 경우에는 실행가능성이 낮고, 그 성과도 보장하기 어렵다는 점입니다.

따라서 이와 같은 점을 보완하기 위하여, 일단 SWOT의 기본

골격은 유지하면서도, 해결과제의 선정단계와 주요과제의 해결단계, 즉 대안모색단계로 구분할 필요가 있습니다.

또한 강점과 약점을 구분함에 있어서 명확하게 구분되지 못하는 역량들에 대하여는 중립적 요인으로 구분함으로써 주목해야 할 내부역량으로 추가함으로써, 작업의 품질을 높일 필요가 있습니다. 물론 SWOT 분석기법에 익숙한 분들은 강점약점의 2원적 분석을 통하여 이들 항목을 구분하여 접근할 수도 있습니다.

SIS 프로그램을 추진하게 될 경우에는 현재상태에서의 가설과 결론을 신속하게 그리고 다양하게 만들어 낼 수 있으며, 이 기법을 수시로 활용하여 전개함으로써 SWOT 분석에서 고려할 수 없었던 전략적 중점과제들의 해결과정을 관리할 수도 있습니다.

## ■ SIS 프로그램의 운영원칙

따라서 SIS 프로그램의 논리구조를 다음과 같은 운영원칙에 입각하여 설계하였습니다.

우선, 당면하고 있는 상황이나 문제현상, 전략적 과제를 인식하는 방법을 개선하고 구조적으로 파악할 수 있도록 하되, 문제의 인식과 대응의 과정을 분리하도록 하였습니다. 이를 프로그램 운영의 제1원칙과 제2원칙으로 설정하였습니다.

제1원칙에서는 현상의 진단과 대응을 구분전개함으로써, 작업수행과 대응방안모색에서 유발되는 오류를 제거합니다. 따라서 당위적 편차를 줄이고, 그 인식의 관점과 수준을 높일 수 있도록 합니다.

제2원칙에서는 당면 현상을 핵심적 현상과 파생적으로 유발되고 있는 관련현상, 그리고 현재의 현상을 유발시키고 있는 원인이나 조건을 구분하고 전반적 대응을 요하는 현상과 긴급현상을 분리하여 이를 구조적으로 이해할 수 있도록 합니다.

제3원칙을 실현하기 위하여, SWOT 분석기법의 한계점을 극복하기 위한 새로운 형태의 New SWOT (SNWONT) 매트릭스와 분석틀을 새로이 개발 적용함으로써, 그 활용절차를 개선하고 전략적 대응의 성과가 높은 체계적 분석기법을 활용합니다.

<도표 3.20> SIS 프로그램 운영원칙

원칙 1. 해결해야 하는 문제나 전략적 과제 또는 상황의 인식을 전개하는 작업과 그 대응을 모색하는 작업을 구분한다.

원칙 2. 현상인식을 표면적으로 이해하지 않고, 구조적으로 파악하여 효과적으로 대응방안을 모색한다.

원칙 3. SWOT 분석기법을 전개할 때에, SWOT 기법의 한계점을 보완하여 새로운 형태의 분석틀과 절차를 전개한다.

원칙 4. 프로그램의 운영절차를 유연하게 편성하여 전개의 절차와 방법을 제약하지 않는다. 즉, 필요에 따라 작업의 프로세스를 순차적으로 전개할 수도 있고, 선별적으로 또는 역순으로 전개할 수도 있다.

원칙 5. 문제의 인식과 대응방안을 모색할 때, 핵심에 치중할 수 있도록 중점인식과 중점대응능력을 높인다.

원칙 6. 신경쟁전략, 신성장전략의 관점을 추가하여 전략적 인식과 대응방안의 전략적 수준을 높인다.

원칙 7. 당면하는 환경에 대하여 리얼타임 대응(real time response)과 선행대응(proactive response)의 관점을 보완하여 리스크 대응의 관점을 확대하고 선행적 상황주도의 인식과 대응능력을 높인다.

원칙 8. 독창적 경영대응의 방안을 모색할 수 있는 프레임워크를 도입하여 전략인식과 대응의 방안을 강화한다.

(D. J. Park, 2002, 2007)

제4원칙에서는 프로그램을 전개할 때 유연성을 발휘하여, 당면하고 있는 상황과 시간의 여유, 전략적 과제의 긴급성에 따라, SIS

기본적인 전개 프로세스에 제약받지 않고, 특정한 작업들만을 선별하여 수행하거나 또는 결론부터 도출하여 역발상과 역순의 절차로 전개할 수도 있도록 합니다.

여기에 2007년에는 SIS 프로그램을 보완하면서 다음과 같은 네 가지의 원칙을 추가하였습니다.

제5원칙으로는 문제의 핵심에 치중하고 상황을 인식하여 대응방안을 모색할 수 있도록 중점인식과 중점대응에 초점을 맞추어 작업을 전개합니다.

제6원칙으로는 신경쟁전략, 신성장전략의 관점을 추가하여, 전략적 인식과 대응방안의 전략적 수준을 높입니다.[18]

제7원칙은 리얼타임대응과 선행대응의 관점을 보완하여, 리스크 대응의 관점을 확대하고 선행적 상황주도의 인식과 대응능력을 강화합니다.

그리고 제8원칙으로 독창적이고 창의적 경영대응의 방안을 모색할 수 있는 프레임워크를 도입하여 전략인식과 대응의 방안을 강화합니다.

이상과 같은 운영원칙을 기본적인 발상의 원점으로 하여 다음과 같은 논리구조로 SIS 프로그램을 전개하였습니다.

따라서 프로그램 운영의 제1원칙에 따라, 프로그램의 절차를 크게 둘로 나누어 현상의 인식단계와 대안의 모색 및 도출단계를 구분하였습니다.

현상의 인식단계와 대안의 도출단계를 구분하는 가장 중요한 이유는 당면하고 있는 현상에 직접대응을 하게 될 경우, 신속한

---

대응이라는 장점을 확보할 수는 있지만, 만약 현상을 잘못 판별하게 된다면, 잘못된 대응을 통하여, 대응성과를 근본적으로 저해할 수 있을 뿐만 아니라, 치열한 경쟁환경 하에서는 적절한 대응 기회를 그르칠 수 있기 때문입니다.

<도표 3.21> 인식과 대응의 품질에 따른 결과차이

| 현상인식과 대응방안<br>(경쟁력 저위에 따른<br>상황대응의 경우) | | 당면문제의 현상인식 | |
|---|---|---|---|
| | | 잘못됨 | 잘 됨 |
| 대응<br>방안의<br>도출 | 잘못됨 | ● 엉뚱한 일을 엉뚱한 대안으로 시간 및 자원낭비<br>● 문제해결의 방향설정과 대응방안의 전반적 재검토가 필요<br>● 잘못된 대응방안의 시도에 따른 시간 및 자원낭비 및 기회오용을 만회하기 위한 추가적 대안모색이 필요<br><br>(예) 제품의 경쟁력이 떨어지는 상황을 시장상황으로 이해하여 마케팅을 촉진 | ● 대응해야 할 방향과 대상에 대한 판별은 합당하므로 추진 대안의 추가적 검토와 방안모색이 필요<br><br><br><br>(예) 제품의 경쟁력을 높이기 위한 방안을 모색하기 위하여 조립부품의 품질과 기술을 개선하는 대안의 전개 |
| | 잘 됨 | ● 상황의 인식을 잘못하여 대응 방향과 대상활동을 잘못 파악<br>● 잘못 파악된 일에 대한 대응방안추진으로 효과성 결여<br><br>(예) 매출확대를 위하여 판매가격을 인하 | ● 바람직한 현상인식과 해결방안의 주효로 대응의 효과성이 높음<br><br>(예) 제품경쟁력을 높이기 위한 대안들을 효과적으로 편성 |

(D. J. Park, 2007)

<도표 3.21>에서는 설명의 편의를 위하여 경쟁력이 심각하게

떨어지고 있는 가상의 조직사례를 통하여 해당조직에서의 상황에 대한 인식과 대응에서의 차이를 예시하고 있습니다. 도표에서 보는 바와 같이 상황을 잘못 인식하게 되면, 그 해결방안의 모색에서도 명백히 차이가 발생하게 됩니다.

이와 같이 상황을 잘못 인식하게 될 경우, 잘못된 처방을 전개하게 됨으로써, 의도한 바와는 달리 조직의 대응성과를 기대수준 이하로 떨어뜨리게 될 뿐만 아니라, 제한된 경영자원의 활용성과 또한 제약하게 됩니다.

당면하고 있는 환경의 상황인식을 제대로 하려면 그 환경을 판별하고 인식하고 진단하는데 필요한 환경지능과 분석방법이 동원되어야 합니다.[19] 또한 앞에서도 언급한 바와 같이 당위적 인식의 수준을 정비하는 것이 필요합니다.

### ■ 현상의 인식과 대응과정의 충실성에 따라 다른 관리행동

환경의 상황인식단계에서 그 인식의 품질을 높이기 위하여 우선적으로 필요한 조치는 상황인식과 해결대응을 위한 실행의 단계를 분리하도록 하는 것입니다. 즉, 상황인식의 품질이 어떻게 되었는지를 판별하고자 한다면, 실행에 옮기기 전에, 우선 현상의 인식에 대한 과정을 마무리하고 점검하는 사고방식을 일상적으로 체계화하는 것입니다.

다음 <도표 3.22>에서 보는 바와 같이 환경대응의 과정을 어떻게 전개하는가에 따라 그 관리의 실태를 파악할 수 있습니다.

환경에 대응하는 과정을 인식활동과 대응활동, 그리고 그 과정의 관리활동으로 구분하여 볼 때, 그 활동을 하고 있는가의 여부에 따라 8가지 형태로 나누어 볼 수 있습니다. 이 세 가지의 환경대응 활동을 전혀 하지 않고 있는 경우는 논외로 하고, 7가지

---

19) 박동준, 뉴스와트 전략, 제6장 환경지능경영론 참조, 소프트전략경영연구원, 2005

형태의 환경대응상황을 보면 어떠한 대응방식에서 성과가 창출될 것인지는 명확합니다.

<도표 3.22> 환경대응과정과 관리의 형태

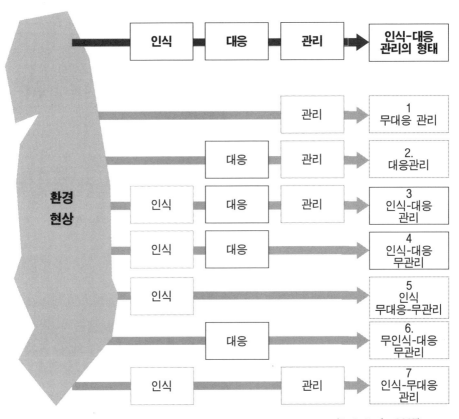

(D. J. Park, 2007)

## 1. 말만 많은 관리행동형

도표의 오른쪽을 중심으로 살펴 보면, 전혀 환경이나 현상에 대하여 대응은 하지 않지만 관리행동은 수행하는 경우입니다. 경영회의나 일상적인 간부회의에서도 환경과 상황에 대하여 문제를 언급하기도 하고 대책이 필요하다는 지적도 거론되지만, 실제로 그에 대한 직접적인 조사나 인식행동과 대응행동은 전개되지 못하는 형태의 관리행동이 그 특징이라고 할 수 있습니다.

### 2. 환경 무인식 대응행동 관리형

두 번째 형태는 환경에 대하여 제대로 인식하거나 파악하지 못하고 등장하는 환경요인이나 당면하는 과제들에 대하여 그 대응방안을 전개하고 그 행동을 관리하는 형태입니다. 따라서 환경에 대한 인식과 분석이 제대로 되지 못하여, 환경대응성과가 떨어지고 수시로 산만하고 졸속의 대책들이 난무합니다.

### 3. 모범적 환경의 인식대응행동 관리형

세 번째 형태는 환경에 대하여 상황을 분석하여 그 대응과제를 판별하고 대응행동을 전개하며, 그에 대한 관리행동을 전개합니다. 환경대응성과가 가장 높고 모범적인 형태의 관리행동을 전개한다고 할 수 있습니다.

### 4. 인식-대응행동 추진 무관리형

네 번째 형태는 환경에 대하여 상황을 분석하여 대응행동을 전개하지만, 그 관리행동이 전개되지 못하는 형태입니다. 따라서 지속적인 환경대응행동이 관리되지 못하여 환경대응성과가 들쑥날쑥합니다.

### 5. 인식추진-무대응-무관리형

다섯 번째 형태는 환경에 대하여 상황을 분석하여 대안을 만들어내지만, 그 실현성이 부족하거나 또는 조직에서 대응행동과 관리행동을 수행하지 못하는 형태입니다.

### 6. 무인식-무관리-대응행동 추진형

여섯 번째 형태는 환경에 대하여 상황을 분석하지 않고 관리행동도 수행하지 않으면서 대응행동만 전개하는 형태입니다.  소위 돈키호테형 경영관리라고 할 수 있습니다.

### 7. 인식-관리-무대응행동형

마지막으로 상황이나 환경분석도 치밀하고 그 관리행동도 잘 수행하고 있지만, 현장에서 과제에 대한 대응행동을 제대로 전개하지 못하여 성과가 떨어지는 형태입니다.

이와 같은 환경대응과정과 관리의 형태별 실상들은 일반적 기업조직 및 공공부문의 조직과 사업현장에서 경영관리자들이 종종 목격할 수 있는 현실입니다.  때로는 특정 조직에서 당면하고 있는 전략적 과제나 현상들에 대하여, 경우에 따라서 이상의 7가지 형태의 관리행동이 돌아가면서 목격되기도 합니다.

따라서 경영관리자는 성공적인 환경대응을 위하여 우선 현상인식의 작업성과를 높이고, 그 대응활동을 전개하며 관리행동을 강화할 필요가 있습니다.

즉, 현상인식을 마치고 그에 대한 판단을 통하여 대응방안을 만들어가는 프로세스를 구분 전개함으로써 일단 현상인식활동의 품질을 점검할 수 있도록 합니다.  물론 제4원칙에서 언급한 바와 같이, 현상에 대한 인식을 점검하는 일이 불필요하거나, 신속한 대응이 필요할 경우라면, 현상인식의 작업을 과감히 뛰어 넘어 대응방안의 모색작업을 전개하도록 합니다.

### ■ SIS 프로그램의 논리구조

따라서 SIS 프로그램에서는 현상인식의 작업에서 현상인식의 논리구조를 앞에서 살펴본 오지법의 사고원칙에 입각하여 다음 <도표 3.23>에서 보는 바와 같이 다섯 가지로 구분하여 살펴보도록 하였습니다.

이와 같이 현상을 다섯 가지로 구분하여 살펴보는 까닭은 앞에서도 언급한 바와 같이 현상의 인식과 이해의 품질을 높이고, 일반적인 사고방식과 인식과정에서 목격되는 일련의 오류를 최소화하고, 성과를 높이기 위한 것입니다.

<도표 3.23> SIS 프로그램에서의 현상 인식구조

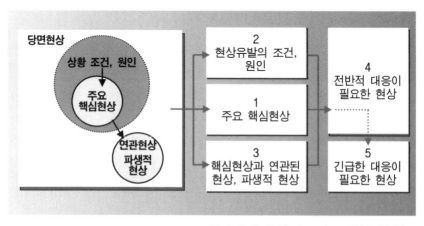

(D. J. Park, P. H. Antoniou, 2005, 2007)

<도표 3.24> SIS 프로그램에서의 대응방안모색의 구조

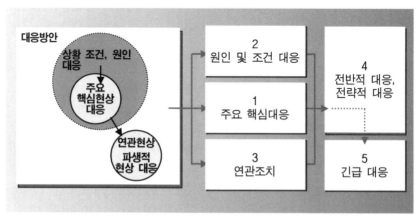

(D. J. Park, P. H. Antoniou, 2005, 2007)

이를 위하여 프로그램의 설계의 제2원칙에서 보는 바와 같이, 환경 인식의 절차와 구조를 바꾸고, 한층 더 나아가 그것을 구조 적으로 편성합니다. 이는 마치 사진을 찍을 때, 여러 가지의 감 광필터를 이용하여 정확한 피사체를 포착하려는 시도와 같다고 할 수 있습니다.

이와 마찬가지로 대응방안의 전개에 있어서도 <도표 3.24>에 서 보는 바와 같이 다섯 가지로 나누어 ①주요 핵심현안에 대한 대응, ②현재의 주요 핵심현상에 영향을 미치는 원인이나 발생조 건에 대한 대응, ③관련현상 및 파생적 현상에 대응하는 방안, ④ 전반적으로 대응과제 또는 전략적 대안, ⑤긴급하게 수행해야 할 긴급대안으로 구분하여 대안을 체계화합니다.

<도표 3.25> SIS 프로그램에서의 현상파악과 대응방안의 대응구조

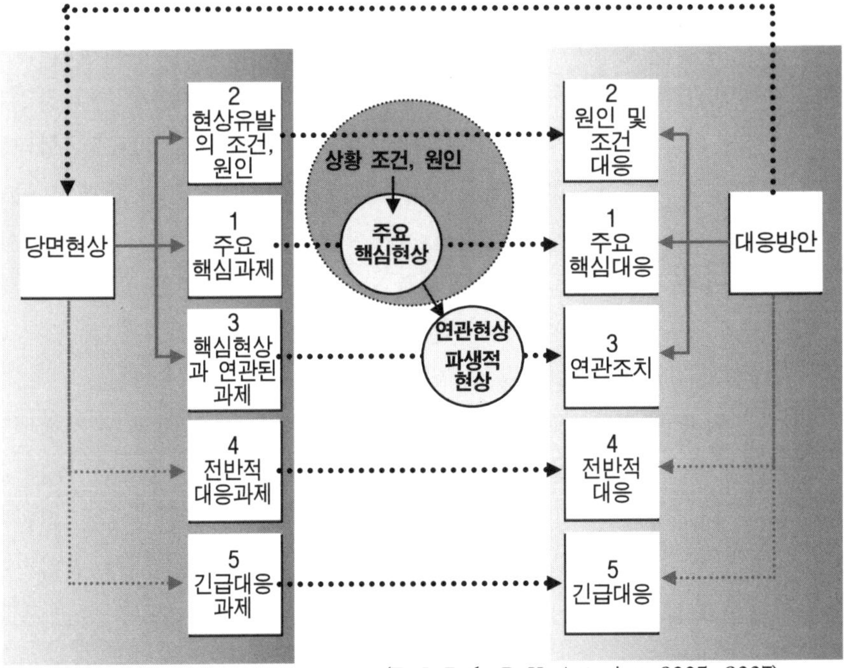

(D. J. Park, P. H. Antoniou, 2005, 2007)

이와 같이 기본적인 작업절차를 현상인식 프로세스와 대응방안수립 프로세스로 구분하고, 각 프로세스를 ①핵심, ②원인 및 조건, ③파생적 또는 연관적 현상, ③전반적으로 대응해야 할 과제 또는 전략적 과제, ⑤긴급하게 수행해야 할 긴급과제와 그에 대한 대안의 모색의 5가지로 구분하여 <도표 3.25>에서 보는 바와 같이 5:5 대응 논리로 구조적으로 인식하고 대응하는 논리가 SIS 프로그램 발상의 핵심적 논리입니다.

### ■ SIS 기법전개의 프레임워크

따라서 실천적 프로그램의 절차를 크게 둘로 나누어 현상의 인식단계와 대안의 모색 및 도출단계를 구분할 필요가 있습니다. 즉, 당면현상과 과제에 대한 해결성과를 높이기 위하여, SIS 기법의 프레임워크는 구조적 관점에서 인식작업과 대응작업을 구분하고 각 작업을 세 가지로 나누어 전개합니다.

작업을 전개하는 주체의 입장에서 전략적 과제의 해결기법 프레임워크는 다음 <도표 3.26>에서 보는 바와 같이 인식작업과 대응작업을 대칭형으로 전개합니다. 흥미롭게도 도표의 형태를 시각적으로 단순화시키면 한자로 아닐 비(非)와 같은 형태가 됩니다.

이와 같은 전략적 과제해결기법의 프레임워크는 앞으로 경영관리자와 조직구성원들의 전략적 사고에서 환경인식과 대응에 대한 기본적인 틀로 활용될 것입니다.

이와 논리적 프레임워크는 조직의 환경대응에서의 문제점뿐만 아니라, 개인의 일상에서도 적용할 수 있습니다. 중요한 것은 하나의 현상이나 당면과제가 등장하면, 그동안 '당면과제에 대하여 어떻게 할 것인가?'를 무조건 뇌리에 떠올리던 방식에서 변화하여 <도표 3.26>의 아닐 비(非)자의 왼쪽을 염두에 두도록 하는 것입니다.

<도표 3.26> SIS 기법전개의 프레임워크

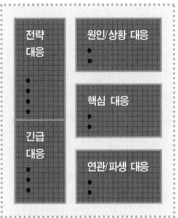

(D. J. Park, P. H. Antoniou, 2007)

구체적으로는 도표의 왼쪽의 형태를 머릿속에 떠올리거나 또는 TIES의 왼손 사고법칙에 따라 왼손을 하나씩 펴가면서, 현재 핵심이 무엇인가를 보고, 이를 둘러싸고 있는 위쪽의 원인과 조건을 생각하고 아래쪽의 연관현상이나 파생적인 것은 무엇인가를 파악하여 우리가 대응해야 할 전반적 과제와 긴급하게 해야 할 것이 무엇인가를 대국적으로 파악하고 구체화하는 사고 습관을 갖추도록 합니다.

이와 마찬가지로 해결방안을 모색할 경우에도, 도표의 오른쪽 아닐 비(非)자의 형상을 떠올리거나 TIES의 오른손 행동법칙에 따라 오른손을 하나씩 펴가면서, 도표의 왼쪽에 대한 판단을 토대로, 전략적 대안들이 무엇이며, 도표의 맨 오른쪽 가운데에 핵심 대응을 해야 하는 것은 무엇이고, 도표 맨 오른쪽 위의 원인과 상황에 대응해야 할 것과 아래쪽의 연관조치로 수행해야 하는 것은 무엇인지를 파악하도록 합니다.   그리고 마지막으로 전반적으로 수행할 대응과 긴급하게 수행해야 할 대응조치들이 무엇인지를 파악하여 대응해야 할 내용들을 대국적으로 파악하고 세부적인 대안을 구체화하는 사고와 행동습관을 갖추도록 합니다.

따라서 경영관리자는 전략적 과제라는 말만 나와도, TIES 사고원칙을 염두에 두어 왼손과 오른손을 이용하거나, 또는 아닐 비(非)자를 써놓고, 무엇을 생각하고 무엇을 대응해야 하는가를 검토하고 관리함으로써 <도표 3.22>의 환경대응과정을 세 번째의 바람직한 형태로 전개하여 그 전략적 환경대응성과를 제고합니다.

이제부터는 경영관리자와 조직구성원들이 유용하게 활용할 수 있는 전략적 과제의 진단과 해결의 오지법을 중심으로 기법전개의 구체적 내용과 기업의 전략적 과제의 대응성과를 어떻게 높일 것인가에 대하여 체계적으로 살펴보도록 하겠습니다.

오지법(TIES 사고기법)을 중심으로 기업이 당면하고 있는 전략적 과제를 해결하는 프로그램을 영어로 Strategic Issues Solution Program라고 하고 편의상 SIS 프로그램이라고 부르겠습니다.


## 5. SIS 프로그램의 전개과정

이제부터 이 책의 후반부에서는 SIS 프로그램의 프로세스는 8가지의 실천작업으로 구분하여 경영관리자의 전략적 과제성과를 높이기 위하여 필요한 내용들을 중심으로 살펴보도록 하겠습니다.

SIS 프로그램은 크게 보면, SI 프로세스와 IS 프로세스, 대안의 정합성 점검, 대안의 실행 그리고 피드백 프로세스로 구성됩니다. SI 프로세스에서는 전략적 과제를 분별하여 파악하는 작업을 수행합니다. IS 프로세스에서는 파악된 전략적 과제를 해결하기 위한 전략적 대안을 도출하고, 그 대안을 구체화하는 작업을 수행합니다.

<도표 3.27> SIS 기법의 전개과정

| SIS 기업의 전개작업 | | 설명 |
|---|---|---|
| 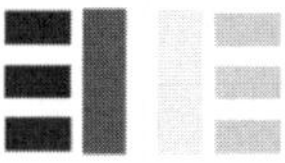 | 1. 현상의 파악<br>2. 전략적 과제의 진단 | 제4장 |
|  | 3. 전략적 해결대안의 수립<br>4. 정합성 점검<br>5. 대안수립작업 수행<br>6. 대안별 실행계획의 작성 | 제5장 |
|  | 7. 대안의 실행 및 추진관리<br>8. 피드백 | 제6장 |

SIS의 각 프로세스별 작업은 필요에 따라 각 작업들을 개별적으로 수행할 수 있습니다. 예를 들면, 기업이 당면하고 있는 문제현상들이나 중점과제의 내용이 이미 명확히 파악되고 있고 그에 대한 대응방안을 모색하고자 할 경우에는 SI 프로세스의 작업을 생략하고 바로 IS 대안수립작업으로 진행하여도 무방합니다.

또한 IS 대안수립작업의 수행중에 필요하다면, SI의 각 단계에서 필요한 작업만을 선별적으로 실시할 수도 있습니다.

또한 기존의 SWOT 분석 방법으로 당면하고 있는 과제를 수행하고자 할 경우, New SWOT 전략대안 수립 매트릭스만을 활용할 수도 있습니다.

## 6. 워밍업을 실시한다

### ■ 당면현상의 파악

우리가 현재 시점에서 무엇을 해야 할 것인가에 대하여 전략적 과제해결기법을 전개하기 전에, 우선 우리 회사가 당면하고 있는, 그리고 조만간 당면하게 될 현상들을 정리합니다.

여기에서는 사업추진과 관련하여 외부적 환경에서 파악되는 주요 현상과 과제들과 내부적으로 문제시되고 있는 주요한 요인들을 포함합니다. 그리고 그 현상들에 대하여 각 현상별로 환경이 기업에 미치는 내용과 중요도와 영향도를 파악합니다. 그중에 가장 우선적으로 살펴보아야 할 것들을 중심으로 중요 항목별로 열거합니다.

전체적으로 윤곽을 파악한 뒤에는 각각의 열거된 항목들에 대하여 관련분야들을 선정하고 개별적으로 검토합니다. 물론 관련된 분야별로 그룹핑하여 몇 가지씩을 묶어서 전개할 수도 있습니다.

---

1. 우리 회사가 당면하고 있는 현상들을 정리한다.
2. 각 현상들에 대하여 각 현상별로 환경이 기업에 미치는 내용과 중요도와 영향도를 파악한다.
3. 그중에 가장 우선적으로 살펴보아야 할 것들을 중심으로 중요 항목별로 열거한다.
4. 전체적으로 윤곽을 파악한 뒤에는 각각의 열거된 항목들에 대하여 관련분야들을 선정하고 개별적으로 검토한다.

---

일단 당면하고 있는 현상이 주목되면, 그 현상이 외부적인 현상인가, 내부적인 현상인가에 대하여 구분하여 정리합니다. 그에 대한 결과를 <도표 3.28>의 네 번째 항목의 범주란에 기입합니다. 그리고 이어서 언제 시작된 것인지, 또는 언제 시작될 것인

지, 그 현상의 발생에 대한 시작시점을 개략적으로 기입합니다.

예를 들면, 2001년 5월이면 01-05와 같은 식으로 기입합니다. 아직 시작되지는 않았지만, 2010년 초라고 생각되면, 10-01과 같은 식으로 기입합니다.  그리고 다음 칸에는 이러한 현상이 언제쯤 끝날 것인지에 대하여 예측합니다.  예를 들어 2009년 10월경에는 종료된다면, 09-10과 같이 기입합니다.  만약에 그 종료시점을 잘 모르겠지만 한 4~5년정도 이상 지속될 것 같다면, 예를 들면 '>4~5년' 과 같이 기입하고 또는 6~10년이내에 종료할 것 같다면, '<6~10년' 과 같이 기입합니다.

<도표 3.28> 당면현상의 파악

| 당면현상 | 시작시점 | 종료시점 | 범주 | | 기회강점 | 중립요인* | 위협약점 | 중요도 | 영향도 | 합계 | 우선순위배정 |
| | | | 외부 | 내부 | | | | | | | |
| --- | --- | --- | --- | --- | --- | --- | --- | --- | --- | --- | --- |
| | | | | | | | | | | | |
| | | | | | | | | | | | |
| | | | | | | | | | | | |
| | | | | | | | | | | | |

\* 중립요인 : 환경의 중립적 요인은 ENF(Environmental Neutral Factors), 기업역량의 중립적 요인은 INF (Internal Neutral Factors), 또는 CNF (Capability Neutral Factors)로 기입

(D. J. Park, 1995, 2006)

이 작업을 할 때, 너무 대충 작업을 해도 곤란하지만, 앞에서도 말씀드린 바와 같이 너무 완전한 자료로 만들려고 시간을 허비하고 고민하지는 않도록 합니다.  그 이유는 이 작업은 정밀한 답을 원하는 것이 아니라 시의적절하게 문제현상을 인식하는 출발작업에 불과하기 때문입니다.

중요한 것은 상황에 대한 최초인식의 기록이 되고 있다는 점입니다. 이에 대한 기록이 준비된다는 것은 이제부터 상황을 인식하고 또한 그 해결을 위한 실천적 대응행동의 걸음이 움직여지고 있다는 것을 의미합니다.

시점에 대한 점검이 끝나면, 우리에게 미치는 영향이 어떠한 속성을 지니는가에 대하여 검토합니다. 그 영향이 우리에게 기회적 요소로 작용하게 된다면, 기회란에 기회라고 기입을 하고 위협적 요소로 작용하게 된다면, 위협란에 위협이라고 기입합니다.

외부환경의 중립적 요소들에 대하여는 ENF(Environmental Neutral Factors)로 기입하고 내부역량의 중립적 요소에 대하여는 INF(Internal Neutral Factors) 또는 CNF(Capability Neutral Factors)로 기입합니다. 워크샵을 수행해보면, 위협과 기회로 동시에 작용하면 어떻게 기입할 것인가하는 것에 관하여 질문을 받습니다만, 이런 경우라면 위협과 기회에 동시에 기입합니다. 또한 내부적 강점요인에 작용하게 된다면, 강점란에 강점이라고 기입하고, 약점일 경우에는 약점란에 약점이라고 기입합니다.

### ■ 환경인식의 관점을 확대하라

대체로 위협과 기회에 대한 인식은 인식의 주체에 따라 다르게 평가될 수 있습니다. 어떤 사람은 기회로 볼 수 있으며, 어떤 사람은 같은 상황을 위협으로 인식합니다. 이러한 이유는 소위 환경을 보는 관점과 그에 대응하는 자세와 태도가 어떠한가에 따라 달라집니다. 이는 강점과 약점의 경우에도 마찬가지입니다.

현상의 파악에서 경영관리자가 생각해두어야 할 네 가지의 관점이 있습니다. 그것은 <도표 3.29>에서 보는 바와 같은 경쟁의 관점, 성장의 관점, 그리고 당위의 관점, 선행대응(proactive response)의 관점입니다.

**경쟁의 관점**

경쟁의 관점에서 기회와 위협, 강점과 약점을 고려할 때에는 상대적 강점과 약점, 기회의 선점과 활용측면에서의 기회우위, 위협의 회피 측면에서의 경쟁적 취약성의 극복을 고려합니다. 또한 가능할 경우, 경쟁의 불확실성을 감안하여 상황을 파악합니다.

<도표 3.29> 전략적 상황인식의 관점과 전략대응의 초점

| 상황인식의 관점 | 전략 인식 필터 | 참조 |
|---|---|---|
| 경쟁의 관점 | 1. 경쟁기업, 유망기업을 비교기준으로 선정<br>2. 업계평균, 산업표준을 판단기준으로 선정<br>3. 경쟁을 초월하는 독창적 전개를 기준으로 선정<br>4. 복합경쟁의 관점에서 신경쟁의 전개를 기준으로 선정 | 전략성공 8대 성공요인(*)<br><br>창조리스크 대응방식(*)<br><br><도표 3.30> (p. 171)<br>신기업전략의 결합 |
| 성장의 관점 | 1. 규모의 성장에 초점을 맞춤<br>2. 질적 성장에 초점을 맞춤<br>3. 범위의 성장에 초점을 맞춤<br>4. 복합성장에 초점을 맞춤 | 전략큐브(*)<br><도표 3.31> (p. 172)<br>창조성전략벡터 (3S Vector)<br><도표 3.30> (p. 171)<br>신기업전략의 결합 |
| 당위의 관점 | 1. 현실적 상황의 전개에 초점을 맞춤<br>2. 현실적 상황의 부분적 개선에 초점을 맞춤<br>3. 당위적 상황의 본격적 전개에 초점을 맞춤 | 창조리스크 대응방식(*)<br><br><도표 3.32> (p. 173)<br>당위관점의 전개 행동특성 |
| 선행대응의 관점 | 1. 상황의 전개에 따라 대응<br>2. 상황의 예측에 의한 시험적 대응의 전개<br>3. 새로운 상황의 창조의 관점에 입각한 대응 | <도표 3.33> (p. 174)<br>RLC 5 E Stages Model<br><br><도표 3.34> (p. 175)<br>기업상황대응모드 |

(*) 이 책의 자매서인 「경영관리자의 성공전략」 참조.

(D. J. Park, 2007)

경쟁을 중심으로 볼 경우, SWOT의 요인들의 분류는 상대적 관점에서 관측됩니다. 즉, 경쟁기업이나 유망 경쟁기업들을 중심으로 보다 강하거나 보다 약한 정도, 즉 비교관점을 판단의 기준으로 삼는 것입니다.

따라서 우리 기업보다 못한 기업들을 경쟁상대로 한다면, 상대적으로 유리한 전략능력의 전개를 통하여 손쉽게 전략대안을 모색할 수 있게 됩니다. 그러나 우리 기업보다 탁월성을 보이고 있는 강력한 경쟁기업들을 경쟁상대로 할 경우, SWOT 분석은 전혀 판이한 내용으로 구성됩니다.

경쟁의 관점에서 유의해야 할 두 번째의 관점은 업계평균의 관점에서 수행하는 것입니다.

이와 같은 관점에서 SWOT 분석을 실시하게 될 경우에는 업계의 보편적 전략대안들을 구성하게 되므로 경쟁전략의 차원에서는 큰 의미가 없는 전략대안들을 도출하게 됩니다. 그러나 동종 또는 관련업계의 일반적인 전략대응 추세를 미루어 짐작해 볼 수도 있고, 그러한 차원에서 우리 기업의 전략대응을 모색해볼 수도 있습니다.

경쟁의 관점에서 유의해야 할 세 번째의 관점은 아주 독창적인 전략방향을 설정하여 그에 의하여 SWOT 분석을 전개하는 경우입니다. 이러한 경우에는 SWOT의 각 요인들에 대한 분석이 피상적으로 설정될 우려가 있는 반면, 그 전략대안들은 보다 새로운 종류의 대안들을 모색할 수 있습니다.

전략을 고려할 때에는 흔히 경쟁의 관점이 부각되지만, 성장의 관점을 간과할 경우, 전략의 역동성을 결여할 수 있습니다. 예를 들면, <도표 3.30>과 같이 성장과 경쟁의 메트릭스를 구성해보면, 그 차이를 확연하게 알 수 있습니다.

따라서 기존의 시장이나 사업영역, 그리고 기업자원을 중심으

로 경쟁을 할 것인가?   아니면 새로운 시장과 사업, 기업자원을
고려할 것인가의 여부에 따라, 경쟁의 내용도 달라지며 전략적 인
식과 대응도 달라집니다.

<도표 3.30> 신기업전략의 결합

G-C Strategy Matrix

| 성장전략-경쟁전략의 결합<br>G-C Strategy Matrix | | 성장전략<br>Growth Strategy | |
|---|---|---|---|
| | | 현재 수준유지<br><br>Existing | 신 성장전략의 전개<br><br>New |
| 경쟁전략<br>Competitive<br>Strategy | 현재의<br>경쟁전략<br>유지<br>Existing | 현재의 시장, 현재의 사업,<br>현재의 기업자원으로 현재<br>경쟁전략의 전개<br>Current C-G Strategy | 새로운 시장, 사업,<br>기업자원으로 현재의<br>경쟁전략을 전개<br>New Growth Strategy |
| | 신<br>경쟁전략의<br>전개<br><br>New | 현재의 시장, 현재의 사업,<br>현재의 기업자원으로<br>새로운 경쟁전략을 전개<br>New Competitive Strategy | 새로운 시장, 사업,<br>기업자원으로 신<br>경쟁전략×신성장전략<br>(신기업전략)을 전개<br>New C-G Strategy |

(D. J. Park, 2007)

**성장의 관점**

성장의 관점에서 살펴보아야 할 관점은 성장의 내용과 형태를
기준으로 네 가지의 관점이 있습니다.

우선 규모(scale)의 관점이 있습니다.   시장의 규모, 사업 및 기
업의 규모, 자원전개의 규모를 어느 수준으로 가져갈 것인가에 따
라, 상황의 인식과 대응이 달라집니다.   따라서 현재의 제품-시장
을 중심으로 확대와 축소, 또는 유지할 것인지를 중심으로 살펴봅
니다.

두 번째의 관점은 범위(scope)의 관점입니다. 범위는 규모와 유사하지만, 규모가 대상의 물리적 크기를 의미한다면, 범위는 대상의 선택 및 결합내용을 의미한다고 볼 수 있습니다. 기업행동, 특히 제품-사업과 자원을 중심으로 그 확대와 축소, 유지를 중심으로 파악합니다.

<도표 3.31> 창조성장전략벡터 : 3S Vector

Creative strategic vector

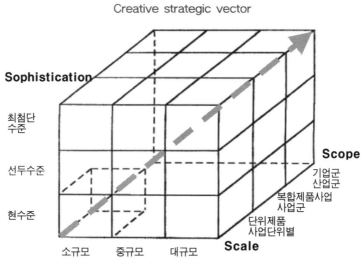

(D. J. Park, 2007)

세 번째의 관점은 제품, 서비스, 기술 등의 질적 수준, 또는 질적 성장(sophisticated)에 관한 관점입니다. 예를 들면, 현재의 기술수준을 최첨단 기술수준의 제품이나 사업으로 성장시킬 것인가의 여부에 관한 관점입니다.

그리고 네 번째의 관점은 이상의 세 가지의 핵심적 성장전략 관점을 결합한 복합성장의 관점입니다. <도표 3.31>은 세 가지의 핵심적 성장전략의 관점을 결합하여 전략창조의 방향을 결정하기 위하여 활용하는 창조성장 전략벡터입니다.

이와 같은 창조성장전략의 벡터를 고려하면, 창조전략도 그 대상과 범위에 따라 그 내용이 달라짐을 알 수 있습니다. 글로벌 선두기업의 입장에서 추구하는 창조성장은 후발 기업에서 전개하는 성장전략과는 명확히 그 내용이 달라집니다. 또한 그 창조활동의 대상의 규모와 범위, 그리고 수준에 따라, 기업조직의 창조행동의 내용과 성과에 차이가 있습니다.

### 당위의 관점

상황의 인식과 대응에 대하여 고려해야 할 세 번째의 관점은 당위의 관점입니다. 당위의 관점은 제3장의 서두에서 원칙과 현실에 대한 A조직과 B조직의 비교에서 살펴본 바와 같이, 그 인식 내용에 따라 대응내용의 구성이 크게 달라집니다.

<도표 3.32> 당위관점의 본격적 전개기업의 행동특성

| | | 합법성(당위, 또는 원칙)<br>De jure | |
|---|---|---|---|
| | | No | Yes |
| 실재성<br>(實在性)<br>De facto | No | (4)<br>향후 잘못될 수 있는 현상에<br>사전에 유의하고 대비함 | (2)<br>고객의 현재 요구사항에 대한<br>현상의 개선 |
| | Yes | (3)<br>향후 요구될 고객요구사항에<br>대한 현재 추진내용의 강화 | (1)<br>고객의 현재요구사항에 대하여<br>현재의 노력을 더욱 배가 |

(N. GenIchi, 1999, D. J. Park, 2007)

여기에는 현실적 상황의 전개에 초점을 맞추어, 현재의 시장니즈에 대응하는 것을 중심으로 보는 관점과 현재 개선이 필요한 사항에 대하여 부분적 개선에 초점을 맞추는 관점, 그리고 당위적 관점을 더욱 보강하여 이를 본격적으로 실시하고자 하는 관점으로 나누어 볼 수 있습니다. <도표 3.32>에서는 당위관점의 본격적 전개를 실시하고자 할 경우의 기업행동의 특성을 설명하고 있습니다.

### 대응 타이밍의 적극성의 관점

마지막으로 유의해야 할 현상의 인식과 대응에 대한 관점은 대응타이밍의 적극성에 관한 관점입니다.

기업이 당면하는 현상이나 전략적 과제에 대하여 조직에서 대응을 전개할 때, 언제 대응하는가에 따라, 그 성과가 달라집니다. 이를 편의상 「대응 타이밍 성과」라고 부르겠습니다.

<도표 3.33> 리스크 라이프 사이클의 5단계

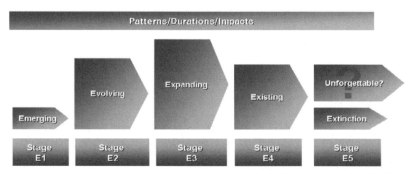

(S. R. Kim, D. J. Park, 2005)

사대가 키졌올 때 대응하는 것보다는 시테가 커지기 전에 대응하는 것이 그 피해를 줄일 수 있는 것처럼, 상황의 진행에 대하여 사전에 대응할 것인가? 아니면, 무시하거나 방치, 방임하면서 사태가 커질 때 대응할 것인가의 대응관점에 따라, 기업의 전략행동이 달라집니다.

이러한 관점이 기업의 리스크 대응의 중심주제로 등장합니다. <도표 3.33>은 리스크가 등장하여 소멸될 때까지의 현상을 단계적으로 구분한 리스크 라이프 사이클(Risk Life Cycle: 5E Stages) 도표입니다.

도표에서는 편의상 리스크의 등장에서 소멸까지 5단계로 나누었으며, 초기의 등장(E1)에서 전이나 확대(E2), 그리고 확장(E3)의 단계를 거쳐, 상존(E4) 및 소멸(E5)의 각 단계별로 리스크가 진행되는 과정을 설명하고 있습니다.

### <도표 3.34> 기업의 상황대응 형태

Management response mode

| RLC \ Mode | 사후대응<br>Posthumous | 지연대응<br>Delayed | 발생대응<br>Reactive | 선행대응<br>Proactive | 사전대응<br>Foreactive |
|---|---|---|---|---|---|
| 소멸<br>Extinction (E5) | ■ | ■ | | | |
| 상존<br>Existing (E4) | | ■ | | | |
| 확장<br>Expanding (E3) | | ■ | | | |
| 변화<br>Evolving (E2) | | | ■ | | |
| 출현<br>Emerging (E1) | | | | ■ | ■ |
| 사전<br>Before E1(E0) | | | | | ■ |

■ 리스크 라이프사이클의 단계와 대응실천의 타이밍

(D. J. Park, 2005)

이와 같은 환경의 리스크에 대응하는 기업의 대응방식은 <도표 3.34> 기업의 상황대응 형태와 같이 살펴볼 수 있습니다.

기업의 환경인식과 대응의 형태가 「사후적 대응」에 초점을 두고 있다면, 기업의 전략적 상황인식과 대응의 내용은 사후적 대응에 국한하여 제한적으로 구성될 수 있습니다. 그러나「사전적 대응(Proactive mode)」을 전개하고자 한다면, 그 인식과 대응은 실험적, 그리고 도전적인 전략대응을 전개하게 됩니다.

이상에서 살펴본 바와 같이, 환경과 상황의 인식과 대응의 태도와 관점이 전략적 상황인식과 전략 대응의 내용을 결정하게 됨을 알 수 있습니다.

따라서 이와 같은 전략적 상황인식의 관점을 활용하여 그 목적에 따라 적절히 팀을 편성하여 관점과 발상을 확대하여 다각적으로 전개해볼 필요가 있습니다.

### ■ 바라보는 시각과 방식, 필터의 이해

앤소프 교수님은 환경인식단계에서 행동으로 전개되는 과정에는 여러 가지의 필터가 작용하고 있음을 설명하고 있습니다. 이에 대하여 앤소프 교수님의 설명을 간략하게 인용하여 설명을 드리면 다음과 같습니다.

<도표 3.35>에서 보는 바와 같이, 환경인식의 프로세스에는 환경감시필터, 의식필터, 그리고 권력필터가 작용하고 있습니다. 환경감시필터는 기업이 활용해왔거나 또는 활용하고 있는 환경에 대한 예측/분석기법에 의하여 결정됩니다. 이와 같은 기법을 통하여 파악된 자료의 정확성, 유용성은 환경예측/분석기법에 의하여 좌우됩니다. 환경감시필터에 의하여 수집된 환경의 분석, 예측자료가 경영정보로 전환되는 과정에서는, 다음과 같은 추가적인 두 가지의 필터가 작용하게 됩니다.

그 첫째는 경영관리자들의 사고방식이 작용하고 있는 의식(멘탈리티)입니다. 경영관리자들은 나름대로의 성공모델을 가지고 있으며, 자신이 신뢰하고 있는 성공모델에 의하여, 상황을 판별하려고 하는 것입니다.

<도표 3.35> 환경인식의 절차

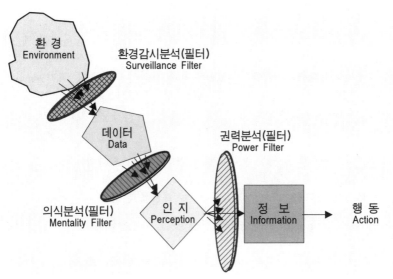

출처: H. I. Ansoff, Implanting Strategic Management, 전략경영실천원리, p.155

　두 번째의 필터는 권력구조에 의하여 진행되는 권력필터입니다.  앤소프 교수님은 이러한 점에 대하여, 조직내의 권력관계에 대하여 설명하고 있습니다.  즉, 유능한 관리자가 환경의 신호들을 적절한 방법으로 분석과 예측을 하여, 성공적인 전략대안을 제시한다고 하더라도, 권한과 책임이 있는 경영진이 그러한 상황이나 대안에 대하여 적절한 의식을 갖고 있지 못할 경우, 그러한 행동들을 억제하려고 할 것이라고 경고하고 있습니다.[20]  즉, 「조직구성원들 간의 권력구조에 의한 왜곡행동」이 발생하는 것입니다.

　앤소프 교수님의 「권력 필터」에 대한 설명을 좀더 살펴보도록 하겠습니다.

―――――――――――――――
20) 앤소프, 전략경영실천원리, p.156, 소프트전략경영연구원

"전략적/창조적 의식을 가진 경영관리자들이 「새로운 정보를 받아들일 수 있는 확실한 권력」을 지니고 있지 않을 경우, 그 정보는 경영관리진의 대응행동으로 이어지지 않는 것이 보통이다.

예를 들면, 많은 진보적 기업들은 중간관리자들의 「능력개발」에 상당한 노력을 기울이고 있다. 외부 또는 사내 교육과정을 통하여 경영관리자나 중간관리자들은 의식의 변혁에 관하여 학습하게 되지만, 한편으로 그들을 그 교육과정에 참가시킨 상급경영관리자들은 「기존의 멘탈리티(mentality)」를 고수하는 가운데, 중간관리자들은 「의식의 변화」를 겪게 된다.

중간관리자가 업무에 복귀하게 될 때, 그들이 체득한 새로운 의식이나 방법들은 동료로부터는 「이질적인 대우나 적개심」을 받게 되고, 그들의 상사로부터는 「무관심과 거부」를 당하게 된다.

이 경우, 다음의 「세 가지의 반응형태」가 관찰된다. 첫 째는, 업무에 복귀하여 기존의 의식에 다시 젖어서 새로이 배운 것을 잊게 된다. 둘째는, 회사를 떠나는 것이다. 셋째는 그들은 제도와 싸우거나 도전하지만, 경영진을 「변혁하기에 필요한 권력기반이나 기법」이 부족하므로 효과가 없다."

이와 같은 설명은 환경인식과 전략대응이라는 관점에서 특히 주목해야 할 대목입니다.

따라서 경영관리자들이 회사의 중대현안을 회사 내부에서 파악한다 하더라도 그것이 실제로 조직의 상층부에서 회피, 지연, 거부, 무시되는 현상이 현실적으로 발생하고 있거나 발생할 수 있다는 점에 유의할 필요가 있습니다.

### ■ 경영진을 책임자로 배정하라

따라서 이와 같은 현상을 극복하기 위하여, 이 작업을 수행할 때, 옵서버나 또는 문세현상 진단작업수행의 책임자로 배정할 필요가 있습니다. 물론 작업에도 직접 참여해서, 초기 작업의 수행부터 관여함으로써 관리자나 핵심요원들의 시각을 이해할 수 있도록 기회를 제공하는 것이 필요하게 됩니다.

이런 경우에도 경영진의 문제현상에 대한 인식이 제한되거나 굴절되어, 현상을 제대로 이해하지 못하고 있거나, 또는 다른 이유에서 문제현상의 인식을 회피하거나 거부, 지연, 무시하는 현상이 발생할 경우에는, 이 작업을 수행함과 동시에, DJP 위기 시나리오 작업을 병행해볼 필요가 있습니다.[21]

필자의 개인적인 현장경험에 의하면 대체로 위기인식이 부족하거나 이에 대한 회피를 하는 성향이 있는 경영자라고 할지라도, 기업위기 시나리오를 작성하게 되면, 상황이나 현안에 대하여 민감해지는 것을 알 수 있습니다.

그것은 기업의 위기가 구체적으로 어떻게 우리에게 영향을 미치게 되며, 또한 그것이 결과적으로는 본인의 입지와도 중대하게 관련이 있다고 생각하게 되기 때문입니다.

예를 들면, 중대한 현안과제나 심각한 환경현상임에도 불구하고 이에 대하여 의식하지 않는 경영진들이라고 할지라도, 직접 그 위기를 피부적으로 느껴주도록 할 경우, 상당히 많은 경영진들이 그동안의 태도를 바꾸어 무엇인가 행동에 옮기려는 태도를 볼 수 있습니다.

즉 이러한 경우라면, 앤소프 교수님이 지적한 경영진의 의식필터 이외에 추가적으로 필요한 필터가 존재한다는 것을 알 수 있습니다.  그것은 직접 당면하고 있는 과제들을 '본인이 피부적으로 느낄 수 있는가?'에 의하여 움직이는 멘탈리티입니다.

### ■ 실감필터를 작동시켜라
위험한 현상을 직접 피부적으로 느낄 수 있을 때, 반응한다는

---

21) 구체적인 간이 실천기법의 안내는 이 책의 자매서인 「경영관리자의 성공전략」[전략 마인드 제1권]을 참조하세요.  좀더 구체적인 실천 대응기법은 「전략적 위기경영-실천기법」의 Risk SWOT Matrix, Risk Issues Clustering 기법을 참조.

것 ― 그것은 구체적으로 위기가 우리 회사에 심각한 영향을 미
치는 것을 실감할 때에야 비로소 움직인다는 것을 의미합니다.
무엇인가 실감할 때에야 행동한다는 점에서 저는 이러한 의식을
「실감(實感) 필터(realization filter)」라고 이름을 붙였습니다.

<도표 3.36> 환경인식과 정보의 흐름도

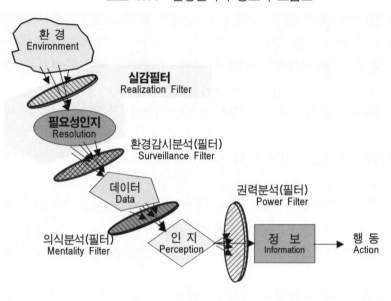

(Ansoff, 1992, D. J. Park, 2003)

따라서 실감필터란 「직접적으로 영향을 받게 되어 대응행동을
하지 않으면 안 되겠다고 생각되는 의식」이라고 정의하겠습니다.
이 실감필터가 작용하지 않게 되면, 앤소프 교수님이 분석해놓은
환경감시분석 필터가 동원되지도 않을 뿐만 아니라, 조직구조 내
에서 이미 환경인지와 예측 및 분석기법에 의하여 검토된 자료조
차 무시한다는 점에서 가장 먼저 작용되고 있다고 볼 수 있습니
다.

따라서 <도표 3.35>에서 예시한 앤소프 교수님의 환경인식의 정보진행 프로세스를 <도표 3.36>와 같이 보완하였습니다.

이러한 작업을 통하여, 우선적으로 실감되지 않으면, '전략이고 나발이고 개뿔도 필요 없다'는 식의 극단적인 사고방식을 이해할 수 있을 뿐만 아니라. 미온적인 태도를 보이고 있는 경영관리진들에 대한 전략적 인식과 행동을 교정할 수 있는 실마리를 찾을 수 있습니다.

이와는 별도로 경영진의 실감필터가 둔감하다거나 또는 제한적일 경우에는, 좀더 의도적으로라도 이의 개선을 위한 조치를 실시할 필요가 있습니다.  역시 이 문제도, 경영관리자의 입장에서는 쉽지 않은 문제입니다.  최고경영자가 직접 칼자루를 휘두르면서 "환경을 봐라, 위기신호를 인식하라, 대비책을 세워라"와 같이 난리를 치며 직접 챙긴다면, 개선이 될 수도 있을 것입니다.

그러나 최고경영자의 개성이 그와 같지 않을 경우, 최고경영자의 개성만을 탓하고 있을 수는 없는 일입니다.

이러한 상황에서 기업실패경로 (도산) 프로세스의 인식과 같은 일은 경영진에게 아주 자극적인 역할을 수행하게 됩니다.  보다 바람직한 경영자 학습 프로그램으로는, 역시 밀도 있는 전략경영 워크샵을 통하여 기업지능과 경영지능을 비롯한 전략적 핵심지능의 연구와 발휘를 통하여 환경지능을 강화하도록 하는 방법을 활용할 수도 있습니다.

또는 경영자 성과보상 시스템을 바꾸는 방법도 생각해볼 수 있습니다.  예를 들면, 경영진의 성과측정항목에 새로운 기업의 전략적 위기나 기업경영 문제의 인지와 그에 대한 대응성과와 같은 직무를 추가하고, 그에 대한 실적을 검토하여 성과에 반영할 수 있도록 하는 것입니다.

다시 본론으로 들어가서 <도표 3.28> (p. 167) 당면현상의 파악에 대하여 계속 살펴보겠습니다. 오른 쪽에서 네 번째 항목에는 주목해야 할 현상들에 대하여 중요도를 배정합니다.

이 작업은 기존의 방법과 같이, 중요도는 1~5로 구분하여 가장 중요하게 여겨지는 현상들에 대해서는 5, 가장 중요하지 않다고 생각되는 현상들에 대하여는 1을 배정합니다. 마찬가지로 우리 회사와 사업에 중대한 영향을 미칠 것이라고 생각되는 정도에 따라서, 가장 중대한 영향을 미치는 경우에는 5, 그리고 가장 미미한 영향을 미칠 것이라고 생각되는 현상에 대하여는 1을 배정하여 기입합니다.

이와 같이 중요도와 영향도를 결정하면, 이 두 가지의 수치를 곱하여 합계란에 기입합니다. 합계란의 점수를 기준으로 하여 당면현상의 우선순위를 설정합니다. 작업을 여러 팀으로 나누어서 하게 될 경우, 평균점과 총점을 별도로 기입하고, 각 팀의 의견을 점검하고, 그 차이점을 분석한 후에 최종안을 만들어 부문별로 과제를 할당합니다.

당면현상이 파악되면 경영관리자는 전략적 과제해결을 위한 워밍업을 마쳤다고 할 수 있습니다.


## 7. 워밍업이 끝나면

당면현상이 파악되었으면, 경영관리자가 이제부터 무엇을 해야 할 것인가?

물론, 당면현상에 대하여 시의적절하게 조직적으로 대응하는 일을 수행하여야 합니다. 그러나 당면현상에 대응하는 일을 수행하기 전에, 경영관리자가 수행하는 업무 프로세스는 <도표 3.37>에서 보는 바와 같이 두 가지의 경로가 가능합니다.

## ■ 과제의 단순수행방식

첫 번째의 경로는 현재 파악된 당면현상과 그에 대응하는 과제를 성실히 수행하는 일입니다. 이 방식은 도표의 왼쪽의 흐름을 따라 아래쪽으로 전개하는 형태의 방식입니다. 즉, 일이 발생하였으므로 수행한다는 의미에서 「과제의 단순수행방식」이라고 할 수 있습니다. 대부분의 조직에서 상당수의 경영관리자들이 이와 같은 과제의 단순수행방식의 업무추진을 전개하고 있습니다.

<도표 3.37> 당면현상파악 이후 경영관리자의 업무 프로세스

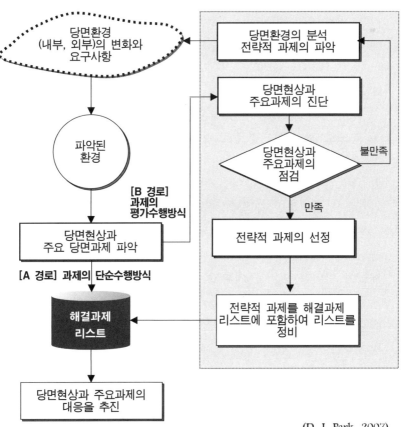

(D. J. Park, 2007)

「과제의 단순수행방식」을 따르는 경우에는 경영관리자가 과제의 타당성이나 수행의 필요성, 상황적합성에 대하여는 별다른 분석이나 판단을 전개하지 않습니다.  이와 같은 경우에는 일이 부여되어 있으므로, 이미 선정되어 부과된 과업과 직무를 잘 수행하기 위하여, 최선을 다하여 분발하고 노력을 기울입니다.

그러나 그 일들이 왜 수행되어야 하는지에 대한 근본적인 판단이나 분별력이 떨어지기 때문에, 상황이 변화하거나 또는 상황에 대한 대응의 적합성, 효과성이 떨어지게 될 경우에 그 대응책을 모색하는 일이 서툴게 됩니다.

또한 대응해야 할 중요한 과제들이 간과되어 있을 경우에도 그에 대한 검토활동을 전개하지 않기 때문에, 주도면밀한 긴급한 대응을 전개할 수 없게 되고, 그 대응의 성과가 떨어집니다.

### ■ 과제의 평가수행방식

두 번째의 경로는 현상과 과제의 파악에서 <도표 3.37>의 오른쪽으로 전개되는 경로로, 현재 파악된 당면현상과 그에 대응하는 과제들을 다시 한번 음미하여 봄으로써, 추가적으로 수행해야할 중요한 과제들이 무엇인가를 판별하고, 추가 또는 수정해야할 과제들을 정비하여 대응행동을 전개하는 것입니다.

이와 같은 대응방식을 「과제의 평가수행방식」이라고 할 수 있습니다.  즉, 부여되고 있는 여러 가지의 과제들에 대하여, 그 과제들이 어떠한 의미를 지니고 있는지를 판단하고, 또한 관련된 필요조치는 무엇인가에 대하여 살펴봄으로써 수행해야 할 과제들을 점검평가한 후, 선정된 과제들의 해결을 위한 조치들을 강구하는 방식입니다.

### ■ 두 가지 과제수행방법들의 장단점

따라서 과제의 평가수행방식이 보다 효과적이라고 할 수 있습

니다.  그러나 과제의 평가수행방식은 전략적 과제선정이라는 과
제선정품질을 확보할 수 있는 반면에, 과제의 분석과 검토과정에
서 작업수행에 필요한 시간을 사용하게 되므로, 자칫하면 대응 타
이밍 성과를 놓칠 수 있습니다.

<도표 3.38> 경영관리자의 과제대응 형태와 장단점

|  | 과제의 단순수행방식 | 과제의 평가수행방식 |
|---|---|---|
| 특징 | 부여된 과제의 수행에 집중 | 부여된 과제를 판단해본 후<br>과제를 선정하여 수행 |
| 장점 | 과제의 신속한 추진 | 불필요한 과제를 제거하고<br>전략적 과제에 집중하여 대응의<br>효과성을 높일 수 있음 |
| 단점 | 불필요한 과제추진 및 중요한<br>과제대응의 결여로 대응의<br>효과성을 결여할 수 있음 | 대응의 타이밍을 늦추어<br>타이밍 성과를 억제할 수 있음 |
| 보완점 | 과제 평가수행방식을 병행<br>수행함으로써 신속추진의 과정<br>중에 신속한 수정보완활동을<br>전개 | 좀더 일찍 상황에 대응할 수<br>있도록 선행대응을 수행 |
| 실시<br>시점 | 당면현상과 과제에 대하여<br>충분히 파악하고 있고<br>그 대응이 시급할 경우 | 새로운 (내, 외부) 환경변화가<br>전개되고 있거나 당면상황이나<br>사업내용의 변화가 예상될 때 |
| 주의사항 | 과제의 수행중에 우선적으로<br>수행해야 할 전략적 과제들에<br>대한 대응을 전개할 수 있도록<br>대비활동을 전개할 것 | 과제의 평가 및 선정과정에<br>너무 많은 시간과 자원을<br>투입하지 않도록 함<br>과제의 평가 및 선정 기법을<br>능숙하게 하여, 작업의<br>생산성을 높임 |

(D. J. Park, 2007)

■ **워밍업 이후의 경영관리자의 전략적 과제의 대응경로**

따라서 <도표 3.38>의 하단에서 보는 바와 같이 과제의 평가
수행방식을 전개하고자 할 때 경영관리자가 유의해야 할 점은 과
제에 대한 검토에 필요한 시간적 여유를 확보할 수 있도록 하기

위하여 사전에 과제의 파악작업을 미리 전개하고, 과제의 도출 및 선정작업에 대한 기법활용능력과 논리를 강화하여 신속히 전개할 수 있도록 대응하는 것입니다.

그러므로 경영관리자는 당면현상의 파악과 추진과제를 파악하면, 그 진위 및 전후 맥락을 파악하여, 시의에 맞도록 대응하도록 하되, 그 판단의 과정과 방법 및 소요시간을 안배할 필요가 있습니다.

<도표 3.39> 워밍업 이후 전략적 과제의 대응절차

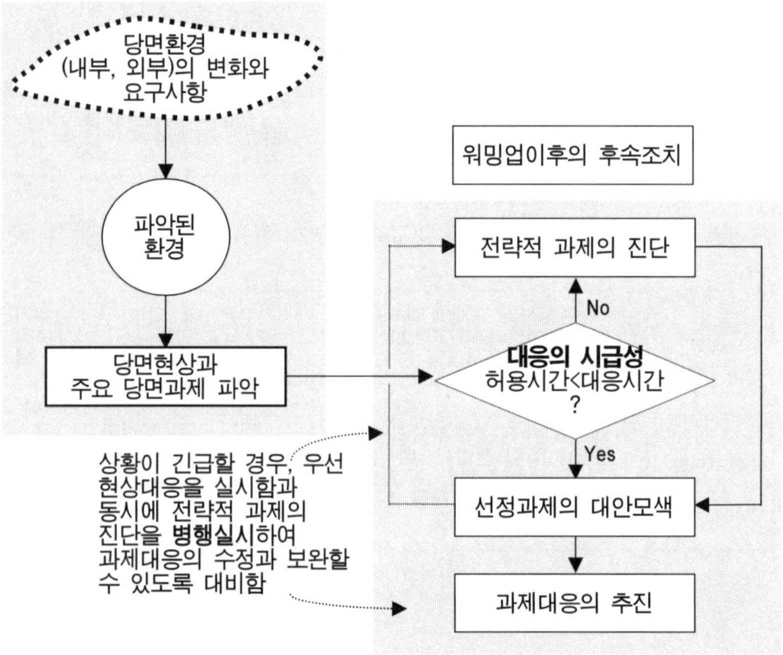

(D. J. Park, 2007)

<도표 3.40>에서는 전략적 중점과제의 진단과 대응의 전개 프로세스에 대한 논리개념도를 예시하고 있습니다.

<도표 3.40> 전략적 중점과제의 진단과 대응 전개 프로세스의 논리개념도

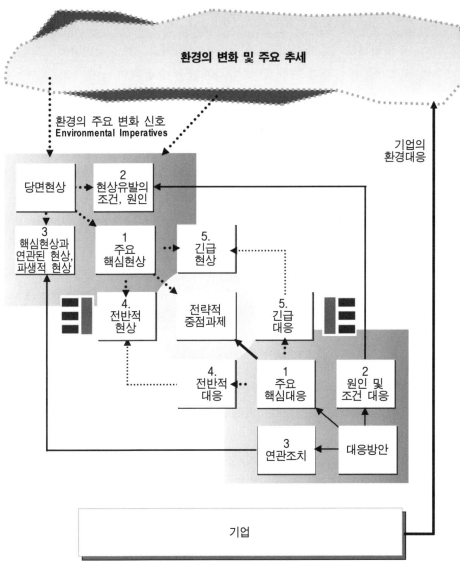

(D. J. Park, 2007)

이 개념도에서는 환경에서 유발되는 현상에서 당면하고 있는 전략적 과제들을 도출하고, 그에 대하여 과제를 중심으로 대응하는 기업의 환경대응행동의 전개과정을 설명하고 있습니다.

당면하고 있는 환경과 환경에서 파악되고 있는 당면과제 그리고 그에 대응하기 위한 전략적 과제들을 분류하여 선별하고, 그에 따라 전략적 행동을 전개하는 기업이라고 부를 수 있습니다.

이러한 기업들은 환경변화에 대하여 민감하게 주시하고 그에 따라 시의적절하게 대응함으로써 전략적 과제들이 등장하게 될 경우, 단순수행방식을 택하지 않고, 평가수행방식을 통하여 선별적 전략을 전개합니다. 상당수의 기업들이 이러한 행동방식을 전개하고 있습니다.

그러나 좀더 용의주도한 경우에는 환경에서 파악되고 있는 현상들을 한 번 더 점검하여 재분류하고, 환경의 요인들을 원인과 관련현상을 구조적으로 파악하여 분류하고, 그에 따라 세밀한 대응을 전개합니다.

### ■ 조짐에 대비하는 예비대응

모든 것에는 조기 신호(early warning signal)가 존재합니다. 갑자기 지축을 뒤 흔들며 지표면을 균열시키는 거대한 지진도 그 예진의 신호를 내보냅니다. 정부의 실정(失政)에도 자세히 살펴보면 이미 그 실패의 조짐이 사전에 보이기 마련입니다.

과거의 성수대교의 붕괴도, 삼풍백화점의 참사, 미국의 9.11 참사도 모두 사전에 파악된 예고된 신호들이 있었습니다.

그러한 조짐에 미리 예비대응 조치를 취하는데 실패하게 될 경우, 그것은 대형 사건이나 대형 참사와 같은 형태로 등장하게 됩니다.

<도표 3.41> 환경의 변화에 대응하는 예비대응과 SIS 프로그램의 전개

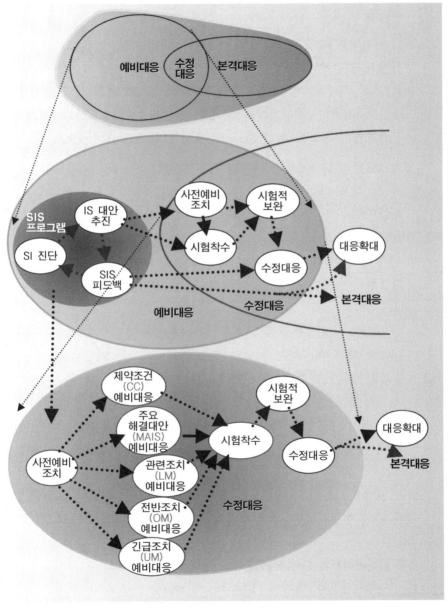

(D. J. Park, 2004, 2007)

따라서 환경에서 발신하는 조기 신호들을 예비하기 위하여, SIS 프로그램을 상시 가동하는 시스템으로 확립하고 이를 주도면 밀하게 관리할 필요가 있습니다.

이러한 경우, 환경의 조짐에 대한 예비대응은 기회의 조짐과 위협의 조짐에 대하여 공히 대응해야 합니다. 따라서 SIS 시스템을 조직 내에서 체계화함으로써 그 예비대응의 과정을 충실히 전개하고 기업의 대응전략의 전개를 효과적으로 수행하기 위하여 전략경영의 관리를 위한 SIS 시스템을 확립할 필요가 있습니다.

<도표 3.41>에서는 환경의 예비대응과 수정대응을 강화함으로써 그 대응 타이밍 성과를 높이고, 시험착수와 시험적 보완을 강화함으로써 본격대응의 성과를 높이는 개념적 도식을 설명하고 있습니다.

이와 같이 환경에 대하여 치밀하게 분석하여 전략을 전개하는 기업들을 전략적 행동지능이 높은 모범 기업이라고 할 수 있습니다.

이와는 달리, 전략적 과제를 판별하거나 점검하지 않고, 그저 상황에 따라 대응하는 기업도 있습니다. 이러한 기업들을 '맨 땅에 헤딩'하기 기업, 소위 무모(無謀)한 기업이라고 할 수 있습니다. 무모라는 말은 모(謀)가 없다는 말이므로 이러한 상황에 대하여 적절한 표현이라고 할 것입니다.

대부분의 전략적 시행착오를 반복적으로 경험하다가 좌절하고 마는 기업들이 여기에 속합니다. 흥미로운 사실은 이직을 전전하는 중견사원들이나 간부들은 자신의 전략적 사고전개나 과제해결에 대한 행동에 대하여 심각하게 고려하지 않는다는 점입니다.

### ■ 경영관리자의 전략대응행동에도 제각기 차이가 있다

여러 기업에 대하여 전략경영 워크샵을 지도하다 보면, 이와 같은 행동특성의 차이를 여실히 판별할 수 있습니다.

무모한 경영관리자들이 많을수록, 해당 기업의 경영성과와 전략적 성과가 개선되지 않을 뿐만 아니라 심각한 경영위기, 기업위기를 경험하게 되는 것입니다.

그런데, 그러한 경영관리자들이 다른 조직으로 옮겼을 경우에도, 이전의 조직에서 전개했던 전략적 대응활동에서의 무능함을 계속 유지하고 있는 것입니다.

<도표 3.42> 경영관리자의 전략적 환경대응 형태
(전략적 과제대응을 중심으로)

| | 무모한 환경대응 | 선별적 전략대응 | 모범적 전략대응 |
|---|---|---|---|
| 특징 | 부여된 과제의 수행에 집중 | 당면환경에서 파악된 전략적 과제에 대한 선별적 전략대응 | 당면환경을 원인과 관련현상으로 구분하여 전략 과제의 구조적, 복합적 대응 |
| 환경현상 인식과 전략과제의 선정 | 특별한 환경인식의 방법이 없고, 수시로 당면과제에 대응 | 특별한 환경인식의 절차, 방법은 없지만, 당면과제들을 전략적으로 선별 | 다양한 환경인식방법을 활용하여, 원인, 관련현상, 파생적 현상을 구분하고 추진해야 할 전략적 과제를 선별 |
| 경영관리자 행동성과 | 무모한 상황대응과 관리되지 않는 전략성과를 반복 | 선별적 전략적 과제가 적중할 경우 성과가 높음 잘못 과제를 선정할 경우, 시행착오를 경험 | 전략적 과제의 환경대응성과가 높음 |
| 조직대응 | 환경대응에 대한 특별한 조직적 대응의 원칙이 없음 | 환경의 위기요인, 기회요인에 대하여 주요 전략적 프로젝트를 실시 | 환경의 영향요인들을 판별하여 조직적 대응을 일상화 환경대응의 절차와 방법을 체계화하고 조직내에서 구성원들에게 일상적, 보편적으로 활용하도록 함 |

(D. J. Park, 2007)

성공적인 기업들은 이러한 행동에서 차이가 있습니다. 경영관리자의 전략적 대응활동에 대한 표준적 사고방식과 대응방식이 높은 수준의 성과를 유지하고 있으며, 환경대응에 대한 조직적 행동과 사고의 수준이 높은 차원에서 결집되어 조직의 전략지능으로 발휘됩니다.

이러한 전략지능을 체득한 경영관리자들은 해당조직을 떠나게 되어도 자신이 체득한 전략지능을 새로운 조직에서 발휘하게 되므로 그 환경대응성과가 개선됩니다.

기업의 전략적 행동특성을 결정하는 가장 중요한 인자는 경영관리자이므로, 기업의 전략적 대응행동의 특성을 결정하는 것은 경영관리자의 전략적 대응행동의 특성이라고 할 수 있습니다.

<도표 3.42>는 경영관리자의 전략적 대응행동의 특성을 요약 비교한 도표입니다. 도표에서도 알 수 있는 바와 같이, 환경에서 부여하는 현상이나 과제들을 이해하고 그에 대하여 어떻게 대응하는가에 따라, 그 성과에 현저한 차이를 보이고 있음을 알 수 있습니다.

SIS 프로그램은 경영관리자를 비롯하여 조직구성원들이 당면하고 있는 환경과 수시로 등장하는 과제들에 대하여 어떻게 인식하고, 대응할 수 있을 것인가에 대한 절차와 방법을 구체화하고 있습니다.

제4장에서는 전략적 중점과제의 파악과 선정에 관한 방법을 살펴보고 제5장에서는 전략적 중점과제의 대응에 관한 방법을 살펴보도록 하겠습니다.

만약 전략적 과제가 이미 파악되어 있기 때문에, 과제의 시급한 대응이 필요할 경우, 제4장을 과감히 건너뛰고, 제5장의 전략적 과제대응을 전개할 수도 있습니다.

# 제4장
# 전략적 과제진단 실무
## NEW SWOT - SIS 2.0

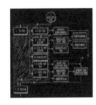 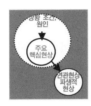  

　　최근 조직에서는 경영관리자의 전략적 상황인식에 대한 관점과 역량을 강화하기 위한 개인적, 조직적 노력이 경주되고 있습니다. 기업이 당면하고 있는 문제현상이나 당면상황, 그리고 환경에 대한 인식은 경영관리자의 전략행동의 출발점이 되며, 궁극적으로는 기업의 전략적 성과를 결정하는 중요한 요인입니다. 인식하지 않고 행동하는 경영관리의 행동양식은 기업과 조직, 그리고 본인에게도 실패를 자초하는 결과를 가져오게 됩니다.

　　제4장에서는 일반 독자나 경영관리자가 경영관리의 현장에서 직접 활용할 수 있는 전략적 과제 진단기법의 실무를 소개하고 있습니다. 일반 독자들은 간이작업을 중심으로 작업을 수행하고, 전체적인 프로세스를 익혀감에 따라 점차적으로 정밀작업과 고급작업을 수행할 것을 권합니다. 전략 리더와 전략 컨설턴트들은 SIS 프로그램과 뉴스와트 전략기법에 대한 절차를 수행함에 있어서 정밀작업과 고급작업을 중신으로 작업을 전개하시기 바랍니다.

## 제4장의 개관

　제4장에서는 조직에서 당면하고 있는 전략적 과제들을 구조적 관점에서 판별하고, 경영관리자가 중점과제들을 파악하여 선별하는 구체적인 절차와 방법을 실무적으로 학습합니다. 여기에서 학습하는 전략적 과제인식의 방법은 전략적 과제뿐만 아니라 일상적인 업무수행이나 예기치 못한 돌발적 상황에 대한 효과적이고 전략적인 대응을 위하여 활용하는 전략적 상황인식의 기술로 활용할 수 있습니다.

　여기에서 주목해야 할 관점은 다음과 같습니다.

1. 환경의 변화나 당면현상에 대하여 상황이 명확해질 때까지, 또는 사건이 발생할 때까지 기다리지 않고, 어떤 조짐이 보일 경우, 즉시 전략적 과제진단 작업을 수행한다.
2. 완벽한 상황파악 보다 더 중요한 것은 보다 더 신속한 상황접근이다.
3. 당면상황이나 현상을 이해할 때, 다섯 가지로 나누어 판별하라. ①핵심이 무엇인가? ②원인과 상황의 조건은 무엇인가? ③연관된 현상이나 파생적 현상은 무엇인가? ④전체적인 관점에서 대응해야 할 전략적 과제는 무엇인가? ⑤우선적으로 대응해야 할 긴급과제는 무엇인가?
4. 환경에서 부여되는 기회요인과 위협요인을 주목하고, 기회인지 위협인지가 불분명한 요인들에 대하여도 주목하라.
5. 문제현상을 전략적 과제와 일상적 과제로 구분하라.
6. 현재 등장하고 있는 문제현상이나 환경의 변화내용에 우선 대응하라. 그러나 가급적이면, 아직 문제현상으로 등장하지 않은 환경요인들이나 과제들에 대하여 선행적으로 대응할 수 있도록 대비하라.
7. 현상을 바라볼 때에는 환경에서 허용하는 시점과 대응완료시점을 먼저 고려하라.
8. 환경을 점검하고 진단하여 전략적 과제를 도출하는 팀과 전략

> 적 대안을 모색하는 팀을 별도로 관리하라.
>
> 9. 시간이 부족할 경우에는 간이형 과제진단 작업을 착수하여 신속히 대응방안을 모색하는 작업을 전개시키고, 그와 동시에 정밀형 과제진단작업을 계속 수행하면서 대응과제의 정비를 수행하라.
>
> 10. 문제현상이 등장할 경우, 핵심과 원인, 연관파생적 현상, 전반적 대응이 필요한 현상, 긴급대응이 필요한 현상의 다섯 가지의 기본적 구분과, 그에 대한 대응모드별 분석 도표를 활용하여, 예비대응과 수정대응의 성과를 제고하라.

제4장에서 살펴볼 내용을 압축하여 개관하면 다음 페이지의 <도표 4.1>에서 보는 바와 같습니다.  제4장에서는 경영관리자와 조직구성원들이 당면하고 있는 현실을 어떻게 바라보고, 당면과제를 어떻게 해석하며, 정말로 대응해야 할 전략적 과제들이 무엇인지를 판별하기 위한 방법과 절차를 살펴봅니다.

경영관리자들이 당면하고 있는 문제현상이나, 대안들이 시급하여 우선적으로 대응을 먼저 추진해야 할 경우에는 제4장은 과감히 건너뛰고 전략적 과제대응을 설명하는 5장을 먼저 학습합니다. 그러나 이와 같은 경우에도 조직구성원들을 중심으로 <도표 4.31> (p. 257), <도표 4.34> (p. 267)에서 안내하고 있는 바와 같이 당면과제들에 대한 간이형 점검을 전개할 것을 권유합니다.

그것은 당면하고 있는 다급한 상황을 우선적으로 해결하기 위하여, 경영관리자의 관심과 주의노력을 기울여 선정된 과제에 대하여 전력 질주하는 동안, 당면 현상과 관련하여 추가적으로 고려해야 할 중대한 과제를 간과하거나, 또는 방향설정을 잘못하게 되어 조직의 최종적인 대응성과를 잘못되게 할 수 있기 때문입니다.

## <도표 4.1> 제4장에서 살펴볼 내용과 개요

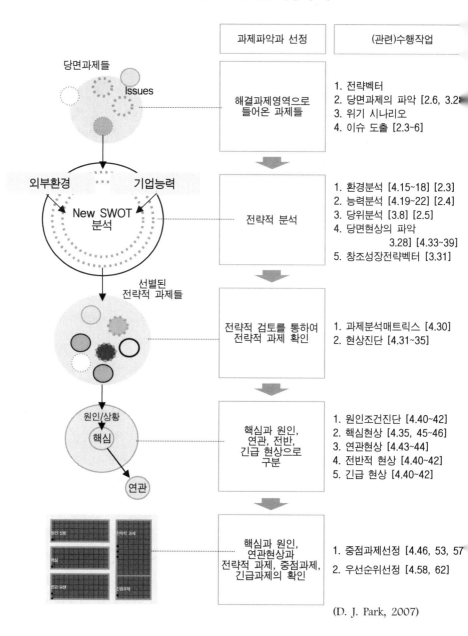

(D. J. Park, 2007)

## 1. 현상인식과 전략적 과제선정의 사례

### ■ 이 부장의 상황인식과 전략과제의 선정

최근 시장상황의 저조와 목표미달로 고민하고 있는 A 중소벤처기업의 관리부장으로 근무하는 이 부장은 심각한 고민에 빠져 있습니다.   이 부장은 영업지원과 경영관리를 총괄하고 있으며, 지난해 하반기부터 영업부에서의 실적미달현상이 금년도에도 크게 개선되지 못한 상황이므로 이에 대한 대책마련이 시급한 상황입니다.

이에 대한 영업부의 대응은 경쟁력이 있는 새로운 제품(X1)을 수입 판매할 것을 주장하고 있지만, 상황은 그다지 낙관적이라고 할 수 없습니다.

영업부의 논리는 P1 제품의 매출의 저조는 영업부서에서 판매하고 있는 P1 제품이 더 이상 시장에서의 경쟁력을 유지할 수 없기 때문이라고 판단하고, 새로운 제품(X1)을 도입하여 판매하는데 주력해줄 것을 요구하고 있는 실정입니다.   따라서 새로운 제품(X1)을 도입할 것인가에 대하여 이 부장은 명확한 판단을 내려서 대응하지 않으면 안 되는 곤란한 상황에 처하게 되었습니다.

<도표 4.2> 영업부서에서의 문제인식의 논리

| 현상 | 현상에 대한 판단 | 전략적 과제 |
|---|---|---|
| 주력제품 P1 매출의 저조 | P1 제품의 경쟁력 저하 | 신제품(X1)의 도입 |

이에 대하여 영업부서의 주장대로 신제품 X1을 그냥 도입해주면 될 것이 아니냐고 무역부의 실무자는 지나가는 이야기를 하고 있습니다.   그러나 실상을 이해해본다면, 이는 그냥 처리해줄 사

안은 아닌 것입니다.

첫째로, X1제품이 도입에 따르는 비용이 만만치 않습니다. 우선 X1제품의 해외딜러는 초기 도입물량에 대한 조건이 대단위 판매량을 요구하고 있으며, 그나마 가격협상도 까다로울 뿐만 아니라 마진의 폭도 크지 않습니다.

둘째로, 요구하고 있는 판매조건도 탄력적이질 못하여, 할인판매를 허용하지 않고 있습니다.

셋째로, X1제품의 특성이 기존의 P계열의 제품과는 근본적으로는 기능과 특성이 다르기 때문에 초기 마케팅 비용이 많이 들 뿐만 아니라, 수요처에서 핵심적 설비를 개체해야 하는 부담이 있기 때문에, 경쟁사에서도 도입을 망설이고 있는 상황입니다.

넷째로, 현재 자금의 흐름을 살펴보면, X1제품의 도입에 드는 비용과 수익예상을 고려해볼 때, 영업부서에서 주장하고 있는 바와 같은 조치를 수행할 경우, 심각한 자금압박을 받을 것이 예상되기 때문입니다.

이러한 상황에서, 이 부장은 X1제품의 도입을 결정할 것인가에 대하여 의사결정을 내려야 하는 고민에 빠지지 않을 수 없게 된 것입니다.

따라서 이 부장은 영업부장과 무역부서의 직원들, 그리고 관리부서의 직원들에게 보다 명확하게 당면하고 있는 현상을 파악하고 전략적 과제를 명확히 할 필요가 있다고 판단하여, SIS 대응논리를 적용해보기로 하였습니다.

### ■ 당면현상에 대하여 제대로 파악한 것인가?

우선 당면현상에 대한 진단을 어떻게 할 것인가에 대하여 기본적인 진단방법에 따라 이 부장은 당면현상을 다음과 같이 구분하여 <도표 4.3>과 같이 살펴보았습니다.

<도표 4.3> 이 부장의 전략적 중점과제 진단

| 전략적 과제 진단 | 전략적 과제의 현상<br>[주요당면과제 및 현상]<br>● 주력제품(P1)의 매출의 저조, X1 도입요청<br>▶ 수익성의 저하<br>▶ 사업활력의 저하<br>▶ 새로운 사업변혁이 요구되고 있음 |
|---|---|
| **원인, 상황 조건(C)**<br>[원인/상황의 주요내용]<br>● 주력제품(P1)의 경쟁력 저하<br>▶ 거래부진 | **1. 원인/상황의 중점과제**<br>● 주력제품(P1)의 매출의 저조<br>▶ 기존 영업방식의 한계<br>▶ 고객의 구매처 변경 |
| **핵심(M)**<br>[핵심현상의 주요내용]<br>● 주력제품(P1)의 매출의 저조<br>▶ 제품 구매수요 감소 | **2. 핵심중점과제**<br>● 신규제품의 도입 및 영업<br>▶ X1 이외의 신제품 대안은 무엇인가?<br>▶ 제품영업 프로모션의 확대<br>▶ 거래처 추가 확보 |
| **연관(R)**<br>[연관현상의 주요내용]<br>▶ 자금수지의 악화<br>▶ 제품수요감소 | **3. 연관 중점과제**<br>▶ 자금계획의 수정<br>▶ 조직력, 영업력의 강화<br>▶ 거래협력 네트워크의 관리<br>▶ 사업지원활동의 확대 |
| **전반(O)**<br>[전반현상의 주요내용]<br>▶ 매출부진과 영업성과 저하<br>▶ 재고 및 외상매출금의 회수 | **4. 전반적 대응이 필요한 중점과제**<br>▶ 영업 및 제품전략의 재정비<br>▶ 영업관리 및 지원 시스템의 변혁<br>▶ 영업, 구매 및 재고관리<br>▶ 회수의문 외상매출채권의 정리 |
| **긴급(U)**<br>[긴급상황의 주요내용]<br>▶ 매출회복<br>▶ 영업전략의 수정<br>▶ 조직정비 | **5. 긴급대응과제**<br>▶ 기존 거래처 영업대응<br>▶ 신규 거래처의 확보<br>▶ 영업조직의 정비<br>▶ 제품전략의 재수립 |

● 현재 파악되고 있는 현상과 전략적 과제
▶ 새롭게 인식한 현상과 전략적 과제

<도표 4.3>에서 보는 바와 같이 당면하고 있는 상황을 바라보는 시각을 입체적으로 전개함으로써, 이 부장은 P1 제품의 매출부진의 현상에 대하여 좀더 효과적으로 살펴볼 수 있습니다. 즉, P1제품의 매출부진의 원인을 단순하게 제품의 경쟁력 관점에서만 찾는 것이 아니라, 영업활동의 내용에서의 문제점을 점검하고 기존의 사업전개방식의 수정과 조직의 정비, 그리고 새로운 전략적 대응의 전면적인 검토를 전개해야 한다는 판단을 내릴 수 있게 된 것입니다.

따라서 경영관리와 영업지원을 수행해야 하는 관리부장의 입장에서 추진해야 할 전략적 과제들이 무엇인가에 대하여 판별이 가능하게 되었습니다.   이 부장의 판단은 A사에서 X1 제품의 도입이라는 제안에 대하여, 무분별하고 무조건 수행하는 1대1대응의 사고방식에서 탈피하여, 보다 정교한 상황판단과 대응으로 시행착오를 줄일 수 있도록 하였습니다.

### ■ 어느 신설조직 경영자에 대한 창립멤버의 불만

1년 반 전에 설립된 어느 미국의 컨설팅 기업조직인 B사는 새로운 경영전략기법의 사업화를 위하여 경영 컨설턴트와 경영학 교수들을 중심으로 12명의 창립멤버를 결성하였습니다.

창립멤버들은 유명한 경영대학장을 사장으로 만장일치로 임명하고 조직을 편성하여 운영원칙을 수립하기 시작하였습니다.  조직편성에서는 이사회, 운영조직, 전문가 풀, 협력조직이 편성되었으며, 사업운영원칙에 대한 협의도 7차에 걸친 회의를 통하여 완성하였습니다.

사업화를 위한 비즈니스 프로젝트 관리기법을 동원하여 전반적인 일정계획을 수립하고 각 멤버들에게 추진과업과 책무도 할당되었습니다.

관리 쪽에서는 초기 대외행사와 사업홍보를 위한 웹 사이트의 구축을 전개하기로 하고, 창립멤버 중에 아는 사람들을 통하여 CI 작업과 웹 사이트의 내용과 화면 설계를 의뢰하였습니다.

사업의 준비는 조직적으로 전개되는 것처럼 보였습니다. 그러나 1년 반이 지나도록, 아직도 어느 것 하나 완성되지 못하였으며, 사업추진 또한 개시되지 못하고 있었습니다.

상황이 이와 같이 전개되자 초기에 열의를 보였던 멤버 중에 7명은 점차 회의에 얼굴을 보이지 않았으며, 운영에 참여하는 멤버와 대표만이 회의를 주도하기 시작하였습니다. 흥미로운 일은, 그동안 실행되는 것이 없으면서도, 계속해서 회의록은 보완되고 있으며, 아직도 웹 사이트의 내용편성은 보완되고 있다는 점입니다.

마침내 재무담당 임원이 도대체 무엇을 하고 있는가에 대하여 문제를 제기하기 시작하였습니다. 사업의 준비만 계속하고 있고 실행되지 못하고 있는 사업을 계속 수행할 것인지에 대한 불만인 것입니다. 운영이사회에서는 이러한 상황에 대하여, "Go or stop!"의 판단을 내려야 했습니다.

재무담당 임원은 사업이 실행되지 않으므로 문을 닫아야 한다는 판단을 내린 것입니다. 흥미롭게도 창립멤버들은 모두 비슷하게 생각하고 있는 멤버들이 많아졌다는 사실을 알고, 서서히 문을 닫아야 겠다는 생각이 지배적으로 작용하고 있었습니다. 따라서 경영자로 선임된 경영대학의 A학장도 용두사미 격으로 의사결정을 굳혀가고 있는 실정입니다.

이와 같은 상황에서 사업부문을 맡은 임원은 막연히 사업의 개시와 중지를 판단할 것이 아니라 SIS 논리를 활용하여 다음과 같이 상황인식과 전략적 과제를 제시하였습니다.

즉, <도표 4.4>에서 보는 바와 같이 당면하고 있는 문제는 사업이 착수되지 못하고 있으며, 현재 모두가 각자 현직에서 자신의 일들을 수행하고 있기 때문에 새로운 사업에 몰입하지 못하고 있고, 이에 대하여 대응해야 하는 전략적 과제는 새로운 사업을 착수시키기 위하여 구체적으로 대응해야 한다는 판단입니다.

이와 같이 상황을 분석함으로써, 현재 복잡하게 여겨지는 문제의 현실을 보다 정확하게 판별할 수 있고, 무엇을 어떻게 대응할 것인지에 대한 과제의 인식을 구체화할 수 있습니다.

<도표 4.4> 컨설팅 사업 임원의 전략적 중점과제 진단

| 전략적 과제 진단 | 전략적 과제의 현상 |
|---|---|
| | [주요당면과제 및 현상]<br>▶ 사업전개가 되질 못하고 있음 |
| **원인, 상황 조건(C)** | **1. 원인/상황의 중점과제** |
| [원인/상황의 주요내용]<br>▶ 사업 실천활동의 부재<br>▶ 사업준비철저에 충실 | ▶ 신설 조직으로 영업활동의 부진<br>▶ 신규사업에 몰입을 할 수 없음<br>▶ 비전이 보이질 않음 |
| **핵심(M)** | **2. 핵심중점과제** |
| [핵심현상의 주요내용]<br>▶ 매출발생이 안되고 있음<br>▶ 고객 대응활동이 전개되지 않음 | ▶ 사업추진을 위한 기본적 활동이 되지 않고 있음<br>▶ 경영진 교체 |
| **연관(R)** | **3. 연관 중점과제** |
| [연관현상의 주요내용]<br>▶ 창립멤버의 참여 저조 | ▶ 참여 인센티브 개선<br>▶ 사업 프로모션 활동의 전개 |
| **전반(O)** | **4. 전반적 대응이 필요한 과제** |
| [전반현상의 주요내용]<br>▶ 사업진행 미흡 | ▶ 사업활동계획의 구체화<br>▶ 책무와 사업활동의 역할 재정립 |
| **긴급(U)** | **5. 긴급대응과제** |
| [긴급상황의 주요내용]<br>▶ 첫 번째 사업 프로젝트의 발족 | ▶ 자금의 투입<br>▶ 사업전략의 재정비<br>▶ 1차 고객에 대한 서비스의 개시 |

이와 같은 현상은 우리나라의 전문가그룹의 사업전개에서도 종종 볼 수 있는 현상으로, 전문적 능력이 출중한 사람들이 사업을 전개할 경우, 현상의 인식과 각자의 책무이행, 전략적 과제의 대응에 실패하게 되면 사업이 표류하게 되는 것을 알 수 있습니다.

### ■ 개인의 현실문제에 적용

대기업체에 근무하는 김 이사는 최근 자녀의 생활 및 진로문제로 고민하게 되었습니다. 업무추진에는 능숙한 김 이사였지만, 자녀의 문제라면 대부분의 부모들이 비슷한 고민을 하게 됩니다.

김 이사는 평소에 자녀와의 대화가 제대로 되지 못하고 있다는 점에 주목하고 자녀와의 대화의 기회를 갖기 위하여 노력하고자 하였습니다. 그러나 자녀와의 대화의 시간을 마련할 경우에도, 의외로 대화가 잘 되지 못하고 결국에는 진지하게 대응하는 자신이 대화가 끝날 즈음에는 종종 화를 내게 되는 현상에 대하여 답답하게 생각하고 있었습니다.

따라서 이러한 현상에 대하여 어떻게 이해하고 대응할 것인가에 대하여 자신이 처하고 있는 현상을 <도표 4.5>와 같이 진단해보았습니다.

개인이 자신의 일상에서 무엇을 해야 할 것인지를 파악하고자 할 때, 막연하게 현상이 무엇이고 그에 대하여 어떻게 해야 할 것인가를 찾는 것 보다는, SIS 대응원칙에 입각하여 당면하고 있는 현상 대응의 관점에서 파악할 경우, 보다 실천적이고 효과적인 대응의 모색을 가능하게 합니다.

즉, <도표 4.5>에서 보는 바와 같이 김 이사가 소극적으로 상황에 대응하는 경우보다 이와 같은 분석틀을 이용할 경우 훨씬 더 실천적이고 유용하게 대응해야 할 일들을 정의할 수 있게 됩니다.

<도표 4.5> 자녀와의 관계개선에 대한 김 이사의 현상진단

| 전략적 과제 진단 | 전략적 과제의 현상 |
|---|---|
| | [주요당면과제 및 현상]<br>▶ 자녀와의 대화가 잘 되지 않음 |
| **원인, 상황 조건(C)** | **1. 원인/상황의 중점과제** |
| [원인/상황의 주요내용]<br>▶ 자녀와의 대화가 겉돌음<br>▶ 대화의 기회가 부족했음 | ▶ 자녀와의 대화 및 행동의 공감 주제가<br> 없음<br>▶ 상호 신뢰가 부족하고 상호 교류 기회가<br> 부족하다<br>▶ 부모로서의 자녀와의 대화기법을 개선해야<br> 한다 |
| **핵심(M)** | **2. 핵심중점과제** |
| [핵심현상의 주요내용]<br>▶ 교류할 수 있는 대화내용이<br> 없고<br>▶ 진지한 상담이 되지 못함 | ▶ 인생설계에 대하여 자녀와의 대화를<br> 나누어야 한다. |
| **연관(R)** | **3. 연관 중점과제** |
| [연관현상의 주요내용]<br>▶ 진로계획과 생활태도에 대한<br> 지도가 곤란 | ▶ 생활태도를 변화시켜야 한다<br>▶ 필요한 학습지도를 위한 지원<br>▶ 새로운 사회경험을 해볼 수 있는 기회를<br> 마련해야겠다. |
| **전반(O)** | **4. 전반 중점과제** |
| [전반현상의 주요내용]<br>▶ 가정내에서의 부모와<br> 자녀간의 관계가 멀어지고<br>▶ 바람직한 가정문화를<br> 유지하지 못하고 있음 | ▶ 가족 구성원들 간에 좀더 결속력을<br> 다져야한다.<br>▶ 우리 가족의 가치관을 새롭게<br> 구성해봐야겠다.<br>▶ 부모와 자녀가 각자 해야 할 일을 찾아서<br> 무엇인가 제대로 해봐야겠다. |
| **긴급(U)** | **5. 긴급대응과제** |
| [긴급상황의 주요내용]<br>▶ 대학 전공학과 선택의 혼란 | ▶ 대학 전공학과 선택<br>▶ 함께 여행을 간다. |

그것은 김 이사가 대응해야 할 과제들을 선별하는 과정에서
상황에 대한 이해를 구조적으로 전개함으로써 그에 대한 대응의

관점에서 무엇을 해야 할 것인가에 대한 관점을 강화할 수 있기 때문입니다.

상황에 대한 현상진단을 제대로 하게 되면, 그 실천방안을 모색하는 것이 보다 용이하게 될 뿐만 아니라, 그 성과 또한 배가됩니다.

이와 같이 당면하고 있는 현상에 대하여 전략적 과제의 설정을 5가지로 편성함으로써 경영관리자는 무엇을 어떻게 해야 할 것인지의 판단을 명료하게 할 수 있을 뿐만 아니라, 조직의 성과를 높일 수 있게 됩니다.

이제부터는 경영관리자가 전략적 과제를 좀더 체계적으로 살펴볼 수 있도록 필요한 작업을 단계적으로 점검해보도록 하겠습니다.


## 2. 전략적 과제를 점검한다

### ■ 정밀작업과 고급작업

전략적 과제의 진단과 대응에 있어서 경영관리자가 당면하고 있는 상황과 필요에 따라 학습하고 참조할 수 있도록 <도표 4.6>과 같이 본문의 작업과 설명을 구분하여 살펴보겠습니다.

따라서 특정한 단위업무의 대응이 긴급하게 필요할 경우, [간이작업]이라는 표식에 해당하는 내용을 집중적으로 전개합니다. 이러한 방법에 익숙하지 않거나, 이 책을 처음 읽으시는 분들께서는 간이작업을 중심으로 먼저 여러 번 학습하고 난 뒤, 정밀작업이나 고급작업으로 학습을 확대하는 것이 학습성과를 높일 수 있습니다.

간이작업에 의한 특정한 단위업무의 대응만으로는 효과가 의

심스럽거나 좀더 광범위하고 체계적인 대응이 필요하다면 기본적
인 작업을 좀더 세밀하게 수행하는 [정밀작업]을 수행합니다.  본
문에서 별도의 표식이 붙어 있지 않은 경우에는 정밀작업의 수행
을 위하여 참고해야 할 내용들입니다.

<도표 4.6> 본문에서의 학습구분

| 표시 | 작업 | 언제 | 누가 |
|---|---|---|---|
| 간이<br>작업 | 간이작업<br>(특정업무에 대안<br>전략적 대응) | ● 특정한 단위업무의<br>   전략적 대응이 긴급할<br>   때 | 경영관리자와<br>조직구성원 |
| 정밀<br>작업 | 정밀작업<br>(전체적 대응<br>전략) | ● 정기적 전략수립<br>● 신규사업전략의 전개<br>● 기존 전략의 수정 | 경영관리자와<br>조직구성원<br>연관부문 |
| 고급<br>과정 | 고급작업 | ● 전략적 성과를 더욱<br>   높이고자 할 때 | 경영관리자와<br>조직구성원 |

또한 전략적 대응의 성과를 더욱 높이고자 하는 경영관리자의
경우에는 [고급작업]이라는 표식이 있는 부분을 학습합니다.

### ■ 왜 과제선정작업을 해야 하는가?

이제부터는 전략적 (중점) 과제에 효과적으로 대응하기 위한
출발작업부터 살펴보겠습니다.  전략적 과제를 파악하기 위한 준
비작업에서 파악된 문제현상이나 최근 부각되고 있는 과제들을
중심으로 당면현상의 파악이 완료되면, 이제부터는 전략적 과제들
(Strategic Issues)의 선정 작업을 수행합니다.

전략적 과제들이 등장하면, 즉시 수행하면 되는데, 왜 다시 전
략적 과제들에 대하여 진단을 해야 할 것인지를 질문하는 직원들
이 있습니다.

그와 같은 생각은 우선 시급하게 대응해야 할 전략적 과제들이므로 당장 그 과제의 해결을 위하여, 조직적 노력을 기울여야 한다는 판단은 외견상 옳게 느껴집니다.

제3장의 <도표 3.38> (p. 185)에서 살펴본 바와 같이 과제의 단순수행방식을 전개하는 경우, 즉 '시급한 일이므로 우선 추진'하는 발상을 편의상「시급추진논리」라고 정의해보겠습니다.

그러나 시급추진논리는 앞에서 예시로 제시한 스위치 논리와 유사한 발상이라고 할 수 있습니다.

여기에는 해야 할 일들이 모두 정의되어 있고, 그러한 일들 중에 가장 시급한 일들이 판별되어 있다는 가정이 성립되어 있습니다.

그러나 이와 같은 가정이 제대로 성립되지 않고, '정말 해야 할 중요한 일들'이 해야 할 일들에서 배제되어 있고, 보다 덜 중요한 일들을 중심으로 시급하게 수행한다면, 그 성과가 어떻게 될 것인지는 앞에서 살펴본 바와 같습니다.

따라서 현재 당면하고 있는 상황 하에서 해결해야 한다고 판단되어 전략적 중점과제(SI)라는 이름표를 붙여서 해결과제 리스트(Issues Master List)에 올라온 것들이 제대로 된 것인지를 판별하는 일은 제한된 환경대응시간 내에서 효과성을 추구하기 위하여 반드시 점검되어야 하는 것입니다.

여기에서 경영관리자는 전략적 과제라고 해서 무조건 시급히 대응하기 전에, 우선 환경대응시간의 이해와 해결과제 리스트의 내용 그리고 과제의 중요성에 대한 검토를 내려야 합니다.

### ■ 환경시간과 환경대응시간

기업이 당면하고 있는 환경에서 기업에 요구하고 있는 여러 가지의 환경명령이나 요구조건들을 이해할 때, 흔히 그 내용을 파악하는 일에 집중하기 마련입니다. 즉, 변화하고 있는 환경 속에서 우리 기업과 우리 경영관리자들은 무엇을 해야 할 것인가에 대하여 파악하기 위하여 고심합니다.

때로는 해야 할 일들이 명확히 정의가 되지 않을 경우, 해야 할 일들이 무엇일까에 대한 질문을 염두에 두면서도 실제로는 행동에 착수하지 못하고, 질질 끌다가 대응의 시기를 놓치게 되는 경우가 비일비재합니다. 이러한 경영관리자들의 업무수행의 태도는 전혀 잘못된 것이 없는 것처럼 보입니다. 그러나 여기에는 한 가지의 중요한 관점이 배제되어 있습니다. 즉, 환경시간과 환경 대응이라는 관점입니다.

환경은 환경의 흐름에 따라, 제 나름대로의 시간의 전개를 진행하고 있습니다. 물론 이러한 환경에 대하여 참여하고 반응하는 기업 및 지구사회의 각 주체들의 움직임이 환경 내에 다시 반영되어 환경의 시간축을 형성합니다.

이러한 환경시간의 흐름은 지구의 물리적 시간전개인 캘린더 시각의 진행처럼 1년 단위, 또는 반기나 분기단위, 월 단위, 주 단위와 같이 진행되지는 않습니다. 환경의 시간흐름은 마치 계곡을 흐르는 급류처럼 때로는 아주 급속히 진행되기도 하며 때로는 아주 완만하게, 그리고 때로는 불규칙적인 진행도 전개됩니다.

이와 같은 환경시간의 흐름을 이해하지 못하므로 환경 내에서 어떠한 과제가 등장하게 될 경우에도, 그것을 언제까지 해야 하는 것인지를 제대로 판별해낼 수가 없습니다. 이와 같은 경우, 경영관리자들은 대체로 상황을 두고 보자는 식의 대응을 하게 됩니다. 이러한 대응을 편의상 「두고 보자 대응」이라고 하겠습니다.

또 다른 형태의 일반적인 대응에는 다음에 다시 검토해보자는 식의 판단도 우세합니다. 이러한 대응을 「다시 검토 대응」이라고 하겠습니다.

「두고 보자 대응」의 판단에는 그 대응시간에 대한 판단도 결의 도 빠져있습니다. 「다시 검토 대응」에는 언제 다시 검토하겠다는 것인지에 대한 구체적인 기한이나 시점이 결여되어 있습니다. 따라서 이와 같은 대응방식에 의존하게 되면 그 대응시점은 더욱 늦게 됩니다.

그러나 환경의 흐름은 우리의 검토와 대응과는 상관없이 나름 대로의 변화 국면을 전개시키고 있으며, 「두고 보자 대응」이나 「다시검토 대응」과 같은 사고와 행동을 전개하고 있는 사람들에 게 대응시점을 연기해주거나 또는 '지금 대응에 대하여 검토를 하 세요' 하고 알려주질 않습니다.

<도표 4.7> 환경대응허용시간과 환경대응시간

| 구분 | 환경 | 기업 (대응주체) | 구분 | 유의사항 | 비고 |
|---|---|---|---|---|---|
| (시간기준) | (환경시간) | (캘린더 시각) | (대응허용시간과 환경시간 차이) | 시행착오와 비용 | |
| 환경대응의 시간형태 | 환경허용시간과 대응 | | 대응행동특성 | 유의사항 | 특징 |
| | ① 환경대응 허용시간 > 환경대응시간 | | 사전(선행)대응, 선도형 행동 | 시행착오의 허용 | 사전대응형 두고보자형 다시검토형 대응가능 |
| | ② 환경대응 허용시간 = 환경대응시간 | | 실시간 대응, 즉시대응행동 | 시행착오 비용의 증대 | 두고보자형 다시검토형 대응불가능 |
| | ③ 환경대응 허용시간 < 환경대응시간 | | 사후(후행)대응, 사후대응행동 | 시행착오 허용이 곤란 | ②와 같음 |

(D. J. Park, 2007)

환경의 시간은 우리가 어떻게 대응하건, 진행되고 있는 것입니 다. 따라서 이에 대하여 언제 대응할 것인가에 대한 판단을 하지 않는다면, 환경에 대하여 실제로 대응하는 시간, 즉 환경대응시간은 점차 늦게 되어 그 대응의 유효성을 상실하게 됩니다.

여기에서 환경대응시간을 생각해 보면, 우리가 대응하는 환경대응시간과 환경이 허용하는 환경대응허용시간이 있습니다. 이 두 시간의 크기가 환경대응의 시간성과를 결정하는데 영향을 미칩니다. <도표 4.7>에서는 이러한 관계를 설명하고 있습니다.

도표의 아래쪽에는 환경이 주체인 환경대응 허용시간과 기업이 주체인 환경대응시간 간의 관계에 따라 대응행동이 달라지고 있음을 보여주고 있습니다.

첫 번째의 경우는 환경대응 허용시간이 기업의 환경대응시간보다 클 경우, 즉 기업의 환경대응에 여유가 있을 경우입니다. 이와 같은 경우에는 환경대응의 과제들을 충분히 검토하고, 그 대응방안들을 세밀하게 수립하여, 필요한 자원을 확보하여 실행에 옮기는 행동이 가능합니다.

만약 이와 같은 경우에 좀더 일찍 준비하고 좀더 일찍 행동을 전개하게 된다면, 선행대응이 가능하며 실험적 대응으로 환경의 주도력을 장악할 수 있습니다.

두 번째의 경우에는 환경이 허용하는 시간여유에 합당하게 대응하는 경우입니다. 그러나 이와 같은 경우, 필요자원이 부족하거나 대응방안이 제대로 편성되지 못하게 되어 수정대응을 전개하게 될 경우에는 환경대응 허용시간은 이미 지체되어, 세 번째의 경우로 전환되고 지연된 환경대응으로 성과가 떨어지게 됩니다.

세 번째의 경우는 제 시간에 제대로 대응을 하지 못하게 되는 경우로써 대응이 지연된 상황에 수반하여 관련된 조치가 뒤따르게 되며, 필요한 대응자원도 증대됩니다. 따라서 환경대응시간과 환경대응 허용시간을 고려할 때, 전략적 과제에 대응하는 일에서의 시행착오 및 중대한 환경대응 실패를 유발하게 될 수 있습니다.

### ■ 해결과제 리스트의 내용

두 번째의 유의사항은 '해결해야 할 과제로 「등장한 전략적 과제들」의 내용을 어떻게 생각할 것인가?'에 관한 것입니다.

여기에 참고할 만한 관점 중에 GIGO라는 말이 있습니다. 이것은 'Garbage In, Garbage Out'이라는 말을 줄인 것인데, 아무리 좋은 컴퓨터 시스템이라도, 잘못된 데이터를 입력하면, 잘못된 답이 나오게 되는 경우를 말하는 것입니다.

<도표 4.8> GIGO와 PIIP

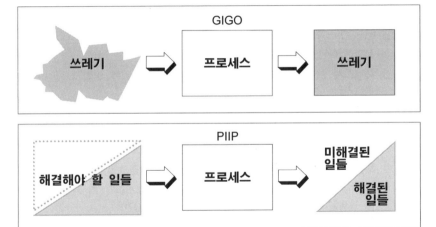

(D. J. Park, 2007)

이와 마찬가지로 경영관리자들이 수행해야 할 일의 목록을 잘못 편성하면, 잘못된 일의 목록을 아무리 잘 수행해도, 그 성과가 제한되는 것입니다. 따라서 전략적 과제의 대응에서도 「반드시 해야 할 일의 목록」인 해결과제 리스트의 내용을 점검하지 않을 경우, 모처럼 전략대응을 전개하고자 할 경우에도, 그 성과를 떨어뜨리게 됩니다. 그래서 이와 같은 현상에 대하여 필자는 PIIP (Partial Ignorance, Incomplete Performance)라고 정의하고 있습니다.

전략적 해결과제 리스트의 편성방법과 내용을 구성할 때에 경영관리자의 전략적 과제선정에 대한 전략적 지능이 발휘됩니다. 그러므로 유능한 경영관리자는 우선 해결과제 리스트의 목록을 잘 편성하고, 그에 의하여 효과적으로 업무를 수행합니다.

<도표 4.9> 해결과제 리스트 점검 체크리스트

1. 현재 해결과제 리스트에 올라온 과제들은 어떠한 것인가?
2. 현재 해결해야 할 과제 리스트에 올라온 전략적 과제들은 어떠한 이유와 근거에서 선정되었는가?
3. 현재 해결과제 리스트에 올라온 과제들만을 해결하면, 현재 당면하고 있는 현상들이 제대로 해결되는가?
4. 현재 반드시 해결해야 할 과제이지만 해결과제 리스트에 올라오지 못한 것이 있다면, 그것은 무엇인가?
5. 해결과제 리스트에 올라온 과제들의 해결 우선순위는 어떻게 편성해야 하는가?
6. 현재 검토 중인 해결과제들은 어느 부문에서 제기된 과제들이며, 그 과제들이 해결되지 못할 경우의 심각성은 어떠한가?
7. 해결과제들의 해결요망 시기에 대한 판별은 제대로 되어 있는가?
8. 해결과제들의 대상범위와 그 대응에 필요한 자원들은 어떠한 것들인가?
9. 해결이 불가능한 형태의 해결과제를 해결하기 위하여 현재 해결이 가능한 과제들이 방치되거나 방임되고 있는 것은 아닌가?
10. 각 부문에서 스스로 해결할 수 있는 과제들이 다른 형태의 내용으로 변질되어 전사적 해결과제의 리스트에 올라와있는 것은 아닌가?

(D. J. Park, 2007)

따라서 경영관리자는 해결과제 리스트를 어떻게 편성할 것인가에 대하여 세심하게 살펴볼 필요가 있습니다. 해결과제 리스트를 점검할 때에는 과제의 내용과 필요성, 그리고 상황에 대한 적합성을 중심으로 <도표 4.9>와 같은 점검항목을 활용합니다. 만약, 필요한 과제들이 추가되어야 하거나 또는 보다 더 중대한 과제에 대한 대응이 필요할 경우에는 신속하게 해결과제 리스트를 보완하여 조치하도록 합니다.

## ■ 과제의 중요성에 대한 검토

다음으로 고려해야 할 점은 전략적 과제들의 내용에 대한 검토입니다.  표현상으로는 전략적 과제라는 명칭으로 제시될 경우에도, 과연 그러한 과제들의 내용이 어떠한 것인지를 식별할 필요가 있습니다.

경영관리자에게 제시되는 여러 가지의 전략적 과제들이 과연 전략적으로 중요한 과제인가에 대한 판단을 내려야 합니다.  만약 해당 과제들이 중요한 과제라고 판단되면, 현재 선정된 과제들은 그 해결을 위하여, 현재 확보된 조직과 자원, 그리고 경영활동의 노력을 통하여 조직적 과업의 형태로 전개됩니다.

따라서 전략적 과제로 선정하게 된다는 것은 그에 대응하기 위하여 조직적 노력, 관리적 노력, 그리고 투입자원을 동원하여 경영활동으로 전개된다는 것을 의미합니다.

즉, 재무적 관점으로 본다면, 기업의 비용으로 투입되는 것입니다.  그렇다면, 그러한 노력과 투입자원의 기회비용에 합당한 성과를 도출할 수 있어야 할 것입니다.  물론 여기에는 경영관리자의 업무추진에 대한 기회손실이나 기회비용도 고려되어야 할 것은 두 말할 나위가 없습니다.

경영관리자가 전략적 과제에 대한 유의성에 대하여 점검하고자 할 때에는 이 책의 후반부 부록에 제시하고 있는 전략감사 체크리스트의 목표설정에 대한 감사 체크리스트를 참고합니다.

## ■ 과제는 과업과 직무의 핵심

만약에 경영관리자가 추진해야 할 일이 별로 없어서 소수의 과업에만 치중하여 그 일들만을 계속 수행해야 한다면, 새로운 과제선정의 작업은 의미가 없을 수도 있습니다.  그러나 경영관리자가 추진해야 할 일들이 많아지면, 당면과제들을 분류 정리하여,

과제를 관리하지 않으면 안 되는 상황에 처하게 됩니다.

경영관리자는 조직에서 당면하고 해결해야 하는 과제들에 대하여, 그 대응과 해결을 효과적이고 효율적으로 전개하기 위하여 필요한 인력과 자원을 배치하여 과업(task)을 수행합니다.

대부분 부서내의 조직구성원들이 수행하는 과업들은 부서의 사업목적과 필요에 의하여 경영(관리)자가 명시적 또는 묵시적으로 지시하거나 동의하여 배분한 과업들입니다. 이와 같은 과업들이 모여서 직무(job)를 형성합니다. 따라서 현재 수행하고 있는 과업들은 대부분 조직의 목적이나 사업의 수행, 그리고 기업의 의지를 중심으로 당면하고 있는 과제들을 해결하기 위하여 편성된 직무를 구성하는 기본 요소입니다.

그러한 과업들을 수행기간을 중심으로 살펴보면 지속적으로 수행해야 하는 종류의 과업과 한시적으로 수행하는 과업, 그리고 주기적으로 수행해야 하는 과업들로 구분하여 볼 수 있습니다.

| 수행기간구분 | 지속적 수행 | 한시적 수행 | 주기적 수행 |
|---|---|---|---|
| 내용 | 현업, 일상업무 | 특별 과업 | 주기적 과업 |

또한 과업에 참여하는 조직부문을 중심으로 보면, 전사적 과업과 연관(사업) 부문의 결합과업, 사업부문단위의 과업, 소조직 단위의 과업, 개인별 과업으로 나누어 볼 수 있습니다.

| 수행조직 | 기업그룹 | 개별기업 | 연관(사업) 부문 | 단일 사업부문 | 소조직 단위 |
|---|---|---|---|---|---|
| 내용 | 기업그룹 과업 | (개별기업) 전사적 과업 | 연관(사업) 부문 결합과업 | 단일 사업부문 과업 | 소조직 단위 과업 |

과업에 참여하는 계층을 중심으로 살펴보면, 최고경영층의 과업, 관리층의 과업, 실무층의 과업으로 구분할 수 있습니다.

| 수행계층 | 경영층 | 관리층 | 실무층 |
|---|---|---|---|
| 내용 | 기업 의사결정 및 기업경영 | 사업의사결정 및 사업수행 | 실무의사결정 및 실무수행 |

과업대상을 중심으로 살펴보면, 외부적 대응이 필요한 외부대응과업과 내부적 대응이 필요한 내부대응과업이 있으며, 외부와 내부에 동시에 대응해야 하는 내외부 대응과업으로 구분할 수 있습니다.

| 대상 | 외부 | 병행 | 내부 |
|---|---|---|---|
| 내용 | 외부적 대응과업 | 내외부 대응과업 | 내부적 대응과업 |

과업의 활동대상범위를 중심으로 살펴보면, 경영활동전개의 기능 중에 어디에 해당하는 과업인가에 따라, 소위 영업, 마케팅, 생산, 조달, 정보, 기술, 연구개발, 관리, 조직, 재무와 같은 기능별 과업으로 구분됩니다.

| 기능 | 자원관리 | 경영관리 | 생산관리 | 영업관리 마케팅 | 서비스 |
|---|---|---|---|---|---|
| 내용 | 채용 조달 기술 | 조직 관리 재무 연구개발 | 생산 운영 재고 | 영업 마케팅 | 서비스 |

또한 사업활동의 지리적 대상범위에 따라 지역시장 및 제품(서비스)에 해당하는 과업, 국내시장 및 제품(서비스)에 해당하는 과업, 글로벌 시장 및 제품(서비스)에 해당하는 과업으로 구분됩니다.

| 활동의 지리적 범위 | 글로벌 | 지역국가 | 단일국가 | 국내지역 | 국내 소지역 |
|---|---|---|---|---|---|
| 시장 | 글로벌 시장 | 경제블럭 | 국내전역시장 | 국내지방시장 | 도시 시장 |
| 제품 | 글로벌 제품 | 지역국가 제품 | 국내전역제품 | 지방제품 | 도시제품 |
| 기능 | 글로벌 기능 | 지역국가 기능 | 국내전역기능 | 지방기능 | 도시기능 |
| 자원 | 글로벌 자원 | 지역국가 자원 | 국내전역자원 | 지방자원 | 도시자원 |

과업의 수행에 필요한 자원을 중심으로 보면, 현재 확보하고 있는 자원을 중심으로 대응을 전개해야 하는 과업과 새로운 자원 활용이 필요한 과업으로 구분됩니다.

| 수행자원 | 독창 자원 | 신규자원 | 기존자원의 혁신자원 | 기존자원의 부분개량자원 | 기존 자원 |
|---|---|---|---|---|---|
| 내용 | 신창조 자원 | 미활용자원 | 기존자원혁신 | 기존자원개량 | 기존자원활용 |

새로운 자원활용이 필요한 과업에는 그동안 활용하지 못했던 미활용자원의 활용과 현재 지구상에는 존재하지 않는 신창조자원 활용의 과업으로 구분합니다.

과업에 투입되어야 하는 기술을 중심으로 보면, 단위 요소기술 과 관련기술, 그리고 요소기술과 관련기술이 모두 동원되는 결합 기술의 과업으로 구분됩니다.

| | 경영기술 | 자원기술 | 결합기술 | 관련기술 | 요소(핵심) 기술 |
|---|---|---|---|---|---|
| 기술 | 경영, 관리, 조직, 사업, 운영, 정보 기술 및 기술의 관리 | (신)자원개발 (신)소재개발 | 관련기술과 요소기술의 결합기술 및 신기술 | 관련기술 및 신기술 | 단위요소기술 및 신기술 |

<도표 4.10> 과업의 구분

| 대상 | 외부 | | 병행 | | 내부 |
|---|---|---|---|---|---|
| | 외부적 대응과업 | | 내외부 대응과업 | | 내부적 대응과업 |
| 수행기간 | 지속적 수행 | | 한시적 수행 | | 주기적 수행 |
| | 현업, 일상운영업무 | | 특별 과업 | | 주기적 과업 |
| 수행계층 | 경영층 | | 관리층 | | 실무층 |
| | 기업 의사결정 및 기업경영 | | 사업의사결정 및 사업수행 | | 실무의사결정 및 실무수행 |
| 수행조직 | 기업그룹 | 개별기업 | 연관(사업) 부문 | 단일 사업부문 | 소조직 단위 |
| | 기업그룹 과업 | (개별기업) 전사적 과업 | 연관(사업) 부문 결합과업 | 단일 사업부문 과업 | 소조직 단위 과업 |
| 기능 내용 | 자원관리 | 경영관리 | 생산관리 | 영업관리 마케팅 | 서비스 |
| | 채용 조달 기술 | 조직 관리 재무 연구개발 | 생산 운영 재고 | 영업 마케팅 | 서비스 |
| 활동의 지리적 범위 | 글로벌 | 지역국가 | 단일국가 | 국내지역 | 국내 소지역 |
| | 글로벌 시장 | 경제블럭 | 국내전역시장 | 국내지방시장 | 도시 시장 |
| | 글로벌 제품 | 지역국가 제품 | 국내전역제품 | 지방제품 | 도시제품 |
| | 글로벌 기능 | 지역국가 기능 | 국내전역기능 | 지방기능 | 도시기능 |
| | 글로벌 자원 | 지역국가 자원 | 국내전역자원 | 지방자원 | 도시자원 |
| 수행자원 | 독창 자원 | 신규자원 | 기존자원의 혁신자원 | 기존자원의 부분개량자원 | 기존 자원 |
| | 신창조 자원 | 미활용자원 | 기존자원혁신 | 기존자원개량 | 기존자원활용 |
| 기술 | 경영기술 | 자원기술 | 결합기술 | 관련기술 | 요소(핵심) 기술 |
| | 경영, 관리, 조직, 사업, 운영, 정보 기술 및 기술의 관리 | (신)자원개발, (신)소재개발 | 관련기술과 요소기술의 결합기술 및 신기술 | 관련기술 및 신기술 | 단위요소기술 및 신기술 |

(D. J. Park, 2007)

여기에 추가적으로 자원의 확보와 활용에 관한 기술이 투입되어야 하는 과업과 경영관리, 조직관리, 사업운영에 필요한 기술과 정보기술 및 기술을 관리하기 위한 기술이 관련되는 과업이 구분됩니다.

이와 같은 과업들을 정리해보면, <도표 4.10>과 같이 요약해볼 수 있습니다. 우리가 현재 수행하고 있는 과업들을 분류해보면, 이와 같은 과업구분의 어디에 속하고 있는지 알 수 있습니다.

이와 같은 관점에서 새로이 우리 기업을 둘러싸고 있는 환경의 변화와 우리의 역량, 그리고 시장균형관계의 변화에 따라 등장하고 있는 과제들을 판별해보면, 그러한 과제들이 어디에 속하고 있으며 또한 어떠한 내용으로 대응해야 하는가에 대한 윤곽을 이해함으로써 과업의 내용과 속성, 그리고 그 중요성을 파악할 수 있게 됩니다.

따라서 전략적 과제들을 제대로 검토하지 않고 선정하여 해결과제 리스트에 올려놓게 된다면, 그것을 마땅히 해결해야 할 경영현안과제로 인정하게 되고, 경영관리층의 판단을 흐리게 할 수 있을 뿐만 아니라, 경영자원과 조직노력 및 경영행동의 효과성을 상실하게 될 수 있습니다.

그러므로 전략적 과제에 대한 점검과 검토를 통하여 전략적 과제를 선정하는 일은, 전략대응을 전개하기 전에 경영관리자가 반드시 살펴보는 것이 바람직합니다.

### ■ 과제선정작업에서는 무엇을 해야 하는가?

전략적 과제를 선정하는 작업에서는 당면하고 있는 전략적 과제들이 어떠한 것인지를 대국적으로 판별할 필요가 있습니다. 특히 앞에서도 언급되었지만, 그것이 특정한 현상에 대응하는 것인지, 또는 연관현상과 관련되어 복합적으로 대응해야 하는 것인지에 대한 판단도 내려볼 필요가 있습니다.

물론 이와 같은 과제의 내용을 음미할 때에는 그것이 당면하고 있는 환경과 어떠한 관련이 있으며, 우리 기업조직의 역량과 관련하여 어떠한 관련이 있는지를 파악해볼 필요가 있습니다.

만약, 현재 파악되지 않은 전략적 과제들이 있다면, 그것은 어떻게 파악할 것인지에 대한 작업을 통하여, 고려해야 할 중요한 전략적 과제들을 새로이 선발하고, 그에 대응할 수 있도록 해결과제 리스트에 추가해야 할 것입니다.

<도표 4.11> 해결과제 리스트의 정비

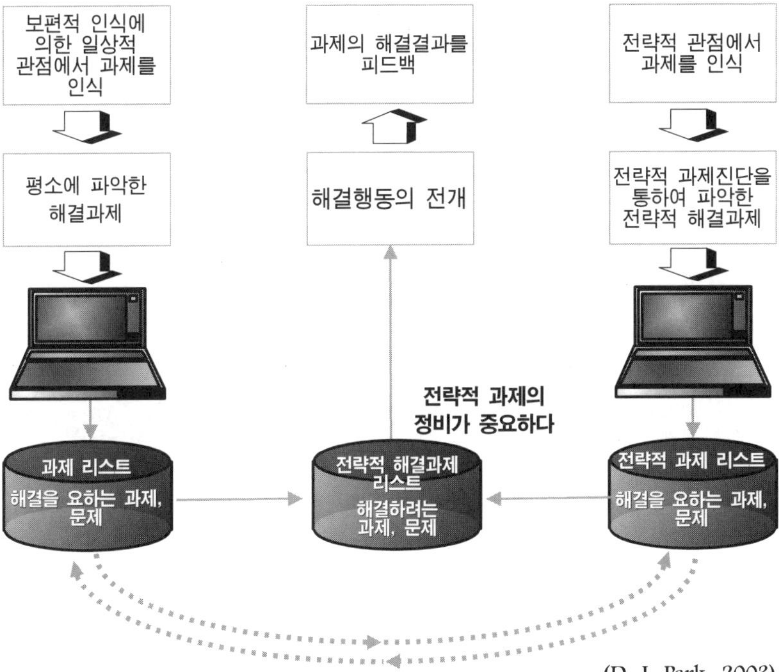

(D. J. Park, 2003)

따라서 과제의 선정작업에서는 기존의 전략적 과제들 중에 어떠한 것을 골라서 선정할 것인가에 대한 판단작업을 수행할 뿐만 아니라, 현재 추진을 검토해야 하지만 간과되고 있는 전략적 과제가 무엇인가를 살펴보고, 새로이 해결과제 리스트에 추가할 수 있도록 하는 작업을 수행합니다.

그렇다면, 기존에 선발된 과제들을 판별하는 작업을 수행하기 이전에 새로운 과제들을 도출하여 해결과제 리스트에 삽입하고 통합된 해결과제 리스트를 중심으로 전개하는 것이 바람직할 것입니다. 물론 앞에서 실시된 현상파악에서 도출된 전략적 과제들은 환경대응의 허용여유시간과 사안의 중요성에 따라, 우선 실시될 수도 있습니다.

따라서 전략적 과제의 선정을 위하여 과제를 진단하는 작업을 수행할 필요가 있습니다.

만약 현재 파악되고 있는 전략적 과제가 익숙하고 또한 그 중요성이 다면적으로 검토되어 과제에 대한 진단 필요성이 없다면, 이 작업은 생략하고 다음 해결대안 수립작업으로 진행할 수 있습니다.

### ■ 언제 과제진단작업을 수행하는가?

과제의 진단작업을 언제 수행할 것인가에 대한 특별한 원칙이나 기준은 없습니다. 그러나 기업조직이 당면하고 있는 환경의 변화와 기업의 성과를 감안한다면, 환경에서의 주요한 변화요인이 발생하거나 기업의 성과요인에 변화가 발생한다면, 당면하고 있는 전략적 과제가 무엇인지에 대한 진단을 내릴 필요가 있습니다.

---

**당면하고 있는 전략적 과제진단시점의 판단원칙**

**원칙 1.** 기업이 당면하고 있는 환경에서의 주요한 변화요인이 발생할 때 현재 추진중인 전략적 과제를 새로이 점검하고 정비한다.

**원칙 2.** 기업의 성과에 주요한 변화가 발생할 경우, 당면하고 있는 전략적 과제를 새로이 점검하고 정비한다.

---

이것을 전략적 과제진단의 시점을 판단하는 일반원칙이라고 하겠습니다.

만약에 환경에서의 주요한 변화요인이 발생하는 것을 인지할 수 없을 경우에는 기업의 성과를 변화시키는 요인이 발생하는 것에 주목할 필요가 있습니다.

일반적으로는 최종적으로는 시장성과에 주목하게 되지만, 신규 개발사업의 경우에는 아직 시장경험이 없기 때문에 시장성과의 판별이 불가능하므로 전략(예상)성과를 고려하고 그에 대한 성과변화요인이 등장하거나 또는 당초의 예상과 다르게 상황이 전개될 경우에 진단을 수행합니다.

또한, 새로운 사업계획을 수행하거나, 기존의 성과를 개선하고자 할 때, 전략적 과제의 진단작업을 수행합니다.

즉, 새로운 사업의 수행과 관련하여 어떠한 전략적 과제를 예상하고 대비할 것인가에 대한 판단과 대응을 강화하고자 할 때에 전략적 과제의 진단작업을 수행합니다. 또한 기존의 기업행동, 경영행동성과를 반성하고 향상하기 위하여 추진해야 하는 전략적 과제들이 무엇인가를 파악하고자 할 때, 전략적 과제의 진단작업을 수행합니다.

### ■ 전략적 과제의 진단을 어떻게 할 것인가?

전략적 과제의 진단은 경영관리자를 중심으로 관련된 조직구성원들과 함께 진단팀을 편성하여 실시합니다.

필요하다면, 외부의 연수원을 빌려서 합숙 워크샵을 통하여 우리 기업과 사업, 그리고 업무와 관련하여 점검해야 할 사항들을 진솔하게 반성하고, 당면하고 있는 문제점들을 파악하여, 전략적 과제의 출발점을 확인합니다.

전략적 과제의 출발점을 인식하기 위하여, 병행적으로 실시해야 하는 작업은 역시 환경에 대한 분석입니다. 환경분석은 전반적인 외부환경요인에 대한 간이 프로필 분석을 통하여 살펴봅니다.

이와 마찬가지로 우리 조직의 능력에 대한 현상을 점검합니다. 우리가 처해 있는 환경과 능력에 대한 분석과 당면하고 있는 문제점들을 파악하면, 우리가 추진해야 할 전략적 과제들 무엇인지를 파악할 수 있습니다. 즉, 전략적 해결과제 리스트를 파악할 수 있게 됩니다.

이러한 작업을 수행할 경우 경영관리자가 유의해야 할 주의사항은 분석작업의 전개시 등장하게 되는 편향적 시각이나 정보 자료의 왜곡, 그리고 분석작업의 오류를 피하도록 하는 것입니다.[22]

## 3. 전략적 과제진단 작업의 전개

제3장 준비단계에서의 워밍업으로 전개한 당면현상의 파악을 토대로, 이제부터는 전략적 과제에 대응하기 위한 작업의 출발점으로 전략적 이슈(Strategic Issues)를 정의하는 프로세스를 추진하면서 작업을 정교화시킵니다. 이 작업의 프로세스를 편의상 SI 진단 프로세스, 또는 줄여서 SI 프로세스라고 하겠습니다.

제2장에서와 살펴본 방법에 의하여 전략적 과제들의 도출되어 있다면, 이제부터는 도출된 전략적 과제들을 염두에 두고, 우리가 당면하고 있는 전략적 과제들의 전모는 어떠한가에 대하여 살펴보기 위하여 이 작업을 수행합니다.

이 작업을 통하여, 혹시 보다 중요한 전략적 과제들을 간과하고 있는 것은 아닌가에 대하여 점검할 수 있을 뿐만 아니라, 필요하다면 그에 대한 대응조치를 강구할 수 있도록 할 수 있기 때문입니다.

---

[22] SWOT 작업전개시의 오류에 대하여는 제2장과 3장을 참조.

## <도표 4.12> 전략적 과제 (SI) 진단 작업 프로세스의 절차도

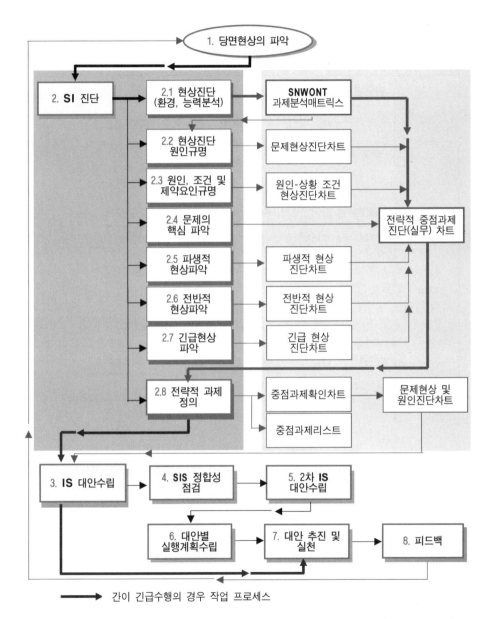

간이 긴급수행의 경우 작업 프로세스

(D. J. Park 2004, 2007)

<도표 4.13> 당면현상의 분석을 위한 작업점검 참조도표

| 작업 | 항목 | 구분 | 작업 참고 도표 |
|------|------|------|----------------|
| \<당면현상 분석을 위해 사용하는 장표, 도표 리스트\> |||| 

| 작업 | 항목 | 구분 | 작업 참고 도표 |
|------|------|------|----------------|
| 환경<br>진단 | 환경변화 추세 | Ⓐ | <도표 2.3> 환경의 변화추세 |
| | 환경요인진단 | Ⓐ | <도표 4.15> 전반적인 외부환경요인 |
| | | Ⓑ | <도표 4.16> 기회연관도 |
| | | Ⓑ | <도표 4.17> 위협연관도 |
| | | Ⓑ | <도표 4.18> 주요환경추세연관도 |
| | 환경대응성 진단 | Ⓒ | <도표 4.23> 환경대응성 진단도표 |
| 내부<br>능력 진단 | 내부적 변화추세 | Ⓐ | <도표 2.4> 내부적 변화추세 |
| | 기업능력진단 | Ⓐ | <도표 4.19> 기업능력의 분석/평가 |
| | | Ⓑ | <도표 4.20> 강점연관도 |
| | | Ⓑ | <도표 4.21> 약점연관도 |
| | | Ⓑ | <도표 4.22> 주요 능력 연관도 |
| | 능력대응성 진단 | Ⓒ | <도표 4.24> 능력대응성 진단도표 |
| 성과 점검 | 사업추진목표 | Ⓐ | <도표 2.5> 목표 |
| 문제<br>현상의 점검 | 문제현상의 진단 | Ⓐ | <도표 3.28> 당면현상의 파악 |
| | | Ⓑ | <도표 4.33> 당면(문제) 현상분석차트 |
| | | Ⓑ | <도표 4.34> 당면(문제) 현상진단차트(1) |
| | | Ⓑ | <도표 4.35> 당면(문제) 현상진단차트(2) |
| | | Ⓒ | <도표 4.36> 대응모드별 (문제) 핵심현상분석 |
| | | Ⓑ | <도표 4.37> 당면(문제) 현상분류표 |
| | | Ⓑ | <도표 4.39> 당면(문제) 현상연관도 |
| | | Ⓐ | <도표 4.32> 뉴스와트 당면(문제)현상 진단 매트릭스 |

\* Ⓐ Ⓑ Ⓒ 구분 : Ⓐ 간이작업, Ⓑ 정밀작업, Ⓒ 고급작업
당면과제의 특성과 대응의 긴급성, 작업의 난이도와 숙련도에 따라 선별적으로
대응하도록 함   .                              (D. J. Park 2007)

## ■ 긴급할 경우에 우선 수행하는 작업들

경영관리자가 당면하고 있는 전략적 과제들에 대한 대응의 긴박하여 작업전개의 시간여유가 부족할 경우에는 <도표 4.13>에서 보는 바와 같이 Ⓐ의 작업을 우선 수행하고, Ⓑ 또는 Ⓒ의 관련된 작업들을 선별적으로 병행 수행함으로써 전략대응의 타이밍 성과를 높이고 대응전략의 효과성이 제고하도록 합니다.  신속작업에 관하여 보다 자세한 절차에 대하여는 <도표 4.64>에 정리하였습니다.

## ■ 당면현상의 점검과 분석

| SI 진단 프로세스 |
| --- |
| 1. 현상진단 (환경/능력 분석) |
| 2. 현상진단 원인규명 |
| 3. 원인, 조건 및 제약요인규명 |
| 4. 문제의 핵심 파악 |
| 5. 파생적 현상파악 |
| 6. 전반적 현상파악 |
| 7. 긴급현상 파악 |
| 8. 전략적 과제 정의 |

경영관리자들은 신년도 사업전략을 편성하거나 상반기 사업에 대한 평가와 조정, 또는 새로운 사업의 전개를 전개하고자 할 때, 전략적 과제들을 전체적으로 점검하여 파악하게 됩니다.

이러한 경우, 소관사업과 관련하여 당면하고 있는 환경과 능력에 대한 점검을 착수하는 것으로부터 작업을 전개하게 됩니다.  이러한 상황에 대응하기 위하여, 어떠한 절차로 전략적 과제들을 파악할 것인가에서 출발하여 단계별 작업전개의 방법을 살펴보도록 하겠습니다.

## ■ 전략적 과제의 판별을 위하여 고려할 수 있는 작업방식

제2장의 전략적 중점과제 경영에서도 살펴본 바와 같이 전략적 과제를 판별하기 위하여 환경의 전반적인 상황을 점검할 때, 경영관리자는 상황과 필요에 따라서 다음과 같이 네 가지 형태의 작업을 고려하여 선별적으로 전개할 수 있습니다.

우선 첫 번째로는 어떠한 내용들이 전략적 과제로 파악될 수 있을까에 대하여 초점을 맞추어 전략적 과제를 직접 도출하는 방법입니다.  이와 같은 방법은 주요한 전략적 과제들의 유형과 주

요 참조항목을 중심으로 편성된 프로필을 통하여 연관성을 발견
해내고, 그에 입각하여 전략적 과제들을 도출하는 방법입니다.
인체의 병과 질환에 비유하여 보자면, 현재 고려할 수 있는 병의
종류와 증세들의 특징과 현상을 비교 검토함으로써 치유해야 할
증상을 찾아내는 방법이라고 할 수 있습니다.

<도표 4.14> 전략적 과제의 판별을 위한 작업추진 전개방식

| 방식구분 | 특징 | 참고기법 |
|---|---|---|
| 1. 주요 전략적 과제 참고표 이용방법 | 1차적 전략적 중점과제의 파악에 용이함<br>참고표의 지속적 보완이 필요함 | 전략적 중점과제 경영(SIM) |
| 2. 프로필 분석법 및 연관도 법을 이용한 NEW SWOT 기법 | 단계별 작업전개가 필요<br>분석작업에 시간이 소요됨<br>조직특성이나 환경의 변화에 따라 분석 프로필의 보완이 요구됨 | 프로필분석법/ 연관도법/ SWOT분석기법/ New SWOT 분석기법 |
| 3. 영향관계 구조분석법 | 전체적 관점에서 주요 기능에 영향을 미치는 요인들에 초점을 맞춤<br>주요한 조직의 사업전개의 핵심기능에 치중할 경우, 편향적 분석을 방지할 필요가 있음 | 구조적 연관도법 (중점과제 영향관계구조분석) |
| 4. 5가지 분류법 | 추진과제의 특성에 따라 구분 파악<br>환경과 능력에 대한 관점이 배제될 경우, 단순한 과제대응에 치중할 우려가 있음. | TIES (5지법) |

(D. J. Park 2007)

제2장에서 살펴본 <도표 2.3>의 환경의 변화추세와 <도표
2.4>의 내부적 변화추세, 그리고 <도표 2.5>의 목표항목을 중심
으로 현재 우리의 전략적 중점과제들은 무엇일까에 대하여 판별
하는 방식은 주요 참조 프로필을 중심으로 분석하는 방법입니다..
이러한 방법을 채택할 경우의 장점은 주요 참조 프로필들을 중
심으로 판별하기 때문에, 작업을 신속하게 전개할 수 있는 반면,

참조 프로필에 반영되어 있지 않은 사안들에 대하여는 판별을 하지 못할 수도 있다는 단점이 있습니다.

따라서 이러한 방법을 선호하는 경영관리자들은 우리의 사업과 당면하고 있는 환경과 내부적 능력을 중심으로 중요 참조 프로필을 구성하도록 지시하고, 새로이 추가된 프로필을 중심으로 전략적 중점과제를 파악할 수 있도록 하는 것이 필요합니다.

이와는 달리 두 번째의 방법은 첫 번째 방법보다는 다소 불편하지만, 사업의 수행과 관련하여 주요한 검토요인들을 다각적으로 편성하여 전반적으로 살펴보는 방법입니다. 즉, 외견상으로는 해결해야 할 증상에 대하여 어림짐작으로 판별도 가능하지만, 전반적인 기업활동과 당면하고 있는 환경의 내용을 점검하여 현재 특징적으로 나타나고 있는 증상들을 식별하고, 아직 심각한 징후까지 등장하지는 않았지만, 조만간 등장하게 될 내용까지 함께 검토하는 방법이라고 할 수 있습니다.

따라서 우리 기업활동에 영향을 미치는 주요한 영향요인들을 좀더 세밀하게 살펴보기 위하여 환경을 둘러보고 살펴볼 수 있는 점검항목들을 다각적으로 편성하여 그 내용의 실제와 영향관계에 대하여 점검합니다.

### ■ 환경분석과 능력분석

구체적인 점검 항목의 예시는 <도표 4.15>와 <도표 4.19>에서 보는 바와 같습니다. 도표에서 예시한 분석항목은 일반적으로 고려할 수 있는 항목들이므로, 기업이 속하고 있는 산업의 특성과 핵심제품과 서비스의 내용, 그리고 고유한 환경속성에 따라 좀더 세분화하거나 추가적인 검토항목을 반영시킬 수 있습니다.

이러한 참고항목을 중심으로 환경과 내부적 능력을 염두에 두고, 우리의 사업전개를 위하여 살펴볼 환경과 능력의 요인들이 어떻게 되어 있고, 그 변화는 어떠한지를 감안하여, 전략적 과제들을 도출합니다.

<도표 4.15> 전반적인 외부환경요인

| 요인 | 주요 점검 항목(예시) | 관련사항 | 영향 |
|---|---|---|---|
| 정치 | 체제, 지방행정, 남북대립, 국내정세, 국제정세, 국제분쟁, 정당의 산업 및 기업정책 노선, 국민성 등 | | |
| 경제 | 재정, 세제, 금융정책, 물가정책, 재정투융자, 공공투자, 사회개발, 지방자치, 경제성장률, 물가, 고용, 임금, 실업률, GNP, 개인소비지출, 인플레이션, 가처분소득, 이자율 관련경제지표, 무역, 통화, 해외투자, 개발도상국의 추격, 다국적화, 정부의 경제방침, FTA 등 | | |
| 사회 생활 | 도시화, 지방도시화, 인구변동, 지역인구이동, 사회의 기대, 정보화, 생활양식, 가치관의 변화, 소비자그룹의 행동특성, 지방특성, 국민의 소비태도, 사회보건, 보험, 매스컴, PR 등 | | |
| 교육 문화 | 학교제도, 교육시설, 학력구성, 진학률, 학교외 교육(학원, 예능, 통신교육 등), 사회인교육, 교육방송, 교육용 기기, 교양, 예술, 인터넷 활용, UCC 등 | | |
| 산업 구조 | 산업구조, 지역산업, 공장입지, 공장단지, 수송 시스템, 물류(수송, 보관), 연관 산업(산업 클러스터링)의 실태, 산업질서, 노동조합 등 | | |
| 인구 | 인구구성, 도시집중, 지방분산, 노동실태, 고령화, 젊은 노동력의 부족, 인구억제, 여성인력, 파트타이머, 외국인 근로자 등 | | |
| 자원 | 원재료, 수자원, 에너지, 원자력, 태양열, 공기, 자원민족주의, 자연보호정책 등 | | |
| 환경 | 공장폐기물, 대기오염, 수질오염, 토양오염, 소음, 진동, 분진, 유해, 유독식품 규제, 소비자 환경운동 | | |
| 법규 | 이상 환경요인과 관련된 정부규제, 정부원조, 환경관련법, 독점금지법, 해양법, 어업협정, 국제관계법 등 | | |
| 기술 | 기술혁신의 속도와 시기, 기술인력, 연구개발, 로보틱스, 일렉트로닉스, 컴퓨터 시스템, 광섬유, 나노 테크놀러지, 에너지 기술, 바이오 테크놀러지, 신재료, 복합기술, 생산기술, 소재기술, 유비쿼터스의 전개 등 | | |

<D. J. Park, 1997, 2007>

만약 시차에 따른 오류가 예상될 경우라면, 그 시차에 따라 발생할 수 있는 전략과제와 전략대안의 내용의 격차에 따라 기간을 나누어 작업합니다. 예를 들면, 2년 단위의 분석작업을 구분하여

전개하거나, 3년 이후의 내용에 대하여는 주요한 추세를 중심으로 추정내용의 정도에 따라 그 전략과제와 전략대안의 내용에 대한 추정내용을 명시하도록 합니다.

**■ 연관도의 작성**

<도표 4.15>와 <도표 4.19>에서 보는 바와 같이 참고 프로필을 중심으로 구체적인 점검 항목에 대한 검토가 끝나면, <도표 4.16>이후에서 소개하고 있는 형태의 연관도를 작성합니다.

연관도의 작성작업은 환경과 능력의 각 요인들이 미치게 되는 연관관계를 파악함으로써 환경에서 유발되고 있는 주요 기회와 위협, 그리고 그 밖의 고려해야 할 주요한 추세들이 우리의 사업전개에 대하여 어떻게 영향을 미치게 될 것인지에 대하여 체계적으로 이해하고 정의하는 작업입니다.

이 작업을 통하여, 피상적으로 파악되고 있는 기회나 위협 또는 주요한 환경요인의 추세가 실제로 어떻게, 그리고 얼마나 우리에게 영향을 미치게 되는지 식별할 수 있습니다.

연관도의 작성과 관련하여 고려해볼 수 있는 세 번째 방법은 두 번째 방법의 전개에서 작업전개에 불편함을 느낄 경우, 활용하기 쉽도록 필자가 개발한 방법으로 영향관계구조 분석법입니다. 이 방법은 핵심적 사업기능을 중심으로 영향관계를 판별하는 방법으로 제3장의 후반부 <도표 4.48> (p. 297), <도표 4.49> (p. 300)에서 살펴보는 바와 같이 환경변화에서 유발되는 주요 이슈들이 전략적으로 영향을 미치는 영향관계의 구조를 분석하여 그 연관성을 파악하는 방법입니다. 만약에 두 번째 방법으로 작업을 전개할 때, 혼란을 느낄 경우 세 번째의 방법을 참고적으로 활용한다면, 좀더 간편한 전개가 가능할 수 있습니다.

네 번째의 방법은 제3장에서 살펴보고 제4장의 사례에서 예시하고 있는 방법과 같이 당면 문제나 현상에 대하여 <도표 4.33>과 <도표 4.50>에서 보는 바와 같이 직접적으로 그 내용을 구조적으로 분석하여 대응하는 방법입니다.

이 방법은 현상대응을 위한 가장 간단한 형태의 구조적 진단방법입니다.  즉, 당면하고 있는 현상을 다섯 가지로 나누어 살펴보아야 할 과제항목으로 구분하여 핵심현상, 원인과 상황조건, 연관현상을 살펴보고 전반적 현상과 긴급대응을 요하는 현상을 나누어 살펴보는 방법입니다.  이와 같이 다섯 가지로 나누어 살펴본다고 하여 기억하기 쉽게 다섯 손가락 판단법, 줄여서 오지법(5指法)이라고 하였습니다.

여기에서는 우선 두 번째의 방법을 계속 살펴보도록 하겠습니다.  어떠한 방법을 채택하건 환경에서 파악되는 현상에 대하여 필요에 따라 위협과 기회들에 대한 판별을 통하여, 그러한 요인들이 우리의 사업에 어떻게 기회가 되고, 위협이 되는지를 명료하게 알 수 있도록 하기 위하여 <도표 4.16>에서 <도표 4.22>에 이르는 분석 작업을 실시합니다.

이어서 기회도 위험으로 분류되지는 않지만 고려해야 할 주요한 환경의 추세 또는 요인들이 있다면, <도표 4.18>에서 보는 바와 같이 주요 환경추세(ENF) 연관도를 작성합니다.  이와 같은 작업을 전개하는 이유는 기존의 SWOT 분석작업에서 간과될 수 있는 주요한 환경의 추세를 반영하기 위함입니다.  여기에서 파악된 항목들은 New SWOT 과제분석 매트릭스의 환경분석의 항목에 기입하고 각각에 대응하기 위한 전략대안들을 모색하도록 합니다.

외부의 환경에 대한 현상들에 대한 진단과 분석을 통하여 우리 조직이 당면하고 있는 환경에서 대응해야 할 과제가 무엇인지, 그리고 그 대응방향을 어떻게 모색해야 할 것인가에 대하여 입체적으로 파악을 할 수 있습니다.

<도표 4.16> 기회연관도의 예시

결과 ◄──────────────────────────► 원인

| 신사업의 성장 | 매출의 확대 | 영업활동의 강화 | 고품질 제품수요확대 |
| | | 고객편의 제공 | 기술지원팀의 부가 서비스 확대 |
| | | 고객기업의 경쟁력 제고 | 지속적인 신기능제품의 확보 |
| | | 판매가격의 인하 | 대량 구매처의 확보 |
| | 핵심기술확보로 경쟁우위 실현 | 기술보호 | 핵심기술의 개발 및 특허확보 |
| | | 부가적 기술의 지속적 개발 | 기술 네트워크의 확보 |
| | 고품질 제품의 시장전개 용이 | 품질향상이 용이 | 연관산업의 발전 |

<D. J. Park, 2007>

## <도표 4.17> 위협연관도의 예시

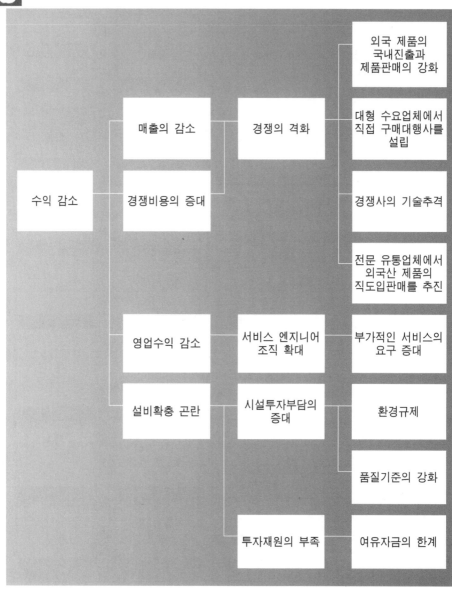

<D. J. Park, 2007>

<도표 4.18> 주요 환경추세(ENF) 연관도의 예시

결과 ◄───────────────────────────────► 원인

| | | | |
|---|---|---|---|
| | | 신제품 구매수요 증대 | 신제품에 대한 필요성 인식도 제고 |
| | 신제품개발 확대 | 신기술제품 제도적 지원 | 정부정책의 변화 |
| 제품시장전략의 변경 | 신용도 제품개발 필요 | 유비쿼터스 대응제품개발 | 유비쿼터스의 전개 |
| | 홈쇼핑 판매제품 물량 확보 | 홈쇼핑 제품 라인업 | 전자 상거래의 발달 |
| | 수출제품 개발대응 | 해외수출수요 증대 | 해외시장 접촉, 전개가 용이 |
| | 신 거래처 발굴/ 제안방식변경 | 영업방식의 변화 | 입찰제도, 거래공시제도 |
| | 고품질 제품생산 | 설비개체 | 로보틱스 기술개발 설비가격 인하 |
| | 생산계획의 변경 | 신설 부지조성계획의 차질 | 부동산 시장의 불안 |

<D. J. Park, 2007>

ENF: Environmental Neutral Factors

환경분석에 있어서 기회인지 위협인지 명확하게 분류가 되지는 않지만
주요한 환경변화의 요인으로 취급해야 할 요인들을 말함

이와 같이 우리 사업과 기업이 당면하고 있는 환경과 능력상황에 대하여 경영관리자가 어떻게 처해있고 어떻게 될 것인지를 살펴보는 일은 새로운 전략을 모색할 경우뿐만 아니라, 일상적인 업무활동을 수행할 때에도 중요합니다.

외부환경에 대한 진단과 분석작업과 마찬가지로 내부의 환경 즉, 우리 조직의 역량을 중심으로 <도표 4.19>와 같은 프로필을 참조하여 진단작업을 수행하고 그 연관관계를 파악합니다.

### ■ 외부전문가들과 네트워크를 구축하라

현재 추진하고 있는 사업과 관련하여 환경과 역량을 점검할 때에는 환경과 역량의 점검을 위한 프로필과 체크리스트들을 참조하여 활용합니다. 물론 필요하다면, 관련분야의 전문가들의 협조를 얻어 체크리스트와 프로필의 검토항목을 정비합니다.

대체로 우리나라의 경영관리자들은 외부의 전문가들과의 협조관계를 설정하고 발전시켜나가는 일에 익숙하지 못한 것 같은 생각이 듭니다.

그러나 조금만 성의를 가지고 부지런하게 움직인다면, 외부의 전문가들로부터 협조를 구하는 일도 그렇게 어려운 것은 아닙니다.

전략적 과제를 파악하기 위한 프로필과 체크리스트 분석작업의 성과를 높이기 위하여, 확보해야 할 대부분의 전문적 추세와 경향에 관한 자료들은 국내 및 외국 정부, 협회, 조합, 투자기관, 조사기관, 단체, 대학 및 대학연구소, 기업부설연구소, 전문 연구그룹, 언론사 전문기자, 컨설팅 기관 등 다양하게 산재되어 있습니다.

그중 가장 활용하기 좋은 곳은 정부의 관련전문기관 및 대학, 그리고 대학연구소라고 할 수 있습니다. 적어도 경영관리자라면, 이와 같은 기관의 주요 연구자나 조사자들에 대한 인맥을 형성하고 꾸준히 필요한 정보와 자료를 입수하고, 나아가 필요한 환경과 능력의 프로필을 정비해나갈 수 있어야 합니다.

이러한 일을 수행하는 데 시간적 여유가 없다면, 소속 부서의 직원을 통하여 해당 임무를 부여하더라도 반드시 이러한 정보망을 가동시키도록 하여야 합니다.

## ■ 조직구성원들과 함께 연관도를 작성한다

경영관리자의 입장에서 환경분석이나 능력분석에 관련된 항목들을 점검할 때에 판단이 혼란스럽다고 생각될 경우, 각 분석항목들을 살펴봄에 있어서 관련된 조직구성원들과 함께 현재 우리의 사업기능과 활동내용의 대응관계를 연관지어 살펴보도록 합니다.

즉, 외부의 환경과 내부의 역량에 대한 분석과 진단작업의 전개시에 <도표 4.24>, <도표 4.25>와 <도표 4.26>를 활용하여 상황을 파악할 경우, 좀더 신속하고 명료한 판단을 내릴 수 있습니다.

이와 같은 점검을 통하여 당면하고 있는 현상을 신속히 파악할 수 있습니다.

이전에는 SWOT 분석기법을 활용한 전략수립에서는 현상파악에서는 환경과 능력의 4가지의 연관도, 즉 환경과 관련하여 기회연관도, 위협연관도를 도출하고 우리의 능력과 관련하여 강점연관도와 약점연관도를 도출하였지만, SWOT 분석기법의 한계점을 극복하기 위하여 New SWOT 분석기법을 활용하고자 할 경우에는 다음과 같은 두 가지의 작업을 추가적으로 수행합니다.

즉, 기회와 위협으로 분류되지 않는 요인들이지만 우리의 사업추진과 관련된 주요한 외부환경의 추세에 대하여는 <도표 4.18>과 같은 「주요 환경추세(ENF) 연관도」를 작성하고 내부적 역량에 대하여도 <도표 4.22>와 같은 「주요 능력(INF) 연관도」를 작성합니다.

## &lt;도표 4.19&gt; 기업능력의 분석/평가를 위한 분석항목 예시

| 구 분 | 주요 항목 | 세 부 내 용 |
|-------|----------|------------|
| 1. 종합적<br>기업분석 | 재무분석 | ☐ 수익성<br>☐ 안정성<br>☐ 성장성<br>☐ 손익분기점<br>☐ 부가가치<br>☐ 생산성<br>☐ 자금<br>☐ 회전율 분석 |
| 2. 인적부문 | 경영자의<br>능력·자질 | ☐ 인간성, 가치관, 사명감<br>☐ 경영자의 타입(기업가, 독재자, 목표설정 경영)<br>☐ 경영능력, 사회적 신용, 사원들의 신뢰성<br>☐ 리더십<br>☐ 후계자의 육성 |
| | 관리자 | ☐ 질과 양<br>☐ 계획적인 육성, 자기 계발<br>☐ 관리능력, 업적추구능력, 행동력<br>☐ 부하장악력 |
| | 경영방침 | ☐ 경영이념, 목표의 명확화와 철저한 정도<br>☐ 경영계획의 작성<br>☐ 전략경영의 전개<br>　- 사업구조<br>　- 제품, 시장, 기술개발<br>　- 중장기계획 (내용, 수립, 운용의 실제, 계획통제시스템)<br>　- 전략의 수립, 수정, 보완, 변혁, 전개의 시스템, 실행<br>　　프로세스, 의사결정, 자원의 동원능력, 전략창조의 방식<br>　- 전략적 과제해결의 실태, 전략적 창조와 경영진의 대응<br>　- 위기상황에 대응하기 위한 위기경영실천과<br>　　상황대응계획(Contingency plan)의 준비 |
| | 경영조직 | ☐ 이사회의 기능, 의사결정조직<br>☐ 조직형태(분권화, 집중화)<br>☐ 조직의 실체(實體)적합성, 환경적합성, 책임권한의<br>　명확화, 권한위양, 사원의 참여, 조직의 경직성,<br>　본사기구중심 여부, 조직구성원의 전략적 대응 능력<br>☐ 경영관리시스템, 전략경영시스템, 업적관리시스템,<br>　내부통제시스템, 목표관리, 내부감사제도 및 내용, 소집단<br>　활동, 컴퓨터시스템의 활용, 커뮤니케이션, 계획성,<br>　합리성<br>☐ 경영노하우(Knowhow)<br>　경영경험 축적도, 사내외 전문가집단의 활용, 사외 인맥<br>☐ 계열기업의 정비 통합 |

| | | 인적 자원의 능력평가 및 인사제도 |
|---|---|---|
| | 조직풍토 | □ 社風<br>□ 하고자하는 의욕(willingness)<br>□ 성장의욕<br>□ 활성화<br>□ 의식개혁의 실시<br>□ 교육, 연구적 분위기 |
| 3. 물적자원 | ①제품력 | 제품의 특징, 제품계열, 제품믹스, 제품브랜드, 가격, 품질, 사양(성능, 형태, 크기, 무게, 디자인), 제품 라이프 사이클의 위치, 고객의 우리제품 구매이유, 제품차별화, 계절변동의 즉각적인 대응성, 안전성, 포장, 클레임, 품질 보증, 대체품에 대한 경쟁력, 특정제품에 대한 수익 의존도, 특정판매처에의 의존도, 제품별 수익성, 국내 판매/수출, 현제품 개량 전략 |
| | ② 시장력 | 민간수요, 軍需, 일반용, 공업용, 국내, 수출, 경기변동에 대한 안전성, 시장점유율, 경쟁관계, 성장률, 단위고객에 대한 의존도, 신용도, 재고/수송, 신용제공, 고객 니즈의 파악, 납기, 고객서비스, 광고(상품광고, 기업광고), 영업판촉(판매처의 지원, 진열, 쇼룸, 實演판매, 콘테스트, 프리미엄, 사내부문간 정보교환 등), 판매원의 질과 양, 판매기술, 판매원의 행동, 판매정보, 기술력과의 결합, 판매계획, 판매비용 절감(포장, 운임, 하역, 보관, 광고, 판매촉진비, 수수료, 리베이트, 애프터서비스비용, 대손, 여비, 교통비, 판매인건비 등), 신용관리(외상매출 등) |
| | ③ 생산력 | □ 공장계획 (공업입지, 공장입지, 공정설비 레이아웃, 통로, 운반저장설비, 서비스설비, 건물, 변경에 대한 탄력성)<br>□ 생산계획·생산통제 (수요의 변동에 대한 즉각적인 대응능력)<br>□ 구매 (원재료조달, 에너지조달, 구매가격인하, 구입처의 관리, 위기상황하의 구매방침)<br>□ 자재관리 (재고관리, 창고, 운반)<br>□ 외주관리 (외주시장, 외주처의 능력: 질·양비용, 납기, 지도육성, 조직화)<br>□ 설비관리 (설비성능, 진부화, 노후화, 능력, 신설·개조·갱신, 설비보전, TPM, Systematic Maintenance, 설비가동률, 고장률, 설비의 범용성)<br>□ 품질관리 (규격, 도면, 품질표준, 관리방법, 불량률, 클레임률, 품질보증)<br>□ 생산기술 (절차, 표준시간, 작업표준, 치공구, 측정기기, 자동화, 省力化, 공업소유권)<br>□ 작업관리 (작업개선, 표준화, 작업자의 지도훈련, 단위관리, 공수관리)<br>□ 원가관리 (변동비, 고정비, 원가절감,VA(가치분석), 예산통제, 원가관리시스템, 원가보고)<br>□ 안전위생관리(이념, 계획, 조직, 체제, 기준, 시설, 指導, |

| | | |
|---|---|---|
| | | 진단개선, 노동재해율)<br>☐ 작업환경(열, 채광·조명, 소음·분진·가스, 시설개선)<br>☐ 환경경영 (이념·계획, 조직·체제, 기준, 시설, 指導) |
| | ④연구<br>개발력 | 신제품개발(아이디어, 시스템, 장해), 연구개발예산,<br>연구실험시설, 기초연구, 응용연구, 개발, 설계(기능설계,<br>생산설계, 허용원가설계, 원가절감, VA/VE), 제품개량,<br>새로운 용도개발, 시장력과의 결합, 기술정보, 자체개발<br>또는 모방, 특허, 인재육성, 조직, R&D심사, TA |
| 4. 자금분석<br> 및 평가 | ①자금<br>조달력,<br>운용능력<br>②배당정책<br>③투융자,<br>설비투자,<br>계획관리 | 조달수단의 합리성, 자본계열, 금융여력, 금융기관과의 관계,<br>자금운용의 합리성, 株價, 기업신용, 자금조달력 |
| 5. 정보력의<br> 분석·평가 | ①정보<br>수집력<br>②정보관리<br>활용 | ☐ 情報源의 확보<br>☐ 컴퓨터 정보 시스템의 활용 체제, 활용 수준<br>☐ EA전개방식과 수준<br>☐ 경영정보시스템, 데이터베이스 구축, 네트워크화,<br>집중정보관리, 자동화, 로보트<br>☐ 필요한 자료를 필요한 때에 받을 수 있는가?<br>☐ 비밀유지 |

&lt;D. J. Park, 1993, 2007&gt;

<도표 4.19>에서 제시한 능력분석을 위한 참고 프로필은 기업 능력을 진단하고자 할 때, 일반적으로 활용될 수 있는 참고표입니다.

이와 같은 참고 프로필의 참고항목들은 경영관리자가 스스로 우리 기업의 역량을 점검하고자 할 때, 발상을 촉진하고 우리의 역량들에 대한 검토를 폭넓게 전개할 수 있도록 제시한 것입니다.

그러나 필요에 따라서는 <도표 4.19>와 같은 체크리스트를 대폭 축약한 형태로 재구성하여 사용할 수도 있습니다. 예를 들면 <도표 4.19>에서는 생략되었지만, 기술집약적 산업이나 기업에서는 기술항목을 대폭 확장하여 기술중심의 역량을 점검할 수 있도록 합니다. 이와 마찬가지로 용역서비스 중심의 조직에서는 서비스 역량을 중심으로 재구성할 필요가 있습니다.

<도표 4.20> 강점연관도의 예시

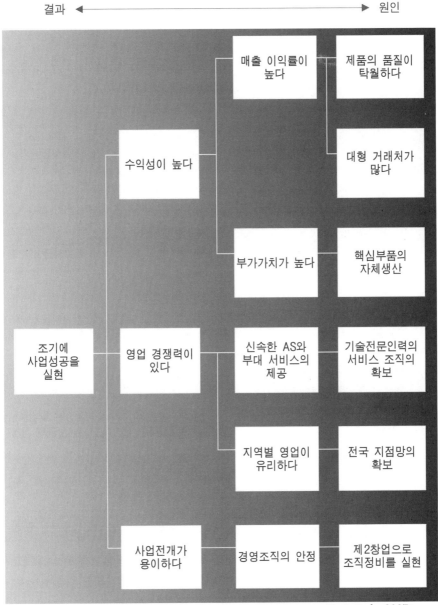

결과 ◀————————————————▶ 원인

- 조기에 사업성공을 실현
  - 수익성이 높다
    - 매출 이익률이 높다
      - 제품의 품질이 탁월하다
      - 대형 거래처가 많다
    - 부가가치가 높다
      - 핵심부품의 자체생산
  - 영업 경쟁력이 있다
    - 신속한 AS와 부대 서비스의 제공
      - 기술전문인력의 서비스 조직의 확보
    - 지역별 영업이 유리하다
      - 전국 지점망의 확보
  - 사업전개가 용이하다
    - 경영조직의 안정
      - 제2창업으로 조직정비를 실현

<D. J. Park, 2007>

## <도표 4.21> 약점연관도의 예시

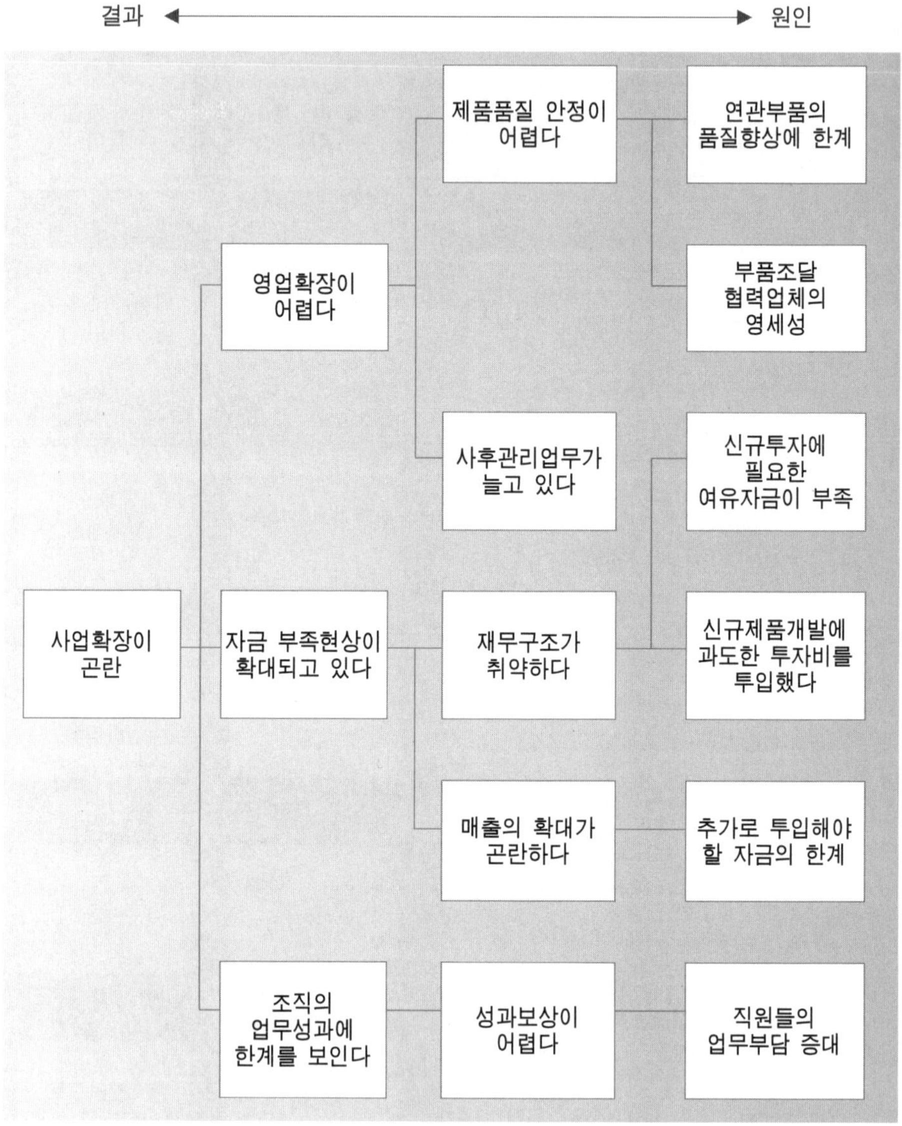

간이
작업

결과 ◄──────────────────────────► 원인

| | | 제품품질 안정이 어렵다 | 연관부품의 품질향상에 한계 |
| 사업확장이 곤란 | 영업확장이 어렵다 | | 부품조달 협력업체의 영세성 |
| | | 사후관리업무가 늘고 있다 | 신규투자에 필요한 여유자금이 부족 |
| | 자금 부족현상이 확대되고 있다 | 재무구조가 취약하다 | 신규제품개발에 과도한 투자비를 투입했다 |
| | | 매출의 확대가 곤란하다 | 추가로 투입해야 할 자금의 한계 |
| | 조직의 업무성과에 한계를 보인다 | 성과보상이 어렵다 | 직원들의 업무부담 증대 |

<D. J. Park, 1997>

<도표 4.22> 주요 능력 (INF) 연관도의 예시

결과 ◄────────────────────────────► 원인

| | | |
|---|---|---|
| 제품전개/<br>사업전개 가능 | 제품 전개가<br>용이 | 안정적 조직 확보 |
| 거래처 고객만족<br>충족 | 신속한 물류와<br>납기가능 | 수도권 입지 |
| 대단위/대규모<br>사업전개가능 | 공동대응 가능 | 협력업체 확보 |
| 특수 용도품<br>개발제작공급<br>가능 | 신제품 개발과<br>제작이 가능 | 설계 제작설비<br>능력 |
| 생산확대 가능 | 설비가동율을<br>높일 수 있다 | 설비 가동률 65% |
| 신용도/신제품<br>개발 | 신수요제품 개발<br>대응 | 제품 디자이너<br>확보 |
| 부가가치 제고 | 품질제고<br>불량절감 | 생산관리체제 확립 |

사업확대와
수익제고가
가능

<D. J. Park, 2007>

INF: Internal Neutral Factors

능력분석에 있어서 강점인지 약점인지 명확하게 분류가 되지는 않지만
우리조직의 주요한 능력요인으로 취급해야 할 요인들을 말함

　<도표 4.22>는 우리의 능력에 관련한 연관도를 작성할 경우에
도 강점과 약점인지는 불분명하지만, 우리의 사업전개를 위하여
필수적인 역량과 중요한 능력과 관련된 연관도로 「주요 능력(INF)
연관도」의 작성예시입니다.

이와 같은 작업이 완료되면, <도표 4.31> (p. 257) 뉴스와트 과제분석 매트릭스를 완성하여 전략적 과제의 전모를 파악합니다. 경영관리자가 이상의 연관관계를 파악하는 작업을 전개할 때, 명확하게 환경 또는 능력에 대한 연관성의 이해가 어려울 경우, 다음 <도표 4.23>에서 보는 바와 같은 환경대응성 진단도표를 활용할 수 있습니다.

<도표 4.23> 환경 대응성 진단도표

| 대응해야 할 연관요소 진단항목 | 주요 환경진단 | | 전략 | 업무 프로세스의 전개 | | | | | 전체/부문 |
|---|---|---|---|---|---|---|---|---|---|
| | 주요 환경이슈 | 신조류 | 생존/성장 경쟁/혁신 | 조달 | 운영/생산 | 출하 | 제품/서비스 및 영업 | 자원/조직 네트워크 | 기업(사업) 행동전개 |
| 1. 정치 | | | | | | | | | |
| 2. 경제 | | | | | | | | | |
| 3. 사회문화 | | | | | | | | | |
| 4. 산업구조 | | | | | | | | | |
| 5. 기술 | | | | | | | | | |
| 6. 자원 | | | | | | | | | |
| 7. 인구 | | | | | | | | | |
| 8. 자원 | | | | | | | | | |
| 9. 환경 | | | | | | | | | |
| 10. 법규 | | | | | | | | | |

(D. J. Park, 2006)

<도표 4.24>는 환경의 요인들이 우리의 업무 프로세스와 어떻게 영향을 미치고 있는가를 파악하는데 참고하는 도표입니다.

이와 마찬가지로 능력의 요인들과 연관된 내용을 파악하기 위

하여 <도표 4.25>의 능력대응성 진단도표를 활용할 수 있습니다.

이상의 현상진단에서 수행하는 작업 및 관련도표는 <도표 4.26>와 같습니다.

이와 같은 작업이 완료되면, 경영관리자는 우리가 당면하고 있는 상황의 실제에 대하여 개략적인 판단을 내릴 수 있게 되고 전략적 과제들이 어떠한 것들인지에 대하여 윤곽을 잡을 수 있게 됩니다.

<도표 4.24> 능력 대응성 진단도표

| 대응해야 할 연관요소 / 진단항목 | 주요 능력진단 | | 전략 | 업무 프로세스의 전개 | | | | | 전체/부문 |
|---|---|---|---|---|---|---|---|---|---|
| | 주요 환경이슈 | 신조류 | 생존/성장 경쟁/혁신 | 조달 | 운영/생산 | 출하 | 제품/서비스 | 자원/조직 네트워크 | 기업(사업) 행동전개 |
| 1. 재무능력 | | | | | | | | | |
| 2. 인적자원 | | | | | | | | | |
| 3. 물적자원 | | | | | | | | | |
| 4. 경영능력 | | | | | | | | | |
| 5. 기술/정보 | | | | | | | | | |
| 6. 시스템 | | | | | | | | | |
| 7. 협력사 | | | | | | | | | |
| 8. 시장대응 | | | | | | | | | |
| 9. 위기대응 | | | | | | | | | |
| 10. 법규대응 | | | | | | | | | |

(D. J. Park, 2006)

이상의 작업에서 필요하다면, 언제든 바로 과제해결의 단계로 작업을 전개할 수 있습니다.  그러나 이와 같은 작업만으로 전략적 과제들이 명확히 판별되지 못할 경우, New SWOT 분석을 위한 후속적인 작업을 전개하여 전략적 과제를 확인할 필요가 있습니다.

<도표 4.25> 당면현상의 분석에서 도출되는 진단분석차트

| 구분 | 변화추세 | 진단분석차트 |
|---|---|---|
| 환경진단<br>분석차트 | 환경요인진단 | ● 전반적인 외부환경요인 <도표 4.15><br>● 기회연관도 <도표 4.16><br>● 주요환경추세연관도 <도표 4.18><br>● 위협연관도<도표 4.17> |
| | 환경대응성 진단 | ● 환경 대응성 진단도표 <도표 4.23> |
| 내부능력<br>진단<br>분석차트 | 기업능력진단 | ● 기업능력의 분석/평가 <도표 4.19><br>● 강점연관도 <도표 4.20><br>● 주요 능력 연관도 <도표 4.22><br>● 약점연관도 <도표 4.21> |
| | 능력대응성 진단 | ● 능력 대응성 진단도표 <도표 4.24> |

(D. J. Park 2007)

 ■ **현상의 전체상을 조망한다**

우리가 대응해야 할 전략적 과제들이 무엇인가를 확인하려면, 우리가 당면하고 있는 현상에 대하여 그 과제를 둘러싸고 있는 당면현상에 대하여 점검을 해야 합니다.

제3장에서도 살펴본 바와 같이 당면하고 있는 현상과 그에 관련된 과제를 다음 <도표 4.26>과 같이 세 가지로 나누어 판별합니다.

도표에서는 당면하고 있는 현상에 대하여 우선 당면하고 있는 현상에 대응하는 것이 아니라, ①주요 핵심현상과 ②그 현상들이 유발되고 있는 원인이나 상황의 유발조건, 그리고 ③연관현상이나 파생적 현상으로 구분하고 그에 입각하여, ④전반적으로 대응해야 할 주요해결과제를 선정하고 ⑤긴급하게 조치해야 할 과제를 나누고 있습니다.

이와 같이 경영관리자가 대응하여야 할 당면과제나 현상에 대하여 5가지의 손가락으로 구분하여 전개함으로써 무엇에 대하여 대응해야 할 것인지에 대한 판별력이 높아집니다.

따라서 경영관리자는 문제가 생기거나 대응해야 할 당면현상을 바라볼 때에는 이와 같이 왼손의 다섯 손가락을 하나씩 펴가면서 ①무엇이 핵심인가? ②원인 또는 상황의 조건은 무엇인가? ③연관현상은 무엇인가? ④전반적 해결과제는 무엇인가? 그리고 마지막으로 ⑤우선적으로 해야 할 것이 무엇인가를 습관적으로 생각할 수 있도록 합니다.

<도표 4.26> 당면현상의 전체상을 파악하여 과제를 선정한다

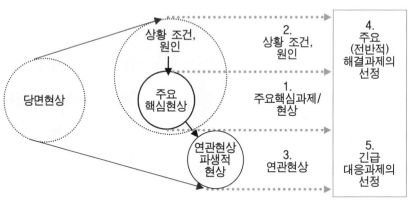

(D. J. Park, 2007)

## ■ 전략적 과제 진단작업의 전개

전략적 과제 진단작업을 체계적으로 수행하고자 할 때, 그 절차를 실무 작업도표를 중심으로 살펴보면 <도표 4.27>에서 보는 바와 같습니다. 이 작업은 당면과제의 난이도와 경영관리자의 지휘능력, 그리고 조직구성원들의 작업숙련도에 따라 약 1주일에서 1개월 정도가 소요됩니다. 물론 그 기간은 작업에 참여하는 사람들의 노력과 열정, 그리고 작업의 품질에 따라 달라질 수 있습니다.

경영관리자가 이 책자를 통하여 과업을 전개하고자 할 경우, 만약 시급히 상황을 인식하여 대응할 필요가 있다면, 우선 간이작업을 중심으로 <도표 4.27>의 상단에 표기된 작업을 수행합니다.

이와 같은 작업을 수행하는 과정에서, 모든 작업을 마치기 전에 주요하고 시급한 전략적 과제들이 부분적으로라도 파악되면, 실무추진팀을 편성하여 우선적으로 파악된 과제들에 대한 검토와 대안모색을 지휘합니다.

그와 같은 전략적 과제들에 대한 대응방안 전개에 관한 절차는 제5장에서 살펴보겠습니다. 그러나 기존의 과제진단작업을 중도에 포기하지 말고 일단 착수한 진단의 작업은 계속 지휘하여, 현재 시점에서 추가적으로 실시하거나 대응해야 할 것이 있는지에 대하여 전반적으로 파악할 수 있도록 하는 것이 중요합니다.

그것은 전략적 과제가 등장하였다고 해서 경영관리자가 그에 대하여 서둘러 대응하는 것이 반드시 바람직한 것이라고 할 수는 없기 때문입니다.

### ■ 완급을 조절한다

조직의 일상에서 전략적 과제들에 대한 경영관리자들의 전형적인 태도를 보면 우선 급하게 대응해야 한다는 의식이 지배적으로 자리하고 있습니다.

중요한 것과 긴요한 것, 또는 긴박한 것에 대한 동일시 현상이 작용하고 있기 때문입니다. 그러나 이와 같은 현상에서도 무엇이 중요하고 무엇이 긴요한 것인지에 대하여 급박한 상황에서 질문을 해보면, 명쾌한 대답이 신속하게 나오질 못합니다.

<도표 4.27> 전략적 중점과제 진단작업의 절차

---

**간이형 작업의 전개 (신속하게 작업을 전개하고자 할 경우)**

1. 전략적 과제파악 기초작업
   - 뉴스와트 과제분석 <도표 4.30>

2. 문제현상의 파악작업
   - ■ **뉴스와트 당면(문제) 현상진단 매트릭스** <도표 4.32>
   - 당면(문제) 현상분석 차트  <도표 4.33>
   - 당면(문제) 현상진단 차트(1)  <도표 4.34>
   - 당면(문제) 현상분류표 <도표 4.37>
   - 당면(문제) 현상연관도 <도표 4.39>

3. 원인-상황 조건현상진단 작업
   - 원인-상황 조건현상 진단실무 차트 <도표 4.40>

4. 연관현상 진단작업
   - 연관현상-파생적 현상진단실무 차트  <도표 4.43>

5. 전략적 중점과제 확인 작업
   - 전략적 중점과제 확인차트 <도표 4.46>
   - ■ **전략적 중점과제 진단실무 차트(1)** <도표 4.50>
   - 전략적 중점과제선정 차트 <도표 4.53>
   - 중점과제 우선순위 차트 <도표 4.58>
   - 중점과제구분 차트 <도표 4.62>

**정밀 작업/고급작업의 전개 (세밀하게 상황을 파악하고자 할 경우)**

1. 문제현상의 파악작업
   - 당면(문제) 현상진단 차트(2) <도표 4.35>
   - 대응모드별 (문제) 핵심현상분석 도표 <도표 4.36>

2. 원인-상황 조건현상진단 작업
   - 대응모드별 원인-상황 조건 현상분석 도표 <도표 4.42>

3. 연관현상 진단작업
   - 대응모드별 연관현상-파생적 현상분석 도표 <도표 4.45>

4. 전략적 중점과제 확인 작업
   - 전략적 중점과제(SI) 현상진단 차트 <도표 4.29, 4.47, 4.54~57>
   - 전략적 중점과제 영향관계의 구조분석진단 <도표 4.48, 4.49>
   - 전략적 중점과제 진단실무 차트(2) <도표 4.51>
   - 전략적 중점과제 고급진단 차트 <도표 4.52>

---

(D. J. Park, 2007)

때로는 개인적인 편차가 작용하기는 하지만, 조급하게 대응하려고 하는 조급성이 오히려 상황을 그르치게 하는 현상도 목격됩니다.

따라서 전략적 과제진단의 경우, 경영관리자가 주의해야 할 행동원칙으로 완급의 조절에 관한 기준을 설정할 필요가 있습니다. 만약 서둘러 대응하는 것이 올바른 것이라면, 서둘러 대응하는 것이 당연한 일입니다. 그러나 서둘러 대응하더라도 그 대응의 내용이 바람직하지 못한 것이라면, 그 대응의 성과는 부적절하고 미흡한 수준의 성과에 그치게 됩니다.

이와는 반대로 좀더 시간적 여유를 가지고 치밀하게 대응하는 것이 너무 성급하게 대응하는 것보다 바람직할 경우라면, 당연히 서서히 그리고 치밀하게 대응해야 할 것입니다.

전략적 과제진단의 경우에도, 서둘러 대응해야 할 것과 치밀하고 시간적 여유를 두면서 대응해야 할 것을 구분하여 파악할 필요가 있습니다.

만약 과제진단 작업을 수행하는 과정 중에 시급히 대응해야 할 과제들이 파악되었다면, 그것을 수행함과 동시에 과제진단 작업을 계속 지휘함으로써 대응이 필요한 추가적인 전략적 과제들을 파악할 수 있다면, 그 역시 중대한 소득이 아닐 수 없습니다.

따라서 과제진단 작업을 수행할 때에도 처음부터 긴요하게 대응해야 할 과제들만 먼저 추려내는 작업을 수행하는 팀과 약간의 시간적 여유를 두면서 대응해야 하는 전략적 과제들을 파악하는 팀을 구분하여 작업을 실시하거나, 또는 동일한 작업팀 내에서 작업을 긴급한 전략과제와 긴급하지 않은 전략적 과제를 구분하여 두 가지의 작업을 전개하도록 하는 것도 성과를 높이기 위한 방법이라고 할 것입니다.

　이 책에서는 다양한 형태의 작업도표를 중심으로 실무적 작업안내에 충실히 하기 위하여, 여러 가지의 설명과 작업내용을 안내하고 있습니다. 그러나 이 책자를 이용하여 이러한 작업을 처음수행하는 경우라면, 작업을 세분화하여 안내하고 있기 때문에 오히려 절차가 복잡해보이고, 방법이 어렵게 느껴질 수도 있습니다.

　그러나 실제로 여기에서 소개하고 있는 도표를 중심으로 전개하는 기법들은 그렇게 고도의 복잡한 기법이 아니며, 실무적 용도로 개발한 기법과 도표들이므로, 한두 번 반복적으로 작업을 하다보면, 작업에 익숙해지는 것을 체득할 수 있습니다.

　따라서 편한 마음으로 간이작업을 중심으로 시험적으로 해본다는 생각으로 전개합니다. 또한 전략적 과제의 완벽한 진단을하려고 하기 보다는 진단기법의 실습에 목적을 두고 연습을 해본다는 마음으로 특정한 사업을 중심으로 작업을 전개해보겠다는시도로 착수해보는 것이 좋습니다.

　그러나 경영관리자가 신속히 작업을 전개하고자 할 경우에는거두절미하고 <도표 4.50> 전략적 과제 진단실무 차트작성 작업을 우선 지휘하여 수행하고, 필요에 따라 선별적으로 추가작업을전개하며, 대응조치를 신속히 모색합니다.

### ■ 문제현상 및 원인진단

　이러한 작업의 전모를 이해하고 일목요연하게 정리해볼 수 있도록 하기 위하여 <도표 4.28~29> (p. 253) SI 진단차트를 활용합니다. 이 작업은 기업의 전략적 중점과제들에 대한 시각적 판별과 대응방안의 윤곽을 입체적으로 파악하기 위하여 전개하는작업입니다.

　경영관리자와 실무자들이 이와 같은 종합적인 윤곽을 파악하기 위하여, 대안을 모색하고자 할 때에는 좀더 간편한 <도표4.50> (p. 302), <도표 4.53> (p. 305)을 활용하여 작업을 수행합니다.

## ■ 현상파악시의 주의사항

예를 들어서, 매출이 저조하다는 현상이 파악되어 이 현상을 주목하기로 하였다고 생각해봅시다. 매출이 저조하다면, 일단 현재의 수준이 얼마나 저조한가를 파악하게 될 것입니다. 이와 같은 경우에는 흔히 문제분석이라고 하는 방법이나 또는 차이(Gap) 분석의 기법을 활용할 수 있을 것입니다. 즉, 바람직한 매출목표 수준에서 20% 미달하고 있다는 식의 관점입니다. 그렇다면 20%의 매출증가를 목표로 설정할 수 있을 것입니다.

이와 같은 방법을 전개할 때에는 바람직한 상태, 또는 정상(正常) 상태에 대한 인식이 필요하게 됩니다. 앞에서 당위관점에서 설명된 바와 같이 '무엇이 기준에서 벗어나 있는가? 또는 무엇이 정상상태에서 이탈되었는가?'와 같은 격차를 발견해낼 수 있는 안목이 필요하게 됩니다.

이와 같은 문제의식을 정상(正常)을 인식할 수 있는 정상의식(正常意識)이라고 할 수 있습니다. 정상의식은 기준을 중심으로, 또는 정상상태를 중심으로 현상을 바라보는 관점입니다. 그러나 단순히 정상의식 만에 의존하기에는 다소 미흡한 점이 있습니다. 그것은 정상의식이 무엇에 근거하고 있는가에 따라 판단이 달라지기 때문입니다.

이와 같은 관점에서 판단하게 될 경우, 당초 설정된 목표가 옳은 것이었는지? 아니면, 그것이 과도한 목표였는지에 대한 점검은 되지 않습니다. 따라서 기존의 차이(Gap) 분석방법을 보완할 필요가 있습니다.

즉, Gap 분석작업을 착수하기 이전에 먼저, 제3장에서 살펴본 바와 같이 당위성의 점검을 통하여 목표설정의 합당성 여부의 점검을 병행합니다. 때로는 목표는 합당한데, 실천과정에서 효율성이 떨어졌기 때문에 매출이 저조하게 되었다는 판단이 나올 수도 있습니다. 이와 같은 경우에는 효율성을 높이는 대안을 세워야 할 것입니다. 즉, 문제와 원인의 진단을 어떻게 할 것인가에 따라, 그 대안 또한 제대로 설정될 수 있는 것입니다.

### ■ 원인규명

현상의 파악에서는 우리의 현재의 수준과 그 이유, 목표수준을 다각적으로 전개할 필요가 있습니다.

따라서, 환경적 요소에 의한 것인지, 또는 우리 내부적인 이유에 의한 것인지, 또는 환경이나 내부적 이유가 동시에 작용하였기 때문에 그런 것인지를 우선 살펴보아야 하는 것입니다. 이러한 작업을 원인규명작업이라고 합니다. 이를 <도표 4.28, 29>에서 (A)란에 기입합니다.

원인규명작업과 더불어 문제현상을 결정하게 되는 상황 조건이 있는지를 수행합니다. 이어서, 구체적으로 파악된 조건이 외부적(환경적) 조건이었는지, 아니면 내부적 조건이었는지를 나누어 분석합니다. 만약 조건 때문에 발생한 문제라면, 조건을 어떻게 충족할 것인지, 아니면 어떻게 대응할 것인지에 대한 대안을 모색해야 하기 때문입니다.

예를 들어 매출이 저조한 이유 중의 하나가 제품이나 마케팅의 문제가 아니라 외부환경적 요인으로 국제환율과 유가가 작용하는 상황조건에 의한 것이라면, 우리의 현상은 환경의 주기적인 변동이나 우발적 변동에 쉽게 영향을 받게 되고, 심지어는 조건적 요인에 의하여 치명적인 타격을 입을 수도 있기 때문입니다.

또는 내부적 요인으로 경쟁사로의 핵심 인력유출과 정보기밀 유지의 실패와 같은 것이 등장할 수도 있습니다. 따라서 부차적인 원인으로 작용할 수 있는 것들도 이 조건검토 작업에서 감안

할 수 있습니다. 예를 들면, 조건부로 작용하는 요인들이나 또는
'만일 ~이 아니었더라면, 현재의 문제현상이 생기지 않았을 텐
데…'에 해당하는 요소들을 정리합니다.[23]  이를 도표의 (B)에 해
당하는 난에 기입합니다.

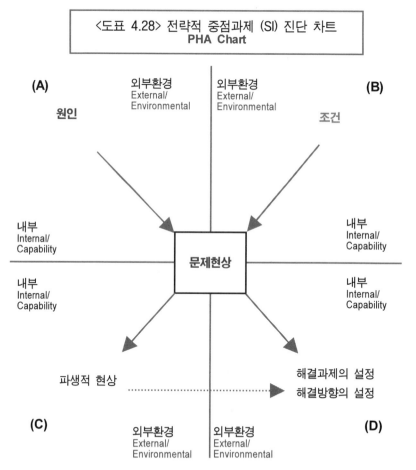

<도표 4.28> 전략적 중점과제 (SI) 진단 차트
PHA Chart

(A)    외부환경        외부환경              (B)
       External/       External/
       Environmental   Environmental
원인                                   조건

내부                                       내부
Internal/                                  Internal/
Capability                                 Capability

            문제현상

내부                                       내부
Internal/                                  Internal/
Capability                                 Capability

파생적 현상                     해결과제의 설정
                               해결방향의 설정

(C)    외부환경        외부환경              (D)
       External/       External/
       Environmental   Environmental

(D. J. Park, P. H. Antoniou, 2002, 2007)

---

23) 논의의 편의상 원인(causalities)과 상황조건(conditions and constraints)을 하
   나로 묶어서 「원인-상황 조건」이라고 부르겠습니다.

<도표 4.29> SI 현상진단 차트

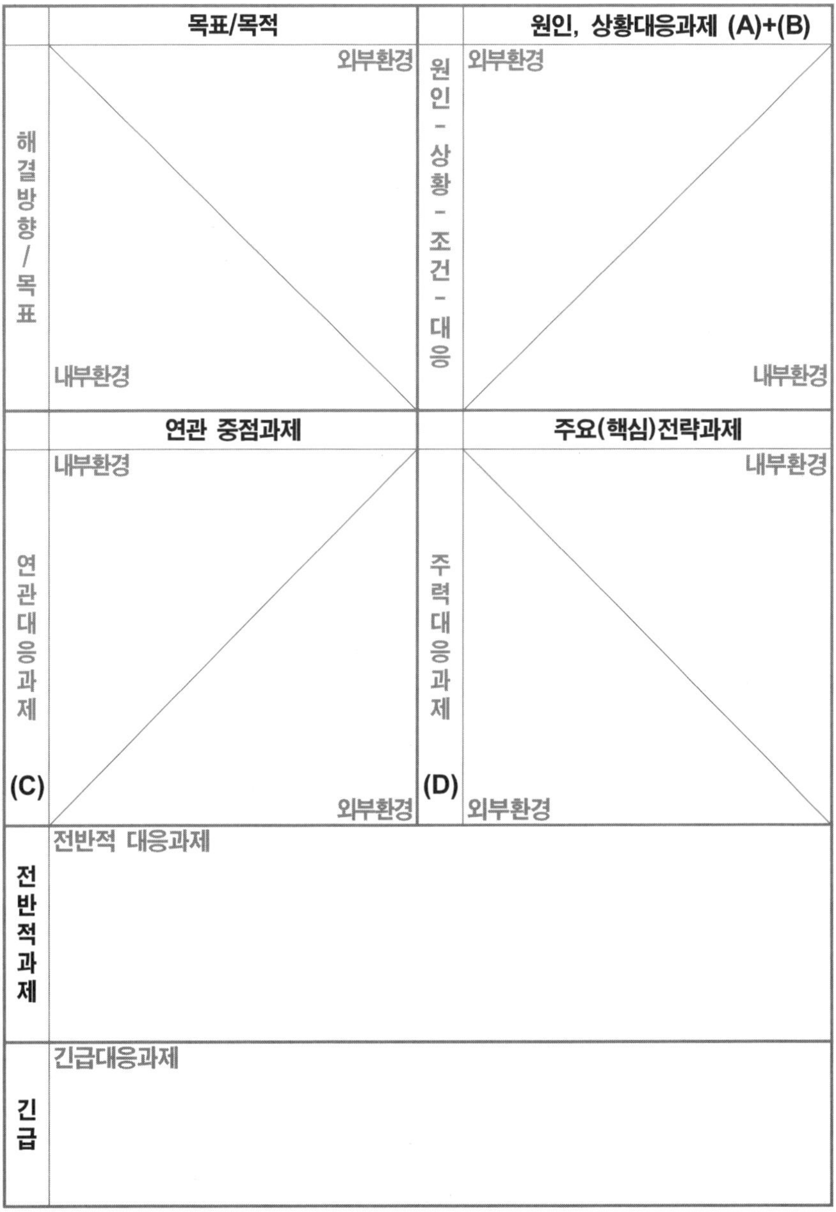

간이
작업

| 목표/목적 | | 원인, 상황대응과제 (A)+(B) | |
|---|---|---|---|
| 해결방향/목표 | 외부환경 <br><br><br><br><br> 내부환경 | 원인-상황-조건-대응 | 외부환경 <br><br><br><br><br> 내부환경 |
| 연관 중점과제 | | 주요(핵심)전략과제 | |
| 연관대응과제 <br><br>(C) | 내부환경 <br><br><br><br><br> 외부환경 | 주력대응과제 <br><br>(D) | 내부환경 <br><br><br><br><br> 외부환경 |
| 전반적과제 | 전반적 대응과제 | | |
| 긴급 | 긴급대응과제 | | |

(D. J. Park, 2007)

## ■ 관련현상의 정리

세 번째로는 현재의 현상과 관련 있는 관련현상 또는 파생적 현상을 정리합니다. 이러한 현상을 정리하는 이유는 현재 주목하고 있는 현상이 복합적인 현상일 경우, 더욱 필요하게 되는데, 예를 들어 매출의 저조현상이라면 그 현상에 따라 파생적으로 유발시키고 있는 현상을 정리합니다.

예를 들면, 돈이 잘 돌지 않는다거나, 영업 인센티브를 잘 줄수 없다거나와 같은 일들입니다. 경우에 따라서는 파생적 현상이 현재의 현상과 인과관계를 맺고 있는 경우도 있고, 때로는 각기 독립적 현상으로 파생되거나 관련될 수도 있습니다.

그러나 현실적으로 이런 작업을 전개할 때, 그러한 선후관계에 너무 민감하게 대할 필요는 없습니다. 이러한 작업을 하는 근본적인 이유는 원인의 완전한 규명이 아니라, 문제현상에 대하여 어떻게 하면 신속하고 효과적으로 대응할 것인가에 있기 때문입니다. 더욱이 가급적 빠르게 그리고 복잡하지 않게 조치하자는데 그 목적이 있습니다.

이어서 전반적인 대응이 필요한 현상과 긴급하게 대응해야 할 현상에서 필요한 전략적 과제를 파악합니다. 이와 같은 작업들의 내용을 정리하여 <도표 4.29> SI 현상진단 차트에 기입합니다. 이와 같이 전략적 과제를 입체적, 거시적으로 파악하는 이유는 상황이나 문제현상에 대하여, 국부적 또는 편향적으로 인식하여 현상의 전모를 이해하지 못하는 일을 예비하기 위한 것입니다.

그러나 SI 진단 작업에 익숙하지 않은 경우, 또는 이 작업이 쉽지 않을 경우에는, 전략적 이슈들이나 문제현상을 먼저 파악하기 위하여 <도표 4.31>의 New SWOT (또는 SNWONT) 과제분석 매트릭스 작업을 수행합니다.

이제부터는 전략적 과제진단 작업을 전개하는 구체적 방법과 절차를 살펴보도록 하겠습니다.

## 4. 전략적 과제진단 작업의 세부적 절차

### ■ 뉴스와트 과제분석 매트릭스 작업을 예비작업으로 우선 수행

전략적 과제 진단작업에 익숙한 경우의 독자라면, 일단 앞에서 살펴본 바와 같은 현상의 분석과정을 통하여 일련의 문제와 해결해야 될 현상들이 점검된 후, 앞에서 예시한 <도표 4.30>의 SI 진단차트에 전략적 과제들을 구체화하여 정리함으로써 무엇을 수행해야 할 것인지에 대한 전체적인 윤곽과 거시적인 관점에서의 내용을 파악할 수 있습니다.

SI 진단차트에 기입할 때에는 주요한 문제점이나 과제들을 가급적이면 구체적으로 외부 환경적인 원인과, 내부적인 원인, 그리고 파생적 현상을 정리하여 기입합니다.

만약, 도표의 작성 작업에서 항목별로 정확한 분류가 되지 않을 경우에는, 분류에 너무 고민하여 시간을 낭비하지 말고, 나름대로 적당하다고 생각되는 위치에 배치합니다. 도표작성 작업에 익숙해질 때까지는 약간의 작성 작업에서의 시행착오도 등장할 수 있습니다.

### ■ 중립적 요인이 추가된 뉴스와트 매트릭스

뉴스와트 과제분석 매트릭스에서는 원인항목을 기업의 외부환경의 위협과 기회요인, 그리고 중립적 요인으로 나누었으며, 내부 기업능력과 역량도 강점과 약점 그리고 중립적 요인으로 나누었습니다.

외부환경에서 중립적 요인(N: ENF[24]))에는 우리의 사업과 관련하여 환경변화의 주요 추세나 고려해야할 변화현상에 대하여, 작

---

24) 2007년도부터는 환경과 능력에 대한 중립적 요인에 대하여 ENF: Environmental Neutral Factors, INF: Invironmental Neutral Factors 또는 CNF: Capability Neutral Factors로 구분하여 작업구분을 용이하게 하였습니다.

업과정 중에 그 현상이 기회요인이나 위협요인으로 명확하게 판별되지 않는 주요한 환경변화의 추세나 조짐을 기입합니다.

이와 마찬가지로 내부역량에 대한 중립적 요인(N: INF)에 대한 기입에서도, 우리가 보유하고 있는 능력요인 중에, 사업을 수행하는데 긴요한 역량이지만, 그것이 강점 또는 약점으로 명확히 분류되지 못하는 역량들을 기입합니다.

<도표 4.30> 뉴스와트 (New SWOT) 과제분석 매트릭스

| New SWOT 분석매트릭스 SNWONT 분석 | 1. 기회        O | 2. 중립적 요인 N(E) | 3. 위협        T |
|---|---|---|---|
| **4. 강점        S** | 기회:강점 | 중립요인:강점 | 위협:강점 |
|  | SO 중점과제 | SE 중점과제 | ST 중점과제 |
| **5. 중립적 역량 N(I)** | 기회:중립적 역량 | 중립요인:중립역량 | 위협:중립적 역량 |
|  | IO 중점과제 | IE 중점과제 | IT 중점과제 |
| **6. 약점        W** | 기회:약점 | 중립요인:약점 | 위협:약점 |
|  | WO 중점과제 | WE 중점과제 | WT 중점과제 |

I : Internal, E : External

(D. J. Park, 2003)

<도표 4.31> 뉴스와트 (New SWOT) 과제분석 매트릭스 작성사례

| New SWOT<br>분석매트릭스<br>목적: 업계 최고의 기업<br>목표: 1조 달성<br>기한: 4년내 | 1. 기회   O<br>①중국 시장의 식품수요 확대<br>②국내 시장의 고급식품 니즈 증대 | 2.중립적 요인 N<br>①중국의 경제성장<br>②여성의 사회활동의 증대<br>③청소년 교육환경 | 3. 위협   T<br>①트랜스지방 규제와 반감<br>②국내경쟁의 확대<br>③외국 대기업의 시장참여 (국내, 중국) |
|---|---|---|---|
| **4. 강점   S**<br>①국내 제품 브랜드의 확립<br>②품질인증<br>③핵심기술 특허확보 | 기회: 강점<br>ⓐ해외시장수요에 대한 시장대응능력의 정비<br>ⓑ시장전개를 위한 전략의 정비<br>ⓒ사업확장을 위한 자금의 부족 | 중립요인: 강점<br>ⓐ여성 및 청소년 식사대용 영양식의 개발 | 위협: 강점<br>ⓐ가공원료의 대체<br>ⓑ식품안전기준대응 |
| **5. 중립적 역량   N**<br>①기존 영업망의 확보<br>②외주하청업체 | 기회: 중립적 역량<br>ⓐ해외 영업망 확보과제<br>ⓑ외주수급능력확보/ (해외) 외주업체의 관리 | 중립요인: 중립역량<br>ⓐ신규물량의 확대를 위한 영업망의 개선<br>ⓑ외주하청업체의 추가확보 | 위협: 중립적 역량<br>ⓐ국내 영업망의 유지방어 및 확대<br>ⓑ하청업체의 유지관리 |
| **6. 약점   W**<br>①조직효율성이 낮다<br>②자금의 유동성 한계<br>③전문인력의 부족<br>④낮은 수익성<br>⑤조직력의 취약<br>⑥자동화설비의 제약<br>⑦경영관리체제의 미흡<br>⑧낮은 시장인지도(해외) | 기회: 약점<br>ⓐ해외수요증가에 대한 조직대응 능력<br>ⓑ자금의 확보<br>ⓒ수익성의 제고<br>ⓓ전문인력의 확보<br>ⓔ자동화설비투자<br>ⓕ경영관리개선<br>ⓖ해외홍보 | 중립요인: 약점<br>ⓐ신규물량확대를 위한 조직정비<br>ⓑ자금확보<br>ⓒ인력확충<br>ⓓ제도개선<br>ⓔ경영관리<br>ⓕ자동화설비,<br>ⓖ홍보과제 | 위협: 약점<br>ⓐ매출축소대비<br>ⓑ여유자금유지<br>ⓒ인력유출방지<br>ⓓ조직 활력 확보<br>ⓔ경영관리의 개선 |

(D. J. Park 2007)

이와 같이 강점(S)과 약점(W), 그리고 기회(O)와 위협(T)에 각기 중립적 요인(N, 즉 ENF와 INF)을 추가하였기 때문에 뉴스와트 매트릭스(New SWOT Matrix)라고 이름을 붙이고 머릿글자만 따서 스뉜트(SNWONT) 매트릭스라고도 합니다.

이와 같이 기회나 위협으로 구분되지 않는 주요한 환경의 요인들(ENF)이나 강점이나 약점으로 명확히 판별되지 않는 주요한 기업의 역량들(INF)을 추가함으로써 대응해야 할 환경의 내용을 좀더 명확히 판별할 수 있으며, 또한 그러한 환경에 대응할 수 있는 기업의 주요한 역량들을 반영함으로써 보다 충실한 대안들을 구성할 수 있게 됩니다.

물론 검토해야 할 항목들이 기존의 SWOT 매트릭스는 환경요인에서 기회와 위협의 두 가지와 강점과 약점의 두 가지의 곱의 형태인 4가지의 대안의 모색을 할 경우보다 두 배 이상의 대안모색의 노력과 시간이 들게 되는 단점은 있습니다.

그러나 이와 같은 작업을 통하여, 앞에서 살펴본 바와 같은 환경이나 능력에 대한 2분법적 분류에서 배제될 수 있는 주요한 환경요인과 능력요인을 반영함으로써 주요한 본원적인 대응전략을 모색할 수도 있을 뿐만 아니라, 환경분석이나 능력분석작업에서 간과될 수 있는 주요한 요인들을 반영함으로써 보다 충실한 전략대안들을 구성할 수 있습니다.  이것이 중립적 요인(N: ENF, INF)을 반영한 가장 주요한 이유입니다.

따라서 환경요인 중에 기회요인과 위협요인 이외에 고려해야 할 추가적인 (기회나 위협으로 분류되지 않는) 환경요인이 전혀 없다면, 중립적 요인(ENF)을 배재하여도 무방합니다.  이와 마찬가지로 기업의 능력요인을 검토할 경우에도, 강점과 약점의 요인들로만 구성되어 있다면, 능력요인에서 중립적 요인(INF)을 반영할 필요는 없습니다.

이와 같은 경우에는 기존의 SWOT 매트릭스를 사용하면 될 것입니다.  그러나, 만약에 환경이나 능력이 요인에서 그 어느 쪽이건 기회나 위협 또는 강점이나 약점 이외에 반영해야 할 요인들이 있다면, 그것은 반영하여 대안을 모색하는 것이 보다 바람직합니다.

따라서 여기에서 두 가지의 선택지가 가능합니다. 즉, 환경에서는 기회와 위협, 그리고 기회와 위협으로 달리 분류되지 않지만 반드시 고려해야 하는 주요한 요인들을 추가해야 할 경우와 생략할 경우, 그리고 능력에서도 이와 같은 2가지 경우가 성립됩니다.

## ■ 4가지 형태의 매트릭스가 가능하다

그렇다면, 우리는 다음과 같은 결합가능성에 의하여 4가지 형태의 분석도표를 설계하여 사용할 수 있습니다.

첫 번째로는 기존의 2×2 SWOT 매트릭스, 즉 (강점, 약점)×(기회, 위협)의 매트릭스를 사용할 수 있습니다.

두 번째로는 3×2 SNWOT 매트릭스, 즉 (강점, 미분류 주요 역량 N: INF, 약점)×(기회, 위협)의 매트릭스를 사용할 수 있습니다.

세 번째로는 2×3 SWONT 매트릭스, 즉 (강점, 약점)×(기회, 미분류 주요 환경요인 N: ENF, 위협)의 매트릭스를 사용할 수 있습니다.

그리고 마지막으로는 3×3 SNWONT 매트릭스, 즉 (강점, 미분류 주요 역량 N: INF, 약점)×(기회, 미분류 주요 환경요인 N: ENF, 위협)의 매트릭스를 사용할 수 있습니다.

이상의 매트릭스에 어떠한 것을 사용할 것인지는 사용하는 사람의 판단에 달려있습니다.

즉, 사용해야 할 상황에서 어떠한 능력으로 대응해야 할 과제를 어떻게 풀어야 할 것인가에 대한 사용자의 판단에 달려있다고 할 것입니다만, 가급적이면 미분류 주요 환경요인이나 미분류 주요 역량을 반드시 고려해볼 것을 권장합니다.

그것은 앞에서도 살펴본 바와 같이 이분법적 사고에 의존할 경우 반드시 고려해야 할 주요한 요인들이 어설프게 배제됨으로써, 현실적으로 아주 중요한 전략적 대안들이 간과될 수 있기 때문입니다.

### ■ 가장 포괄적인 뉴스와트 매트릭스

이상의 네 가지의 형태의 매트릭스 중에 어떠한 것을 사용하건 간에 가장 포괄적으로 사용할 수 있는 뉴스와트(SNWONT) 매트릭스를 통하여 논의를 전개해보겠습니다.

뉴스와트 매트릭스를 사용하면서, 만약에 사용할 필요가 없는 항목에 대하여는 작성을 하지 않으면 되기 때문에, 가장 폭넓게 활용할 수 있는 뉴스와트 매트릭스를 기본적인 매트릭스로 사용하도록 하겠습니다. SIS 프로그램의 전개에 있어서 작업단계에서 여러분께서는 그 어떠한 매트릭스의 형태를 사용하여도 무방합니다. 즉, 뉴스와트 매트릭스에서 필요가 없다면 어떠한 중립적 항목을 배제하여도 작업의 내용전개에는 무리가 없습니다. 단, 차이가 있다면, 해당 항목의 요인들이 추가 또는 배제에 따라 대안편성의 내용에서의 차이가 발생하는 것뿐입니다.

앞에서도 언급한 바와 같이, 이 뉴스와트 과제분석 매트릭스를 고안한 이유는 기존의 SWOT 분석기법의 약점을 보완하기 위한 것입니다. 단, 유의할 점은 앞에서도 살펴본 바와 같이, 기존의 SWOT 매트릭스와는 다르게, 그 기입하는 내용이 다릅니다.

### ■ 뉴스와트 매트릭스를 과제분석과 대안수립으로 나누어 작업한다

기존의 SWOT매트릭스에서는 한 장의 매트릭스로 요약하여 SWOT매트릭스에서는 오른 쪽 하단의 4개의 영역에 행동대안을 기입하지만, 뉴스와트 (SNWONT) 과제분석 매트릭스에서는 해결되어야 하는 과제를 중심으로 기입합니다.

## 〈도표 4.32〉 뉴스와트 당면(문제) 현상진단 매트릭스

| New SWOT<br>현상진단 매트릭스<br>목적: 업계최고의 기업<br>목표: 1조원 달성<br>기한: 4년내 | 1. 기회　　　O<br>①중국 시장의 식품수요<br>　확대<br>②국내 시장의 고급식품<br>　니즈 증대 | 2.중립적 요인 N<br>①중국의 경제성장<br>②여성의 사회활동의 증대<br>③청소년 교육환경 | 3. 위협　　　T<br>①트랜스지방 규제와 반감<br>②국내경쟁의 확대<br>③외국 대기업의 시장참여<br>　(국내, 중국) |
|---|---|---|---|
| **4. 강점　　　S**<br>①국내 제품 브랜드의 확<br>　립<br>②품질인증<br>③핵심기술 특허확보 | **기회: 강점**<br>ⓐ해외시장수요에 대한<br>　시장대응능력의 정비<br>ⓑ시장전개를 위한<br>　전략의 정비<br>ⓒ사업확장을 위한<br>　자금의 부족 | **중립요인: 강점**<br>ⓐ여성 및 청소년<br>　식사대용 영양식의<br>　개발 | **위협: 강점**<br>ⓐ가공원료의 대체<br>ⓑ식품안전기준대응 |
| | **문제현상:**<br>①투자여력의 한계<br>②조직력 취약<br>③전략역량 | **문제현상:**<br>①신사업전략부재<br>②사업추진력의 부족 | **문제현상:**<br>①신소재대체대응전략부재<br>②전략경영 부재 |
| **5. 중립적 역량　N**<br>①기존 영업망의 확보<br>②외주하청업체 | **기회: 중립적 역량**<br>ⓐ해외 영업망 확보과제<br>ⓑ외주수급능력확보/<br>　(해외) 외주업체의<br>　관리 | **중립요인: 중립역량**<br>ⓐ신규물량의 확대를 위한<br>　영업망의 개선<br>ⓑ외주하청업체의<br>　추가확보 | **위협: 중립적 역량**<br>ⓐ국내 영업망의 유지방어<br>　및 확대<br>ⓑ하청업체의 유지관리 |
| | **문제현상:**<br>①인력부족<br>②경영관리체제 미흡 | **문제현상:**<br>①대외교섭력의 한계 | **문제현상:**<br>①영업력 확대 곤란 |
| **6. 약점　　　W**<br>①조직효율성이 낮다<br>②자금의 유동성 한계<br>③전문인력의 부족<br>④낮은 수익성<br>⑤조직력의 취약<br>⑥자동화설비의 제약<br>⑦경영관리체제의 미흡<br>⑧낮은 시장인지도(해외) | **기회: 약점**<br>ⓐ해외수요증가에 대한<br>　조직대응 능력<br>ⓑ자금의 확보<br>ⓒ수익성의 제고<br>ⓓ전문인력의 확보<br>ⓔ자동화설비투자<br>ⓕ경영관리개선<br>ⓖ해외홍보 | **중립요인: 약점**<br>ⓐ신규물량확대를 위한<br>　조직정비<br>ⓑ자금확보<br>ⓒ인력확충<br>ⓓ제도개선<br>ⓔ경영관리<br>ⓕ자동화설비,<br>ⓖ홍보과제 | **위협: 약점**<br>ⓐ매출축소대비<br>ⓑ여유자금유지<br>ⓒ인력유출방지<br>ⓓ조직 활력 확보<br>ⓔ경영관리의 개선 |
| | **문제현상:**<br>①경영관리의 한계<br>②인력부족<br>③전략의 부재 | **문제현상:**<br>①투자여력의 한계<br>②조직력 취약<br>③대응전략의 부재 | **문제현상:**<br>①현금부족<br>②신소재기술전략 미비<br>③대응전략의 부재 |

(D. J. Park 2007)

<도표 4.32>는 <도표 4.31>의 기본 도표를 이용하여 가상의 사례기업에서 편성한 뉴스와트 과제분석을 통하여 파악한 전략적 중점과제들과 문제현상을 추가하여 결합한 종합도표입니다.

실천을 위한 행동대안의 내용은 다음 장에서 다루는 전략적 과제해결 작업 <도표 5.8> 뉴스와트 행동대안작성 매트릭스를 통하여 새로 작업을 수행합니다.

이와 같이 매트릭스를 두 가지로 나누어 작업하는 근본적인 이유는 SIS 프로그램 운영의 제1원칙에 따라 문제의 인식과 대응의 과정을 분리하여 전개하도록 하였기 때문입니다.

이와 같이 구분하여 전개함으로써, 환경이 제시하고 있는 상황이나 앞으로 전개될 상황 속에서 부각될 과제들과 예견되는 현상들을 정리하고 그 대안의 모색을 효과적으로 전개할 수 있습니다.

이 작업을 수행하는 과정에서 경영관리자는 다음과 같은 점에 유의하도록 합니다.

1. 만약, 당면현상이나 전략적 과제의 인식에 대한 진단 작업을 수행하지 않아도 될 경우에는 <도표 5.8> 뉴스와트 행동대안작성 매트릭스 작업부터 수행합니다.

   즉, 다음과 같은 상황에서는 이 작업을 수행하지 않고, 후속 작업을 전개합니다.

---

**전략적 과제 분석 매트릭스를 작업을 생략할 수 있는 경우**

① 현재 수행해야 할 전략적 이슈나 과제들이 명확하게 인지되어 있을 경우

② 전반적인 대응이 아니라 국부적으로 시급히 특정 현안에 대하여 전략적 대응방안을 모색하고자 할 때

③ 이전에 이미 과제분석 매트릭스 진단작업을 통하여 수행해야 할 과제들이 명확하게 파악되어 있고 그동안 환경이나 조직내부에 특별한 변화가 없을 경우

그러나 이와 같은 경우에도, 작업의 전개와 더불어 전략적 과제들의 재점검이 필요한 상황에는 이 작업을 병행전개하도록 유의합니다.

2. 이 과제설정 작업에서 해결대안을 모색하는 것이 아니라는 점에서 해결가능성이나 실행상의 어려운 점들과 같은 점들은 고려하지 않습니다. 즉, 완전히 제로베이스에서 「해야 할 과제들」을 뽑아냅니다.

3. 현업부서나 현재 추진하고 있는 사업의 내용에 국한하지 않고, 전부서, 전 사업으로 확대하여 발상의 범위를 확대합니다.

4. 기존의 시장이나 산업에 제한하지 않고, 새로운 형태의 산업과 시장의 출현이나 기존의 시장이나 산업의 변화를 고려하여, 동태적 시장 및 산업접근의 시각을 반영합니다.

5. 현재의 기술요소의 융합, 발전을 감안하여 광범위한 적용에 대하여 고려합니다.

6. 소비자지능의 진화를 감안하여, 시장대응행태와 기업행동의 변화요소에 대하여 주목합니다.

7. 기업구조와 경영 시스템의 기존형태에 제약받지 않고, 새로운 형태의 대응이 요구될 경우, 그에 대응할 수 있는 관점에서 과제를 설정합니다.

SIS 대안수립 프로세스의 출발점으로서의 과제의 점검이 완료되면, 이제부터는 전략적 이슈를 구체화하는 SI 프로세스를 수행합니다. SI 프로세스는 앞에서도 살펴본 바와 같이 5단계로 전개됩니다.

우선 우리 조직이 당면하고 있는 전략적 과제들에 대하여 현상을 진단하고 전략적 과제들의 원인과 조건, 핵심현상과 과제, 파생적 현상, 전반적 대응이 필요한 과제, 그리고 긴급대응 과제를 구조적으로 분석합니다.

**SI 진단 프로세스**

1. 현상진단 (환경/능력 분석)
2. 현상진단 원인규명
3. 원인, 조건 및 제약요인규명
4. 문제의 핵심 파악
5. 파생적 현상파악
6. 전반적 현상파악
7. 긴급현상 파악
8. 전략적 과제 정의

# 제1단계 : 현상진단 – 원인규명

---

### 당면현상/문제현상 진단작업을 위한 활용도표

- 뉴스와트 당면(문제) 현상진단 매트릭스 〈도표 4.32〉
- 당면현상의 파악 〈도표 3.28〉
- 당면(문제) 현상 분석 차트 〈도표 4.33〉
- 당면(문제) 현상진단 차트(1) 〈도표 4.34〉
- 당면(문제) 현상진단 차트(2) 〈도표 4.35〉
- 대응모드별 (문제) 핵심현상 분석 도표 〈도표 4.36〉
- 당면(문제) 현상분류표 〈도표 4.38〉
- 당면(문제) 현상연관도 〈도표 4.39〉

---

현상진단작업에서는 당면하고 있는 문제현상이나 당면현상의 파악과 관련된 현상 및 원인규명을 내리는 작업을 수행합니다. 우선 현상과 그 원인을 파악하는 작업을 제1단계로 살펴보도록 하겠습니다.

〈도표 4.34〉의 작업은 당면하고 있는 문제 또는 현상에 대하여 그 내용을 구조적으로 파악하기 위하여 가장 간략한 형태로 작성하는 작업입니다.

제4장의 서두에 인용했던 간이 사례들은 모두 이 도표에 의한 간이작업에 의한 진단사례입니다. 경우에 따라서는 이 작업만으로도 중요한 환경대응의 전략적 해결의 단서를 발견해낼 수도 있으며, 가장 간략한 형태로 중요한 과제를 판별해낼 수도 있습니다.

<도표 4.33> 당면(문제) 현상 분석 차트

| 구분 | 당면(문제) 현상 | 당면(문제)현상의 과제 |
|---|---|---|
| 원인/상황<br>조건 | | |
| 핵심 | | |
| 연관/파생<br>현상 | | |
| 전반적<br>대응을<br>요하는 현상 | | |
| 긴급을<br>요하는 사항 | | |

(D. J. Park, 2007)

<도표 4.33>의 작업에서 중요한 과제가 도출되면, 후속적으로 <도표 4.34>의 작성 및 검토작업을 수행하도록 합니다.

경영관리자가 <도표 4.34>의 작업을 환경과 능력 요인을 중심으로 좀더 세밀하게 검토해야 한다고 판단될 경우에는 다음과 같은 작업을 수행합니다.

환경의 점검과 현상의 파악이 끝난 후, 현상에 대한 원인을 <도표 4.33>을 이용하여 구체적으로 분류하고 정리합니다.  도표에서는 독자의 이해를 돕기 위하여, 앞에서 예시한 전략적 중점과제 매트릭스에서 과제로 언급된 내용들을 기입하고 그 하단에 문제현상을 별도로 기입하였지만, 구분하여 작업을 하고자 할 경우에는 문제현상만을 기입하여도 무방합니다.

작업을 전개할 때에는 앞에서 뉴스와트 과제분석 매트릭스 작업에서 판별될 과제들 중에 당면(문제) 현상에 해당하는 것을 중심으로 당면(문제) 현상진단 차트에 배치합니다.

그리고 그러한 과제에 대하여 우리의 역량에 해당하는 것과 환경에 해당하는 것을 강점과 약점 그리고 중립적 요인(INF)에 연관된 내용들을 배치하고, 기회와 위협, 중립적 요인(ENF)에 해당하는 내용들을 배치합니다. 이와 같은 작업을 통하여 중요한 문제현상이 무엇인지를 파악할 수 있습니다.

이 작업을 좀더 치밀하게 수행하고자 한다면, 다음과 같은 작업을 수행합니다. 즉, 당면(문제) 현상진단작업은 현재 당면하고 있는 과제들이 어떠한 원인에서 비롯되고 있는지를 파악하고자 하는지를 규명하는 일입니다. 그것이 바로 이 작업의 근본적인 수행목표입니다.

따라서 <도표 3.28> 당면현상의 파악작업에서 파악된 과제들과 뉴스와트 과제분석 매트릭스에서 도출된 전략적 과제들과 관련된 문제현상들을 정리하고 연계하여 파악하면 보다 명확하게 파악할 수 있습니다.

만약 경영관리자가 소관업무에 대하여 이미 잘 파악하고 있기 때문에 문제현상을 파악하지 않아도 될 경우에는 이 절차를 생략하고 다음의 세 가지 작업을 수행할 수 있습니다.

즉, 문제현상의 (예측)전개를 파악하는 <도표 4.36>의 대응모드별 문제(핵심)현상 분석 도표와 <도표 4.38>의 문제현상 분류표를 활용하여 어떠한 문제현상들이 등장하고 있는지를 파악하고 그러한 문제현상이 어디에 속하고 어떠한 원인과 조건에 기인하고 있는지를 파악하여 문제현상연관도라고 할 수 있는 <도표 4.39>의 문제현상연관도를 만듭니다.

<도표 4.34> 당면(문제) 현상진단 차트(1)

| 과제<br><도표 4.31>에서 | 원인 | 환경요인<br>ⓞⓔⓣ | 능력요인<br>ⓢⓘⓦ | 당면 문제현상<br>(예상) | 사업과의<br>관련성 |
|---|---|---|---|---|---|
| 식품으로  인한<br>질병발생 | 식품으로  인한<br>질병발생 | ⓣ식품안전성에<br>대한<br>검사규격강화 | | 매출의 저하 | 영업 및<br>생산위기 |
| 경영관리자의 대<br>응역량부족 | 경영관리자의 대<br>응역량부족 | | ⓦ전략적<br>상황대응능력<br>의 부족 | 신속한<br>환경대응이<br>곤란 | 기업의<br>시장대응,<br>고객대응<br>지연 |
| 여유자금의 부족 | 여유자금의 부족 | ⓞ중국 식품수요<br>증대<br>ⓔ여성의<br>사회활동증대 | ⓦ투자재원의<br>부족 | 신규시장진출<br>지연 | 사업성장의<br>곤란 |
| | | | | | |
| | | | | | |
| | | | | | |

* ⓞ: 기회 ⓔ: 중립적 환경요인 ⓣ: 위협 ⓢ: 강점 ⓘ: 중립적 능력요인 ⓦ약점

(D. J. Park, 2005)

작업을 역순으로 전개하여 문제현상의 연관도의 항목들을 토대로 <도표 4.34~35>의 당면(문제) 현상진단 차트에 능력요인(S, N(I), W)에 관한 것과 환경요인(O, N(E), T)에 배치하여 작업을 수행할 수도 있습니다. 물론 이 작업의 경우에도 중립적 요인(N)에 해당되는 것이 없다면, 기입을 생략할 수 있습니다.

그러나 작업 중이라도 관련된 사항들이 발견될 경우에는 포스트잇에 써넣어 해당하는 곳에 배치하고 그 연결관계를 그어봅니다. 또한 항목간의 연관관계를 중심으로 원인과 결과, 또는 관련 영향을 파악합니다.

만약, 시간이 부족하거나 또는 <도표 4.39> (p. 275)와 같은 문제현상의 연관도를 통하여 더 이상의 당면(문제) 현상진단이 필요 없다고 판단될 경우에는 <도표 4.34>의 당면(문제) 현상진단

차트 작성 작업은 생략할 수도 있습니다.

<도표 4.35> 당면(문제) 현상진단 차트(2)

| 구분 | 외부 | 중립적 | 내부 | 당면(문제)현상의 과제 |
|---|---|---|---|---|
| | 기회/위협 | ENF/INF | 강점/약점 | |
| 원인/상황 조건 | | | | |
| 핵심 | | | | |
| 연관/파생 현상 | | | | |
| 전반적 대응을 요하는 현상 | | | | |
| 긴급을 요하는 사항 | | | | |

\* ⓞ: 기회 ⓔ: 중립적 환경요인 ⓣ: 위협 ⓢ: 강점 ⓘ: 중립적 능력요인 ⓦ약점

(D. J. Park, 2007)

이 도표의 작성 작업에서는 환경의 요인이나 능력요인에 대한 판단이 불명확할 경우, 작성이 어렵다고 생각될 수도 있습니다. 그러나 문제현상을 파악하거나 진단하고자 할 때, 경영관리자가 문제현상연관도만으로 상황을 판단하게 될 경우에는 문제현상들에 대한 정의가 불명확할 경우, 경영관리자의 판단에 혼란이 유발될 수도 있습니다.

즉, 문제현상연관도만으로는 그것이 능력요인(SNW)과 환경 요인(ONT)의 어디에 연관되어 문제가 되는지가 불분명하고, 전체적

국면에서 제대로 편성된 문제현상연관도인지 판별이 어려울 수 있기 때문입니다. 따라서 작업팀의 일부는 우선 작업을 신속하게 후속작업을 전개시키는 동시에, 경영관리자는 파악된 문제현상연관도를 <도표 4.35> 또는 <도표 4.34> 당면(문제) 현상진단차트에 배치시켜보고 거시적으로 그 연관성과 환경대응의 적합성을 점검해볼 필요가 있습니다.

만약 경영관리자가 작업을 전개할 시간이 아주 부족할 경우에는 신속한 판단을 전개하기 위하여 현상에 대한 전체적인 윤곽을 파악하기 위한 <도표 4.35> 당면(문제) 현상점검 차트를 활용합니다. 다른 모든 작업을 생략할 경우에도 <도표 4.35>의 당면 현상점검 차트는 경영관리자가 반드시 점검할 것을 권장합니다.

이러한 작업의 수행을 통하여, 때로는 뉴스와트 과제분석 매트릭스에서 파악되지 못한 새로운 과제나 문제현상들이 도출될 수도 있습니다. 이와 같은 경우, 그 문제현상에 영향을 미치고 있거나 관련이 있는 요소들을 분류하여 <도표 4.31> 뉴스와트 과제분석 매트릭스를 수정하거나 보충합니다. 이러한 작업에서는 작업의 생산성을 높이기 위하여 포스트잇을 사용합니다.

## 선행적 문제의 파악에 유의하라

<도표 4.36>의 대응모드별 문제(핵심) 현상분석 도표는 앞에서 작업한 내용보다 좀더 고민을 요구하는 작업도표입니다.

만약 급하게 대응해야 할 현상이나 문제들에 대하여 대응하고자 할 때에는 이 작업을 생략하고 다음 작업으로 진행합니다. 그러나 우선 시급한 과제에 대하여 대응을 전개하고 있는 동안, 판단의 여유를 찾을 수 있다면, 현재의 상황과 연관하여, 앞으로 전개될 상황에 대하여 당면하게 될 환경과 능력요인들을 점검하여 이 작업을 지휘하도록 하는 것이 바람직합니다.

## <도표 4.36> 대응모드별 문제(핵심) 현상분석 도표

| 문제(핵심)현상전개 PRD-M | 선행(Proactive) | 실시간(Real time) | 지연(Delayed) |
|---|---|---|---|
| 핵심(M) | PM | RM | DM |
| | PM 문제현상 | RM 문제현상 | DM 문제현상 |
| 원인조건(C) | PC | RC | DC |
| | PC 문제현상 | RC 문제현상 | DC 문제현상 |
| 연관(R) | PR | RR | DR |
| | PR 문제현상 | RR 문제현상 | DR 문제현상 |
| 전반(O) | PO | RO | DO |
| | PO 문제현상 | RO 문제현상 | DO 문제현상 |
| 긴급(U) | PU | RU | DU |
| | PU 문제현상 | RU 문제현상 | DU 문제현상 |

(D. J. Park, 2007)

이 작업은 현재 파악되고 있는 현상을 일정 시점 뒤의 미래의 시점에서 파악해보는 형태인 선행적 대응(Proactive mode)의 판단과 현재 시점(Real time mode)에서 파악되는 문제현상, 그리고 이미 문제현상이 진행되어, 그 수습의 단계에 이르러 처리하는 지연시점(Delayed mode)에서의 현상을 구분하여 작성합니다.

따라서 수습단계의 지연대응의 경우라면, 선행대응이나 실시간 대응의 항목은 기입할 필요가 없습니다.  그러나 이미 발생하고 있는 어떠한 현상이 후속적인 문제현상들을 계속 일으키게 된다면, 그에 대응하기 위하여 미리 살펴두어야 할 문제현상을 작성하도록 합니다.

<도표 4.36>을 통하여 경영관리자가 현재 당면하고 있는 문제현상 뿐만 아니라 앞으로 당면하게 될 문제현상을 주목하여 이에 대하여 미리 파악하고 그 대응을 준비함으로써, 기업과 조직의 환경대응에 있어서 사전 예비대응과 수정대응을 신속하게 전개할 수 있습니다.

이와 같은 현상전개의 흐름을 파악하는 작업을 통하여 검토의 수준을 높이고, 점차 세밀하게 완성되는 뉴스와트 과제분석 매트릭스와 전략적 중점과제선정 차트는 전략적 과제의 대안모색과 그 성공적 실천을 위한 모든 과정에서, 계속 수정하고 보완하여, 전체적인 과업수행의 목표해결의 지침으로 활용됩니다.

작업을 전개할 때에는 핵심적 문제현상을 중심으로 작업을 전개하고 당면현상에 대한 원인분석과 상황조건 및 제약요인, 그리고 전반적 대응이 필요한 문제현상과 긴급한 문제현상으로 점차 확대하여 실시합니다.  각 작업을 별도로 구분하여 실시할 수도 있고 <도표 4.36>에서 보는 바와 같이 종합적으로 실시할 수도 있습니다.  이와 같은 절차적 작업을 통하여 문제현상을 재조명할 수 있으며, 문제현상의 구조와 배경을 이해할 수 있게 됩니다.

이 작업을 통하여 전략적으로 중요한 의미를 지니고 있는 가정들을 구성할 수도 있으며, 대국적 관점에서의 중요한 전략적 과제들을 설정할 수 있습니다. 또한, 시간의 지평, 즉 대상기간을 얼마로 할 것인가에 따라서 단기의 전략적 과제뿐만 아니라, 시나리오 플래닝이나, 또는 장기전략과제의 도출에도 활용할 수 있습니다.

문제현상이 작성되면, 다양한 문제현상들을 내용을 중심으로 일목요연하게 파악하여 대응할 수 있도록 구분하여 정리합니다. 파악된 문제현상들을 정리할 때, 대부분의 경영관리자들은 당면하고 있는 현상과 파악된 문제현상들에 대하여 혼란스러운 느낌을 받게 될 수 있습니다.

이러한 경우, 보다 적극적으로 문제현상들을 분류하고 정리할 필요가 있습니다. 문제현상들을 어떻게 분류할 것인가에 대하여 다양한 기준을 세울 수 있습니다. 예를 들면, 현재 수행중인 업무와 사업기능을 중심으로 편성할 수도 있으며, 또는 주요한 과제들을 중심으로 편성할 수도 있습니다.

어떻게 편성하건 간에, 파악된 문제현상들은 대부분 우리의 사업전개나 목표달성에 직간접적으로 영향을 미치게 되는 현상들로 구성되어 있습니다. 따라서 그러한 문제현상들이 실제로 어떻게 영향을 미치게 되는지에 대하여 연관성을 파악해놓을 필요가 있습니다.

<도표 4.37>의 문제현상분류표는 이러한 분류와 연관성을 파악하기 위하여, 활용할 수 있도록 만든 도표입니다. 도표의 오른쪽에는 주로 외부적 환경에서 유발되는 것들을 기입하고, 왼쪽으로는 내부적으로 영향을 미치는 것들을 기입합니다.

도표의 위에서 아래로는 주요한 과업을 중심으로 영향을 받게 되는 주요 사업기능이나 활동을 구분하여 기입합니다. 도표에서는 경영관리자가 분류하기 쉽게 전략적 과업을 위쪽, 그리고 현재

수행중인 사업활동을 아래쪽에 분류하여 크게 둘로 나누고 각각
의 분류에 세부적인 항목들을 예시하였습니다.

<도표 4.37> 문제현상분류표의 작성

|  | 내부 | ⇐ | ⇐ | ⇐ | 외부 |
|---|---|---|---|---|---|
| **전략적 과제/현상** |  |  |  |  |  |
| 성장전략관련 |  |  |  |  |  |
| 경쟁전략관련 |  |  |  |  |  |
| 혁신전략관련 |  |  |  |  |  |
| 기술전략관련 |  |  |  |  |  |
| 정보전략관련 |  |  |  |  |  |
| 사업전략관련 |  |  |  |  |  |
| 마케팅전략관련 |  |  |  |  |  |
|  |  |  |  |  |  |
| **운영업무 과제/현상** |  |  |  |  |  |
| 경영관련 |  |  |  |  |  |
| 영업관련 |  |  |  |  |  |
| 생산, 물류관련 |  |  |  |  |  |
| 조달관련 |  |  |  |  |  |
| 조직관련 |  |  |  |  |  |
| 연구개발관련 |  |  |  |  |  |
| 자금/수익관련 |  |  |  |  |  |
| 정보관련 |  |  |  |  |  |
|  |  |  |  |  |  |

(D. J. Park, 2003)

문제현상분류표는 외부의 환경요인들(O, N, T)과 관련하여 당
면하고 있는 문제현상들이 어떤 내용과 어느 부분에 속하게 되는
것인지를 알 수 있게 합니다. 또한 그러한 구분들이 내부적 능력
(S, N, T)과 어떻게 결합되어 문제를 전개하고 있는지 파악하는데
유용한 도움을 줍니다.

<도표 4.38> A 사의 문제현상분류표 예시

| | 내부 | ⇦ | ⇦ | ⇦ | 외부 |
|---|---|---|---|---|---|
| **■ 전략적 과제/현상** | | | | | |
| 성장전략관련 | 성장여력한계 | | | 경쟁압력증대 | |
| 경쟁전략관련 | 가격, 제품, 품질 경쟁력이 낮다 | 재투자의 한계 | 제품시장규모가 낮다 | | 신규해외 수요, 국내수요 확대에 대응이 어려움, |
| 혁신전략관련 | 혁신의 한계 | 혁신투자의 부족 | 투자여력의 한계 | | |
| 기술전략관련 | 낮은 기술수준 | 기술인력부족 | | | |
| 정보전략관련 | 정보관리부재 | | | | 대기업체, 해외기업체에 대한 대응이 어려움 |
| 사업전략관련 | 사업의 기복이 심함 | 사업성과의 부진 | 신사업의 추진 전략 검토미비 | | |
| 마케팅전략관련 | 영업부진 | | 매출감소 | 홍보열세 | |
| 품질/생산전략 관련 | 복잡한 생산방식 낮은 부가가치 | 품질의 저하 | 자동화설비 부족 | | |
| | | 생산효율저하 | 과대한 시설투자 | 외주관리업체의 제한적 확보 | |
| **■ 운영업무 과제/현상** | | | 의사결정의 비효율성 | | |
| 경영관련 | | 의사결정품질의 저하 | 전략시스템의 부재 | | |
| 영업관련 | 외주수급능력 | 매출기복, 변동이 극심함 | 생-판의 협조연계미흡 | 해외영업망 확보과제 | |
| 생산, 물류관련 | | 자동화설비 부족 | 시설투자효율 저하 | 다품종 소량생산 | |
| | 생산성 제고의 곤란 | | | | |
| 조달관련 | | | 재고증대 | | |
| 조직관련 | 역량의 부족 | 사기저하 | 인력증대 | 낮은 1인당 부가가치생산성 | |
| | | 관리체제미흡 | 조직비효율 | | |
| | | | 전문인력의 부족 | | |
| 연구개발관련 | | 기술관리곤란 | | | |
| 자금/수익관련 | | 낮은 부가가치 | 자금부족, 자금동원의 곤란 | | |
| 정보관련 | | 낮은 회의생산성 | | | |

(D. J. Park, 2004)

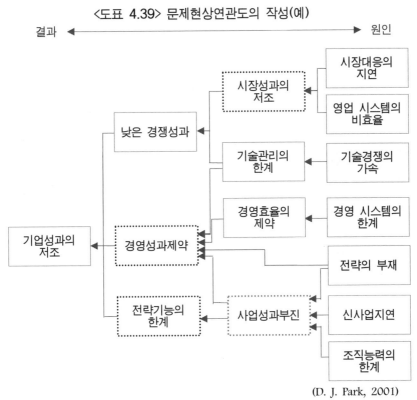

<도표 4.39> 문제현상연관도의 작성(예)

(D. J. Park, 2001)

<도표 4.39>는 이와 같이 분류된 내용을 중심으로 각각의 문제현상들이 우리의 사업전개에 어떠한 영향을 미치는가에 대한 연관도를 작성한 예시입니다.  이와 같이 정리된 문제현상연관도를 통하여 우리가 무엇을 어떻게 대응해야 할 것인지에 대한 판단을 체계적으로 내릴 수 있게 됩니다.

만약에 외부적 환경요인들과 관련하여 문제현상의 분류와 연관관계는 구성하였지만, 외부의 환경요인들을 (O, N, T)로 구분하거나 또는 내부적 능력요인들을 (S, N, T)로 구분하는 일이 어렵거나 시간이 부족하다면, 그러한 분류와 정리작업을 생략할 수도 있습니다.  이는 문제현상연관도의 경우도 마찬가지입니다.

이와 같은 분류와 정리작업을 수행하게 될 경우에는 <도표 4.36> 대응모드별 문제(핵심) 현상분석 도표를 작성하거나 재작업을 수행할 때 유용한 도움이 됩니다.

문제현상연관도는 우리가 전개해야 할 과제들의 내용과 속성을 일목요연하게 인식할 수 있을 뿐만 아니라, 그 과제들 간의 연관성이나 파생적 관계를 이해할 수 있도록 합니다.

문제현상연관도를 작성할 때에는 각 과제들이 어떠한 연유로 어떠한 결과를 유발시키게 되는지에 초점을 맞추어 작성합니다. 그리고 그 연관관계를 중심으로 전체적인 관점에서 구성해갑니다.

문제현상연관도 작성을 완료한 뒤에는 각 시기의 긴급성이나 중요성에 대한 표식을 별도로 할 필요가 있습니다. 예를 들면, 긴급한 것에는 빨간 별표를 하거나 영향도가 큰 것에는 별(★)표를 하는 식으로 구분을 하거나 또는 포스트잇으로 작업을 하게 될 경우, 다른 색의 용지들을 사용하여 구분합니다.

이해를 위하여 간략하게 작성된 문제현상연관도의 형태를 보여주고 있습니다. 이와 같이 문제현상이나 해결과제를 체계화함으로써, 무엇이 문제이고 무엇을 해결해야 할 것인지에 대한 명확한 이해를 할 수 있게 됩니다.

그러나 이 방법에도 단점이 없는 것은 아닙니다. 다른 전략적 과제의 도출방법들에 비하여 본다면, 상당히 편리하다고 할 수는 있지만, 이 작업에서 모든 종류의 전략적 과제가 모두 노출되지 않을 수 있다는 점입니다. 이에 대한 대안은 경영관리자의 판단에 따라 추후 재작업을 통하여 점검합니다.

물론 그러한 현상이 발생하게 되는 이유로 방법상의 문제도 작용하지만 이 작업에 참여하는 사람들의 문제일수도 있습니다. 즉, 앞에서도 언급되었지만, 현상을 이해하고 인지하는 필터들이 제대로 작용되지 않을 경우, 이 작업에서 모든 종류의 전략적 과제를 열거하거나 파악하지 못할 수 있다는 점입니다. 그러한 이유에서 소위 경영관리자의 실감필터와 당위의식에 대한 점검이 요구되고, 이의 인식을 촉구할 필요가 있습니다.

　　대체로 환경의 점검과 역량의 분석작업과 더불어 당면하고 있는 현상을 반복적으로 그리고 주기적으로 조명하게 될 때, 당면하고 있는 현상은 좀더 명확하게 파악될 수 있습니다.

　　더욱이 고려하고 있는 시간의 지평을 어떻게 설정할 것인가에 따라, 현재 당면하고 있는 현상들이 한시적인 것인지, 또는 지속적인 것인지에 대한 판단도 가능합니다. 물론 이러한 판단을 원할 경우에는 시간의 지평을 다양하게 잡아서, 예를 들면 1년, 3년, 5년과 같은 식으로 나누어 각기 별도로 작업을 실시합니다.

　　다음 작업은 상황조건과 제약요인을 이해하고 규명하는 일입니다.

**SI 진단 프로세스**

1. 현상진단 (환경/능력 분석)
2. 현상진단 원인규명
3. 원인, 조건 및 제약요인규명
4. 문제의 핵심 파악
5. 파생적 현상파악
6. 전반적 현상파악
7. 긴급현상 파악
8. 전략적 과제 정의

## 제2단계 : 원인, 조건 및 제약요인 규명

---

**원인-상황 조건 진단작업을 위한 작업별 활용도표**

● 원인-상황 조건현상 진단실무 차트 〈도표 4.40〉
● 원인-상황 조건현상 진단 차트 〈도표 4.41〉
● 대응모드별 원인-상황 조건 현상분석 도표 〈도표 4.42〉

---

　　이와 같은 작업은 현재 파악되고 있는 문제들이 단순히 기회와 위협요인, 또는 강점과 약점과 같은 요인에 의하여 발생하고 있는 것인지, 아니면 특정한 상황조건이나 제약요인에 의하여 발생하는 것인지를 파악하기 위한 것입니다.

이러한 상황조건이나 제약요인에 대한 파악이 왜 중요한가에 대하여 간략하게 살펴보면 다음과 같습니다.

대체로 환경이나 당면상황을 분석하게 될 때, 일시적인 조건이나 또는 특정한 제약요건들에 대하여는 그것을 환경변화에 따라 대응해야 할 과제라기보다는 특정한 상황에 따라 등장하는 우발적인 조건이라고 간주하고 고려해야 할 대상이나 요인에서 배제시킴으로써 간과해버리려고 하는 경향이 있습니다.

실제로 이와 같은 문제현상들은 일정 조건이 해소될 경우에는 대응해야 할 요인으로 등장하지 않을 수도 있지만, 그 반대의 경우도 가능합니다.

예를 들어, 수입 원부자재의 가격상승에 따른 수익압박의 경우를 생각해보겠습니다. 수입 원부자재 가격은 우리가 그 가격을 통제하거나 관리하기 쉽지 않습니다. 더욱이 수입에 의존하기 때문에, 해외의 공급처에서 가격을 조절하는 대로 따라줄 수 밖에 없습니다.

이와 같은 경우, 원부자재 가격에 대한 인상과 같은 요인들은 외부의 환경에 따라 수시로 변동하는 것이라는 생각으로 일관하게 될 경우, 해당 조직에서는 대응할 수 없는 문제로 간주해버립니다. 그러나 이러한 원부자재 가격에 대한 요인들을 조건 및 제약요인의 항목으로 구분하여 해당 중점과제를 선정하게 된다면, 수입원부자재의 가격변동에 대응하기 위하여 어떠한 과제들을 수행해야 할 것인가를 고려하게 됩니다.

즉, 상황의 변동이나 조건에 따라 대응해야 할 전략적 과제를 파악함으로써 그에 대하여 대응하고 관리할 수 있도록 하는 것이 중요합니다.

<도표 4.40> 원인-상황 조건 진단실무 차트

| 원인상황조건<br>진단실무차트<br>CCD | 전략적 과제의 현상요인 |
|---|---|
| | [주요당면과제 및 현상] |
| **핵심(M)** | **핵심 과제** |
| 핵심적 현상의 주요내용 | 핵심대응과제 |
| **원인, 상황 조건(C)** | **원인/상황의 중점과제** |
| 원인/상황의 주요내용 | CC 과제 |
| **연관(R)** | **연관 중점과제** |
| 연관 상황의 주요내용 | 연관대응과제 |
| **전반(O)** | **전반적 중점과제** |
| 전반적 상황의 주요내용 | 전반대응과제 |
| **긴급(U)** | **긴급대응과제** |
| 긴급상황의 주요내용 | 긴급대응과제 |

(D. J. Park, 2007)

또한 현재의 문제현상들을 유발시키는 근본적인 원인이 무엇인지를 명확히 규명하여 그에 대응하는 것이 필요할 경우에도, 현상에서 유발되는 과제의 해결에 급급하여 원인규명과 그 대응을 소홀히 하고, 겉으로 드러난 현상에 치중할 경우, 그 대응성과가 떨어질 뿐만 아니라, 유사한 문제현상에 당면하게 되는 경우가 반복적으로 발생하게 됩니다.

따라서 이와 같은 조건이나 원인에 대하여 파악할 수 있도록 하기 위하여, <도표 4.40>과 같은 진단실무 도표를 작성하여 상황을 이해하고 판별하도록 합니다.

<도표 4.41>은 원인과 상황조건의 현상들과 과제들에 대하여 외부환경과 내부의 능력, 당면 문제현상 및 사업과의 관련성을 구분하여 정리한 진단도표입니다.

<도표 4.41> 원인-상황 조건현상 진단차트 (C&C Chart)

| 과제<br><도표4.31>에서 | 제약조건<br>상황조건 | 환경요인<br>ⓞⓔⓣ | 능력요인<br>ⓢⓘⓦ | 당면 문제현상<br>(예상) | 사업과의<br>관련성 |
|---|---|---|---|---|---|
| 식품으로 인한<br>질병발생 | 대체할 수 있는<br>식품원료의<br>한계 | ⓣ식품안전성에<br>대한<br>검사규격강화 | | 제품성분의<br>변경이 곤란 | 영업 및<br>생산위기 |
| 경영관리자의<br>대응역량부족 | 경영관리자의<br>대응역량부족 | | ⓦ교육,<br>관리체계의<br>한계 | 기민하고<br>효과적인<br>전략대응이<br>어려움 | 기업의<br>시장대응,<br>고객대응<br>지연 |
| 가공원료 | 언론의 동향 | ⓣ제품의<br>유해성 논란<br>ⓣ소비자보호 | | 제품 구매 기피<br><br>매출의 저하 | 제품 및 기업<br>이미지 저하<br>영업 및<br>자금의 위기 |
| | | | | | |
| | | | | | |

\* ⓞ: 기회 ⓔ: 중립적 환경요인 ⓣ: 위협 ⓢ: 강점 ⓘ: 중립적 능력요인 ⓦ약점

(D. J. Park, 2007)

상황조건이나 제약요건을 구분하는 까닭은 다음과 같은 이유에서 비롯합니다.

1. 앞에서도 언급되었지만, 조건부 환경요인들은 환경요인 분석작업에서 주요 환경요인으로 간주되지 않고 소홀히 취급되는

경향이 있기 때문입니다.

2. 상황조건이나 제약요건들을 구분하지 않을 경우, 해당 요인들이 계속적으로 작용하는 것으로 간주하고, 이의 해결을 위한 상시적 대안마련을 유도하게 됩니다.  이 때에, 대안마련이 용이하지 않거나, 다른 대안들이 우선순위를 차지하게 되면, 이 대안은 또 다시, 무시되거나 유보됩니다.  설령, 그 대안이 채택되어 추진되게 될 경우에도 언제까지, 어느 수준까지 전개해야 할 것인가가 애매해질 수 있습니다.  더욱이 상황조건이나 제약요건들에 대한 대안들은 한시적인 대안추진으로 해결될 수도 있습니다.

3. 상황조건이나 제약요건은 전사적인 대응의 형태로 개선될 수도 있고, 또는 국부적인 조치로 해결될 수도 있습니다.  국부적인 조치로 상황의 조건해소나 제약요건의 충족, 변경이 가능할 경우에는 전사적인 전략적 대안모색과정을 만들어 낼 때까지 유보하지 않고, 즉각적인 대응을 요할 때가 있습니다.

이러한 경우, 전략적 대안모색을 종합적으로 마무리 지을 때까지 기다릴 필요가 없습니다.

따라서 이에 대한 판단을 신속하게 하기 위하여 상황조건이나 제약요건을 따로 구분하여 전개할 필요가 있습니다.

4. 특히, 상황조건이나 제약요건이 변화하게 될 경우, 발생하게 되는 파생적 현상에 대비하기 어렵게 됩니다.  물론 환경요인의 변화는 상호연관적으로 발전되기 마련이며, 이러한 상호 연관적 요인들은 부분적으로는 상황조건과 제약요건들을 지니고 있습니다.

그러나 이 작업에서 식별하고자 하는 것은 우리가 주목하고자 하는 문제현상을 중심으로 조건적 또는 제약요건으로 작용하게 되는 요소들만을 선별하는 일입니다.

<도표 4.41>과 같이 외부환경과 내부로 나누어 그 상황의 발생조건과 제약요건을 정리하는 과정에서 현재 당면하고 있는 문제현상에 대한 윤곽을 좀더 명확히 할 수 있을 뿐만 아니라 원인과 파생적 현상을 파악함으로써, 원인을 잘못 규명하게 될 경우에도 연관사항, 그리고 발생조건을 함께 인식하여, 잘못된 현상규명으로 일탈하는 오류를 덜게 됩니다.

제약조건 진단작업을 수행하면서, 당면(문제) 현상진단 차트에 기입된 내용이 변화할 수 있습니다. 즉, 기회요인이나 위협요인들 중의 일부 요인들이 제약조건 진단항목으로 편입될 수 있습니다.

### ■ 원인현상의 전개모드를 검토하라

당면하고 있는 상황 또는 원인현상이 중대하게 작용할 경우 전개를 예측하여 <도표 4.42>의 대응모드별 원인-상황 조건현상 분석 도표를 작성합니다.

<도표 4.36> (p. 270) 대응모드별 문제(핵심) 현상분석도표의 경우와 마찬가지로 현재 파악되고 있는 원인이나 조건에 해당하는 현상을 일정 시점 뒤의 미래의 시점에서 파악해보는 선행적 대응(P mode)의 판단과 현재 시점(R mode)에서 파악되는 원인이나 상황조건현상, 그리고 이미 문제현상이 진행되어, 그 수습의 단계에 이르러 처리하는 지연시점(D mode)에서의 원인-상황 조건현상을 구분하여 작성합니다.

원인-상황 조건현상의 전개과정을 미리 파악할 수 있다면, 우리의 사업과 기업환경에서 유발될 수 있는 외부적 위기요소에 미리 대응할 수 있을 뿐만 아니라, 파급적으로 발생하는 여러 가지의 관련현상에 대하여 유리한 사업행동을 전개할 수 있습니다.

같은 맥락에서, 이에 대하여 미리 파악하지 못하고, 뒤늦게 사후적 대응으로 상황과 문제를 해결하려고 할 때에는 기회손실에 따른 비용이 증대될 뿐만 아니라 해결해야 할 대응내용 또한 확대되고 많아집니다.

<도표 4.42> 대응모드별 원인-상황 조건 현상분석 도표

| 원인-상황조건현상<br>PRD-CC | 선행(Proactive) | 실시간(Real time) | 지연(Delayed) |
|---|---|---|---|
| 핵심(M) | PM | RM | DM |
| | PM<br>문제현상 | RM<br>문제현상 | DM<br>문제현상 |
| 원인, 상황 조건(C) | PC | RC | DC |
| | PC<br>원인-상황 조건 | RC<br>원인-상황 조건 | DC<br>원인-상황 조건 |
| 연관(R) | PR | RR | DR |
| | PR<br>문제현상 | RR<br>문제현상 | DR<br>문제현상 |
| 전반(O) | PO | RO | DO |
| | PO<br>문제현상 | RO<br>문제현상 | DO<br>문제현상 |
| 긴급(U) | PU | RU | DU |
| | PU<br>문제현상 | RU<br>문제현상 | DU<br>문제현상 |

(D. J. Park, 2007)

## 제3단계 : 문제현상의 재정의

**SI 진단 프로세스**

1. 현상진단 (환경/능력 분석)

2. 현상진단 원인규명

3. 원인, 조건 및 제약요인규명

➡ 4. 문제의 핵심 파악

5. 파생적 현상파악

6. 전반적 현상파악

7. 긴급현상 파악

8. 전략적 과제 정의

환경에 대한 원인과 제약조건에 대한 점검이 끝나면, 다음 작업으로 최초에 문제시했던 문제현상을 재정의합니다. 과연 당초에 문제시했던 문제현상이 정말로 문제현상인가의 여부를 점검하는 것입니다.

만약 이 작업에서 좀더 확대된 문제현상으로 발전하게 되거나 또는 성격이 변경되게 되면, 그에 따라 문제현상들을 새로이 정의합니다. 그러나 문제현상의 내용이 합당하다고 판단되면, 그대로 다음 작업으로 진행합니다.

이 작업을 수행하는 이유는 환경요소들을 살펴보고, 조건들을 이해하는 과정에서 비로소 문제와 상황인식이 정확해질 수 있기 때문입니다. 상당히 많은 조직에서, 또는 그에 속하고 있는 개인들이 문제해결에 대한 기법이나 역량보다 더 중요한 문제는 자신과 기업에서 당면하고 있는 문제를 전체적인 관점에서 잘 인식하지 못하고 있다는 점입니다.

이러한 기업들의 경우, 전략경영 워크샵을 실시해보면, 여러 가지 문제들이 산적해있으며, 긴요한 해결을 기다리고 있을 뿐만 아니라, 상당히 많은 문제들이 방치되고 무시되고 있었다는 사실을 뒤늦게 파악하고 염려하는 경영관리자들을 많이 보게 됩니다.

이러한 기업들은 그래도 나은 편입니다. 그것은 이제라도 상황과 문제인식이 되었기 때문입니다. 문제를 안다면, 처방과 해결은 이제부터 하기 나름입니다. 그러나 그와 같은 워크샵조차도 기획하지 않는 기업에서는 '도대체 그런 워크샵이 왜 필요하냐?' 또는 '그런 것을 할 시간 있으면, 지금 하는 일이나 잘해' 라고 하는 참으로 한심한 경영관리자가 많이 있다는 점입니다.

상당히 많은 기업들이 '현재 돌아가고 있는 환경을 점검하고 대비하기 위하여' 문제를 적극적으로 인식하려는 관점에 대하여 애당초 필터를 닫아놓고 있는 것입니다.  소위 앤소프 교수님께서 지적하신 바와 같이 '신체적 부상'을 경험하게 될 때까지, 경영관리진이 관심과 주의를 기울이지 않고 있는 것입니다.  그러다가 상황이 급속히 악화되면, 그 때에 가서야 난리를 칩니다.  이미 때는 늦고, 해결책 또한 고식책을 발휘할 뿐입니다.  심지어는 사태가 심각해져야만 그때부터 긴급하게 대응을 시작하려는 조직들도 있습니다.[25]

좀더 잘 정비된 기업에서도 문제현상에 대한 접근방식에는 해결되어야 할 점들이 많이 있습니다.  문제현상을 재점검하는 이유는 종종, 문제에 대한 구조나 내용에 대하여 제대로 살펴보지도 않고, 제멋대로 문제현상이라고 정의하게 되는 경우가 종종 있기 때문입니다.  이러한 경우, 잘못 설정된 문제현상을 보다 잘, 그리고 전략적으로 해결하기 위하여, 조직적 노력을 기울이느라 조직 전체가 고통을 받게 되는 일도 있습니다.

예를 들면, 흔히 볼 수 있는 현상으로 경영성과의 부진이 잘못된 조직구조 또는 시스템에 그 원인이 있다고 생각하는 것입니다. 그러한 문제인식이 합당한 것이라면, 당연히 조직구조나 시스템은 신속히  변경되어야 합니다.  그런데, 그러한 문제의 제기가 어떠한 근거에서 출발되었는지, 그리고 조직구조나 시스템이 구체적으로 어떠한 환경 하에서 어떠한 이유로 잘못된 문제라고 하는 것인지에 대한 전략적 점검이 분명히 선행되어야만 합니다.

또한 상황조건과 제약요건의 관점에서 현 조직구조와 시스템이 어떻게 영향을 받고 있고 앞으로는 어떤 형태로 영향을 받게

---

[25] 사태가 진행된 뒤에야 긴급하게 움직이려는 현상을 긴급과제 체증 선호신드롬이라고 하겠습니다.  p. 437 참조.

되는지를 살펴보아야 하는 것입니다.

그러나 이와 같은 문제에 대한 검토가 없이 조직구조나 시스템을 변경하는 대안을 수립하게 된다면, 그 구조변경의 방향이 무엇인지, 또는 어떤 관점에서 어떤 분야에 어떤 역량을 보완하고 강화하기 위하여 조직구조나 시스템을 변경해야 하는지에 대한 방향설정과 내용의 윤곽을 잡기 어렵게 됩니다.

이와 같은 현상은 매년 말에, 또는 주요 시점마다 실시되는 조직개편 시에 흔히 볼 수 있는 현상입니다. 최근까지 혁신이 강조되면서 온갖 종류의 시스템의 변혁이 전개되어왔으며, 지금 이 순간에도 시스템의 변혁은 가장 많이 거론되고 유행되고 있는 기업변혁 대안입니다.

또한 빈번하게 거론되는 사례로는 '우리 회사는 연구개발능력이 떨어진다'는 식의 문제현상을 거론하는 경우입니다. 이러한 문제현상의 인식도 앞에서의 조직개편과 시스템의 경우와 마찬가지입니다.

연구개발도 분야가 많이 있습니다. '연구냐 개발이냐'와 같은 근본적인 구분을 떠나서, 어떤 환경요인과 또한 제약조건이 어떤가에 따라서 어떤 분야의 기능이나 기술의 연구개발이 문제가 되는지도 모르고, 연구개발을 강화해야한다는 '전략적' 대안수립을 하게 될 경우, 실제로 그것이 전략적인 대안인지는 주목해볼 필요가 있습니다.

한 마디로 요약하자면, 전략의 핵심이 빠져있는 것입니다.

대부분의 기업조직에서 흔히 볼 수 있는 현상으로, 해당 기업들의 전략계획서들을 검토해보면 한결같이 연구개발기능, 연구개발능력의 강화라는 타이틀의 대안들이 열거되어 있습니다.

세부내용을 보면, 잡다한 항목들이 열거되어 있습니다. 물론 그 예산계획도 보기 좋게 프린트되어 있습니다. 그러나 그 연구개발항목들이 정말 환경대응을 위한 전략적 과제를 해결하기 위하여 수립된 것인지, 그리고 그 대안들은 정말로 전략적 검토를 마친 것인지가 궁금한 것이 많이 있습니다.

따라서 문제현상 진단작업과 제약조건 진단작업을 통하여 이러한 과제들이 정말 전략적 과제들로 합당한 것인가를 찾아냅니다.

다음 작업으로 수행되는 파생적 현상의 파악 프로세스에서는 현재 검토대상의 문제현상과 관련된 파생적 문제현상을 식별합니다. 문제현상이라는 용어로 표현할 경우에도, 그것이 복합적인 현상을 의미할 수도 있고, 내용면에서 파생적인 현상들을 내포할 수도 있습니다. 이 작업의 목적은 이러한 현상들을 파악하고 규정하여 그 대응의 성과를 높이기 위한 것입니다.

**SI 진단 프로세스**

1. 현상진단 (환경/능력 분석)
2. 현상진단 원인규명
3. 원인, 조건 및 제약요인규명
4. 문제의 핵심 파악
5. 파생적 현상파악
6. 전반적 현상파악
7. 긴급현상 파악
8. 전략적 과제 정의

## 제4단계 : 파생적 현상의 파악

**연관현상-파생적 현상 파악작업을 위한 활용도표**

- 연관현상-파생적 현상진단 실무 차트 〈도표 4.43〉
- 연관현상-파생적 현상진단차트 〈도표 4.44〉
- 대응모드별 연관현상-파생적 현상분석 도표 〈도표 4.45〉

당면하고 있는 현상이나 과제들에 대하여 파생적 현상들을 분류하지 않게 될 경우, 해결과제의 규모나 내용이 복잡해지고 그 해결대안을 모색함에 있어서 추가적인 어려움을 가중시킬 수 있습니다.

파생적 현상을 분리하여 식별하는 주요 원인은 첫째로 문제현상들을 성격, 내용을 중심으로 그리고 그 관련성들을 분류해냄으로써 대응조치를 용이하게 하기 위한 것입니다.

둘째로는 그 문제현상 중에 핵심적 현상을 찾아내서 그에 집중하게 함으로써, 대안의 모색을 용이하게 하기 위한 것입니다.

셋째는 핵심현상의 원인치료와 파생적 현상에 대한 별도의 해결책을 모색하기 쉽게 하기 위한 것입니다.

넷째는 핵심현상과 관련현상과의 관계에 있어서 경우에 따라서는 핵심현상의 치유로 관련현상이 자동적으로 치유되는 경우가 있기 때문입니다. 이와 같이 문제현상의 파생적 현상을 분류함으로써, 대안모색과 해결과정의 효과성과 효율성을 동시에 제고할 수 있기 때문입니다.

다섯째는 핵심적 문제현상을 중심으로 해결과제를 선정하고 파생적 현상에 대한 문제는 일단 유보시킬 수 있으며, 파생적 현상들을 별도로 관리함으로써 핵심현상에 대한 집중관리와 파생적 현상들에 대한 대응관리가 가능해집니다.

<도표 4.44>의 파생적 현상진단(PRP) 차트에서 보는 바와 같이, 식별된 파생적 현상을 도표에 열거합니다. 이 작업을 수행하는 과정에서 다시 문제현상에 대한 정의가 수정될 수 있습니다.

파생적 현상을 찾아내는 과정에서 핵심현상에 대한 조명을 다시하게 되며, 파생적 현상을 찾아내기 위하여 파생적 현상과 문제현상을 번갈아가며 순환분석하는 과정이 계속됩니다. 문제현상의 파생적 현상들, 또는 관련현상들을 정리하는 과정에서 문제현상이

파생적 현상으로 밀려갈 수 있으며, 보다 핵심적인 현상이 문제현상으로 등장할 수 있습니다.

<도표 4.43> 파생적 현상진단 실무 차트

| 파생적 현상진단<br>PRP | 전략적 과제의 현상요인 |
|---|---|
| | [주요당면과제 및 현상] |
| **핵심(M)** | **핵심 중점과제** |
| 핵심 현상의 주요내용 | 핵심 중점과제 |
| **원인조건(C)** | **원인조건 중점과제** |
| 원인조건현상의<br>주요내용 | 원인조건 중점과제 |
| **연관(R)** | **연관 중점과제** |
| 연관현상/파생적 현상의<br>주요내용 | 연관 중점과제 |
| **전반(O)** | **전반적 중점과제** |
| 전반현상의 주요내용 | 전반적 중점과제 |
| **긴급(U)** | **긴급대응과제** |
| 긴급상황의 주요내용 | 긴급대응과제 |

(D. J. Park, 2007)

<표 4.44> 파생적 현상 진단 차트 (PRP Chart)

| 과제<br><도표 4.31>에서 | 문제현상<br>(예상) | 환경요인<br>ⓞⓔⓣ | 능력요인<br>ⓢⓘⓦ | 파생적 현상<br>관련현상 | 사업과의<br>관련성 |
|---|---|---|---|---|---|
| 식품으로 인한<br>질병발생 | 제품성분의<br>변경이 곤란 | ⓣ식품안전성에<br>대한<br>검사규격강화 | | 기업행동의<br>감시<br>기업이미지<br>저하<br>주가추락 | 외부감독<br>강화<br>영업 및<br>생산위기<br>증자곤란 |
| 경영관리자의<br>대응역량부족 | 기민하고<br>효과적인<br>전략대응이<br>어려움 | | ⓦ교육,<br>관리체계의<br>한계 | 신규사업전개의<br>효과성 결여<br>기업의<br>시장대응,<br>고객대응 지연 | 수익성 저하 |
| 여유자금의 부족 | 제품 구매 기피<br><br>매출의 저하 | ⓣ제품의<br>유해성 논란<br>ⓣ소비자보호 | | 대응이 늦을<br>경우, 유동성<br>위기 초래<br>신규투자의<br>곤란 | 기업위기 |
| | | | | | |
| | | | | | |
| | | | | | |

* ⓞ: 기회 ⓔ: 중립적 환경요인 ⓣ: 위협 ⓢ: 강점 ⓘ: 중립적 능력요인 ⓦ약점

(D. J. Park, 2005)

또한 핵심적 현상과 파생적 현상이 식별되면서, 그 문제현상의 범위가 명확해집니다.  이러한 성과는 문제현상을 파생적 현상을 중심으로 관련현상을 다시 조명하는 과정에서 부차적으로 얻게 되는 소득입니다.

경우에 따라서는 핵심현상과 파생적 현상들중의 일부가 하나의 해결대상부문으로 선정되어 하나의 해결과제로 선정될 수도 있고, 또는 그 해결대상부문에 초점을 맞추어 여러 개의 해결과제들의 묶음형태로 등장할 수도 있습니다.

물론 경우에 따라서는 파생적 현상이 하나도 안나올 수도 있습니다.  그럴 경우에는 주요 관련현상을 식별하여 기입합니다.

핵심현상과 파생적 현상에 대한 식별과정에서 각 현상 간에 중요한 인과관계나 보완관계, 상충관계와 같은 관계성을 인식함으로써 전략적 중점과제들(Strategic Issues)을 선별할 때, 그 과제의 범위와 내용을 명확히 인식할 수 있게 됩니다.

<도표 4.44>에서 보는 바와 같이 기업내부와 외부의 파생현상으로 나누어 기록하면 좀더 유용한 결과를 얻을 수 있습니다. 만약 그것이 기회와 위협요인, 그리고 강점과 약점으로 구분할 수 있다면, 가급적 구분하여 기입합니다. 그러나 그러한 구분이 불필요하다고 생각되면, 내부와 외부의 구분만 합니다.

### ■ 연관현상의 전개모드를 검토하라

이 작업과 병행하여 <도표 4.45> 대응모드별 연관현상-파생적 현상분석 도표를 작성합니다.

<도표 4.36> (p. 270) 대응모드별 (문제)핵심 현상분석도표의 경우와 마찬가지로 현재 파악되고 있는 문제현상과 관련하여 파생적 현상이나 연관된 현상을 일정 시점 뒤의 미래의 시점에서 파악해보는 선행적 대응(P mode)이 필요한 현상에 대한 판단을 내립니다. 또한, 현재 시점(R mode)에서 파악되는 대응이 필요한 파생적 현상이나 연관된 현상을 파악합니다. 그리고 이미 문제현상이 진행되어, 그 수습 단계에 이르러 처리하는 지연시점(D mode)에서의 파생적 현상이나 연관된 현상을 구분하여 작성합니다.

파생적 현상이나 연관현상을 미리 파악할 수 있다면, 우리의 사업전개와 기업환경에서 예기치 못한 바람직하지 못한 현상이 등장할 경우, 이에 미리 대응할 수 있습니다. 그러나 그보다는 못하지만, 현재시점에서라도 이에 대한 판단을 신속히 내려 필요한 대응조치를 강구한다면, 최상의 성과를 거둘 수는 없을 경우에도, 소기의 성과를 기대할 수 있습니다. 그러나 이러한 현상에

대하여 사후적 대응을 전개하게 될 경우, 주력 대응활동의 여력이 부족하거나 또는 관심을 놓치게 될 경우, 그 성과는 크게 제약될 수 있습니다.

<도표 4.45> 대응모드별 연관현상-파생적 현상 분석 도표

| 연관현상<br>파생적 현상<br>전개<br>PRD-R | 선행(Proactive) | 실시간(Real time) | 지연(Delayed) |
|---|---|---|---|
| 핵심(M) | PM | RM | DM |
| | PM<br>문제현상 | RM<br>문제현상 | DM<br>문제현상 |
| 원인, 상황 조건(C) | PC | RC | DC |
| | PC<br>원인-상황 조건 | RC<br>원인-상황 조건 | DC<br>원인-상황 조건 |
| 연관/파생적 현상(R) | PR | RR | DR |
| | PR<br>문제현상 | RR<br>문제현상 | DR<br>문제현상 |
| 전반(O) | PO | RO | DO |
| | PO<br>문제현상 | RO<br>문제현상 | DO<br>문제현상 |
| 긴급(U) | PU | RU | DU |
| | PU<br>문제현상 | RU<br>문제현상 | DU<br>문제현상 |

(D. J. Park, 2007)

전반적 대응을 요하는 현상에 대한 진단작업 또한 이와 같은 방식으로 전개합니다.  전반적 대응을 요하는 현상이 파악될 경우, 특정 부문만의 대응으로는 성과가 떨어지므로, 부문과 계층간의 결합적 대응이 필요합니다.

## 제5단계 : 전략적 과제 파악

### ■ 전략적 중점과제를 확인한다

---

**전략적 중점과제의 파악작업을 위한 활용도표**

4. 전략적 중점과제 확인 작업
　전략적 중점과제 확인 작업전개도
　　● 전략적 중점과제 확인차트 〈도표 4.46〉
　　● 전략적 중점과제 진단차트 〈도표 4.47〉
　　● 전략적 중점과제 영향관계 분석차트 〈도표 4.48 ~ 4.49〉
　　● 전략적 중점과제 진단실무차트 〈도표 4.50 ~ 4.51〉
　　● 대응모드별 전략적 중점과제분석 차트 〈도표 4.52〉
　　● 전략적 중점과제선정 차트 〈도표 4.53〉
　　● 중점과제 우선순위 차트 〈도표 4.58〉
　　● 중점과제구분 차트 〈도표 4.62〉

---

〈도표 4.46〉과 〈도표 4.47〉은 사례기업에 대한 전략적 중점과제(SI)를 파악하여 만든 진단차트의 예시입니다.

여기에서는 전사적 관점에서의 전략적 중점과제를 예시하고 있으므로 상당히 복잡하게 보입니다.  그러나 단일 사업부문이나 특정한 전략적 과제를 중심으로 전개할 경우에는 이보다는 간결한 형태의 작업이 가능합니다.

**SI 진단 프로세스**

1. 현상진단
(환경/능력 분석)

2. 현상진단
원인규명

3. 원인, 조건 및
제약요인규명

4. 문제의
핵심 파악

5. 파생적
현상파악

➤ 6. 전반적
현상파악

➤ 7. 긴급현상
파악

➤ 8. 전략적 과제
정의

경영관리자가 시급히 당면하고 있는 환경상황을 파악하여 전략적 과제를 파악해야 할 상황이라면, 가장 간략한 형태의 약식 작업은 <도표 4.15> (p. 228)의 환경요인 분석 프로필과 <도표 4.19> (p. 236)의 능력요인 분석 프로필을 중심으로 <도표 4.46> 전략적 중점과제(SI) 확인차트의 상단과 좌측의 항목에 해당하는 요인들을 도출하고 그러한 요인들을 결합적으로 판단하여 우리의 목표와 성과에 중대한 영향을 미치는 것을 파악하여 도표의 오른 쪽 아래 9개의 영역에 기입합니다.

이어서 전체적으로 고려해야 할 전반적 대응과제들과 긴급하게 대응해야 할 과제들을 별도로 정리하여 추가합니다.

전반적 대응과제와 긴급대응과제들을 세분화하여 파악해야 될 경우, 앞에서 작업한 현상진단차트의 양식을 활용하여 작성합니다. 여기에서는 작성양식과 사례에 관한 별도의 설명은 생략하겠습니다.

<도표 4.46>의 전략적 중점과제 확인차트를 완성하여 전략적 중점과제들(SI)이 선정되면, 다음의 후속적인 전략적 중점과제 해결(IS) 프로세스를 전개합니다.

<도표 4.47>은 전략적 중점과제를 한눈에 입체적으로 파악하기 위하여 편성한 도표입니다. <도표 4.47>의 중심에는 등장하고 있는 해결과제들을 파악하기 위한 문제현상들을 배치하고, 그러한 문제현상들과 연관된 내부적, 외부적 환경의 요인들을 기회, 위협, 중립적 요인들을 원인과 조건, 파생적 현상의 각 항목별로 재배치합니다.

이와 같은 작업을 통하여 우리가 전략적 중점과제로 대응해야

하는 일들을 선별하고 주요한 과제들을 배치하여 연관적으로 그
리고 전체적으로 추진해야 할 일들을 판별해보도록 하기 위하여
이 도표를 활용합니다.

### 〈도표 4.46〉 전략적 중점 과제(SI) 확인 차트
#### (Strategic Issues Formulation Chart)

| New SWOT<br>전략적 중점과제 확인차트<br>목적: 업계최고의 기업<br>목표: 1조 달성<br>기한: 4년내 | 1. 기회     O<br><br>①중국 시장의 식품수요<br> 확대<br>②국내 시장의 고급식품<br> 니즈 증대 | 2.중립적 요인 N<br><br>①중국의 경제성장<br>②여성의 사회활동의 증대<br>③청소년 교육환경 | 3. 위협     T<br><br>①트랜스지방 규제와 반감<br>②국내경쟁의 확대<br>③외국 대기업의 시장참여<br> (국내, 중국) |
|---|---|---|---|
| **4. 강점     S**<br><br>①국내 제품 브랜드의<br> 확립<br>②품질인증<br>③핵심기술 특허확보 | 기회: 강점<br><br>ⓐ해외시장수요에 대한<br> 시장대응능력의 정비<br>ⓑ시장전개를 위한<br> 전략의 정비<br>ⓒ사업확장을 위한<br> 긴급자금의 확보<br>ⓓ조직정비<br>ⓔ전략의 재수립 | 중립요인: 강점<br><br>ⓐ여성 및 청소년<br> 식사대용 영양식의<br> 개발<br>ⓑ신사업전략의 수립<br>ⓒ사업추진역량의 강화 | 위협: 강점<br><br>ⓐ가공원료의 대체<br>ⓑ식품안전기준대응<br>ⓒ신소재대체대응전략의<br> 수립<br>ⓓ전략경영체제, 역량의<br> 강화 |
| **5. 중립적 역량   N**<br><br>①기존 영업망의 확보<br>②외주하청업체 | 기회: 중립적 역량<br><br>ⓐ해외 영업망 확보과제<br>ⓑ외주수급능력확보/<br> (해외) 외주업체의<br> 관리<br>ⓒ인력확보<br>ⓓ경영관리체제의 보강 | 중립요인: 중립역량<br><br>ⓐ신규물량의 확대를 위한<br> 영업망의 개선<br>ⓑ외주하청업체의<br> 추가확보<br>ⓒ대외교섭력의 보강 | 위협: 중립적 역량<br><br>ⓐ국내 영업망의 유지방어<br> 및 확대<br>ⓑ하청업체의 유지관리 |
| **6. 약점     W**<br><br>①조직효율성이 낮다<br>②자금의 유동성 한계<br>③전문인력의 부족<br>④낮은 수익성<br>⑤조직력의 취약<br>⑥자동화설비의 제약<br>⑦경영관리체제의 미흡<br>⑧낮은 시장인지도(해외) | 기회: 약점<br><br>ⓐ해외수요증가에 대한<br> 조직대응 능력<br>ⓑ자금의 확보<br>ⓒ수익성의 제고<br>ⓓ전문인력의 확보<br>ⓔ자동화설비투자<br>ⓕ경영관리개선<br>ⓖ해외홍보 | 중립요인: 약점<br><br>ⓐ신규물량확대를 위한<br> 조직정비<br>ⓑ자금확보<br>ⓒ인력확충<br>ⓓ제도개선<br>ⓔ경영관리<br>ⓕ자동화설비,<br>ⓖ홍보과제 | 위협: 약점<br><br>ⓐ매출축소대비<br>ⓑ여유자금유지<br>ⓒ인력유출방지<br>ⓓ조직 활력 확보<br>ⓔ경영관리의 개선 |

(D. J. Park, 2007)

<도표 4.47> 전략적 중점과제 (SI) 진단 차트 (A사의 사례)
## PHA Chart

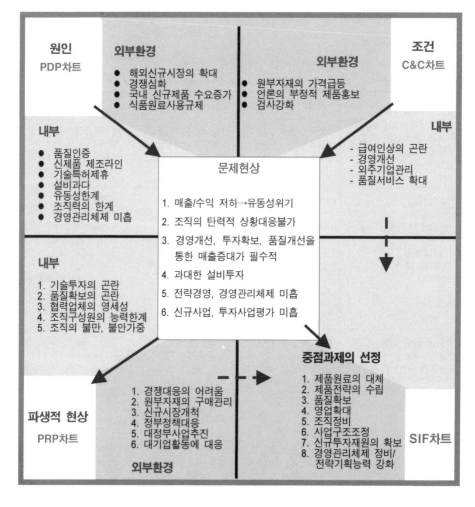

**원인**
PDP차트

**외부환경**
● 해외신규시장의 확대
● 경쟁심화
● 국내 신규제품 수요증가
● 식품원료사용규제

**외부환경**
● 원부자재의 가격급등
● 언론의 부정적 제품홍보
● 검사강화

**조건**
C&C차트

**내부**
● 품질인증
● 신제품 제조라인
● 기술특허제휴
● 설비과다
● 유동성한계
● 조직력의 한계
● 경영관리체제 미흡

**내부**
- 급여인상의 곤란
- 경영개선
- 외주기업관리
- 품질서비스 확대

**문제현상**
1. 매출/수익 저하→유동성위기
2. 조직의 탄력적 상황대응불가
3. 경영개선, 투자확보, 품질개선을 통한 매출증대가 필수적
4. 과대한 설비투자
5. 전략경영, 경영관리체제 미흡
6. 신규사업, 투자사업평가 미흡

**내부**
1. 기술투자의 곤란
2. 품질확보의 곤란
3. 협력업체의 영세성
4. 조직구성원의 능력한계
5. 조직의 불만, 불안가중

**중점과제의 선정**
1. 제품원료의 대체
2. 제품전략의 수립
3. 품질확보
4. 영업확대
5. 조직정비
6. 사업구조조정
7. 신규투자재원의 확보
8. 경영관리체제 정비/전략기획능력 강화

**파생적 현상**
PRP차트

1. 경쟁대응의 어려움
2. 원부자재의 구매관리
3. 신규시장개척
4. 정부정책대응
5. 대정부사업추진
6. 대기업활동에 대응

**외부환경**

SIF차트

(D. J. Park, 2007)

이 도표의 작성시에는 최대한 넓은 종이를 활용하여, 판단을 내릴 수 있도록 합니다. 예를 들면, 전지 크기의 백지를 4장정도 연결하여 붙여 놓고, <도표 4.47>에서 보는 바와 같은 양식의 테

두리를 표시하고, 포스트잇에 각각의 문제현상이나 주요 이슈들을 붙여가면서 전략적 중점과제를 도출하도록 하면, 그 판단을 용이하게 전개할 수 있습니다.

<도표 4.48> 전략적 중점과제 영향관계의 구조분석(1)
(연관관계 흐름분석 예시)

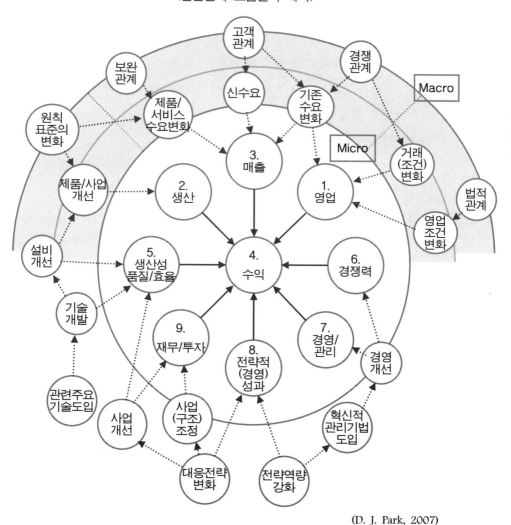

(D. J. Park, 2007)

## ■ 전략적 중점과제의 영향관계를 분석한다

<도표 4.48>은 전략적 중점과제들이 어떻게 우리의 사업에 영향을 미치는가에 대한 관계를 분석하는 작업을 수행하기 위하여 작성합니다.

이 작업은 환경의 변화나 우리 조직의 능력의 변화에 따라 유발되는 현상들이 어떻게 우리의 사업수행에 대하여 영향을 미치게 될 것인가를 파악함으로써 영향에 대한 전체적인 관점과 직접적 연관성을 이해하는데 활용됩니다.

이 작업은 환경 또는 능력에 관련된 연관도의 작성작업의 기초작업으로 활용될 수도 있으며, 전략적 과제해결을 위한 대안들에 대한 전반적인 검토를 수행할 때에도 참고할 수 있습니다.

경영관리자나 실무자가 이상과 같은 도표작성 작업이 불편하게 생각될 경우, 다음 <도표 4.50> (p. 302) 전략적 중점과제 실무진단 차트와 <도표 4.53> (p. 305)의 전략적 중점과제선정 차트를 통하여 작업을 전개할 수 있습니다.

## ■ 영향관계분석을 위한 기본적인 틀을 구성한다

특정한 사안들이 우리에게 미치는 영향을 점검하기 위하여 우선 영향관계분석을 위한 기본틀을 구성할 필요가 있습니다.

즉, 우리 조직에 영향을 미치는 수많은 요인들에 대하여, 판단을 명료하게 하기 위하여 영향관계에 미치는 사안들과 영향의 결과들에 대한 체계를 잡도록 합니다.

영향관계에 관한 기본적인 구조와 틀을 구성할 때에는 우선적으로 고려해야 하는 요소들을 중심으로 <도표 4.48>과 <도표 4.49>에서 예시한 내용을 참고하여 구성합니다.

이 두 가지의 영향관계분석작업은 외견상 유사해보이지만, 작업을 전개하는 방식이 다릅니다. <도표 4.48>의 첫 번째 구조분석 도표는 우리 조직의 핵심적인 기능을 사업전개를 중심으로 도표의 가운데에 배치하고 그 기능에 대하여 어떻게 영향을 미치고 있는가를 살펴보는 형태로 구성합니다.

도표에서 예시하고 있는 중견기업의 사례에서는 영업과 생산을 중심으로 환경을 조망하고 있으며, 이와 더불어 경영관리와 재무적 기능을 중심으로 살펴보고 있습니다. 이러한 주요기능을 중심으로 환경의 거시적 영향요인들이 어떻게 조직의 성과에 영향을 미치게 될 것인가에 대하여 변화요인을 살펴보고 그 연관성을 파악하고 있습니다.

이 도표를 활용함으로써 우리조직의 핵심적 주요기능을 중심으로 연관성을 파악함으로써 외부 및 내부의 환경요인들이 영향을 미치는 정도와 심각성을 입체적으로 파악할 수 있습니다.

예를 들면, 옷을 만들어 파는 경우라면 핵심적 기능은 우선 ① 옷을 만드는 기능과 ②옷을 파는 기능을 중심으로 분석을 합니다. 여기에 만들고 파는 기능의 결과 또는 성과에 관한 ③매출, ④수익을 중심으로 파악합니다. 이와 같이 구분하면 무엇이 핵심적인 주요 사업기능인지를 파악할 수 있습니다. 여기에 추가적으로 고려할 기능들을 다시 파악합니다.

즉, 잘 팔리는 옷을 만들기 위하여 수행되어야 하는 핵심적 기능은 무엇인가에 대하여 ⑤디자인, ⑥품질, ⑦원단에 관한 ⑧생산성이나 경제성을 고려하고 이를 조직화하고 전개하기 위한 ⑨경영관리와 <도표 4.48>에서는 재무와 투자가 예시되어 있지만, 옷을 만들어 파는 경우라면 ⑩거래처와의 관계발전과 같은 기능을 편성합니다.

이와 같은 핵심적 기능들에 대하여 어떠한 것이 연관되어 대응해야 할 전략적 과제인지를 판별해내도록 함으로써 전략적 과제의 내용과 특성, 중요성을 식별할 수 있게 됩니다.

## <도표 4.49> 전략적 중점과제 영향관계의 구조분석(2)
### (영향관계 구조분석 예시 : 수익에 직접적으로 영향을 미치는 구조를 중심으로)

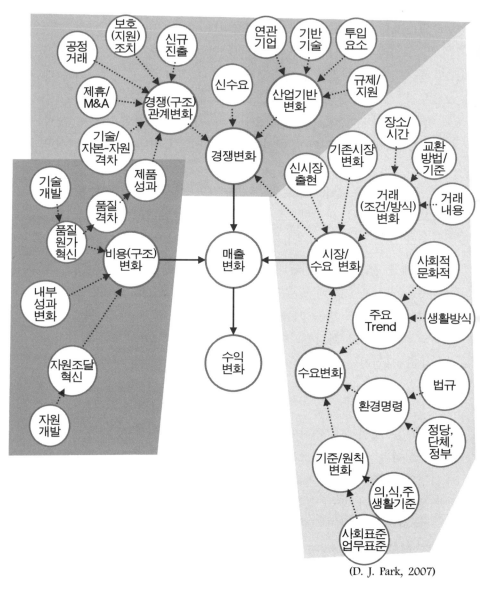

(D. J. Park, 2007)

사업의 규모가 방대해지고 조직의 기능이 좀더 세분화되어 전체적 관점에서 무엇이 주요한 전략적 과제인지를 파악하기 힘들 경우에는 핵심적 기능을 세분화하고 그에 대응하는 전략적 과제를 선별하는데 어려움이 있을 수도 있습니다.

따라서 두 번째 형태의 분석도표는 조직의 사업에 대한 주요 기능에 초점을 맞추기 보다는 직접적으로 매출과 수익에 주요한 영향을 주는 환경의 요인들을 분석합니다. 구체적으로는 각 요인들이 영향관계의 구조를 중심으로 실제로 사업성과, 매출(또는 수익)의 증가나 감소, 또는 품질의 수준에 어떤 영향이 유발될 것인가를 파악하고자 할 때, 유용합니다.

## ■ 전략적 중점과제 진단 실무차트를 작성한다

<도표 4.50>과 <도표 4.53>의 작성도표는 전략적 중점과제를 진단하기 위하여 실무적으로 활용할 수 있도록 단순화시켜 개량한 형태의 차트입니다. 이 도표는 환경과 능력에 대한 분석을 마치고 뉴스와트 과제분석 매트릭스 작업을 완료한 뒤, 주요 과업별로 재분류한 다음에 필요에 따라 작성합니다.

<도표 4.50>은 대응해야 할 전략과제들을 원인과 조건, 핵심, 연관적으로 수행해야 할 과제, 우선적으로 수행해야 할 과제들에 초점을 맞추어 구분하여 살펴보기 위한 도표입니다. <도표 4.53>은 <도표 4.50>의 도표를 환경요인과 능력요인 그리고 중립적 요인으로 재구분한 도표입니다.

이 작업도표의 특성은 환경과 능력을 고려한 대응을 모색함에 있어서 상호간의 매트릭스 형태의 대응보다는 우리가 실천해야 하는 과제와 대안들에 대하여 무엇이 핵심적 과제인가를 파악하고 그 핵심적 과제를 둘러싸고 발생원인이나 발생조건에 대응해야 할 과제, 연관적으로 해결해야 할 과제, 전반적으로 살펴봐야

할 과제와 긴급하게 대응해야 할 과제를 구분함으로써 대응성과
를 높이는 데에 초점을 맞추고 있습니다.

<도표 4.50> 전략적 중점과제 진단 실무 차트(1)

| 전략적 과제 대응방안수립 SID | 전략적 과제의 현상요인 |
|---|---|
| | [주요당면과제 및 현상] |
| **원인, 상황 조건(C)** | **원인/상황의 중점과제** |
| 원인/상황의 주요내용 | CC 과제 |
| **핵심(M)** | **핵심중점과제** |
| 핵심현상의 주요내용 | 핵심과제 |
| **연관(R)** | **연관 중점과제** |
| 연관현상의 주요내용 | 연관 중점과제 |
| **전반(O)** | **전반적 대응이 필요한 중점과제** |
| 전반적 대응의 주요내용 | 전반대응 중점과제 |
| **긴급(U)** | **긴급대응과제** |
| 긴급상황의 주요내용 | 긴급대응과제 |

(D. J. Park, 2007)

따라서 실무적 관점에서의 접근이 용이하고, 전략적 과제들에 대하여 심도 있는 대응을 가능하게 합니다.

<도표 4.51> 전략적 중점과제 진단 실무 차트(2)

| 전략적 과제진단<br>ENC-SI | 전략적 과제의 현상요인 | | |
|---|---|---|---|
| | [주요환경 요인]<br>Environmental Factors | [중립적 요인]<br>Neutral Factors | [주요내부 요인]<br>Capability Factors |
| 원인, 상황 조건(C) | EC | NC | CC |
| | EC<br>중점과제 | NC<br>중점과제 | CC<br>중점과제 |
| 핵심(M) | EM | NM | CM |
| | EM<br>중점과제 | NM<br>중점과제 | CM<br>중점과제 |
| 연관(R) | ER | NR | CR |
| | ER<br>중점과제 | NR<br>중점과제 | CR<br>중점과제 |
| 전반(O) | EO | NO | CO |
| | EO<br>중점과제 | NO<br>중점과제 | CO<br>중점과제 |
| 긴급(U) | EU | NU | CU |
| | NU<br>중점과제 | IU<br>중점과제 | CU<br>중점과제 |

(D. J. Park, 2007)

<도표 4.52> 대응모드별 전략적 중점과제 분석도표

| 전략적 과제진단<br>PRD-SI | 선행(Proactive) | 실시간(Real time) | 지연(Delayed) |
|---|---|---|---|
| 원인, 상황 조건(C) | PC | RC | DC |
| | PC<br>중점과제 | RC<br>중점과제 | DC<br>중점과제 |
| 핵심(M) | PM | RM | DM |
| | PM<br>중점과제 | RM<br>중점과제 | DM<br>중점과제 |
| 연관(R) | PR | RR | DR |
| | PR<br>중점과제 | RR<br>중점과제 | DR<br>중점과제 |
| 전반(O) | PO | RO | DO |
| | PO<br>중점과제 | RO<br>중점과제 | DO<br>중점과제 |
| 긴급(U) | PU | RU | DU |
| | PU<br>중점과제 | RU<br>중점과제 | DU<br>중점과제 |

(D. J. Park, 2007)

## \<도표 4.53\> 전략적 중점과제 선정 차트

| 대상 | 전사 / 사업본부 / 팀 | 보고대상 | | 기밀분류 | ( ) 등급 |
|---|---|---|---|---|---|
| 제목 | | | | 과제분류 | |
| 기간 | 년  월 | 작성자 | 작성일   / / | 폐기일 | 년 월 일 |

**원인/상황**

- 
- 
- 
- 
- 
- 

**핵심**

- 
- 
- 
- 
- 
- 

**연관/파생**

- 
- 
- 
- 
- 
- 

**전략적 중점과제**

- 
- 
- 
- 
- 
- 
- 
- 

**전반적 대응 중점과제**

- 
- 
- 
- 
- 
- 

**긴급대응과제**

- 
- 
- 
- 
- 
- 

(D. J. Park, 2007)

## ■ 중점과제의 전개모드를 검토하라

<도표 4.50>의 중점과제 실무진단 차트를 통하여 그동안 다뤄온 현상과 문제에 대한 현상(예측) 전개도표들을 모두 하나로 정리를 마치면 상황의 전개에 따른 대응 모드를 살펴봅니다. 앞에서도 언급한 바와 같이 선행대응(P mode)이나 실시간대응(R mode), 지연대응(D mode) 중에 해당사항이 없거나 판별이 되지 않는다면, 그 내용의 작성을 생략합니다.

또한 원인 상황조건이나 핵심현상, 연관현상, 긴급현상의 각 항목 중에 해당사항이 없을 경우에도 그 내용의 작성을 생략합니다. 그러나 <도표 4.52>의 도표에서 전개의 시점과 대응모드에 해당하는 사항들을 고려할 수 있다면, 그에 대한 작업을 전개합니다. 이 작업을 통하여 전략적 과제를 미리 대응할 것인지, 아니면 상황이 전개된 이후에, 사후에 대응을 할 것인지에 대한 판단을 강화할 수 있습니다.

대체로 전략적 위기에 처하게 되는 많은 조직들의 실상을 보면, 사후적 대응형태로 전략적 과제를 인식하고 대응방안을 전개하려고 하는 경향이 있습니다. 이러한 현상이 전략적 위기를 스스로 초래하는 원인으로 작용합니다. 이 도표는 전략적 위기를 미연에 방지하고자 하는 조직적 노력의 일환으로 작성합니다.

<도표 4.53>의 전략적 중점과제선정 차트에는 이상의 작업에서 파악된 내용들을 정리하여, 왼쪽에 기입하고 최종적으로 중점과제의 선정과 긴급과제를 오른쪽에 확정합니다.

이와 같은 체계적인 전개과정을 통하여 「전략적 중점과제 (Strategic Issues)」를 선별해낼 경우, 그 해결의 유용성 및 효과성이 증대하게 되는 것입니다.

전략적 중점과제들이 선별되면, 그것을 전략적 해결이 필요한 중점과제로 명명하고 이의 해결을 위한 대안수립을 위한 준비작업에 들어갑니다.

 **■ 결합도표를 통하여 판단을 내리고자 할 때**

　<도표 4.47> (p. 296) 또는 <도표 4.29> (p.253)의 양식을 통하여 전략적 중점과제의 진단을 하고자 할 경우 네 가지의 기본 도표들을 준비합니다. 각 단계별 작업에 대한 도표들을 참고적으로 보면 <도표 4.54>부터 <도표 4.57>과 같습니다.

　이 작업은 도표의 주제와 내용에 따라 앞에서 검토된 과제들을 배치함으로써 전체적인 윤곽을 이해할 수 있도록 합니다. 그러나 방법에 익숙해질 때까지는 다소 복잡해보이기 때문에, 어렵게 생각되기도 합니다. 그러나 서너 번 작업을 수행해보면, 작업은 의외로 어렵지 않게 전개할 수 있으며, 도표의 틀과 구성도 다양하게 변형하여 사용할 수 있습니다.

　<도표 4.47>의 종합 도표는 전략적 중점과제가 어떻게 구성되어 있으며 또한 어떠한 중점과제를 파악할 것인가를 전체적으로 살펴볼 수 있도록 하기 위하여 원인, 조건, 연관-파생적 현상, 그리고 중점과제의 항목으로 구성하였습니다.

　그러나 필요하다면, <도표 4.47>의 오른쪽 하단을 전반적 대응이 필요한 과제, 긴급대응이 필요한 과제, 그리고 중점과제로 세분화하여 활용할 수도 있으며, 보다 주제별로 정밀한 구분을 원할 경우, 일부항목을 필요한 검토주제로 대체하거나 도표의 하단에 별도의 구분란을 첨부하여 작업을 전개할 수도 있습니다.

　<도표 4.54>는 대응해야 하는 문제현상과 핵심을 파악함에 있어서 주요원인이나 상황조건들이 어떻게 영향을 미치고 있는지를 파악하기 위하여 활용합니다.

　SNWONT 과제분석 매트릭스과 당면문제현상 분석을 통하여 주원인분석과 조건분석이 끝나면 <도표 4.54> 문제현상진단차트

의 왼 쪽 위에서 오른 쪽 아래로 내려오는 과정에서 우리 회사에
서 당면하고 있는 문제현상을 정의합니다.

<도표 4.54> 문제현상진단 차트(Problem and Phenomena Diagnosis Chart)

(D. J. Park, 2003)

실제로 이 작업을 통하여 중요한 전략적 과제들을 설정할 수
있으며, 시간의 지평, 즉 대상기간을 얼마로 할 것인가에 따라서
단기의 전략적 과제뿐만 아니라, 시나리오 플래닝이나, 또는 장기
전략과제의 도출에도 활용할 수 있습니다.

　문제현상이 작성되면, 항목과 내용을 중심으로 <도표 4.37> 문제현상분류표와 <도표 4.39> 문제현상연관도를 점검합니다. 문제현상분류표는 문제현상들이 어떤 내용과 어느 부분에 속하게 되는 것인지를 알 수 있게 합니다. 문제현상연관도 우리가 전개해야 할 과제들의 내용과 속성을 일목요연하게 인식할 수 있을 뿐만 아니라, 그 과제들간의 연관성이나 파생적 관계를 이해할 수 있도록 합니다.

　<도표 4.54>의 작업에서는 뉴스와트 과제분석(SNWONT) 매트릭스와 <도표 4.33> 문제현상분석차트, <도표 4.41>의 원인상황조건 현상진단차트에서 도출된 전략적 과제들과 문제현상들에 대하여 전체적으로 내용을 파악하고, 그러한 과제나 문제현상들을 유발시키는 원인이나 상황조건과 관련있는 것들을 도출하여 <도표 4.54>에 배치함으로써 시각적으로 그 구조와 관계, 중요성을 파악할 수 있도록 합니다.

　단, <도표 4.41>의 원인상황조건 현상진단차트에서는 원인과 상황의 조건을 통합하고 있으므로 <도표 4.41>의 내용중에 원인에 해당하는 것만 도출하고 상황이나 제약조건에 대한 것은 다음 <도표 4.55>의 작업에 활용합니다.

　도표에 배치할 때에는 원인이나 상황조건에 해당하는 것들이 외부 환경에서 유발되는 것은 기회, 위협, 또는 중립적 요인들에 각각 배치하고, 기업조직의 능력에서 유발되는 것들이라면 강점, 약점, 또는 중립적 요인들에 각각 배치합니다.

　도표의 가운데 사선을 중심으로는 영향관계가 큰 것은 중심선에 가까이 배치하고, 영향관계가 적은 것은 중심선으로부터 멀리 배치합니다.

　필요하다면, 배치된 항목들에 원형으로 테두리를 그리고, 중요도에 따라 원의 면적을 크게 합니다. 또한 긴급하게 대응이 필요한 것은 빨간색으로 테두리를 그어 주목하기 쉽게 작업을 합니다.

작업을 수행하는 중에 새로운 원인항목이나 상황조건에 관한 항목이 생각나게 될 수도 있으며, 해당항목들이 고려되어야 할 요인들이라면, 추가하여 연결선을 그어 상황파악을 용이하게 할 수 있습니다.

<도표 4.55> 제약조건 진단 차트(C&C Chart)

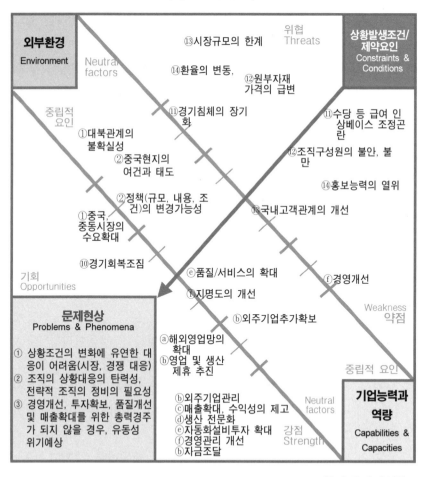

(D. J. Park 2003)

이와 마찬가지로, 제약조건에 관한 작업도 <도표 4.55>와 같이 수행합니다. 여기에서는 상황에 따라 가변적으로 작용하는 조건이나 제약요인들을 중심으로 기입합니다.

<도표 4.56> 파생적 현상 진단 차트(PRP Chart)

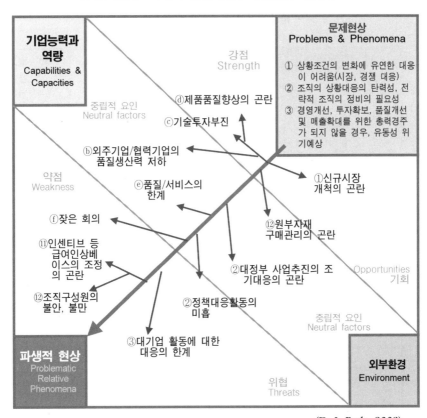

(D. J. Park, 2003)

<도표 4.56>에서는 현재 파악되고 있는 문제현상들과 전략적 과제들과 관련하여 파생적으로 유발되는 문제 또는 연관현상들을 파악하기 위하여 작성합니다. 뉴스와트 과제분석 매트릭스와

<도표 4.44>의 파생적 현상진단 차트를 이용하여 고려해야 할 항목들을 배치함으로써 대응해야 할 중점과제의 내용과 범위를 파악할 수 있습니다.

<도표 4.57> 중점과제확인 차트 (Strategic Issues Formulation Chart)

(D. J. Park, 2004)

<도표 4.57>에서는 이상의 작업을 종합적으로 파악하여 전략적 중점과제를 선별해내기 위한 작업을 수행합니다. 논리적으로는 독립적 도표로 보이지만, 사실상 이 도표는 <도표 4.54>부터 <도표 4.56>까지의 내용을 결합하여 파악되는 도표이므로 <도표 4.47>과 같은 도표에서 오른 쪽 하단에만 집중적으로 초점을 맞추는 도표라고 할 수 있습니다.

이와 같은 도표를 만드는 일이 번거롭거나 혼란스럽고, 당면하고 있는 시간이 부족하다면, 이 작업들은 앞에서 다룬 작업으로 대신하고 생략하고 <도표 4.51>의 SI 진단실무차트(2)로 대신할 수 있습니다.

전체적인 관점에서 중점과제들을 파악하고, 어떠한 중점과제들에 대하여 대응할 것인가를 도출하고자 할 때, <도표 4.47>이나 <도표 4.51>은 유용하게 활용될 수 있습니다.

이상과 같은 작업을 결합하여 <도표 4.47>의 전략적 중점과제 진단차트를 완성합니다. 여기에서 파악된 전략적 중점과제들을 재분류해야 할 필요가 있거나 또는 전반대응과제, 긴급대응과제를 분류할 필요가 있을 경우에는 <도표 5.17> (p. 403)의 하단과 같이 구분하여 정리하여 활용할 수 있습니다.

### ■ 어떠한 과제들부터 대응해야 하는가?

일단 전략적 중점과제들(strategic issues)이 정리되면, 다음 페이지의 <도표 4.58>에서 보는 바와 같이 다시 그 과제의 우선순위를 배정합니다. 과제의 우선순위는 대상과제의 중요도, 영향도, 긴급도를 중심으로 판단합니다.

중요도의 검토는 경제성, 수익성, 기업성의 3가지의 범주로 나누어 평가합니다. 경제성은 비용과 생산, 효율에 영향을 크게 미치는 정도를 중심으로 평가합니다. 수익성은 매출, 이익에 영향을 미치는 정도를 중심으로 평가합니다. 기업성은 기업의 사업활동, 사회관계, 미래성장이나 미래성과에 영향을 미치는 정도를 중심으로 평가합니다.

영향도는 해당 과제가 타부문, 또는 기업전체의 성과에 미치는 정도를 중심으로 평가합니다. 긴급도는 해당 과제가 실시되어야 하는 시급한 정도를 중심으로 평가합니다.

중요도와 영향도는 가장 크게 영향을 미치는 것을 5, 영향이 거의 없는 것을 1로 합니다. 긴급도는 당장 시급하다고 생각되는 것은 5 그리고 긴급하지 않으면 1로 하여 모두 5점 기준으로 배점하여 다음 도표에 의하여 우선순위를 평가합니다.

<도표 4.58> 중점과제들의 우선순위선정

| 구 분 | 중요도 | | | | 영향도 | 긴급도 | 합계 | 우선순위배정 | 비고 |
|---|---|---|---|---|---|---|---|---|---|
| | 수익성 | 경제성 | 기업성 | 소계 | | | | | |
| 중점과제<br>1.<br>2.<br>3.<br>4.<br>5. | | | | | | | | | |
| 본업(충실)과제<br>1.<br>2.<br>3.<br>4. | | | | | | | | | |

(D. J. Park, 1995, 2002)

추후에 IS 대안수립 프로세스 팀에게 이 우선순위차트를 넘겨줄 때에는 추가로 각 중점과제별로, 계획완료희망시점과 대응완료희망시점에 대하여 기입하여 넘겨줍니다. 그 이유는 IS 대안수립 프로세스 추진팀에서 중점과제별 작업에 대한 일정과 대응시점을 미리 유의할 수 있게 하며, 또한 대응의 타이밍을 높일 수 있기 때문입니다.

각 평가에 있어서 현재시점에 초점을 둘 것인지, 아니면 계획기간내를 고려할 것인지, 또는 미래시점을 중심으로 할 것인지에 대하여 초점을 어디에 맞출 것인가의 문제가 있습니다. 여기에 일의적인 원칙은 없습니다. 그것은 이 SIS 대안수립 프로세스에서 선정하고 있는 기간과 과제에 따라서 달라질 수 있습니다.

그러나 가급적이면 비교적 근접기간을 다룰 수 있는 범위의 시간폭을 감안할 것을 권장합니다. 비교적 근접기간이라고 한다면, 현재 문제시 하고 있는 제품시장에서 우리 또는 경쟁사의 차기 신제품 출현시기와 같은 시간축을 말합니다. 그 이유는 SI 프로세스의 운영이 한시적으로 종료하는 것이 아니라 기업조직내에서 지속적인 프로그램으로 운영되기 때문입니다.

또한, 중요도 항목을 세 항목으로 세분화하였습니다만, 이를 하나의 항목으로 평균값을 구해서, 중요도와 영향도, 긴급도의 3개의 항목에서 추출된 값으로 우선순위를 설정할 것인지, 또는 중요도 항목은 세 항목의 진단값을 각기 취하고 이에 영향도와 긴급도를 반영시켜 5개 항목으로 우선순위를 설정할 것인지에 대한 기준도 편하게 정의할 수 있습니다.

기업의 사회적 인지도가 높고, 제품이나 서비스의 사회적 영향력이 높으며, 고객관계를 포함하여 사회적 관계가 폭넓은 회사나 기관에 대하여는 5개 항목으로 설정할 것을 권하고 있고, 소기업의 경우에는 작업의 편의상 3개 항목으로 설정하도록 하고 있습니다. 그러나 사회적 영향력이 큰 기업들일수록 점검항목을 확대하여 사회적 대응성을 높이는 것이 바람직하기 때문입니다.

## ■ 부업이라는 이름의 신규 비즈니스

만약 본업을 등한시하고 부업에만 신경을 쓰고 있다면, 그 일이 잘 될 리가 없습니다. 그런데 전략에서는 「부업」을 결코 무시할 수 없습니다. 대부분의 부업들이 신규 비즈니스의 전략대안으로 부각됩니다.

본업의 성과가 저조하게 될 경우가 아니더라도, 전략수립을 할 때에는 여러 가지의 전략대안으로 부업을 또 다른 사업기회로 진출방안을 염두에 두도록 하고 있습니다. 부업은 기업의 안전 지지대와 같은 심리적 안심감을 줄 뿐만 아니라, 또한 새로운 수익이 창출될 것이라는 기대 때문에 관심과 흥미를 유발합니다.

또한 본업과 본업의 주변사업을 충실히 확대할 경우에는 본업을 더욱 잘 수행하게 될 수 있습니다. 이러한 점에서 본업에 충실하고 시장신뢰를 얻는 기업은 본업과 연관된 부업을 확장하여 시장에 대한 충성도를 더욱 높일 수 있습니다.

<도표 4.59> 본업과 부업의 충실도

| 부업에의 충실도 (부업의식) | 높다 | 빛 좋은 개살구 | 본업확장기업 |
|---|---|---|---|
| | 낮다 | 문제기업 | 본업충실기업 |
| | | 낮다 | 높다 |
| | | 본업에의 충실도(부업정신의 발휘도) | |

(D. J. Park, 2003)

부업을 본격적으로 전개하게 되면, 부업의 규모도 커지게 되어, 이제는 부업이 또 다른 본업으로 자리 잡게 됩니다. 그런데 본업에 충실하지 못한 기업은 또 다시 본업의 기업행동성과를 제자리에 올려놓기도 전에 또 다시, 새로운 부업거리의 찾기에 여념이 없게 됩니다. 우선순위가 전도하는 것입니다.

이러한 경우에는 소위 「부업 인큐베이팅 전업(專業) 기업」으로 전락하게 될 소지가 있습니다. 좋게 말해서 부업 인큐베이터 기업이라고 말 할 수 있겠습니다만, 사실은 대부분의 사업들이 늘 부진한 성과에 그치는 사업들을 벌리면서 전전긍긍하고 있는 기업들의 모습입니다. 남들에게 보이기에는 그럴 듯한 신흥그룹처럼 부업 A, 부업 B, 부업 C, D와 같은 사업체의 명칭들이 열거되지만, 사업을 제대로 전개하지 못하고, 특히 본업에 충실하지 못하는 기업의 실적을 지속적으로 보면, 대부분의 사업에서 별로 탐탁치 못한 성과를 보이고 있을 뿐만 아니라, 조직 내에 여러 가지의 잡음이 계속 일어납니다.

사람도 기업도 이와 같이 본업에 충실하지 않을 경우, 이러한 현상을 경험하게 되는 것입니다. 신규 비즈니스를 창업할 때에도 본업정신이 충실해야만 부업 또한 성공이 가능하다는 점을 간과하고 있기 때문입니다.

우선순위에 대한 이해에서는 이러한 점들에 대하여 유의하고 있을 필요가 있습니다. 특히 우선순위를 무엇에 의하여 평가할 것인가에 대한 평가기준이 애매하게 될 경우, 오히려 혼란이 가중될 수도 있으며, 본업에서의 참으로 중요한 일들이 행동대안으로 설정되지 못하고, 등한시되거나 또는 무시될 수도 있기 때문입니다.

이러한 문제를 해소하기 위하여 저는 우선순위 리스트를 작성할 때 앞의 <도표 4.58>의 하단과 같이 별도의 본업의 충실도를 제고하기 위한 항목을 구분하고, 필요한 조치들이 요구될 경우에는 이를 추가할 것을 권장하고 있습니다.

## ■ 과제진단 팀조직을 분리하라

필요하다면 경영관리자는 그동안 작업팀 멤버의 일부와 기획요원 및 책임자를 선임하고 별도의 팀조직을 상설하여 전략적 과제진단(SI) 프로세스를 계속 점검하도록 하는 것이 필요합니다.

<도표 4.60> SI 프로세스 팀조직을 분리한다

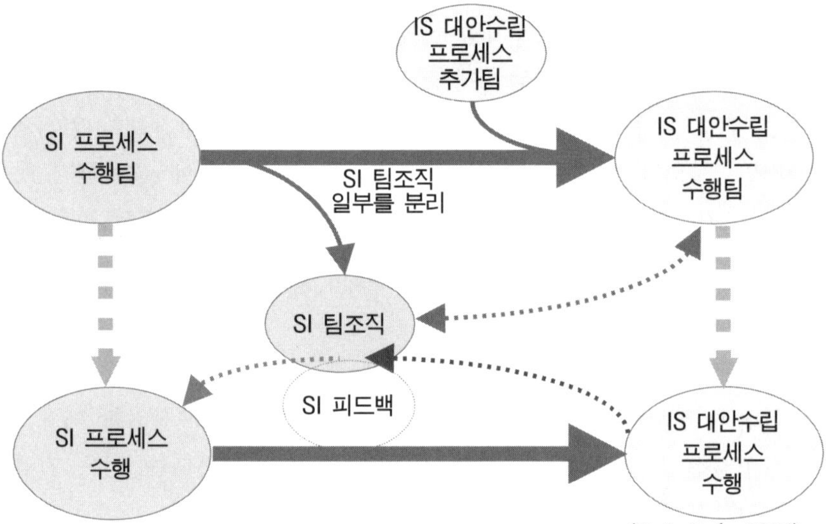

(D. J. Park, 2003)

그것은 대체로 프로젝트 팀에서 SI 프로세스와 후속작업인 전략적 과제해결(IS) 대안수립 프로세스를 모두 추진하게 될 경우에는 더 이상의 추가적인 전략적 중점과제들에 대하여 신경을 못쓰고, IS 대안수립 프로세스에 매달리게 되기 때문입니다. 그러나 선정된 전략적 중점과제가 이전 작업에서 잘못 기획되어 있다면, 이에 대한 방향수정이 필요하게 될 수 있습니다.

그러므로 SI 팀에서는 지속적으로 외부환경과 내부환경의 상황을 감지하여 해당 SI 프로세스를 점검하고 피드백하며, 또한 추가적으로 입수된 정보나 자료들을 IS 대안수립 프로세스 추진팀에게 신속히 리얼타임으로 제공합니다.

따라서 SI 팀의 멤버들은 IS 대안수립 프로세스 추진팀의 정보기능을 수행하고 팀원들에게 전략적 과제들의 중요성을 인식할 수 있도록 하며, 대안수립의 방향설정에 도움을 줄 수 있도록 IS 대안수립 프로세스팀의 일원으로 배속할 필요가 있습니다.

## ■ SI 피드백

SI 작업의 피드백은 시시 때때로 변화하는 상황에 신속하게 대응하기 위하여 전개합니다. 작업의 초기단계인 문제현상에 대한 감지에서부터 그 선별, 현상의 연관성이나 인과관계, 위협과 기획요인의 적출과 내부적 역량과의 관계 등을 모니터링 함으로써 중점과제들의 내용과 속성이 변화하는 것을 점검하여 전략적 중점과제 리스트를 지속적으로 관리합니다.

이러한 SI 프로세스의 피드백 작업이 중요한 까닭은 다음과 같은 이유에 입각합니다.

첫째, 어떠한 전략적 의사결정 프로세스에서도 마찬가지이지만, SIS 프로그램을 수행함에 있어서 초기 SI 프로세스는 각 단계별로 완전한 진단을 목표로 하는 것이 아니라 일단 현재상태에서 인식할 수 있는 최선의 관점에서 판단을 신속하게 내리면서 일을 진행하기 때문입니다. 신속하게 하는 것과 서두르는 것은 명확히 다른 것이지만, 불완전한 정보와 불완전한 필터에 의하여 파악된 내용은 현실과 거리가 있는 진단이 될 수 있습니다.

둘째로, 문제를 해결하기 위하여 전략적 중점과제를 선정하고 그에 의하여 전략적 해결을 도모하기 위하여 이와 같은 노력을 수행하고 있음에도 불구하고, 중대한 유의점 중의 하나로, 우리가 여러 가지의 과제들을 선정하면서도 실제로 무슨 문제상황을 지니고 있는지, 그 상황이 어떻게 전개되고 있는지 여전히 잘 모르고 있을 수 있다는 점입니다.

여기에는 환경지능이 제대로 발휘되지 못하는 경우에도 그러할 수 있으며, 설령 환경지능이 발휘되어 제대로 상황을 인지할 경우에도, 소위 인식필터의 문제가 이러한 결과를 초래할 수 있다는 점입니다. 이러한 문제를 해결하기 위하여 기능을 활성화하고 이를 수행할 수 있는 '늘 깨어있는' 조직을 확보할 필요가 있습니다.

셋째로 후속적으로 진행되는 IS 대안수립 프로세스에서 현재 진행 중인 상황의 인식에 대한 정보를 요구하게 되기 때문입니다. 그것은 SI 작업단계에서 가설이나 가정의 형태로 검증되지 않고, 대안을 수립하는 프로세스로 진행되는 경우가 많으며, 이 때, 유효한 상황인식정보가 들어오게 되면 그 전략적 대안의 유효성이 증가하기 때문입니다.

피드백은 대안수립 및 관련 프로세스에 필요한 정보를 제공함으로써 그 전략적 대안의 유의성을 높이게 됩니다.

따라서 SI 팀조직이 이와 같은 피드백 프로세스를 충실히 가동함으로써 SI 진단의 결과로 도출된 전략적 과제들을 시의적절하게 관리하고 대응할 수 있게 됩니다. <도표 4.47> (p. 296)은 SI 진단 프로세스의 결과로 작성된 사례의 예시입니다.


## 5. 과제해결 대안 프로세스의 착수를 위한 최종점검

일단 원인이 규명되고 해결과제가 선정되면, 그 과제를 어떤 방향에서 해결할 것인지에 관하여 결정하여야 합니다. 소위 해결의 방향, 또는 목적이 설정되어야 하는 것입니다. 그 해결절차에 대하여는 제5장에서 살펴보도록 하겠습니다. 여기에서는 과제의 해결대안 프로세스를 착수하기 위하여 마지막으로 점검해야 할 사항들을 살펴보겠습니다.

우선, 추진해야 할 방향을 결정하지 않고 전략적 대안을 만들게 될 경우에는 전략적 대안의 모색과정에서 시간이 많이 소요될 뿐만 아니라, 혼란만 가중되고, 효과적인 전략적 대안을 도출하기 어려울 수도 있습니다.

따라서 과제해결의 방향을 먼저 점검하고, 필요하다면 그에 대한 추진목적이나 과제해결의 목적을 명확히 작성하도록 합니다. IS 프로세스를 수행하는 근본적인 목적은 당면하는 상황을 가장 효과적으로 해결하기 위한 것이기 때문입니다.  물론 해결방향이 제대로 설정되어 있다면, 이 작업은 생략하고 후속작업으로 진행합니다.  그러나 분기별, 반기별, 연도별로 당면과제를 점검하고 전사적 또는 부문별로 전략적 대안을 모색하고자 할 때에는 이에 대한 검토를 수행하도록 합니다.

만약, 경영관리자가 새로운 사업을 맡게 되었거나, 또는 사업의 구조전환이나 신규사업을 전개하고자 할 때에는 특히 이에 대한 검토를 신중하게 검토할 필요가 있습니다.

그것은 현재 추진하고자 하는 사업에 대하여, 현실적으로 사업전환이나 신사업착수와 같은 사업의 구조 변경이 수반되는 전략을 검토하는 과정에서 충실한 전략판단이 수행되지 않은 채로, 현재까지 불확실한 내용을 토대로 설정된 개략적인 사업계획에만 의존하여 지속적으로 사업이 전개될 수도 있기 때문입니다.

물론 대부분의 경우, 기업의 실제에서는 제한적인 정보를 토대로 사업을 전개하는 경우가 많습니다.  따라서 사업을 전개해가면서, 현실적으로 사업의 전개내용과 방식을 조정해가는 일들이 계속 전개됩니다.  이와 같은 경우, 무엇을 기준으로 사업행동을 조정해나갈 것인가, 그리고 어떠한 환경요인들이나 내부역량들을 살펴가면서, 사업을 정비해나갈 것인가의 판단이 필요하게 됩니다.

그러한 판단의 중심적인 기초로 활용되는 것이 전략적 과제들에 대한 해결의 방향과 목적에 관한 검토자료입니다. 때로는 특정한 전략적 사업이나 대안의 추진에 대하여 구체적인 방향이나 목적이 준비되지 못한 채로 대응행동을 전개하게 될 경우도 있습니다. 이와 같은 경우에는 기업행동의 원점이라고 할 수 있는 기업이념이나 사규, 행동강령과 같은 원칙에 입각하여 수행합니다.

그러나 특정한 사업에 대하여 기존의 기업행동의 원칙들이 적용될 만한 것이 없다면, 임시로라도 원칙을 편성하여 경영진과 협의를 거쳐, 대응원칙에 따라 대응하도록 하는 것이 바람직합니다.

따라서 기존에 임시적으로 편성된 내용들은 참고하면서, 추가적으로 시간을 확보하여 해결대안 프로세스에 대한 방향과 목적을 검토해놓도록 하는 것이 필요합니다.

### ■ 어떤 대안부터 과제해결 대안수립 프로세스에 올릴 것인가?

전략적 중점과제의 해결대안의 수립(Issues Solution) 프로세스를 줄여서 IS 프로세스, 또는 IS 대안수립 프로세스라고 부르겠습니다.

IS 프로세스의 전개는 제4장의 SI 프로세스에서 파악된 전략적 중점과제들의 주요 사안별로 실시될 수도 있고, 기업전략의 전체적인 관점에서의 전략적 과제들의 해결을 위하여 전개할 수도 있습니다. 따라서 당면하고 있는 과제별로 대응책을 강구하기 위하여 IS 프로세스를 전개할 수도 있으며, 기업전략이나 당면하고 있는 사업환경에 대응하기 위한 중점과제들을 전체적으로 해결책을 모색하기 위하여 대응책을 강구할 수도 있습니다.

기존의 SWOT 분석기법에서는 환경의 기회, 위협요인과 내부 강점과 약점을 늘어놓고, 입체적 관점에서 대안을 모색합니다.

이는 마치 씨줄과 날줄로 천을 편집하는 방식과도 유사하다고 할 것입니다.

이러한 방법의 장점은 마치 커다란 카페트를 짤 때, 천장위에서 전체를 조망하면서 편성하게 되므로, 전체적인 윤곽이나 대안들을 살펴볼 수도 있다는 점입니다. 물론 방법과 그 내용의 편성에 따라서 기대하는 바와는 전혀 다르게, 창고위의 천장에서 볼 때, 포장만 요란한 빈 상자들만을 열거하게 될 수도 있습니다.

그러나 IS 대안수립 프로세스에서는 전체적인 현상을 환경의 전체상을 통하여 분석하고 그에 대응함에 있어서 선정된 중점과제나 또는 일련의 연관성을 지닌 전략적 이슈들을 묶어서 대안을 모색합니다. 따라서, 전략적 중점과제의 성격이나 내용에 따라서, 때로는 하나의 과제만 다루기도 하고 때로는 몇 개의 과제들을 관련성 있는 것들을 묶어서 그 해결책을 다루게 됩니다.

이 때, 어떠한 기준으로 묶을 것인가에 대한 특별한 기준은 없습니다. 그것은 전략적 중점과제의 성격이나 내용, 그리고 기업이 당면하고 있는 상황과 환경, 그리고 기업의 대응능력과 그 방식에 따라 달라집니다.

그러나 일단 몇 개의 그룹으로 묶거나, 전체적으로 전개하거나 또는 개별적인 이슈별로 전개한다면 일단 선정된 전략적 중점과제들의 처리순서에 대하여 고려할 필요가 있습니다.

물론, 여러 개의 과제들을 여러 명의 팀원에게 각기 별도로 할당하여 추진하는 방법도 있으며, 각 과제별로 별도의 해결반을 편성하여 추진할 수도 있습니다. 어떠한 방법을 선택하고 어떻게 팀운영을 전개할 것인지에 관해서는 전적으로 경영관리자의 재량에 달려있습니다.

전략적 중점과제들에 대한 해결대안의 모색을 위한 우선순위는 SI 프로세스에서 도출된 우선순위에 따라 수행합니다.

<도표 4.61> 중점과제들의 우선순위와 완료희망시점

| 중점과제 | 중요도 | | | | 영향도 | 긴급도 | 합계 | 우선순위배정 | 완료희망시점 | |
|---|---|---|---|---|---|---|---|---|---|---|
| | 수익성 | 경제성 | 기업성 | 소계 | | | | | 계획 | 행동 |
| 1. | | | | | | | | | | |
| 2. | | | | | | | | | | |
| 3. | | | | | | | | | | |
| 4. | | | | | | | | | | |
| 5. | | | | | | | | | | |
| 본업(충실)과제<br>1. | | | | | | | | | | |
| 2. | | | | | | | | | | |
| 3. | | | | | | | | | | |
| 4. | | | | | | | | | | |

(D. J. Park, 1995, 2002)

### ■ 계획완료시점과 대응완료시점을 확인한다

우선 SI 단계에서 선정된 전략적 중점과제들에 대한 우선순위를 기초로 각 과제들에 대한 계획완료시점과 대응완료시점에 대한 의견을 정리합니다.

이때, SI 프로세스에서 기입된 각 완료희망시점을 기준으로 작업에 들어갑니다. 여기에서의 완료희망시점은 우리가 대응하기 편한 시간의 기준으로 편성하는 것이 아니라, 환경의 대응허용시간범위 내에서 적절한 대응 타이밍을 염두에 두어 편성합니다.

우선순위는 앞에서도 언급되었습니다만, 시급성, 영향도, 그리고 중요도의 기준에 의하여 판별됩니다.

### ■ 전략적 중점과제들을 내용과 성질별로 구분한다

두 번째의 작업은 내용과 성질별로 구분하는 일입니다. 그것은 전략적 중점과제들이 미래환경에 대응하기 위한 것인지, 또는 현재의 사업의 성과개선이나 대응방법을 변경하기 위한 것인지에 따라 그 대응이 달라질 수 있기 때문입니다.

이에 대한 구분을 하지 않을 경우, 그 성과가 즉시 나타나지 않게 되는 종류의 대안들은 상대적으로 중요한 조치일 경우에도 실행상의 지연을 초래할 수 있기 때문입니다.[26]

<도표 4.62> 전략적 중점과제들의 구분 (A사의 사례)

| 중점과제 | 전략적 과제 | | | | | | | | 현업 과제 | | | | 우선순위 | 비고 | 완료희망시점* | |
| | 성장전략 | | | 경쟁전략 | 수단전략 | 제품시장전략 | 기술개발 | 경영혁신 | 부문 | | | | | | | |
| | 신사업확대 | 신시장진출 | 신제품개발 | | | | | | 전사 | 관리 | 영업 | 생산기술 | | | 계획 | 행동 |
| 6. 사업구조조정 | ● | ● | ● | ● | ● | ● | | ● | ● | ● | ● | ● | 1 | | 12 | |
| 7. 신규투자재원의 확보 | ● | ● | ● | ● | ● | ● | ● | | ● | ● | ● | ● | 3 | | 6 | |
| 8. 경영관리체제 정비/<br>전략기획능력 강화 | ● | ● | ● | ● | ● | ● | | ● | ● | ● | ● | ● | 2 | | 4 | |
| a. 해외시장의 진출 | ● | | | ● | | ● | | ● | ● | ● | ● | ● | 2 | | 6 | |
| b. 대정부, 정책대응 | ● | | | | | ● | | | ● | ● | ● | ● | 2 | | 3 | |
| ■ 본업(충실)과제 | | | | | | | | | | | | | | | | |
| 1. 수익성제고 | | | | | | ● | | ● | ● | ● | ● | ● | 1 | | 6 | |
| 2. 부가가치평가에 의한<br>제품전략 | ● | ● | ● | ● | ● | ● | ● | ● | ● | ● | ● | ● | 1 | | 3 | |
| 3. 품질확보 | | ● | ● | | ● | ● | ● | ● | ● | | | ● | 3 | | 6 | |
| 4. 영업확대 | ● | ● | | | | | | | ● | | ● | | 5 | | 6 | |
| 5. 조직정비 | | | | | | | | ● | ● | | | | 4 | | 4 | |

(D. J. Park, 2004)

또한, 그 해결의 성질상, 추가 재원의 조달이나 광범위한 사업 부문의 대응이 요구되는 종류의 일일 경우, 대응방안의 모색이 지지부진해줄 수도 있을 뿐만 아니라 때로는 제한적인 대안으로 그칠 소지도 있습니다.

따라서 전략적 중점과제들에 대한 내용과 성질을 중심으로 재분류합니다.  이와 같은 분류를 통하여 IS 대안수립 프로세스를 추진하는 팀의 조직과 과업할당을 배분할 수 있게 됩니다.  이 작

---

[26] 앤소프, 전략경영실천원리, 제6.2장 시스템적 저항, 그레샴 법칙 신드롬, 소프트전략경영연구원

업에서 도출된 중점과제들은 최종적으로 <도표 5.41> (p. 458)에
서 보는 바와 같이 전략대안의 실천 행동대안을 점검할 때, 대안
의 성과기준으로 참조됩니다.

<도표 4.63> 중점과제들의 우선순위와 완료희망시점 (A사의 사례)

| 중점과제 | 중요도 | | | | 영향도 | 긴급도 | 합계 | 우선순위배정 | 완료희망시점* | |
|---|---|---|---|---|---|---|---|---|---|---|
| | 수익성 | 경제성 | 기업성 | 소계 | | | | | 계획 | 행동 |
| 6. 사업구조조정 | 5 | 5 | 5 | 125 | 5 | 5 | 3125 | 1 | 12 | |
| 7. 신규투자재원의 확보 | 3 | 5 | 5 | 75 | 5 | 5 | 1875 | 3 | 6 | |
| 8. 경영관리체제 정비/ 전략기획능력 강화 | 5 | 4 | 5 | 100 | 5 | 5 | 2500 | 2 | 4 | |
| a. 해외시장의 진출 | 5 | 4 | 5 | 100 | 5 | 5 | 2500 | 2 | 6 | |
| b. 대정부, 정책대응 | 5 | 4 | 5 | 100 | 5 | 5 | 2500 | 2 | 3 | |
| ■ 본업(충실)과제 | | | | | | | | | | |
| 1. 수익성제고 | 5 | 5 | 5 | 125 | 5 | 5 | 3125 | 1 | 6 | |
| 2. 부가가치평가에 의한 제품전략 | 5 | 5 | 5 | 125 | 5 | 5 | 3125 | 1 | 3 | |
| 3. 품질확보 | 3 | 5 | 5 | 75 | 5 | 5 | 1875 | 3 | 6 | |
| 4. 영업확대 | 4 | 2 | 4 | 32 | 4 | 5 | 640 | 5 | 6 | |
| 5. 조직정비 | 3 | 3 | 5 | 45 | 4 | 5 | 900 | 4 | 4 | |

* 완료희망시점에 대한 수치는 앞으로 완료희망시점에 대한 잔여 개월 수로 표기함

(D. J. Park, 2004)

## ■ 전략적 과제진단 작업의 간이 절차

경영관리자의 시간이 다급하여 전략적 과제진단작업을 가장
간단하게 수행하고자 할 경우에는 긴급 작업팀을 편성하여, <도
표 4.64> (p. 329)에서 보는 바와 같이 「뉴스와트 과제분석작업」
과 「전략적 중점과제 진단 실무차트」, 「전략적 중점과제선정 차트
」를 우선 작성합니다.

이어서 중요하다고 생각되는 항목을 중심으로 기존의 작업팀
에게 필요한 항목을 점검하도록 하고 경영관리자는 중점과제 우

선순위 차트와 중점과제 구분 차트를 완성하여 새로이 대안수립 작업팀을 편성하여 전략적 중점과제와 긴급과제로 선정된 내용들을 중심으로 긴급 대책수립작업을 전개합니다.

그러나 특별한 대응과제나 긴급상황이 등장하지 않고 평소와 같은 상황이라면, 조직구성원들을 일부 선별하여, SI 작업팀으로 배정하고 정기적으로 간이진단작업을 수행하는 것이 바람직합니다. 예를 들면 분기별 또는 반기별로, 경영관리자의 제언에 따라, 주요 사업전개와 관련하여 정기적 진단작업을 전개합니다. 그와 같은 정기진단작업에서 도출된 과제들은 주요 의사결정자에게 보고하고, 내부적으로 조치할 수 있는 분야의 과제들은 제5장에서 살펴보는 바와 같이 대응방안을 조직화하여, 실천하도록 합니다.

정밀진단 작업은 정기적으로 상반기와 하반기, 또는 1년에 한 번 신년 사업계획을 작성하기 3개월 정도 이전에 작업을 수행합니다. 비정기적으로 정밀진단 작업을 수행하고자 할 때에는 신사업계획이나 신제품-신서비스계획의 전개, 경쟁전략이나 성장전략의 수정, 수단전략의 변경과 같이 사업과 전략, 조직행동의 변화가 예상될 경우, 정밀진단 작업을 수행합니다.

### ■ 경영관리자는 시간압력 속에서 어떤 것을 선택해야 하는가?

전략적 과제를 점검하는 작업은 당면하는 환경상황에 대하여 무엇을 할 것인가에 대한 선별작업과도 같으므로, 경영관리자의 효과성을 결정하는 중요한 작업입니다.

그러나 과제를 선정하는 작업만으로 성과를 실현하는 것은 아니므로, 항상 제한된 시간 내에 과제선정작업을 종료하지 않으면, 다음 작업인 실행을 위한 대안수립과 실천방안의 전개와 수정행동의 착수와 같은 일들을 서두르게 되어 최종성과를 저해할 수 있습니다. 더욱이 환경의 대응허용시간과 우리의 대응시간 간의 관계에 따라 이에 대한 시간압력은 더욱 가중됩니다.

따라서 과제선정작업의 시간이 부족한 경우에 경영자가 대응할 수 있는 경영관리자의 행동은 다음의 세 가지 행동 중의 하나를 선택할 수 있습니다.

첫째는 최대한 짧은 시간 내에 현재 목격되고 감지되고 있는 전략적 과제뿐만 아니라 아직 명확하지는 않지만, 어렴풋하게 감지되고 있는 문제현상들을 제대로 식별하고 선별해낼 수 있는 높은 식별력과 탁월한 분석력을 발휘하는 것입니다. 이와 같이 탁월한 분석력과 식별력을 갖추고자 한다면 문제와 상황에 대한 분석기법과 진단기법을 꾸준히 연마하고 자신의 기량을 높여, 그 처리능력을 높여야 합니다. 특히 조직구성원들과 함께 작업을 하게 되므로, 팀의 구성원들에게 이를 지휘하고, 작업을 전개할 수 있는 능력을 최대한 높여야 합니다.

만약에 그와 같은 능력을 갖추지 않고 짧은 시간 내에 전략적 과제들을 식별하고 선별하고자 한다면, 의욕은 앞서지만 그 처리방법과 효율, 그리고 해석 및 선별지능이 결여되어 부분적인 정보부족하에서의 전략과제의 식별과 대응의 PIIP 현상이 반복되어 잦은 전략적 시행착오를 경험하게 됩니다.[27]

이와 같은 경우의 대응책은 과제를 선별할 수 있는 시간을 더욱 확보하도록 하여 좀더 치밀하게 검토하고 또 검토를 반복하여 '도대체 우리가 진정으로 전개해야 하는 전략적 과제들은 무엇인가?'를 매일 아침 거울을 보면서 반문하고 추고하면서 찾아내는 일이 될 것입니다.

두 번째의 대응형태는 좀더 미리 대응할 수 있도록 조직구성원들과 함께 조치를 취하는 것입니다. 이것은 좀더 현실적인 대응책이 될 수 있습니다. 더욱이 시간을 좀더 확보한다는 것은 상

---

[27] PIIP (Partial Ignorance, Imperfect Performance)의 약자. <도표 4.8> (p. 211) 참조.

황이 본격적으로 전개되기 전에 좀더 일찍부터 미리 생각하고 미리 대응하고자 하는 것을 의미합니다.

<도표 4.64> 전략적 과제진단작업의 간이절차와 정밀절차

| 작업 | 항목 | 작업 참고 도표 | 신속작업 | 간이작업 | 정밀작업 |
|------|------|------|:---:|:---:|:---:|
| 환경진단 | 환경의 변화추세 | <도표 2.3> 환경의 변화추세 | √ | √ | √ |
| | 환경요인진단 | <도표 2.22> 전반적인 외부환경요인<br><도표 2.23> 기회연관도<br><도표 2.24> 위협연관도 | | √ | √<br>√<br>√ |
| | 환경대응성 진단 | <도표 4.24> 환경대응성 진단도표 | | (√) | √ |
| 내부능력 진단 | 내부적 변화추세 | <도표 2.4> 내부적 변화추세 | √ | √ | √ |
| | 기업능력진단 | <도표 2.25> 기업능력의 분석/평가<br><도표 2.26> 강점연관도<br><도표 2.27> 약점연관도 | | √ | √<br>√<br>√ |
| | 능력대응성 진단 | <도표 4.25> 능력대응성 진단도표 | | (√) | √ |
| 성과 점검 | 사업추진목표 | <도표 2.5> 목표 | √ | √ | √ |
| 문제현상 점검 | 문제현상의 진단 | <도표 3.28> 당면현상의 파악<br><도표 4.32> 뉴스와트 현상진단매트릭스<br><도표 4.33> 당면(문제) 현상분석 차트<br><도표 4.34-5> 당면(문제) 현상진단차트 (1, 2)<br><도표 4.36> 대응모드별 (문제) 핵심현상분석<br><도표 4.38> 당면(문제) 현상분류표<br><도표 4.39> 당면(문제) 현상연관도 | √<br><br>√<br><br>√ | (√)<br>√<br><br><br><br>√<br>√ | √<br>√<br>√<br>√<br>√<br>√<br>√ |
| 전략적 과제파악 | 전략적 과제진단 | <도표 4.31> 뉴스와트 과제분석 매트릭스 | Ⓥ | √ | √ |
| | 원인-제약요건 진단 | <도표 4.41> 원인-상황 조건현상 진단차트<br><도표 4.42> 대응모드별 원인-상황조건 현상 | | (√) | √<br>√ |
| | 연관현상-파생적 현상 진단 | <도표 4.44> 연관(파생)현상 진단차트<br><도표 4.45> 모드별 연관(파생)현상분석 도표 | | (√) | √<br>√ |
| | 중점과제의 진단 | <도표 4.46> 전략적 중점과제 확인차트<br><도표 4.47> 전략적 중점과제 진단차트<br><도표 4.48> 전략적 중점과제 영향관계분석<br><도표 4.50> 전략적 중점과제 진단실무차트<br><도표 4.53> 전략적 중점과제 선정차트<br><도표 4.62> 전략적 중점과제 구분차트 | Ⓥ<br>Ⓥ<br>√ | √<br>(√)<br>(√)<br>√<br>√<br>(√) | √<br>√<br>√<br>√<br>√<br>√ |
| | 대응이 긴급한 과제파악 | <도표 2.6> 환경추세의 영향과 긴급도<br><도표 4.58> 전략적 중점과제 우선순위차트 | √ | √<br>√ | √<br>√ |

(D. J. Park 2007)

경영관리자들이 환경과 상황에 대한 인식과 대응의 시간을 벌어들일 수만 있다면, 그에 대한 작업시간을 좀더 벌 수 있게 되므로 결과적으로 우리조직은 대응해야 할 전략적 경영과제에 대하여 좀더 치밀한 검토가 가능하게 됩니다.

따라서 월별, 분기별 검토회의에서 차기 과제들을 미리 예상하여 누구나 선행적 과제나 현상들을 예고할 수 있도록 대비시킵니다. 그리고 그와 같은 내용의 보고나 자료들을 토대로 매월 전략회의를 전개하고 워크샵을 전개합니다.

이와 같은 대응은 사전대응을 강화함으로써 미리 대응할 수 있는 시간을 벌어들이고, 조직적으로 그리고 공식적으로 대응할 수 있게 합니다.

세 번째의 대응은 현재와 같은 방식으로 대응하는 것입니다. 특별한 조치와 방안을 마련하지 않고, 문제들이 등장할 때마다, 별다른 관리의 노력을 기울이지 않고 그때그때 상황에 따라 대응하는 방식입니다. <도표 3.42> (p. 191) 경영관리자의 전략적 환경대응 형태에서 살펴본 바와 같이「무관리의 무모한 환경대응」이라고 할 수 있습니다. 이와 같은 대응의 결과가 어떠한지는 그동안 우리 자신과 우리 주위의 여러 가지 현실적 상황들과 경험들을 통하여, 이미 아는 사실입니다. 이 방법은 성공하고자 하는 경영관리자가 택할 방도는 결코 아닙니다.

경영관리자가 어떠한 방법을 선택하건 간에, 우리의 환경과 상황은 계속 전개되고 있습니다. 그동안 세 번째의 방법을 전개해 왔다면, 이제는 첫 번째와 두 번째 방법으로 전환할 때입니다. 제1장에서 살펴본 경영관리자의 성공역량의 8P 모델에서 자신의 업무 프로세스(P2)를 혁신적으로 변화시켜야, 조직구성원들의 업무 프로세스를 혁신적으로 바꿀 수 있기 때문입니다.

# 제5장
# 전략적 과제해결 실무

## NEW SWOT - SIS 2.0

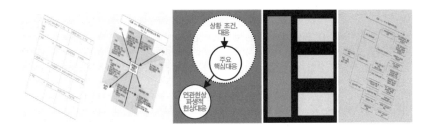

제5장에서는 일반 독자나 경영관리자의 실무를 위한 전략적 과제
해결기법을 소개하고 있습니다.  제4장에서 파악한 전략적 과제를
실천적으로 어떻게 해결할 것인가에 대한 실천기법과 실무절차를
살펴봄으로써 경영관리자의 전략적 과제해결 및 지휘능력을 강화하기
위하여 필요한 내용을 살펴보고 있습니다.

제4장과 5장에서 다루는 NEW SWOT 전략 - SIS 2.0은
2005년도에 발표한 NEW SWOT- SIS 프로그램을 실무적으로 보다
편리하게 착수할 수 있도록 개선하고, 보완한 절차와 내용을 다루고
있습니다.

# 제5장의 개관

제5장에서는 경영관리자가 추진해야 할 전략적 과제들에 대하여 어떻게 대응할 것인지를 살펴봅니다. 제3장과 제4장에서도 살펴본 바와 같이, 다양하고 복합적으로 요소들로 구성되어 있는 전략적 과제들에 대하여 임기응변식의 대응이나 단편적인 대응으로는 소기의 성과를 달성하기 어렵게 됩니다.

따라서 경영관리자들이 대응해야 할 전략적 과제들의 성공적인 해결을 위하여 필요한 절차와 방법을 학습하고 전략적 성과를 높이기 위한 착안점을 살펴봅니다.

여기에서 주목해야 할 관점은 다음과 같습니다.

1. 전략적 대안을 모색하기 위한 전략적 발상이 떠오르지 않을 경우, 어떻게 해야 하는가?
2. 전략창조를 위한 전략적 발상논리에는 어떠한 것들이 있는가?
3. 언제 사업 및 경영활동의 방향을 새로이 설정해야 하는가?
4. 사업방향설정이나 기업행동의 방향설정을 하고자 할 때에는 어떠한 방법을 사용할 수 있는가?
5. 전략적 과제의 해결대안의 성과를 높이려면 해결대안들을 어떻게 구분하여 관리해야 하는가?
6. 기존의 SWOT 매트릭스를 이용한 전략의 발상과 전개의 문제점은 무엇이며, 보다 혁신적인 전략발상을 어떻게 전개할 것인가?
7. 전략적 과제에 대응하는 행동대안들이 제대로 실현되지 못하는 이유는 무엇인가?
8. 전략 행동 전개도는 무엇이며, 어떻게 관리할 것인가?
9. 전략적 대안들의 추진 우선순위는 어떻게 설정할 것인가?
10. 조직내에서 전략적 대안들에 대한 논의와 검토를 어떻게 전개할 것인가?

## <도표 5.1> 제5장에서 살펴볼 내용과 개요

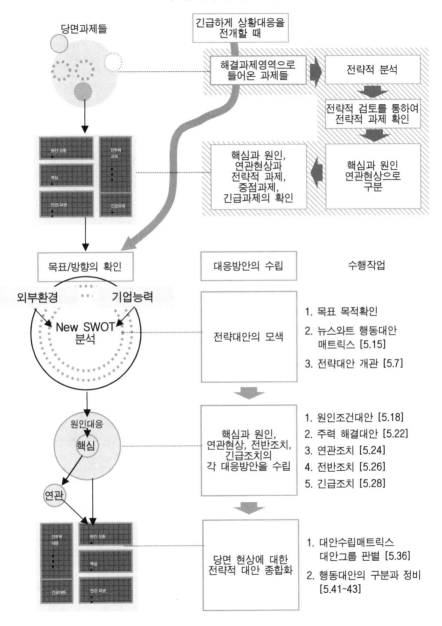

(D. J. Park, 2007)

　　제4장에서는 경영관리자가 착수해야 할 전략적 과제들을 진단하기 위한 절차와 살펴보아야 할 관점에 대하여 살펴보았습니다. 이제부터는 선정된 전략적 과제들을 해결하기 위한 방법과 절차를 살펴보겠습니다.

　　만약, 상황이 다급하여 전략적 과제해결을 위한 대안수립(IS) 프로세스를 수행할 경우라면, 거두절미하여 본론만 편성하여, 대안을 신속히 전개합니다.　그러나 시간적인 여유를 확보할 수 있다면, 대응방안의 성과를 높이기 위하여 제4장에서 다루는 전략적 과제의 점검과 분석을 통하여, PIIP 현상을 최대한 줄이고, 경영관리자의 전략적 환경대응성과를 높일 수 있도록 합니다.

　　전략적 과제해결을 위한 대안 수립(IS) 프로세스의 세부적인 절차에 들어가기 전에 우선 경영관리자의 전략대안의 창조에 대한 아이디어를 어떻게 구상할 것인가에 대하여 생각해보도록 하겠습니다.


# 1. 전략창조의 발상

## ■ 경영관리자가 동원해야 할 전략대안의 창조능력

　　그동안 SI 프로세스에서 당면하고 있는 현상과 문제의 진단을 잘 수행하였음에도 불구하고, IS 프로세스에서 마땅한 대안들을 못 찾게 된다면, 참으로 답답한 일이 아닐 수 없습니다.　때로는 세부적인 대안의 모색에서 명쾌한 방법론이 떠오르지 않을 때도 있으며, 전략적 발상과 사고가 순식간에 정지해버리는 경우를 경험하기도 합니다.

　　경영관리자가 전략대안의 창조능력을 발휘해야 할 시점에 전략적 사고가 정지해버리는 것입니다.　이제부터는 이러할 경우,

어떻게 대응해서 창조적 전략대안을 도출할 것인가에 대하여 살펴보도록 하겠습니다.

## ■ 전략적 발상이 막힐 때 어떻게 할 것인가?

IS 프로세스에서는 우리 기업이 성공적으로 환경에 대응할 수 있도록 하기 위한 내용의 전모를 뉴스와트 매트릭스를 통하여 이해하고 그에 대응하는 구체적인 전략적 대응행동을 구상하고 실천방안을 창조하는 일을 전개합니다.

그런데, 환경에 대응하기 위하여 필요한 조치나 행동의 내용을 구체화하고자 할 때, 전략적 발상이 제대로 전개되지 않을 경우, 경영관리자들은 답답함을 느끼고 과도한 스트레스를 받게 됩니다.

이러할 경우, 전략적 문제해결과 전략창조의 발상을 높일 수 있는 방법을 살펴보겠습니다.  이 방법들은 조직구성원들과 함께 경영관리자들이 당면하고 있는 상황을 타개하기 위한 전략대안을 모색할 경우에도, 유용하게 활용할 수 있습니다.

그렇다면 뉴스와트 매트릭스를 통한 전략대안 만들기의 핵심이라고 할 수 있는 전략적 발상과 전략대안의 창조방법에 관하여 살펴보겠습니다.

## ■ 뉴스와트 전략대안의 창조방법

뉴스와트 행동대안 매트릭스의 각 항목별 대안을 모색할 경우에 오른 쪽 아래의 아홉 개의 빈 칸에 기입하는 내용은 「해야 할 일」을 기입하는 것입니다.  즉, 환경에 대응하기 위하여 필요한 조치나 행동의 내용을 구체화하여 기입함으로써 우리 기업이 성공적으로 환경에 대응할 수 있도록 하기 위한 내용의 전모를 이해하고 그 구체적인 대응행동계획을 구상하도록 하는 것입니다. 따라서 이제부터는 그동안 파악된 정보들과 사실자료들을 토대로 실천전략을 모색하는 과정이라고 할 수 있습니다.

이제부터의 작업내용과 그 전개방법은 그동안 파악하고 판단했던 내용들과는 성질을 달리합니다. 즉, 그동안은 어떠한 것이 현재 주목해야 할 현상들인지를 파악하고, 발생 가능한 환경의 주요 요인들의 발굴에 초점을 두어 관련정보들을 해석하고 판단하였으며, 그러한 관점을 염두에 두고 우리 기업의 능력을 강점과 약점의 관점에서 당면현상과 원인, 조건, 관련현상들을 점검해왔습니다.

그러나 이제부터의 작업은 앞으로 무엇을 할 것인가에 관하여 우리의 환경대응 의지를 토대로 환경대응의 내용을 지혜롭게 '만들어 내는' 작업을 수행하는 것입니다.

산술적 논리로 보자면, 기회와 위협, 그리고 중립적 현상에 대응하는 강점과 약점 그리고 중립적 능력의 각 변수들의 항목간의 결합이므로 파악된 변수들의 항목간의 곱의 수만큼 그 대안이 모색될 수 있습니다. 예를 들어 기회요인과 위협요인, 그리고 중립적 현상요인이 각기 5가지씩 파악되고 그에 대하여 강점과 약점, 그리고 중립적 능력이 또한 5가지씩 파악되었다면, 각 항목별 전략대안은 모두 25×9항목, 즉 225가지의 대안들이 모색될 수 있습니다.

### ■ 뉴스와트 전략대안을 작성할 때 유용한 전략창조의 사고방식

전략적 발상에서 경영관리자들이 특히 유의해야 할 것은 아무리 좋은 기회가 제공되고 아무리 탁월한 강점을 보유한 기업이라고 할지라도 '당면하게 될, 또는 당면하는 환경에 대응하고자 하는 적극적인 의지가 발휘되지 않을 경우'에는 뉴스와트 매트릭스의 전략대응 내용에 적극적인 전략이 모색되지 않는다는 점입니다.

그러나 기회가 별로 부각되지 않고, 위협요인들만 산더미처럼 쌓여있으며, 약점 투성이의 신설기업조직의 경우에도, 필사의 의지를 동원하게 될 경우에는 확보하고 있는 강점을 최대한 살려서 환경돌파의 전략을 모색할 수 있습니다.

따라서 경영관리자가 주목하고 유의해야 할 점은 대안수립 작업 프로세스에서 본인과 조직구성원들의 전략적 의지를 강화할 수 있도록 하는 것이 핵심적인 성공요령입니다. 그러면 전략적 발상을 촉진할 때, 사용할 수 있는 발상법에 대하여 살펴보겠습니다.

### ■ 뉴스와트 매트릭스의 기본논리와 전략적 발상

우선 뉴스와트 분석의 기본논리를 활용하는 발상법입니다. 즉 뉴스와트 분석의 기본적 분석요인들(S, N, W, O, N, T)에 대하여 각각 어떠한 대안을 모색할 것인가에 대한 논리입니다.

우선적으로 기회요인에 대응하기 위한 강점을 살리는 논리를 전개합니다. 예를 들어 시장수요의 증대라는 기회요인이 부각되고 있고 우리의 강점으로 생산능력의 확충이 전개되고 있다면, 당연히 양질의 제품생산의 확대와 영업의 확장이 될 것입니다. 그러나 위협요인으로 시장경쟁압력의 가중으로 매출증대가 곤란하게 될 것이 예상된다면, 강점을 활용하여 위협을 회피하기 위한 수단으로 고품질제품의 부가가치를 높이고 그러한 제품의 개발과 공급으로 경쟁을 회피하도록 하는 발상을 전개합니다.

한편, 기회요인으로 시장수요가 확대되고 있지만, 우리 기업의 약점으로 원자재수급능력이 떨어지고 있다면, 약점을 보완하여 기회를 살리기 위하여 원자재 수급능력을 강화하여 안정적 매출성장을 도모합니다.

또한 기회요인으로 시장수요가 확대되고 있지만, 우리 기업의 중립적 역량에 기존의 확보된 영업망과 거래처를 활용한다면, 기존의 영업망과 거래처에 대한 대응방식을 개선하여 영업성과를 대폭개선하기 위한 대안을 강구합니다.  이와 마찬가지로 중립적 환경요인이나 위협요인에 대하여도 이와 같은 대응논리를 구사합니다.

위협과 약점에 해당하는 대안의 경우, 예를 들면, 위협요인으로 시장의 경쟁압력의 가중과 약점으로 원자재 수급능력의 저조에 대한 대안으로는 약점을 보완하여 위협을 회피하는 방법으로 원자재 수급능력을 강화하여 안정적 가격을 유지하고 원자재 도입가격을 인하할 수 있는 방안을 강구하여 제품가격경쟁력을 확보함으로써 경쟁압력을 회피하는 발상을 전개합니다.

위협과 강점의 결합에 대한 대안으로는 우리의 생산능력과 개발능력을 활용하여 독창적 제품과 서비스로 대응을 전개합니다. 위협과 중립적 역량의 결합대안으로는 기존의 영업망을 더욱 안정적으로 유지하기 위한 거래조건을 형성하고, 기존의 고객에 대한 충성도를 더욱 높이기 위한 고객만족대안들을 강화합니다.

이와 같은 발상이 New SWOT 매트릭스의 전략대안의 기본적인 발상입니다.

### ■ 박동준의 전략적 발상법

전략적 발상에는 참으로 다양한 방법들이 가능합니다.  동양의 병법의 고전으로 소개되고 있는 손자병법에서부터, 육도삼략과 같은 책자도 전략적 발상에 도움이 됩니다.  때로는 1, 2차 세계대전에 관련된 책자나 영화자료를 통하여도 도움을 받을 수 있으며, 불경이나 유교의 관련서적, 성경에서도 유용한 착상을 얻으실 수 있습니다.

이에 대하여 책자로 정리를 한번 해보고 싶은 생각이 여러 번 들었지만, 아직까지도 자료수집도 다 못하고 있다는 핑계로 정리

를 못하고 있습니다.  더욱이 전략적 발상에도 그 깊이와 수준의
차이가 천차만별입니다.  그러나 경영관리자 여러분들의 생각의
방법들을 정리하고, 그 생각의 깊이와 생각의 양과 질을 관리하게
된다면, 경영관리자들도 간단하면서도 유용한 전략적 발상들을 충
분히 해낼 수 있습니다.

여기에서는 제가 활용하고 있으며 대학 및 기업의 경영관리자
에게 강의할 때와 전략경영 워크샵의 지도에서 활용하는 저의 발
상법 중에 간결하게 소개드릴 수 있는 몇 가지의 기본적인 방법
들을 살펴보도록 하겠습니다.

## ■ 곱하기의 발상

가장 먼저 소개드릴 발상법은 곱하기의 발상입니다.  SWOT
매트릭스도 근본적으로는 곱의 발상이라고 할 수 있습니다.  즉,
기회×강점=?, 기회×중립적 역량=?, 기회×약점=?, 중립적 환경요
인×강점=?, 중립적 환경요인×중립적 역량=?, 중립적 환경요인×
약점=?, 위협×강점=?, 위협×중립적 역량=?, 위협×약점=?의 논리
를 이용한 것입니다.

좀더 쉽게 설명 드리자면, 다음과 같이 살펴볼 수 있습니다.
즉, "신시장의 출현×품질능력=좋은 품질의 제품으로 신시장에 진
출한다."  곱의 발상은 다음과 같이 다양한 발상을 촉진시킵니다.

---

### ■ 환경관련 발상
- 여성 전문인력의 진출×미의 추구 = 아름다움을 추구하는 구매력 있
  는 여성인구의 증가
- 노인층의 인구증가×의료기술의 발달 = 노인전용 의료서비스의 출현

### ■ 전략관련 신제품(신사업) 발상
- 여성 전문인력의 증가×우리 제품 = 캐리어 우먼을 겨냥한 식사대용
  과자 (제과업체)

---

- 여성 전문인력의 증가×우리 제품 = 캐리어 우먼을 겨냥한 패션가구 (가구업체)
- 여성 전문인력의 증가×우리 제품 = 캐리어 우먼을 겨냥한 휴식공간 (커피전문점)
- 여성 전문인력의 증가×우리 제품 = 캐리어 우먼을 겨냥한 전문교양 정보지 (출판업체)
- 노인층 인구증가×우리 제품 = 실버전용의자 및 실내공간을 설계한 자동차 (자동차업체)
- 노인층 인구증가×우리 제품 = 실버전용 쾌적 공간 및 기능 설계 주택단지 (건설업체)
- 노인층 인구증가×우리 제품 = 노인에게 필수 영양소를 주입한 에너지 음료 (음료업체)

곱의 발상논리를 전개함에 있어서 단순히 항목간의 곱의 형태로 전개할 경우, 제한적인 발상의 답을 구할 수 있지만, 보다 다양하게 전개하고자 할 때에는 고려대상의 항목에 대하여 세부적인 특징을 중심으로 분해하는 것이 중요합니다. 이와 같이 속성의 분류라는 단계를 한 번 더 거칠 경우, 곱의 발상논리는 매력적이고 다양한 선택지를 제공할 수 있습니다.

예를 들어 동일한 제과업체의 경우만을 보더라도 그 발상의 내용과 폭이 다양하게 편성됩니다. 즉, 앞에서 예시한 여성전문인력 증가에 대한 우리 제품과의 관련에서 식사대용과자 뿐만이 아니라 사탕류의 제품을 예를 든다면, 보다 품격을 높일 수 있는 품위를 갖춘 포장의 「릴렉스 캔디」나 스트레스를 줄여주는 「프로포뮬러 캔디」, 피부미용과 건강에 좋은 성분의 「헬씨 캔디」와 같은 발상이 손쉽게 도출됩니다.

이와 같은 곱의 발상논리는 곱하고자 하는 대상의 속성을 어떻게 분류하는가에 따라 다양하게 전개됩니다. 여기에 질과 양의 정도를 한 번 더 추가하여 한 단계의 발상의 작업을 추가하게 될 경우에는 보다 세분화된 내용을 도출해낼 수 있습니다.

예를 들면, 「헬씨 캔디」라고 할 때, 피로도를 얼마나 줄일 것인가, 또는 피로 회복에 도움이 되는 성분을 10%로 할 것인가? 아니면 30%로 할 것인가? 피로도가 아니라 노화방지를 위한 성분을 늘릴 것인가? 아니면 피부미용에 좋은 성분을 40%로 할 것인가와 같은 발상의 분류에 따라서 「박카스 캔디, 헬쓰스킨 캔디, 브레인 캔디」와 같은 발상이 손쉽게 도출됩니다.

## ■ 역경의 극복논리

다음으로 제안하고자 하는 발상논리는 역경에 대한 「극복논리」입니다. 역경(逆境), 즉 어려운 처지에 처하게 되었을 경우, 가장 주의해야 할 현상은 그에 대한 대응의 방안을 모색할 수 있는 지능이나 지혜의 부족이 아니라 심리적으로 좌절하거나 소극적인 반응을 보이는 현상입니다. 따라서 위협요인에 대응하기 위한 대안이 모색되지 않거나 또는 약점과 관련되어 대응모색을 위한 판단이 정지되고 있을 경우, 다음과 같은 극복논리를 활용할 수 있습니다.

극복논리란 다음과 같이 정의할 수 있습니다. 즉, 「당면하고 있는 어렵고 곤란한 문제나 그와 같은 상황에 대하여 곤경을 해소, 또는 극복하고 바람직한 상태로 이끌어 가는 논리」라고 할 수 있습니다.

이와 같은 정의에 따라서 극복논리의 출발점은 문제나 곤경을 해소하고 바람직한 상태로 만들어가도록 하는 굳건한 마음가짐을 갖도록 하는 것입니다. 이러한 굳건한 마음가짐의 출발점이 바로 도전과 응전의 마음가짐입니다. 따라서 도전하지 않으면 또는 응전하지 않으면 생존할 수 없다는 절대절명의 마음, 진지사수의 마음과 같은 굳건한 마음을 확립하도록 하는 것입니다.

이와 같은 마음가짐이 선결요건이지만, 대안수립 작업에 임하는 사람들이 그와 같은 마음을 실제로 발휘하도록 하는 것은 용이하지 않습니다. 그에 대하여 진심으로 그리고 제대로 납득하려 하지 않기 때문입니다. 그러한 까닭에 경영관리자는 어떠한 형태로건 도전과 응전 그리고 상황극복을 위한 적극적이고 굳건한 마음자세를 확립할 수 있도록 지휘하는 것이 필요합니다.

다소 충동적일 수도 있지만 프로정신이나 도전정신, 또는 최선을 다해 목표를 완수하고자 하는 목표의식을 강조할 수도 있으며, 어려운 시절에도 의연하게 생존해온 우리 기업의 개척사를 되돌아보도록 할 수도 있습니다. 물론 환경분석 작업을 종료한 뒤에 휴식을 겸하여 일본제품이 미국 시장을 지배하는 것에 대하여 미국인들에게 경고하는 메시지를 담은 듯한, 진주만 공격과 같은 영화나 또는 300명으로 10만 페르시아 대군을 상대로 전쟁을 치루는 스파르타의 이야기를 DVD로 시청할 수도 있습니다.

마음가짐이 어느 정도 확립되어 정신적 투지가 보이게 된다면, 위기 극복의 논리는 문제해결의 논리로 전환됩니다. 그렇다면, 다양한 문제해결기법들이 활용될 수 있습니다. 그러나 작업팀의 구성원들의 정신적 투지가 제대로 확립되지 못한 채로 후속적인 작업을 전개해야 할 경우, 논리적으로 전개할 수 있는 방법을 생각하지 않을 수 없게 됩니다.

이와 같은 경우, 경영관리자는 상황의 비관적 전개에 따른 가장 바람직하지 못한 결말을 인식시키거나 또는 완전히 무(無)에서 시작하는 관점에서 논점을 전개시키도록 하여 발상과 관점을 강화합니다. 즉, 완전히 새로운 회사를 창립하는 자세와 각오로 환경에 대응하는 관점과 대응논리를 확립하도록 하는 것입니다.

이와 같은 대응논리를 촉진하기 위하여 활용할 수 있는 발상법으로 앞에서 언급한 곱의 논리를 활용할 수도 있습니다. 예를 들면 다음과 같습니다.

### ■ 극복논리를 촉진하기 위한 발상

- 위기×자긍심 = 위기를 극복할 수 있는 자신감을 발휘하자
- 약점×명예  = 제한된 자원으로 놀라운 업적과 성과를 달성하자
- 위기×경험  = 경험적 지식과 방법으로 위기를 극복하자
- 약점×관리  = 자원활용과 관리지식의 방법적 활용으로 약점의 한계를 극복하자
- 불가능×경영 = 무에서 유를 창조 (포항제철의 사례)
- 역경×역사  = 적극적, 창조적 대응으로 새로운 (기업)진보를 창조하자
- 위기×능력  = 위기대응을 전개할 수 있는 실제능력의 인식과 그 실제적 발휘를 강조하자
- 약점×위기  = 지금 극복하지 못할 경우에 경험하게 될 최대한의 손실과 피해를 인식하자

### ■ 극복논리를 전개하기 위한 발상

- 위기×자존심 = 위기를 기회로 전환한 사례와 같이 우리도 극복할 수 있는 논리를 전개하자
- 약점×경영  = 최대한의 효과적 자원집중(선택과 집중)으로 전략적 성과를 제고하자
- 위기×경험  = 위기대응의 방법적 문제해결능력을 높이고 그 성공경험을 축적하자

곱의 발상논리에 추가적으로 다음과 같은 나누기의 발상논리도 활용할 수 있습니다.

### ■ 나누기의 발상논리

나누기의 발상은 대응해야 할 상황에 대하여 전체의 현상을 나누어볼 수 있는 부문으로 구분하고 대응할 수 있는 요소를 중심으로 나누어 보는 발상입니다.

### ■ 나누기의 발상전개

- 위기÷요소  = 위기의 전체상을 각 부문으로 분해하여 각 요소별로 나누어 대응하자

> ● 약점÷요소   = 약점의 구체적 내용을 분해하여 약점을 보완하자
>
> ● 역경÷가능성 = 역경의 내용을 각 발생가능성과 대응가능성으로 나누어 그에 대응하자

## ■ 대체적 대응 논리

또는 대체적 대응논리를 생각해볼 수도 있습니다. 이에 대한 가장 간략한 설명은 마치 불을 물로 끄는 방식이라고 할 수 있습니다.

대체적 대응논리는 직접적 대응으로 해결방안이 떠오르지 않을 경우, 다른 해결책을 통하여 대응하거나 우회적으로 발상하여 대응함으로써 상황을 해결할 수 있는 대안을 모색할 수 있도록 합니다.

---

### ■ 대체적 대응 논리의 발상전개

- 설비능력의 한계 : 자금력을 동원한 신설비의 도입
- 인력의 한계   : 외부 임시 전문인력의 구입활용
- 보유기술의 한계 : 기술이 내장된 설비의 도입, 또는 기술확보 업체와의 제휴
- 자금의 부족×신사업기회 = 자금의 부족을 인적 능력으로 대체할 수는 없을까?
- 인지도의 결여×수요의 증대 = 맨투맨으로 직접 시장바닥을 돌며 홍보하자
- 품질결함×제품시장 경쟁압력 = 제품품질과의 전쟁에 우리의 시간을 더 많이 투입하면?
- 시설의 한계×물량증대요구 = 새로운 하청업체를 골라보자
- 수익성의 저조×경쟁의 치열 = 새로운 제품구성으로 시장대응을 바꾸면?
- 원부자재의 가격인상×물량확보의 어려움 = 도입선을 개척하고 계약조건을 바꾸면?
- 경쟁사의 가격인하×수요의 감소 = 제품기능상의 탁월한 경쟁력을 갖추자

이러한 대체적 대응을 좀더 조직화할 경우, 대응논리는 좀더 효과적일 수도 있습니다.  예를 들면, 대체적 대응의 변수를 늘려 가는 것입니다.  대체적 대응의 변수를 늘려가는 일은 아이디어의 전환, 수단 및 대응자원의 다양성, 또는 아이디어의 변환과정을 촉진시킴으로써 문제해결의 실현 가능성을 높이게 됩니다.

대체적 대응논리를 좀더 발전시킬 경우에는 불을 물로 끄는 것이 아니라 불을 불로 끄는 논리도 가능하게 됩니다.  즉, 대안 의 모색에 있어서 기존의 해결방식과는 다른 발상을 동원하여, 역 발상이나 전환발상과 같은 논리로 대응하는 것입니다.  실제로 산 불이 발생할 경우, 맞불을 놓아서 산불이 번지지 못하게 하는 진 화방법이 있습니다만, 물보다는 불로 불을 억제하는 것이 효과적 일 경우라면, 당연히 이와 같은 대체적 대응논리를 강구해야 할 것입니다.

때로는 문제의 핵심이 사람의 문제가 아니라 시스템의 문제로 국한 될 경우도 있습니다.  이와 같은 경우, 1차적으로는 시스템 의 변혁을 염두에 두게 됩니다.  예를 들어, 시스템의 변혁대안이 유일한 해결책일 경우이지만, 그 방안 모색과 현실적 전개가 곤란 할 경우라면 대체적 대응논리를 구사하여, 시스템의 변혁을 추구 하는 대신, 관련된 사람의 행동과 의식을 변혁시킴으로써 상황의 대응을 모색하는 것을 생각해볼 수 있습니다.[28]

## ■ 벡터 대응논리

대체적 대응의 변수를 두 개 이상으로 늘리면 벡터를 구성할 수 있게 됩니다.  예를 들어, 설비능력의 부족을 자금력으로 해결 하는 대체적 대응도 한 가지의 해결책이 되지만, 설비능력의 부족

---

[28] 쓰무라타케오, 기업변신, 박동준 역, 리스트럭처링을 통한 기업변신 전략, 1993. 소프트전략경영연구원.

을 기존의 설비개량과 공정개선, 방법개선, 그리고 협력업체와의 공동대응과 같이 다양한 변수들을 조합하여 결합효과를 누리도록 하는 방법입니다.

이와 마찬가지로 영업능력의 제약이나 한계와 같은 문제를 해결하는 방법에도, 영업네트워크의 확대와 영업제휴, 전 사원 및 사원가족의 영업사원/홍보요원화, 그리고 이동설명회 등과 같은 영업활동을 조직화함으로써 문제를 해결해나갈 수도 있습니다.

벡터대응논리는 특정 사업기능이나 특정 업무기능을 중심으로 전개할 수도 있으며, 전 사업조직과 관리조직을 통합하여 전개할 수도 있습니다. 또한 자원과 기술, 생산과 영업, 연구와 관리 등 이질적 기능과 자원들과의 통합직 접근도 가능하기 때문에 다양한 발상으로 위기대응이나 난국을 타개하는 논리를 구성해나갈 수 있습니다.

### ■ 역발상(If not)의 논리

역발상의 논리는 '만일 그러하지 않다면 어떻게 하겠는가?'의 질문에 대한 답을 통하여 환경의 타개의 실마리를 찾아보려는 논리입니다.

이러한 논리는 상황에 대한 해석은 어렴풋하게나마 인식되지만 그 대응방안이 전혀 떠오르지 않을 경우 활용할 수 있는 방법입니다.

예를 들어 원부자재에 대한 안정적 조달이 어려울 것이라는 위협적 요인에 대하여 '전혀 그 대응방안이 떠오르지 않을 경우, 어떻게 할 것인가?'에 대하여 일단 그러한 위협요인을 무시해봅니다. 즉, 안정적 조달이 가능할 경우에는 어떻게 할 것인가를 생각해보도록 하는 것입니다. 이와 같은 경우, 안정적 조달이 가능하다면, 조업의 안정, 품질의 확보, 그리고 생산능력이 확대될 수 있습니다.  그렇다면, 그러한 안정적 조달이 불가능하게 된다면 어떻게 하겠는가를 역발상으로 도출해보는 방법입니다.

안정적 조달이 불가능해진다면, 조업의 불안과 납기품질, 생산의 차질이 불가피해집니다.  더욱이 가격이 연동될 경우, 부가가치는 크게 손실을 예상해야 할 것입니다.  그렇다면, 구매 조달분야에서 이에 대한 대책을 강구할 수 있도록 대안을 만들지 않을 수 없게 될 것입니다.

구매조달 분야에서도 대안이 명확하지 않을 경우에는 현재의 구매조달의 안정적 조건이 충족되지 못할 경우(if not), 어떠한 대안이 있는가를 모색하게 합니다.  현재 모색할 수 있는 대안을 모두 뽑아내고 그 위에 다시 추가적으로 가능한 대안들이 모색될 수 있는지를 점검시킵니다.  그리고 나서도 다시 곱의 대응논리나 대체적 대안논리, 벡터대응의 논리를 강구해서 안정적 구매조달의 전략을 도출하도록 유도합니다.

역발상은 현재의 안정적, 또는 확정적 조건이 언제 무너질지 모른다는 가정을 전개함으로써 미래의 불확실성에 대응하도록 하는 것이 가능하게 합니다.  이러한 논리는 상황가정을 다양하게 함으로써 환경분석단계에서 걸러지지 않았던 위협요인을 간접적으로 파악할 수도 있으며, 다양한 위기 시나리오를 구성하여 그 대안을 모색할 수도 있습니다.

만약 현재의 가정이 무너진다면?  이것이 역발상의 출발점입니다.  이러한 발상의 예시로는 다음과 같은 것들이 있습니다.

---

**■ 역발상의 발상전개**

- 주력시장에서의 경쟁조건이 바뀌게 된다면?
- 우리의 핵심기술이 노출된다면?

- 현재의 대주주의 지배구조가 바뀐다면?
- 경영진의 절반이 물러나게 된다면?
- 신규사업분야가 실패하게 된다면?
- 오일가격이 안정된다면? 또는 배럴당 100달러를 넘게 된다면?
- 달러가치가 변화하여, 1달러 1200원선으로, 또는 500원선으로 변화하게 된다면?
- 주력 경쟁기업이 2년 내에 몰락하게 된다면? 또는 주력경쟁기업이 강력한 제3의 경쟁기업을 인수하게 된다면?
- 하청기업이 경쟁기업으로 넘어가게 된다면?
- 우리의 주력 해외시장이 신규 경쟁기업체에 잠식된다면?
- 우리의 제조방식을 2년 내에 바꾸어야 한다면?
- 경쟁사에서 강력한 경쟁기술을 보유한 기술업체를 매입한다면?
- 만약 3년 내에 주요 사업분야를 매각해야 한다면?
- 조직구성원의 20%를 줄여야 한다면?
- 글로벌 기업과 사업제휴를 맺어야 한다면?
- 이상과 같은 조건이 내년에 갑자기 들이 닥친다면
- 이상의 조건의 역조건이 성립된다면?

이와 같은 예시의 역발상의 논리를 통하여 그 상황에 대한 타개를 위한 발상을 전개해볼 수 있습니다.

### ■ 취사선택의 논리

취사선택의 논리는 전략적 사고의 기본으로 제시되고 있는 논리입니다. 즉, 택할 것과 버릴 것을 구분하고 선택하여 집중하는 논리를 말합니다. 난국에 처하게 되었을 때, 우선적으로 고려해야 할 논리중의 한 가지가 바로 취사선택의 논리입니다.

예를 들어, 회사건물에 커다란 화재가 발생하였다고 가정해봅시다. 이미 화재가 발생하여 일부 시설과 원자재, 재공품, 주요 서류들이 불에 타 들어가고 있습니다. 이와 같은 경우, 모든 것을 다 들고 나오려는 발상은 오히려 위험한 생각입니다.

우선 무엇을 버리고 무엇을 선택할 것인가? 물론 가장 중요한 것부터 순서대로 확보하도록 하는 것이 급선무일 것입니다. 이는 난파되어 침몰되어 가고 있는 선박의 경우에도 마찬가지입니다. 이와 같은 경우, 선체를 버리는 것이 가장 확실한 판단이 될 것입니다. 그렇다면, 선체 이외의 중요한 것들을 선택하고 나머지는 빨리 포기하는 것이 가장 현명한 방법일 것입니다. 그렇다면 당면하고 있는 상황에서 무엇이 중요한 것인가에 대한 판별능력이 필요하게 됩니다.

수익이 저조하고, 사업전망도 불투명하며, 위기가 닥쳐오고 있다면, 경영관리자들은 어떠한 순서로 취사선택의 논리를 전개해야 할 것인가? 예를 들면 다음과 같은 순서를 고려해볼 수 있습니다.

우선 상황의 회복가능성에 대한 판단팀을 조직하여 판단하도록 하고 나머지 요원들에게는 현재의 위기판단에 따라서 '어떠한 사업부터 정리할 것인가?'를 생각하도록 해야 할 것입니다. 물론 어떠한 사업을 새로이 착수할 것인가를 생각할 수도 있습니다. 그러나 수익성이 악화된 사업들을 그대로 유지하면서 신규사업을 모색하는 일은 치명적인 지병을 끌어안고 새로운 프로경기에 출전하고자 하는 격과 다를 바 없는 것입니다.

새로운 사업을 전개하려면, 그에 합당한 능력이 수반되어야 합니다. 그러나 부진사업이나 적자사업을 유지하면서 새로운 사업에 자원을 투입할 여력이 충분하다면, 지금의 상황은 결코 위기의 상황이라고 할 수 없기 때문입니다.

따라서 취사선택의 논리에 따라서 부진사업은 아쉽지만 정리한다는 관점을 유지할 필요가 있습니다. 물론 상황에 대한 회복가능성에 대한 분석팀에서의 희망적 결과가 도출된다면 보다 장기적인 견지 하에서 유보할 수도 있습니다. 그러나 현재 시점에서의 확고한 취사선택의 원칙 하에서는 일단 버릴 사업의 리스트에 등록시키도록 합니다.

그리고 나면, 새로운 사업에 전념할 수 있는 여력이 확보됩니다. 이제는 무겁고 쓸모없는 것들을 포기하고 버리고 난 후이기 때문에 침몰의 속도가 늦춰집니다. 경우에 따라서는 쓸모없는 것들을 이용하여 선체의 파손된 부분을 고칠 수도 있을 것입니다. 즉, 사업매각에 따른 현금유입이 새로운 기업 활동의 보장책이 될 수도 있는 것입니다.

그러한 대책이 가능하다면, 새로운 방향을 설정하여 새로운 기업 활동의 항해를 계속할 수도 있습니다. 취사선택의 논리는 이와 같이 일단 버려야 할 내용들을 인식하게 하고 그에 따라 정말로 버릴 것인지, 아니면 일부만 버리고 일부는 재활용할 것인지, 아니면, 완전히 버리고 새로운 것으로 다시 시작할 것인지에 대한 발상을 통하여 난국을 타개할 수 있도록 합니다.

취사선택의 논리를 응용하면 뺄셈의 대응논리를 구성할 수 있게 됩니다.

### ■ 뺄셈의 대응논리

뺄셈의 대응논리는 대응해야 하는 문제나 상황에 대하여 한 가지씩 그 대응의 범위나 내용을 제거하면서 대응의 가능성을 높여가는 방법입니다. 예를 들면, 전국적 시장영역에서 글로벌 경쟁기업과의 전면적 경쟁이 예상될 경우, 전국적 지역에서 예를 들면, 적어도 지방은 포기하더라도 서울 경기지역은 사수해보겠다거나 또는 전국지역은 포기하더라도 지역거점을 중심으로 중소 도시지역의 시장은 확보하기 위한 대책을 세우는 방안을 생각해볼 수 있습니다. 이러한 발상은 정당의 전국적 지지율의 확보와 지역구 확보의 논리에도 흔히 볼 수 있는 발상입니다.

이와 마찬가지로 현재의 품질능력으로는 더 이상의 가격경쟁이 되지 않을 경우, (일부 기능을 빼고) 기능을 최대한 간소화하는 대신 (가격의 일부를 빼주고) 가격을 상당 수준 낮추는 방법으로 시장경쟁을 참여하는 논리도 가능합니다.

이러한 논리의 역발상이 덧셈의 논리입니다.

### ■ 덧셈의 대응논리

덧셈의 대응논리는 뺄셈의 대응논리와는 반대로 대응내용이나 방법을 추가함으로써 상황을 극복하고자 하는 논리입니다. 예를 들어, 현재의 품질조건으로 대응할 경우, 곤란이 예상될 경우, 추가적인 기능이나 보완적인 기능을 추가함으로써 난국을 타개해나가는 방법입니다. 소위 부가적 방법이라고 할 수도 있습니다.

불황기에 흔히 볼 수 있는 영업방식 중에, 덤으로 더 주는 판촉행사들을 무수히 많이 목격하게 됩니다. 소비자 입장에서는 덤으로 더 주기 때문에 상대적으로 저렴하다고 느끼게 되므로 소비를 촉진시키게 되는 판촉행동입니다만, 이제는 소비자들도 지능화되어 덤으로 더 주는 영업행동이 목격되면, 기업의 사정이 어려워졌다는 인식을 함께 합니다. 즉, 영업과 구매행동 간의 교섭과정이 시작되는 것입니다.

따라서 만약 경쟁사나 또는 연관산업에서 이와 같은 논리를 구사하기 시작한다면, 그것을 재고를 소진하고자 하는 일반적인 판촉행사라고 판단하기 보다는 우리 측에서도 당면하고 있는 환경과 상황에 대한 흐름을 좀더 예민하게 파악할 필요가 있습니다.

만약 우리 회사의 현재 보유기술만으로 환경대응이 곤란하다면, 추가적인 기술과 인력, 그리고 이를 지원하는 시스템을 확보함으로써 대응하는 논리도 대표적인 덧셈의 대응논리가 될 수 있습니다. 이를 벡터의 논리로 전환한다면, 보다 다양한 대응이 가능해질 수도 있습니다.

덧셈의 논리를 발휘하여 현재 기술+추가적인 기술+인력+시스템의 논리를 전개하는 것도 탁월한 환경대응의 논리가 될 수도 있습니다.  이러한 논리에 입각한 대안을 모색해본다면, 새로운 기술개발을 전개하며, 그에 필요한 인력을 투입하고 그에 필요한 제도와 시스템을 보완한다는 전략대안을 모색하게 될 것입니다.

그러나, 벡터의 관점에서 본다면, 현재 기술+추가적인 기술+인력+시스템의 논리는 초보적인 평면적 논리라고 할 수도 있습니다.  벡터의 관점에서 본다면, 현재 기술×추가적인 기술×인력×시스템의 논리가 전개됩니다.  이를 살펴보면, 현재의 기술에 결합될 수 있는 추가적인 기술의 곱을 전개할 수 있습니다.

구체적으로는 현재 기술의 개량기술, 현재 기술의 신기술, 현재 미확보된 신기술에 대한 개발과 개량이 전개됩니다.

여기에 대하여 새로이 인력이 곱해지게 되므로 현재 확보하고 있는 기능인력의 기술교육이나 고급기술진의 첨단연구 활동, 현재 기술의 개량기술에 대한 워크샵과 기술관리, 신기술의 도입을 위한 신규 전문인력과 기존인력간의 조직화 및 기술 활동 등에 대한 활동이 조직화됩니다.

여기에 추가적으로 현재 기술과 관련된 협력사와의 공동 기술 활동, 현재 기술의 개량기술에 대한 공동 기술개발 및 보완활동, 신기술에 대한 신규투자에 대한 리스크의 공동부담, 제도적 지원과 제휴, 기업 네트워크간의 통합적 전개, 시스템적 보완이 병행됩니다.

벡터의 논리는 덧셈의 논리보다 복잡하고 다원화된 대안을 제시하므로 보다 결합적 성과를 보장합니다.  그러나 복잡하고 다원화된 대안이 허락되지 못할 경우, 보다 단순한 덧셈의 논리가 보다 신속하고 효율적인 대안의 모색에 도움을 줄 수도 있습니다.

## ■ 동시에 두 가지를 노린다

대안을 세우다 보면 이상한 형태의 바람직하지 못하고 불충분한 조건의 대안들이 거론될 경우가 있습니다. 예를 들면, 특정한 종류의 대안들은 그것을 실시할 경우, 한 가지의 일은 해결되지만 부차적으로 다른 일이 생기게 되는 일입니다.

예를 들면, 다음과 같은 격이라고 할 수 있습니다. 즉, 천장의 한 귀퉁이에서 비가 조금씩 샙니다. 이럴 경우, 반대편 천장을 뜯어서 새고 있는 부위의 천장을 막으면, 새고 있던 쪽의 천장에서는 비가 새지 않게 되지만, 새로 뜯어낸 부위의 천장에서는 물줄기처럼 비가 쏟아져 들어오게 됩니다.

만약에 고친 부위가 제대로 해결되지 못하였다면, 고친 부위에서도 비가 샐 뿐만 아니라, 전체적으로는 훨씬 더 많은 빗물이 새어 들어올 수도 있습니다. 그렇다면 설상가상의 격이라고 할 수 있을 것입니다. 이와 같은 해결대안은 상황을 더욱 악화시키는 대안이 될 것입니다. 역설적이라고 할 수 있지만, 그러한 대안들을 추진하도록 하는 것은 차라리 문제를 무시하고 그대로 현상을 유지하고 있는 편이 노력의 낭비도 하지 않을 뿐만 아니라 사태도 더욱 악화시키지 않는 셈이 됩니다.

따라서 문제해결에 있어서 효과적인 대안을 전개하지 않을 경우, 오히려 상황을 더욱 악화시킬 수도 있습니다.

예를 들어, 납기의 문제가 심각하게 노출되고 있는 상황에서 조직력의 효율성이 떨어진다는 현상에 대하여 직원교육이 문제라고 하여 이에 대한 교육을 시키는 경우를 생각해봅시다. 이와 같은 경우, 직원들을 현장에서 뽑아내어 조직력에 관한 교육을 시키게 됩니다.

그런데 조직력을 제고한다는 교육의 내용이 납기를 중심으로 프로세스를 개선하는 팀워크를 강화하는 쪽의 교육이 아니라 직

원의 단결의식을 강화하는 교육을 시킵니다.  직원들의 단결의식
이 강화되니까, 이번에는 직원들이 단결의식을 발휘하여 납기준수
를 위한 초과근무에 대한 보상요구를 강화하며 단체행동을 전개
합니다.  설상가상의 예라고 할 수 있습니다.

이와 마찬가지로 주력사업에 대한 수익성이 떨어지는 상황에
서 수익성을 높이기 위한 구체적이고 전략적인 대응의 노력을 기
울이지는 않고, 조직구조 개편에 대하여 고비용의 컨설팅을 받습
니다.  이와 같은 예를 들자면, 한이 없을 것입니다.

그러나 전략적 대안을 모색할 경우에는 대안을 제시하면서 추
가적인 문제가 최소화될 수 있는 지혜로운 대안모색을 전개하도
록 지도할 필요가 있습니다.  물론, 비용과 노력이 최소화된다면
더욱 좋을 것입니다.

### ■ 정면승부

이상과 같은 논리보다 강력한 대응방법으로는 정면승부의 방
법입니다.  소위 힘의 대결이라고 할 수 있는 대응논리라고 할 수
도 있습니다.  경쟁사와 전국시장에서 정면승부를 할 수 밖에 없
다면, 정면승부도 역시 효과적인 상황타개책 중의 한 가지입니다.

앞에서 힘의 대결이라고 표현한 바와 같이 정면승부는 기업의
역량과 역량을 중심으로 전략적으로 정면 대응하는 것을 말합니
다.

여기에서의 승부수는 역량과 전략에 의하여 판가름이 나게 됩
니다.  국가간의 전쟁이라면 화력과 병력, 그리고 전략에 의하여
판가름 나는 것도 마찬가지로 기업간의 경쟁에서도 기업의 능력
과 전략에 의하여 판가름 난다고 볼 수도 있습니다.  여기에서의
능력은 사람, 자금, 기술, 설비, 자원, 정보, 관리능력과 같은 핵심
적 역량과 그러한 역량을 구사하여 대응행동으로 전개하는 전략

에 의하여 결정됩니다.

그렇다면, 세계의 자동차 시장에서 최고를 지향하는 혼다나 토요타자동차에 대응하는 우리의 현대자동차의 도전도 전혀 불가능한 것도 아닙니다.   문제는 현대자동차가 어떠한 능력을 갖추고 보강하여 어떠한 전략을 구사할 것인가에 달려있다고 할 것입니다.

만약 우리의 능력과 자원이 부족하다면, 다른 능력과 자원을 동원합니다.   예를 들면, 연합군을 편성하여 대응하거나 연합자원, 연합기술을 구성하여 대응하는 방법을 생각해 볼 수 있습니다. 소위 전략적 제휴나 자원전략과 같은 전략이 강구되는 것입니다.

능력과 전략으로 승부한다.   이는 전략적 대응에 있어서 반드시 그 대안을 강구해야 하는 필수적이며 본원적 전략발상입니다. 정면승부 또한 역시 전략적 발상과 전략적 판단에 의하여 전개하는 것이 바람직합니다.

#### ■ 전략포맷

이상과 같은 논리를 더욱 보완할 수 있는 메타전략(meta-strategy)의 논리로, 전략발상과 판단을 촉진하고 주요한 검토항목에 대한 고려를 강화하기 위하여 전략내용을 구성하는 형식을 구체화하여 전략성과를 높이기 위한 방법이 있습니다.

예를 들면, 막연히 전략을 모색하고 검토하기 보다는 전략을 구조적으로 분해하고, 당면하고 있는 환경 속에서 대응해야 할 새로운 패러다임 하에서 형식을 구성하여 구체적인 검토항목과 내용을 점검할 수 있도록 함으로써 전략적 판단능력과 전략의 입안, 집행, 관리의 성과를 높이는 방법이 있습니다.[29]

이상으로 IS 프로세스와 New SWOT 분석작업에서 전략대안을

---

29) 박동준, 피터 앤토니오 공저, 「전략포맷」, 소프트전략경영연구원, 2008 참조

모색할 경우, 작업이 지연되거나 발상의 제약을 받게 될 경우, 경영관리자들이 참조하여 대응할 수 있는 개략적인 발상논리에 대하여 살펴보았습니다.

이제부터는 파악된 전략적 중점 과제들을 해결하는 대안수립 프로세스의 진행절차와 세부작업의 전개내용에 대하여 살펴보도록 하겠습니다. 전략적 중점과제 대안수립 (Issues Solution) 프로세스를 줄여서 IS 프로세스라고 하고 두 가지의 표현을 동시에 사용하겠습니다.

## 2. IS 대안수립 프로세스의 절차

SIS 프로그램의 후반부인 IS 프로세스에서는 당면하고 있는 환경이나 상황에서 유발되고 있는 전략적 과제나 문제현상을 극복하기 위한 전략적 대안을 도출하여 실행에 옮길 수 있도록 구체적인 방안을 편성합니다.

전략적 과제를 진단하고 파악하는 SI 프로세스를 통하여 전략적 과제들을 점검한 후에 IS 프로세스를 전개할 경우에는, 그 과제들의 배경이나 인과관계, 연관관계를 잘 파악하고 있으므로, 대안수립의 과정에서 과제에 대한 통찰력이 높게 됩니다.

그러나, SI 프로세스를 수행하지 않고, 단도직입적으로 IS 프로세스를 수행하는 경우, 전략적 과제의 배경이나 인과관계, 연관관계를 점검하고 살펴보면서 대안을 수립해야 합니다. 만약 이러한 점을 살펴볼 시간적 여유가 없다면, 최소한 해결해야 할 전략적 과제들에 대하여 <도표 4.50>의 전략적 중점과제 진단 실무차트,

<도표 4.31> 뉴스와트 과제분석 매트릭스, <도표 4.38> 문제현
상분류표, <도표 4.39> 문제현상연관도 작성 작업을 통하여 당면
과제를 둘러싼 전체상을 파악하도록 합니다.

<도표 5.2> 당면현상의 전체상에 구조적으로 대응한다

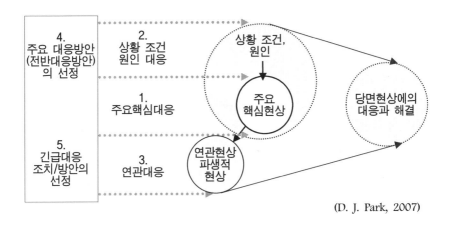

(D. J. Park, 2007)

제4장의 SI 진단작업에서도 살펴본 바와 마찬가지로 전략적 과
제의 대응방안 모색작업에서도 진단내용에 대응하여 대칭적으로
전략적 대응을 전개합니다.

즉, <도표 5.2>에서 보는 바와 같이 당면하고 있는 현상에 대
하여 단편적으로 대응을 전개하는 것이 아니라, 대응방안을 좀더
세밀하게 구성하여 대응합니다. 즉, ①주요 핵심에 대한 주력대
응방안과 ② 현상들이 유발되고 있는 원인이나 상황의 유발조건
에 대응하는 원인조건대응 방안, 그리고 ③연관현상이나 파생적
현상에 대응하는 연관대응조치로 구분하고 그에 입각하여, ④주요
전략대안들을 선정하고 ⑤긴급하게 조치해야 할 대안으로 나누어
상황에 대응하는 것입니다.

이와 같이 경영관리자가 대응하여야 할 당면과제나 현상에 대

하여 5가지로 구분하여 전개함으로써 무엇에 대하여 대응해야 할
것인지에 대한 판별력이 높아집니다.

<도표 5.3> 전략대응방안(IS)의 구조적 전개발상

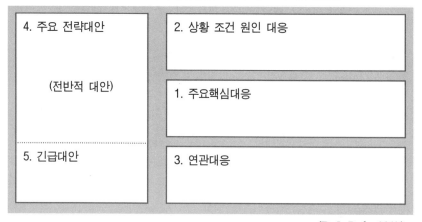

(D. J. Park, 2007)

따라서 경영관리자는 전략적 과제에 대응해야 할 때에는 오른
손의 다섯 손가락을 하나씩 펴가면서 ①무엇이 핵심, 즉 주력대응
인가? ②원인 또는 상황의 조건에 대응하는 원인대응방안은 무엇
인가? ③연관현상에 대응하는 연관대응조치는 무엇인가? ④전반
적으로 조치해야 할 대안이나 전략적 대안은 무엇인가? 그리고
마지막으로 ⑤우선적으로 대응해야 할 긴급대안은 무엇인가를 습
관적으로 생각할 수 있도록 합니다.

IS 대안수립 프로세스는 <도표 5.4>에서 보는 바와 같이 8단
계의 절차로 수행합니다.  SI 프로세스의 각 단계에서 검토된 내
용을 토대로 IS 프로세스의 각 작업은 계속됩니다.  또한 SI 프로
세스의 피드백을 통하여, 수정된 내용은 다시 IS 대안수립 프로세
스로 반영되어, IS 대안수립 프로세스의 성과를 높입니다.

<도표 5.4> IS 대안수립 프로세스의 절차도

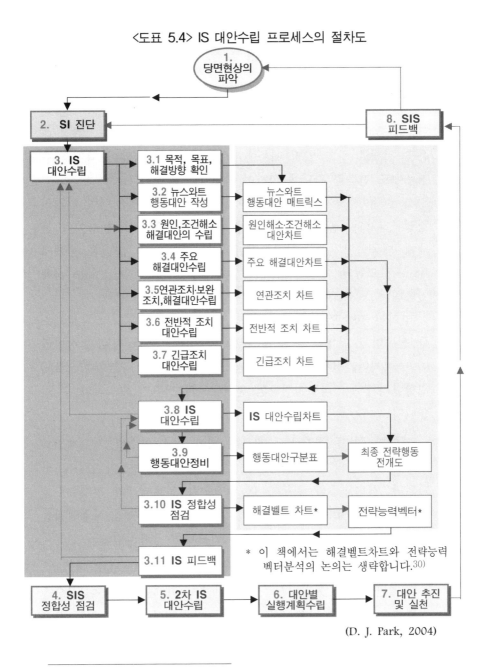

(D. J. Park, 2004)

---

30) 박동준, 뉴스와트전략, 소프트전략경영연구원, 2005 참조

그러나 다른 프로그램과는 달리, SI 프로세스의 각 단계에서 미확정요소나 불확실한 점들이 해소되지 않고, IS 대안수립 프로세스로 넘어올 경우에도 IS 대안수립 프로세스는 진행됩니다.

예를 들면, 목표관리(MBO)의 경우에는 목표가 확정되지 못하면, 실행계획이 전개되지 못하지만, SIS 프로그램에서는 전략적 대응을 전제로 하고 있기 때문에 앞에서 완벽한 작업이 되지 않을 경우에도 전략적 판단에 의하여 작업을 전개합니다.

그 이유는 SIS 프로그램이 작업을 위한 관리 시스템이 아니라 경영관리자와 조직구성원들이 현실적으로 당면하는 현상이나 문제에 대응하기 위한 실천기법이기 때문입니다.   그러한 점에서 SIS 프로그램의 특징은 대응의 신속성을 확보할 수 있다는 점에 있습니다.

따라서 SIS 프로그램의 사용 기법에 익숙해질수록 그 프로세스를 신속하게 전개할 수 있을 뿐만 아니라, 필요한 정보의 선별력이 높아지며, 전략적 대응논리를 정교하게 하여 구조화함으로써 경영관리자와 조직구성원들의 환경대응의 전략지능을 높일 수 있습니다.

경영관리자가 현장에서 필요에 따라 IS 대안수립 프로세스를 수행하는 속도와 내용의 정도를 조절해야 할 필요성이 있다고 판단되면, 작업팀중의 일부는 IS 대안수립 프로세스의 진행속도를 유지하도록 하고, 필요하다면, 일부 작업팀에게 특정 작업단계를 건너뛰거나, SI 프로세스로 되돌아가 관련된 필요작업들을 선별적으로 또는 병행 수행하도록 지휘합니다.

경영관리자가 현장에서 전략대안을 전개하기 위하여 필요한 작업을 전개할 때 작업별로 참고가 필요하거나 작성을 해야 하는 도표들을 정리하여 <도표 5.5>에 요약해놓았습니다.

<도표 5.5> 전략적 대안수립을 위한 전체작업의 점검 참조도표

| 작업 | 항목 | 작업 참고 도표 |
|---|---|---|
| 환경진단 | 환경의 변화추세<br>환경요인진단<br>환경대응성 진단 | <도표 2.3> 환경의 변화추세<br><도표 4.15~18> 전반적인 외부환경요인과 연관도<br><도표 4.23> 환경대응성 진단도표 |
| 내부능력<br>진단 | 내부적 변화추세<br>기업능력진단<br>능력대응성 진단 | <도표 2.4> 내부적 변화추세<br><도표 4.19~22> 기업능력의 분석/평가와 연관도<br><도표 4.24> 능력대응성 진단도표 |
| 성과 점검 | 사업추진목표 | <도표 2.5> 목표 |
| 문제현상의<br>점검 | 문제현상의 진단 | <도표 3.28> 당면현상의 파악<br><도표 4.34> 뉴스와트 당면(문제) 현상진단 매트릭스<br><도표 4.35~39> 당면(문제) 현상의 진단 |
| 전략적 과제<br>파악 | 전략적 과제진단 | <도표 4.31> 뉴스와트 과제분석 매트릭스 |
| | 중점과제 및<br>전반적 대응과제<br>진단 | <도표 4.41~42> 원인-상황 조건현상 진단<br><도표 4.44~45> 연관(파생)현상 진단<br><도표 4.46, 47, 50, 53, 62> 전략적 중점과제 진단 |
| | 대응이 긴급한<br>과제파악 | <도표 2.6> 환경추세의 영향과 긴급도<br><도표 4.58> 전략적 중점과제 우선순위차트 |
| 전략적<br>대응방안 수립<br>(IS 대안수립<br>프로세스) | 전략적 과제대응 | <도표 5.15> 뉴스와트 IS 행동대안 매트릭스<br><도표 5.17> IS 대안수립 차트 |
| | 원인-제약요건<br>대응 | <도표 5.18> 원인해소, 조건대응 대안 차트<br><도표 5.19> 대응모드별 CC 대응전략 차트 |
| | 연관현상-파생적<br>현상 대응 | <도표 5.24> 연관조치 차트<br><도표 5.25> 대응모드별 연관대응 전략대안 차트 |
| | 핵심(주력) 대응 | <도표 5.22> 주력대응 전략대안 차트<br><도표 5.23> 대응모드별 주력대응 전략대안 차트 |
| | 전반적 대응 | <도표 5.26> 전반대응 전략대안 차트<br><도표 5.27> 대응모드별 전반대응 전략대안 차트 |
| | 긴급조치의 대응 | <도표 5.28> 긴급대응 전략대안 차트<br><도표 5.29> 대응모드별 긴급대응 전략대안 차트 |
| 대응전략<br>정합성점검 | 전략대안검토 | <도표 5.31~32> IS 대안수립 실무차트<br><도표 5.33> 대응모드별 대안수립 차트<br><도표 5.38> IS 대안수립관리차트<br><도표 5.41> 행동대안의 구분<br><도표 5.42> 전략행동전개도<br><도표 5.44> 전략적 중점과제 대응전략 정합성 점검<br><도표 5.45> 대안검증의 주요 체크포인트 |
| SIS 프로세스 | 추진관리 | <도표 6.1> SIS 추진관리표 |

(D. J. Park 2007)

## <도표 5.6> IS 대안수립 실무작업 절차

| 1. 전략적 과제의 확인 | *뉴스와트 과제분석 <도표 4.31> |

| 2. 기본방향의 확인, 수정, 재설정 | 목표와 전략의 수정, 점검 <도표 5.9><br>시장균형의 변화예측 <도표 5.11><br>I-I 매트릭스 <도표 5.12><br>합법성과 현실의 점검 <도표 3.8><br>창조성장전략벡터 <도표 3.31><br>방향수정 <도표 5.13> |

**3. 해결대안의 수립**

| 3.1 개괄적인 전략적 대안의 모색 | *뉴스와트 행동대안 (IS) 매트릭스 <도표 5.15> |
| 3.2 원인-상황-조건 대응방안수립 | CC 대안차트 <도표 5.18><br>대응모드별 CC 대안 차트 <도표 5.19> |
| 3.3 주력(핵심) 전략대안수립 | 주력대응 전략대안차트 <도표 5.22><br>대응모드별 전략대안 차트 <도표 5.23> |
| 3.4 연관조치/보완조치 수립 | 연관조치차트 <도표 5.24><br>대응모드별 연관조치 차트 <도표 5.25> |
| 3.5 전반대응조치 수립 | 전반대응조치차트 <도표 5.26><br>대응모드별 전반조치 차트 <도표 5.27> |
| 3.6 긴급조치 수립 | *긴급조치차트 <도표 5.28><br>대응모드별 긴급조치 차트 <도표 5.29> |

**4. 전략행동계획 수립**

| 4.1 전략대응방안의 점검과 정비 | IS 대안수립 매트릭스 그룹별 판별 <도표 5.36><br>IS 대안의 영역별 대응 <도표 5.37><br>IS 대안수립 관리차트 <도표 5.38> |
| 4.2 행동계획전개방안 점검과 정비 | *행동계획 전개도의 작성 <도표 5.39><br>행동대안의 구분 <도표 5.41><br>전략행동(계획) 전개도 <도표 5.42~43> |
| 5. 전략대안 종합검토와 정합성 점검 | 대응전략의 정합성 점검차트 <도표 5.44><br>*대안검증의 주요 체크포인트 <도표 5.45> |

구분: (*)긴급수행시 수행작업, 정밀작업에서는 전체작업을 수행

(D. J. Park, 2007)

<도표 5.6>에서는 IS 대안수립의 실무작업의 절차를 도표작성
과 검토를 중심으로 요약하였습니다.

### ■ 긴급할 경우에 우선 수행하는 작업들

경영관리자가 당면하고 있는 전략적 과제들에 대한 대응의 긴
박하여 작업전개의 시간여유가 부족할 경우에는 <도표 5.6>에서
(*)표식이 표기된 작업을 우선 수행하고, 관련된 작업들을 선별적
으로 병행 수행함으로써 전략대응의 타이밍 성과를 높이고 대응
전략의 효과성이 제고하도록 합니다.

### ■ 정밀작업과 고급작업

본문에서는 경영관리자가 당면하고 있는 상황과 작업의 필요
에 따라 학습하고 참조할 수 있도록 <도표 5.7>과 같이 구분하
여 살펴보겠습니다.

<도표 5.7> 본문에서의 학습구분

| 표시 | 작업 | 언제 | 누가 |
|---|---|---|---|
| 간이<br>작업 | 간이작업<br>(특정업무에 대안<br>전략적 대응) | ● 특정한 단위업무의<br>전략적 대응이 긴급할 때 | 경영관리자와<br>조직구성원 |
| 정밀<br>작업 | 정밀작업<br>(전체적 대응 전략) | ● 정기적 전략수립<br>● 신규사업전략의 전개<br>● 기존 전략의 수정 | 경영관리자와<br>조직구성원<br>연관부문 |
| 고급<br>과정 | 고급작업 | ● 전략적 성과를 더욱<br>높이고자 할 때 | 경영관리자와<br>조직구성원 |

따라서 특정한 단위업무의 대응이 긴급하게 필요할 경우, [간이
작업]이라는 표식에 해당하는 내용을 집중적으로 전개합니다. 그
러나 특정한 단위업무의 대응만으로는 효과가 의심스럽거나 좀더

광범위하고 체계적인 대응이 필요하다면 기본작업을 전체적으로
수행하는 [정밀작업]을 수행합니다.

또한 전략적 대응의 성과를 더욱 높이고자 하는 경영관리자라
면 [고급작업]이라는 표식이 있는 부분을 학습합니다.


### ■ 환경대응내용의 수정필요성에 대한 인식

전략적 대안모색과정에서 특히 유의해야 할 점은 불확실성, 미
확정요소에 대한 대응에 관한 상황인식과 그와 같은 상황에 어떻
게 대응할 것인가에 관한 것입니다.  즉, 전략대응은 우리가 알고
있는 내용이나 불확실한 내용의 정도에 따라서 그 대응방식과 내
용이 달라진다는 점입니다.

<도표 5.8> 환경대응내용의 수정필요성에 대한 인식차이(A, B 조직 비교)

| | | 환경인식의 내용 | | |
|---|---|---|---|---|
| | | 확실성이 높다 | ↔ | 불확실성이 높다 |
| 대응내용 | 충실성이 높다 | A: 낮다 (B: 중간) | A: 보통 (B: 높다) | A: 높다 (B: 상당히 높다) |
| | ↑ ↓ | A: 보통 (B: 높다) | A: 보통 (B: 높다) | A: 높다 (B: 상당히 높다) |
| | 충실성이 낮다 | A: 높다 (B: 상당히 높다) | A: 높다 (B: 상당히 높다) | A: 상당히 높다 (B: 아주 높다) |

(D. J. Park, 2003)

환경대응에 대한 기업의 반응은 제각기 다르지만, <도표 5.8>
에서 보는 바와 같이 불확실성이 높을 경우, 사업기획이나 전략대
안의 내용은 부단한 수정을 필요로 하게 됩니다.  물론 환경에 대

한 전략지능이나 연관 핵심지능의 발휘여부에 따라 그 대응내용의 충실한 정도가 달라집니다.

환경대응내용의 충실성이 높을 경우, 대안수정의 내용, 범위, 그리고 그 빈도가 상대적으로 낮아지게 됩니다. 그러나, 대응내용의 충실성이 높다고 할 경우에도, 환경의 불확실성이 높아지게 되면, 다음과 같은 이유에서 대응내용의 수정 또한 높아지게 됩니다. 그 이유는 다음과 같습니다.

첫째, 불확실성이 높게 되면, 불확실한 환경대응에 필요한 적절한 전략지능이나 기획지능 등의 연관핵심지능의 발휘가 가능하게 될 경우에도, 환경정보나 상황의 불확실성에 대한 불확정 요소들이 증가하게 됩니다. 아무리 좋은 전략적 기법이나 첨단의 노하우를 동원한다고 하더라도, 미확정요소들이 늘게 되면, 기법의 유용성이 줄어들게 됩니다. 따라서 초기 전략적 환경대응방안의 반복적 수정과정이 수행이 필요하게 되는 것입니다.

둘째, 불확실성이 높게 되면, 그에 대응하는 기업지능이나 연관핵심지능의 발휘가 어려워집니다. 미경험의 상황이 다양하게 복합적으로 전개되면, 관련현상의 해결을 위한 기업지능의 행사에 어려움을 느끼게 됩니다. 이러한 경우, 소위 지능의 문제를 벗어나 의지와 행동의 적극성을 요구하게 됩니다.

따라서 불확실성이 높을 경우, 이에 대한 기업의 대응에는 그 적극성에 따라, 환경대응에 대한 의사결정이 달라집니다. 적극성이 아주 높은 경우, 미확정요소에도 불구하고, 환경대응활동을 공격적으로 편성하여 접근할 수 있습니다. 이러한 상황에서는 대안 실행과 수정이 실시간으로 진행되지 않는다면, 그 대응은 무모한 것이 될 수도 있습니다.

적극성이 낮은 기업의 경우에는 환경대응내용 자체가 소극적으로 편성됩니다. 이러한 경우, 상황의 전개에 따라서 점차 환경에 대한 인식이 명확해지면서 소극적 내용이 점차 적극적으로 변화될 수도 있습니다. 즉, 환경의 변화가 점차 확실해지고 기업의 대응태도의 변화가 전개되면서 환경대응의 내용도 수정하게 됩니다.

셋째, 불확실성이 낮은 경우에도, 예외사항이나 돌발 상황, 조건이나 제약요건들이 변화함으로써, 새로운 추가조치나 보완조치를 수행해야 할 필요성이 높게 됩니다.

<도표 5.8>의 조직(B)에서는 보통의 기업(A)보다 좀더 환경대응에 충실을 기하면서 환경대응내용의 수정행동을 더욱 강화합니다. 이러한 기업들은 환경대응 지능의 충실성과 무관하게 환경의 확실성 여부에 따라, 그 수정의 내용이나 빈도를 높여갑니다. 즉, 부단하게 환경을 주목하고 계속 이에 대한 대응을 신속하게, 그리고 빈번하게 대응해나가는 것입니다.

이와 같은 기업들은 확실성이 높다고 할 경우에도, 앞에서 살펴본 기업들보다도 더욱 더 기본계획의 수정, 보완활동을 강화하고 있습니다. 물론 대응활동의 내용만 수정하는 것이 아니라, 지속적으로 조직구성원들의 환경대응지능과 연관핵심지능의 보강활동을 수행합니다.

더욱이 불확실성이 증가할수록 그 대응방법과 내용의 수정을 주기적으로 더욱 강화합니다. 대부분의 경영기법들은 이와 같은 환경지능과 기업경영의 지능 발휘에 의하여 개발되고 있습니다.

이러한 기업경영의 지능 향상을 위하여 대학이나 전문 컨설팅 기업과 같은 지능집단을 충분히 활용하고 있음은 두말 할 나위가 없습니다. 우리에게 익숙한 대부분의 경영혁신기법이나 전략기법들이 이와 같은 기업들과 전문가 집단의 환경대응경험에 의하여 집적되고, 정리된 방법론입니다.

환경대응성이 떨어지는 기업들의 경우, 조직구성원들의 **환경대응능력**을 강화하기 위하여 전략적 대응능력향상을 위한 교육을 강화하고, 경영관리자의 지휘능력과 지도능력을 더욱 제고하여야 합니다.

기업의 환경대응능력의 확립은 기업의 지속적인 전략성공을 위한 핵심요소이기 때문입니다. 따라서 경영관리자는 이에 대하여 각별히 주목하고 이에 대한 대응책을 구체적으로 그리고 시급히 보강할 필요가 있습니다.

## 제1단계 : 목표, 목적, 해결방향의 확인

략적 과제 해결 (IS) 프로세스

1. 전략적 과제의 확인

2. 기본방향의 확인, 수정, 재설정

3. 해결대안의 수립

　3.1 개괄적인 전략적 대안의 모색

　3.2 원인-상황-조건 대응방안수립

　3.3 주력(핵심) 전략대안수립

　3.4 연관조치/보완조치 수립

　3.5 전반대응조치 수립

　3.6 긴급조치 수립

4. 전략행동계획 수립

　4.1 전략대응방안의 점검과 정비

　4.2 행동계획전개방안 점검과 정비

5. 전략대안 종합검토와 정합성 점검

### ■ 해결과제의 방향설정이 필요하다

흔히, 문제해결을 위한 분임토의나 회의에서 종종 목격하는 문제이기도 합니다만, 원인이 규명되어 해결대안을 만들고자 할 때, 빈번히 의견이 분산되는 까닭중의 하나는 해결대안의 방향이나 기준, 또는 윤곽이 불투명하기 때문입니다.

원칙적으로는 기업의 원칙이나 사업목표와 같은 기본적인 내용을 규정한 자료나 지침을 사용하면 되지만, 조직구성원들이 당면하고 있는 상황에 대한 전략적 대안을 모색하고자 할 때, 명확히 참조할

만한 기준을 찾지 못하게 되는 경우가 종종 발생합니다.

예를 들어, 영업점포의 접객서비스를 개선하기 위한 대안을 만드는 경우를 생각해봅시다. 이 경우, 다양한 의견들이 속출하게 됩니다.

친절교육을 시키자, 대화기법을 개발하자, 고객심리에 대응하는 응대매뉴얼을 만들어야 한다, 서비스 모니터링을 하자 등등의 다양한 대안들이 속출합니다.

이러한 경우에 의사결정을 내릴 때, 머릿속에 종종 혼란이 오는 까닭은 각각의 아이디어나 대안들이 무엇을 지향하고 있는 것인지, 또는 각각의 대안들이 서로 다른 것인지, 같은 것을 다르게 표현하고 있는 것인지, 실시해보지 않고는 모를 수 있습니다.

더욱이 그 실시내용에 따라서, 제각기 성공적일 수도 있지만, 모두 그 필요한 선결요건이나, 질적 수준을 충족하지 못하여 조치한 결과가 모두 실패작으로 끝나게 될 수도 있습니다.

따라서 대안들이 수립된 이후에 실천목표를 설정하게 될 경우, 대안들의 그럴 듯함에 현혹되거나, 또는 부당한 목표를 세우고 그것을 달성하려고 하는 오류를 범할 수 있습니다. 그래서 대안들을 수립하기 전에, 우리가 원하는 수준이나 방향 또는 구체적인 지침을 설정하는 것이 대안수립에 필요한 시간을 절약할 수 있을 뿐만 아니라, 대안들의 표류를 예방할 수 있게 되는 것입니다.

우리 회사에서 기존에 설정하고 있는 기본적인 목표나 목적, 방향설정과 현재 해결하고자 하는 중점과제들의 해결방향이나 목적이 일치하고 있을 경우에는 기존에 설정된 방향을 토대로 해결방향을 모색합니다.

그러나 새로운 시각, 새로운 방향에서 중점과제를 해결해야 할 것인지에 대한 판단이 필요하게 된다면, 해당 중점과제에 대한 방향설정을 새로이 설정할 필요가 있습니다.

경영관리자가 이에 대한 판단을 제대로 내리지 않을 경우, 전략적 과제에 대응하는 전략대응은 오히려 '전략적'이지 못한 대응이 될 수 있기 때문입니다.

---

### 목표, 목적, 해결방향을 확인하기 위한 활용자료

- 정관, 사규, 사사(社史), 경영어록, 신년사
- (중장기) 전략계획, 경영계획, 사업계획
- 이사회회의록, 주주 및 이해관계인의 요구사항
- 당해업종에 관한 법률, 규칙
- 업종교류회, 업계동향, 협회, 기관의 동향
- 언론발표자료, 경쟁사 동향
- 자사의 홈페이지 (회사안내자료)

---

### 목표, 목적, 해결방향의 확인을 위한 작업점검 참고도표

- 목표와 전략의 타당성 점검
  <도표 5.9> 목표와 전략의 수정과 그 타당성 점검
- 시장균형의 변화 점검
  <도표 5.11> 시장균형의 변화예측
- 환경명령의 내용과 변화 점검
  <도표 5.12> I-I 매트릭스
  　　　　　(환경명령과 기업의 환경지능의 균형관계의 작성)
- 전략내용의 점검으로 방향 검토
  <도표 5.13> 전략내용을 중심으로 방향수정을 모색
- 당위적 관점을 강화하기 위한 작업
  <도표 3.8> 합법성과 현실의 점검
  <도표 3.9> 당위적 관점의 차이
- 창조적 성장의 점검
  <도표 3.31> 창조 성장전략벡터

(D. J. Park 2007)

### ■ 목표와 전략을 언제 수정해야 하는가?

<도표 5.9>에서는 전략적 대응에 있어서, 목표에 관련된 기본적인 점검을 설명하고 있습니다.

<도표 5.9> 목표와 전략의 수정과 타당성
Strategy and Objectives

| | | 전략대응 Strategic Response | |
|---|---|---|---|
| | | 기존 Existing | 새로운 New |
| 목표<br>목적<br>Objectives/<br>Goals | 기존<br>Existing | 기존목표×기존전략<br><br>Existing Objectives and<br>Existing Strategy | 기존목표×신전략<br><br>Existing Objectives and<br>New Strategy |
| | 새로운<br>New | 신목표×기존전략<br><br>New Objectives and<br>Existing Strategy | 신목표×신전략<br><br>New Objectives and<br>New Strategy |

| 구분 | 목표 | 전략 | 수정대응의 필요성과 타당성 |
|---|---|---|---|
| 현행유지 | 기존목표 | 기존전략 | ● 목표와 전략의 변경이 향후 몇 년간 필요하지 않을 때<br>● 현재의 사업성과에 만족스러울 때 |
| 전략변경 | 기존목표 | 신전략 | ● 목표는 합당하지만 전략대응내용이 부적절할 때<br>● 현재의 사업성과에 불만족스러울 때 |
| 목표변경 | 신목표 | 기존전략 | ● 전략은 합당하지만 부적절한 목표로 사업성과가 떨어질 때<br>● 현재의 사업성과에 불만족스러울 때 |
| 전략과 목표의<br>동시변경 | 신목표 | 신전략 | ● 목표도 전략도 모두 부적절하여 사업성과가 부진할 때<br>● 현재의 사업성과에 불만족스러울 때 |

(D. J. Park, 2007)

<도표 5.9>에서 보는 바와 같이 경영관리자는 전략적 과제에 무조건 대응할 것이 아니라, 기존의 전략적 대응방식의 내용과 형

태로 당면하고 있는 전략적 과제에 대응할 것인지, 아니면 새로운 형태와 내용으로 전략적 대응을 전개해야 할 것인지에 대하여 점검해야 합니다.

만약, 새로운 형태의 전략과 목표를 설정해야 할 때에, 이를 무시하고 막연히 전략적 대안을 모색하게 될 경우, 그러한 경영관리자의 노력은 오히려 전략적 대응이 아니라 '비전략적'인 대응이 될 수 있기 때문입니다.

따라서 전략적 대응방안을 모색하기 전에, 우선 우리가 대응해야 할 전략적 과제들에 대하여 기본적인 해결방향이나 목표, 목적에 대하여 생각을 정비할 필요가 있습니다.

### ■ 새로운 방향설정이 필요한 것을 어떻게 알 수 있을까?

기업에서 또는 사업을 추진하면서 '새로운 방향설정이 필요한가?'를 점검하는 일은 전략적 중점과제들의 효과성을 제고하기 위하여 반드시 필요할 뿐만 아니라, 기존의 전체적인 전략의 체계와 그 정합성, 그리고 종합적 성과를 관리하기 위하여도 필요합니다.

전략적 중점과제의 수행과 더불어 기존의 기업목표를 수정해야 할 것인가에 대한 판단은 크게 다음과 같은 세 가지의 점검에 의하여 판별할 수 있습니다.

---

1. 기존의 전략적 중점과제들이 어떠한 환경속성 하에서 유발되고 있는가?
2. 기업에서 당면하고 있는 전략적 과제들의 내용은 어떠한 것인가?
3. 현재의 환경의 변화가 앞으로 기업활동에 어떻게 영향을 미칠 것인가?

---

경영관리자의 경우, 종종 경험하게 되는 현상이지만, 이와 같은 논란의 여지를 줄이기 위하여, 나름대로 원칙을 세울 필요가

있습니다.  여기에서는 이에 관하여 전략적 관점에서 고려해야 할 점들을 중심으로 살펴보도록 하겠습니다.

### ■ 기술혁신과 시장의 균형

예를 들어, 혁신적인 기술개발이 시장에서 제품으로 선보이게 된다면, 그러한 신기술의 등장으로 기존의 제품시장에서 유지되던 균형이 깨지고 시장은 새로운 동태적인 변화의 모습을 보입니다. 저는 이러한 현상을 시장의 진화라고 설명하고 있습니다만, 시장이 새로운 균형을 찾아서 나아가는 「시장력 관계」의 변화과정에서 시장에서 기업에 요구하는 조건이나 내용들이 달라집니다.  이러한 상황이 전개되면, 기업은 시장에 대한 태도, 즉 시장태도나 시장행동의 개선을 필요로 하게 되며, 시장에 적절히 대응하기 위하여 기업행동원칙을 근본적으로 수정하지 않을 수 없게 됩니다.

이러한 대응을 간과하고 게을리 하게 되면, 시장은 내재적인 시장력을 발휘하여, 해당기업을 도태시키고 시장적응력이 뛰어난 기업을 부상시킵니다.  이러한 현상은 소위 기술진보가 각 기업들이 「시장균형」속에서 어떻게 성장하고 쇠퇴하는가에 대한 산업화의 역사적 교훈을 통하여 알 수 있습니다.

시장균형의 변화는 기술의 혁신적의 개발이나 새로운 시장출현 뿐만이 아니라 시장의 경계가 구조적으로 변화하고 있거나, 시장력의 본질적 변화와 같은 근본적인 요인들에 의하여 유발됩니다.

### ■ 시장의 역동성과 시장균형의 변화

시장의 경계가 구조적으로 변화하게 된다는 것은 시장의 통합화, 융합화, 특화의 진전을 의미합니다.  시장의 통합화는 시장의 경계에 관한 기존의 균형이 새로운 균형으로 이행하는 것을 의미합니다.

<도표 5.10> 환경명령에 대응하는 기업 활동

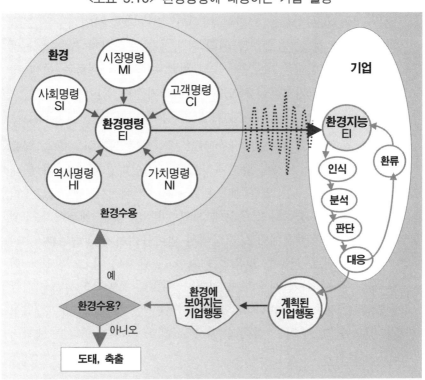

(D. J. Park 2003)

각 기업들은 산업을 형성하고 있고, 해당 산업이 시장을 형성하여 제각기 고유의 기업활동을 수행하고 있습니다. 각 기업들은 기존에 형성된 시장을 사업의 절대적인 전제조건으로 간주하여 생산활동을 전개하고 있습니다. 그러나 시장의 기존의 경계가 무너지고 새로운 통합으로 시장이 확장되면, 다른 시장에서 활동하던 기업들이나 산업이 통합됨에 따라, 새로운 시장으로 유입되고, 따라서 기존의 시장에 참여하는 주체들의 구성이 변화된 새로운 시장환경 내에서 기업활동을 전개하기 시작합니다.

이러한 상황이 전개되면, 소비자는 새로운 경험으로 소비자 지능의 새로운 진전을 보이게 되고, 새로이 통합된 시장을 학습하며, 새로운 소비균형을 추구합니다.   이러한 상황이 전개되면, 기업은 기존의 사업행동 뿐만이 아니라, 전반적인 사업기능을 포함하여 사업원칙, 기업행동의 원칙과 방향을 수정하지 않으면 곤란에 처하게 됩니다.   새로운 시장균형과 시장력의 변화는 이에 적응하지 못하는 기업군들을 도태시켜버리기 때문입니다.

또 다른 요소로는 시장력의 본질적인 변화가 있습니다.   시장력이란 시장이 자체적으로 유지하고 발휘하는 독특한 힘, 즉 역동성을 말합니다.   시장이 유기체적으로 움직인다고 볼 것인가에 대하여는 단정할 수는 없습니다.   그러나 시장에서 원하고 있는 기본적인 요건을 충족하지 못하게 되면, 아무리 좋은 제품이라고 생각되어 열심히 만들어내도 시장에서 받아들여지지 않습니다.

때로는 별로 신통한 것은 아니지만, 일단 시장이 그 진입을 허락하여 받아들이기 시작하면, 엄청난 수요로 폭발적인 시장지배를 허락하는 경우도 있습니다.   어떻게 보면 변덕스러운 마귀할멈이나 심통을 잘 부리는 아이와 같은 심리를 지니고 있다고 생각되기도 합니다.

새로운 것에는 쉽게 호기심을 보이기도 하고, 그동안 사람들에게 널리 편익을 준 제품들에게 변덕을 보이기도 하고, 가격이나 비용에 압박을 가하기도 합니다.

기업이 이러한 시장생리를 이해하기 시작하면, 이제는 기업 측에서 시장 길들이기에 나섭니다.   이러한 행동이 효과적으로 발휘되기 시작하면 나름대로의 균형을 잡게 되고, 시장에서는 균형상태에 들어가는 것처럼 보입니다.

그러나 다시 시간이 경과하면서 다른 회사나 기업들이 얼굴을 내밀고, 시장이 좋아하는 것들과 새로운 요건들을 충족하여 시장에 노크를 하기 시작하면, 해당 시장은 서서히 그들에게 문을 열어주고, 그동안의 시장의 역동성은 변화되어 그동안 자신을 길들이던 기업에게 새로운 요구를 하기 시작합니다.  시장의 역동성이 나름대로의 시장력을 가지고 기업을 압박하게 되는 것입니다.

그래서 종종 시장은 살아 움직이고 있는 생물체와 비슷하다고 생각을 하게 됩니다.  문제는 그 시장이라는 것이 어떠한 생각을 하는지, 어떻게 움직이는지에 대하여 각 기업에게 잘 알려주지도 않을 뿐만 아니라, 아주 변덕과 변신이 심하고, 기업흡수력이 아주 강하다는 것입니다.  이와 같은 시장력, 즉 시장의 다이내미즘이 본질적으로 변하게 될 경우, 기업은 자사의 기본적인 목표와 목적, 기본방향을 바꿔야 하는 것입니다.

### ■ 시장균형의 변화 예측

시장균형의 변화를 예측하고자 할 때에는 <도표 5.11>을 참조합니다.

<도표 5.11> 시장균형의 변화예측

| 요인 | 세부요인 | 영향파급분야 | 시점 | 영향의 정도 | 판단 |
|------|---------|-------------|------|-----------|------|
| 수요요인 | | | | | |
| 고객요인 | | | | | |
| 시장요인 | | | | | |
| 공급요인 | | | | | |
| 생산요인 | | | | | |
| 자원요인 | | | | | |
| 기술요인 | | | | | |
| 관리요인 | | | | | |

(D. J. Park, 2007)

이 도표는 기업의 전략을 수정해야 할 시점을 파악하기 위하여 필자의 전략성공요인의 프레임워크에 입각하여 만든 도표입니다. 전략의 수정은 환경과 대응조직 간의 균형관계의 변화에 따라 전개되므로 시장의 균형관계의 변화를 예측하거나 사업의 방향을 수정하고자 할 때에도 사용할 수 있습니다.

도표의 왼쪽의 요인구분은 전략의 성공요인을 중심으로 살펴봅니다.[31] 구체적으로는 전략의 성공요인을 세분화시킨 8대 성공요인의 각 항목에서 파악하여 기입합니다. 이 작업은 숙련되지 못할 경우, 작업기간이 예상보다 많이 소요될 수 있습니다. 그 이유는 시장의 변화요인에 대한 각 요인들을 추정하고 그에 따라 유발되는 영향파급분야가 불확실할 경우, 그에 대한 판단이 쉽게 진행되지 못하기 때문입니다. 그와 같은 경우, 이 도표를 세 장으로 나누어 세 가지의 형태로 작성하는 것도 하나의 요령이 됩니다. 즉, 낙관적 형태로의 시장의 전개상황과 비관적 형태로의 전개, 그리고 현재상태의 연속성하에서의 특정한 요인들의 변화가 우리의 시장상황에 미치게 될 영향으로 구분하여 전개하는 방법입니다.

세 번째 항의 영향파급분야는 우리 사업과 관련하여 중대한 영향을 미치는 분야를 기입합니다. 시점은 그러한 영향이 미치는 시점에 대하여 기입합니다. 영향의 정도에는 영향의 크기와 내용을 기입합니다. 그리고 마지막으로는 이상의 판단에 대한 결론을 정리합니다.

### ■ 환경명령을 이해하라

시장균형의 변화를 예측하는 또 하나의 유용한 방법은 환경명령을 점검하는 것입니다.

---

[31] 이 책의 자매서 「경영관리자의 성공전략」, (소프트전략경영연구원, 2008) 제7장 참조.

앞에서 그림의 형태로 제시한 <도표 5.10>에서 보는 바와 같이, 기업이 처하고 있는 환경은 기업에 대하여 여러 가지의 신호와 요구, 그리고 조건들을 다양한 형태로 제시합니다. 기업이 그러한 환경의 요구조건을 납득하지 않고, 대응하지 않게 되면, 환경은 기업을 도태시키거나 축출시켜 버립니다.

환경이 기업에 요구하고 있는 내용들을 환경명령(Environmental Imperatives)이라고 정의하겠습니다.

환경명령은 고객명령, 시장명령, 사회명령, 역사명령, 가치명령의 5가지로 나누어 볼 수 있습니다.

■ **고객명령** (Customer Imperatives)
고객명령은 고객이 고객지능을 발휘하여 시장에서 발휘됩니다. 고객은 필요한 제품이나 기능, 또는 서비스를 요구하며, 보다 개선된 형태의 기업대응을 촉구합니다. 기업이 고객의 소비자 만족의 수준을 높이게 되면, 고객도 해당 기업에 보다 많은 찬사를 보내게 되고, 따라서 기업은 매출을 늘릴 수 있게 됩니다.

고객은 기업이 고객의 생활을 편하고 안락하며, 행복하게 만들어 줄 것을 요구합니다. 반면 고객의 생활에 불편을 야기하지 않을 것을 요구합니다.

고객은 기업이 필요한 정보를 제공할 것을 요구합니다. 또한 기업이 반드시 알려야할 정보 및 사실에 대한 고지의무를 충실히 이행할 것을 원합니다. 그러나 고객에게 허위, 거짓, 사실과 다른 행동을 할 경우, 해당기업을 기업사회에서 배척할 것을 요구합니다. 이러한 요구를 고객요구라고 부르고 있습니다. 그러나, 이러한 요구가 충족되지 못할 경우, 고객은 사회의 다양한 역동성을 활용하여 기업을 배척합니다.

그동안 기업의 조직구성원들의 입장에서 이와 같은 '고객의 요구'라는 개념을 접하게 될 때, 흔히 '요구'는 들어줄 수도 있고, 또는 들어주지 않을 수도 있는 것이라고 생각하는 경향이 있었습니다.

그러나 외견상으로는 '요구'의 형태로 인식되는 '고객의 요구'의 진실의 이면에는 명백한 선택의 논리가 작용합니다. 그러한 선택의 논리에서 배제될 경우, 기업은 사회에서 축출되어 그 존립기반을 상실하게 됩니다. 따라서 표면적으로는 고객의 '요구'처럼 보여도 실제로는 '명령'과 다르지 않습니다. 이러한 고객명령을 어기게 되면, 기업은 고객에게 외면을 당하게 됩니다.

### ■ 시장명령 (Market Imperatives)

시장명령은 고객들이 시장에서 정형적, 비정형적으로 발휘된 고객지능과 고객행동에 의하여 조직화되어 발휘됩니다. 또한 시장에서의 중립적 개입자로서의 정부의 역할을 동원하여 시장명령이 발휘됩니다.

시장의 질서를 어지럽히거나, 불공정 기업행동, 비윤리적 기업행동은 시장명령에 의하여 배척됩니다. 비록 고객명령에 충실히 따랐다 하더라고 시장명령에 제대로 대응하지 못하면, 고객에게 대응할 수 없습니다. 이러한 조치는 정부기관이나 단체에 의하여 감독됩니다.

### ■ 사회명령 (Societal Imperatives)

사회명령은 좀더 광범위해서 자연환경, 대기환경, 수질환경의 보호, 실업보호나 바람직한 근로조건의 준수, 기업운영의 건전성, 지역경제 연관효과, 국민보건기준의 충족, 공공물가정책, 산업발전과 같은 분야의 명령을 발휘합니다. 이와 같은 사회명령은 정부의 힘에 의하여 행사되기 때문에 이를 어기면, 관련법에 저촉을 받게 됩니다.

나머지의 두 가지의 명령은 기업의 직접적인 이해관계와는 다소 거리가 있는 분야지만, 비교적 유효한 명령으로 발휘됩니다.

### ■ 역사명령 (Historical Imperatives)

역사명령은 역사적 진행성을 토대로 전개됩니다.   예를 들면, 과거의 적국(敵國)에서의 기업행동이나 또는 그 반대의 경우, 소위 민심이라는 형태의 배척행동이 전개됩니다.   이러한 역사명령은 소비자는 국적이 없다는 명제를 거부합니다.

역사명령은 기업의 행동을 역사적 경험과 질서 하에서 인식하려고 할 뿐만 아니라, 역사적 규범, 가치를 준수할 것을 요구합니다.   기업에 미치는 역사명령을 관리하기 위한 방법은 기업이 스스로 기업의 역사성을 확립하고 이를 강화해나가는 것입니다.

### ■ 가치명령 (Normative Imperatives)

마지막으로 가치명령은 보편적으로 작용하고 있는 사회적, 문화적 가치관에 입각한 시민과 정부의 명령입니다.   예를 들면,  사회적으로 공정한 경쟁이 중요한 경제적 가치관으로 발휘되고 있다면, 이를 위반할 경우, 제제조치를 받게 됩니다.

가치명령은 사회적 가치, 규범적 가치를 통하여 각 기업들에게 새로운 명령을 발휘합니다.   따라서 사회 전반적으로 가치기준이나 우선순위, 가치관의 혼란이 있을 경우, 기업이 당면하게 되는 가치명령이 혼란스럽게 되어 대응이 어렵게 됩니다.   그러나 기업이 이러한 명령에 대응하기 위하여 적절한 조치를 취하지 않는다면, 또한 환경명령에 의하여 환경 내에서 배척됩니다.

역설적으로 보면 이와 같은 환경명령에 각 기업들이 어떻게 대응하는가에 기업의 성패가 결정된다고 볼 수 있습니다.   이와 같은 환경명령에 대하여 보다 적극적으로 대응하면서 새로운 기업활동과 산출물의 가치를 창조해나가는 기업은 지속적인 성공을 구현해나갈 수 있습니다.

그러나 이와 같은 환경명령에 소극적이고 피동적으로 대응하는 기업들은 지속적인 성공을 보장할 수 없게 됩니다.

이와 같은 환경명령은 기업과 산업의 지속가능경영에 대하여 새로운 지침과 방향을 제시하고 있습니다.

### ■ 지속가능경영의 동향과 전략대응[32]

2007년 3월 현재 미국의 자동차 시장에서 판매된 자동차는 3백9십만대로 한국산 자동차 판매실적은 4.6퍼센트의 시장점유율을 확보하였습니다.  한편, 일본의 혼다는 35만4천대를 팔아 9.1퍼센트, 도요타는 60만6천대로 15.6퍼센트를 차지하였습니다. 다임러크라이슬러는 15.3퍼센트로 도요타에 추격당하고 포드 16.4%, GM의 23.1% 또한 위협받고 있습니다.

같은 기간동안 우리의 자동차 산업은 노사갈등으로 내부적인 진통을 겪었으며 경쟁기업들의 치열한 시장전개를 목격하면서도 기업행동은 제자리걸음을 할 수 밖에 없었습니다.

2000년으로 거슬러 올라가면 1월에서 5월까지의 판매량은 GM 25만4천대, 포드 17만3천대, 혼다 13만 7천대로 도요타의 12만 6천대를 넘어 3위를 차지하였습니다.

여기에서 도요타가 혼다를 능가하고 성장할 수 있었던 이유에는 여러 가지의 요인들이 있었지만, 가장 주목해야 할 것은 역시 공해를 줄이고 연비를 획기적으로 개선한 세계최초의 퓨리어스 하이브리드카입니다.

이제는 환경보호를 감안하여 부품이나 완제품을 제공하는 기업이 글로벌 사회에서 환영받는 시대가 된 것입니다.

---

[32] 박동준, 지속가능경영 - 수익도 좋지만 환경윤리 무시하면 실패, 매경 Economy, (창간 28주년 특집호) 2007. 7. 11, p. 60.

아이비엠, 델, 애플과 경쟁하는 휴렛패커드(HP)는 P&G와 함께 기업분석지 포춘(Fortune)지에서 2006년에 가장 환경친화적인 10대 기업으로 선정되었습니다.

HP는 컴퓨터 본체 및 주변기기의 설계를 변경하고 자사의 생산공정 뿐만 아니라 협력사와 공동으로 환경친화적 제품과 부품을 고안하여 소각쓰레기 비중을 46%를 39%로 감축시켰습니다.

뿐만 아니라 중금속과 유해가스를 최소화하는 프로그램을 실시하고 제품의 100퍼센트 재활용 프로그램을 전개중입니다.  여기에 2010년까지 HP서버와 프린터의 에너지 소비량을 2005년 기준으로 각각 50%, 30%수준으로 절감하기 위한 노력을 기울이고 있습니다.

P&G는 지구환경과 고객안전을 위하여 다양한 형태의 경영노력을 아끼지 않고 있습니다.  우선 환경과학센터를 통하여 제품설계에서 가공, 유통, 판매에 이르기까지 각 사업행동에서 유발되는 환경공해의 문제를 최소화하고, 환경을 보호하고 건강을 유지하기 위한 과학적 기준을 충족하기 위한 조직적 노력을 경주해오고 있습니다.

구체적으로는 제품포장용기의 개발과 재활용 뿐만 아니라 제품원료에서 사용후 처리에 이르는 라이프사이클 관리를 통하여 환경에 유해한 요소들을 제거하는 프로그램을 전개하고, 생산방식의 개선으로 공장안과 사용자의 사용후 처리까지 환경친화적 경영실천을 위하여 매진하고 있습니다.  이와 같은 경영노력들은 단순히 제품판매의 확대를 위하여 해외시장에 진출하거나 가격 또는 제품품질 경쟁의 차원에서의 시장대응활동과는 엄연히 다른 것입니다.

이와 같은 글로벌 추세에 대응하는 전략은 환경 친화적 대응이야 어찌되건 상관하지 않고 저가격 또는 제품품질만으로 승부하겠다는 식의 과거의 전략 패러다임으로는 결코 성공할 수 없습니다. 이와 마찬가지로 서비스의 제공 또한 환경친화적 프로그램의 전개 하에서 실천되어야 합니다.

이와 같은 지속가능경영에 효과적으로 대응하려면 우선 기업경영 전략의 패러다임을 변혁시켜야 합니다. 즉, 글로벌 성장전략의 전개를 추구하기 이전에 우선 현재의 기업활동과 전략에 대하여 지속가능성에 대한 검토와 분석이 선행되어야 합니다. 뿐만 아니라 글로벌 경쟁전략 또한 지속가능성에 입각하여 전개되어야 할 것입니다.

글로벌 환경의 추세가 이와 같이 성장전략과 경쟁전략의 기반을 흔들고 있기 때문에, 기업전략이나 사업전략 및 제품-기술-시장전략의 전개에 있어서 근본적인 재검토가 요구되고 있을 뿐만 아니라 그 사업운영에 있어서도 전면적인 수정이 불가피하게 되었습니다.

산업조직차원에서 볼 때, 지속가능경영에 대한 행동원칙과 기준은 향후 글로벌 시장에서의 기업행동기준으로 작용하여 선발기업 측에서 새로운 형태의 진입장벽과 기득권익으로 활용될 소지가 있습니다. 따라서 글로벌 경영을 추구하는 우리의 기업들은 이에 대하여 지금부터라도 대비해나가지 않으면 향후 글로벌 시장활동에서 곤란을 경험하게 될 수도 있습니다.

지속가능과 관련하여 주목하고 유의해야 할 환경명령에는 지구환경을 보호하는 친환경적 내용(ecological imperatives) 뿐만 아니라 다음과 같은 주목해야 할 이슈들이 있습니다.

구체적으로 보자면, 소비자 주권준수, 기업의 사회적 책임, 기업의 노동착취, 계획적 진부화, 소비자 권익, 부패거래, 기업범죄, 기업윤리, 이해관계의 상충에 대한 기업의 태도와 행동입니다.

이러한 환경명령에 대응하는 기업의 책무이행의 자세와 태도에 대하여 우선, 주요 정보공개와 기업경영의 투명성을 요구하고 있으며, 심지어는 사회적 기구와 제도를 통하여 간섭과 규제행동을 실시하기도 합니다.

이와 같은 환경명령은 추구하는 가치와 내용에 따라 정치적 경향을 보이기도 하며 모순적 태도를 보이기도 합니다. 예를 들면 비용을 낮추어 소비자 후생수준을 높일 것을 기대하면서도 임금이나 생산원가를 낮추는 일에 대하여는 간섭하려고 합니다.

그러나 이와 같은 요구는 특정한 기업에게만 그런 것이 아니라 전반적으로 모든 기업에게 동일하게 요구하는 것이기 때문에, 이러한 요구들은 기업이 마땅히 해결해야 하는 경영과제이며 기본적인 책무로 간주됩니다.

기업행동을 전개하는 우리의 조직구성원들이 글로벌 시장에서 요구하는 환경명령을 제대로 이해하지 못하고 기업지능과 경영지능을 소아적 이기주의에 입각하여 발휘한다면, 그 기업행동의 성과는 보장할 수 없게 됩니다. 글로벌 시장에 참여하는 소비시민들의 시장지능이 날로 진화하고 있을 뿐만 아니라, 그 감시능력 또한 급속히 강화되고 있기 때문입니다.

단순히 매출을 확대시키고 기업을 성장시키기 위하여 시장을 확장하려는 시장패권주의에 대하여 글로벌 소비시민들은 이제는 다른 시각에서 대응하고 있는 것입니다. 지속가능경영에서의 환경명령, 이것은 사장이나 상사의 명령보다 더욱 중대하게 고려되어야 한다는 점에 유의할 필요가 있습니다.

### ■ I-I 매트릭스의 활용

이상에서 살펴본 바와 같이, 환경에서 요구하고 있는 환경명령들(environmental imperatives)에 대하여 조직구성원들의 환경지능이 기업 내에서 적절히 수용하고 균형 있게 조화되고 발휘하여야 그 성공이 보장된다고 볼 수 있습니다.

따라서 기업의 환경명령과 기업의 환경지능과의 관계 내에서 요구되는 요건들을 매트릭스형태로 만들어 보면 다음 <도표 5.12>과 같은 I-I(Imperatives and Intelligence) 매트릭스를 구성할 수 있게 됩니다.[33)]

### &lt;도표 5.12&gt; I-I 매트릭스
**(환경명령과 기업의 환경지능의 균형관계의 작성(예))**
Imperatives-Intelligence Matrix

| 환경의 난기류 | | 1<br>안정적 | 2<br>점진적 변화 | 3<br>변화 | 4<br>비연속적<br>(부분적으로 예측가능) | 5<br>비연속적<br>(예측불능) |
|---|---|---|---|---|---|---|
| 환경명령<br>(예시) | | 기존의 법규준수 기업의 신속, 원활한 제품공급 경제성, 효율성 충족 | 예고형 정책, 제품/서비스의 동질적 보완 | 신속한 정책변경과 실행 급속한 요구변경 | 지속가능성 준수, 돌발적 정책변경, 가격중시, 상호 모순적 환경명령, 내부경영간섭, 가치관혼란, 이중적 행동 | (1)가치관붕괴, 신주류가치관 등장, 상황예측 가정에 의한 통제강화, 기업내부정보 요구, 경영간섭의 증대 행동기준의 강화<br><br>(2)미래상황 시나리오에 의한 기업과 협조적 정책의 전개, 확신할 수 있는 기업행동의 요구, 결과책임 |
| 기업의 환경지능 | 1.<br>기업<br>지능 | 기존 조건하에서의 기업행동. 사업의 유지, 확장(제품, 시장) | 환경명령의 예견 및 신속대응 기업행동의 보정적 조치 신사업전개 등의 기업행동의 적극성, 다각화 시도 | 환경명령의 변화가능성에 대한 기업대응의 예비 기업행동의 안전성 및 유연성확보 다각화의 본격전개, 기업세분화와 그룹화 | 기업의 통합 및 분화, 자본의 분산, 기업의 국가적 분산, 다각화, 기업형태의 다원화 기업행동의 유연성 강화, 기업행동기준의 강화 | (1)기업아이덴티티의 강화, 분산 기업조직들의 다국적화<br><br>(2)환경창조, 외부 명령기관과의 협력강화 새로운 형태의 기업 및 사업 창조 |
| | 2.<br>경영<br>지능 | 관리행동중점 | 개선행동중점 | 변화행동중점 | 지원행동중점 | 촉진행동중점 |
| | | 효율경영 | 품질경영 | 변화경영 | 상황대응경영 | 창조경영 |
| | | | | 경영오류 극복관리 | 경영오류 예비대응 | 전사적 경영오류 대응의 일상화 |
| | | 계획경영 | 전략경영 | | | |
| | 3. | 기존의 기업행동 | 기존의 기업행동 | 기존기업행동공 | 새로운 | 새로운 |

33) 박동준, 뉴스와트전략, 소프트전략경영연구원, 2005, 제6장 환경지능경영론 참조

| | | | | | |
|---|---|---|---|---|---|
| **전략지능** | 공간에서의 대응전략 | 공간에서의 전략 보정, 보완 | 간의 수정, 확장, 축소, 변경 | 기업행동공간의 모색, 기존행동공간의 변경 | 기업행동공간의 창조 |
| | 성장전략 경쟁전략 | 성장전략, 경쟁전략, 산업전략 | 성장전략, 경쟁전략, 산업전략, 사회전략, 중점과제대응, 전략적 포트폴리오 | 성장전략, 경쟁전략 산업전략, 사회전략 전략적 포트폴리오 중점과제대응 SIS, 상황대응 전략적 리스크대응 | 성장전략, 경쟁전략 산업전략, 사회전략, 창조전략, 전략적 포트폴리오 중점과제대응 SIS, 동태적 상황대응 전략적 리스크대응 창조리스크 대응 |
| **4. 사업지능** | 기존사업수행 거래처 관리 | 사업의 보완 거래처 경영 | 사업의 변경 신사업의 추진 거래처와의 융합 | 시험적 신사업운영, 거래처 제휴경영 | 신사업 창조 거래처 육성 |
| **5. 시장지능** | 기존의 니즈충족 | 변화된 동질적 니즈충족 | 새로운 이질적 니즈의 충족, 잠재 니즈탐구 충족 | 잠재적 니즈탐구 충족 | 이질적 새로운 니즈 창조 |
| | 전통적 마케팅 | 토털마케팅 | 선행 마케팅 | 의지 마케팅 | 확신 마케팅 |
| **6. 생산서비스지능** | 기존제품 대량생산 효율생산 대량물류 (지역간) | 생산방식개선 품질생산 대량물류(물류망의 개선) | 다품종중량 중량물류(시간, 물류네트워크, 물류기지운영) | 다품종중량 다품종소량 중량물류 (터미널의 확대) | 다품종소량 소량물류 (물류품질) |
| | 핵심서비스의 제공 | 부대서비스의 제공 | 핵심/부대 서비스의 개선 | 핵심서비스의 변혁 부대서비스의 확대 | 핵심서비스의 강화 부대서비스의 제한, 축소 |
| **7. 기술지능** | 생산, 운영기술, 생산성(효율) 기술 | 개선기술 | 변화적용기술 | 응용기술 | 창조기술 |
| **8. 정보지능** | 수집, 분석, 판단 | 수집, 가공, 분석, 판단 | 수집, 가공, 전달, 정보조달, 판단 | 현장의 바닥정보, 추론, 해석, 판단, 정보구조 재설계 | 가변적 정보 아키텍처의 설계와 구축, 결합 활용 |

(D. J. Park, 2003, 2008)

이와 같은 도식으로 살펴본다면, 기업이 그 행동영역을 넓혀감에 따라서 요구되고 있는 환경명령과 그 환경지능이 달라지고 있다는 점을 알 수 있게 됩니다. 이러한 대응이 전반적으로 균형을 유지하게 된다면, 기업의 환경지능이 환경명령에 적절히 대응할 수 있다고 볼 수 있습니다.

그러나 행동영역을 넓혀가는 과정에서 대면할 수 밖에 없는 환경명령에서 요구하는 바를 기업의 환경지능이 대응할 수 없다면, 이미 기업행동으로 전환되기 이전에도 그 실패를 예상할 수 있는 것입니다.

<도표 5.12>의 I-I 매트릭스는 환경명령과 환경지능의 각 요소들에 대하여 간략히 살펴볼 수 있도록 하기 위하여 작성한 예시입니다.[34]

경영관리자는 이상과 같은 검토를 통하여 회사 또는 사업의 기본적인 목표나 방향이 언제 어떻게 수정되어야 할 것인지에 대한 판단을 할 수 있게 됩니다.

이와 같이 조직의 기본적인 목표나 방향이 수정되어야 할 경우에는 그에 합당한 목표수립이나 방향설정에 관한 점검과 검토 수정을 해야 할 것입니다. 여기에서는 기본적인 발상에 도움이 되기 위한 참고점들을 간략히 살펴보도록 하겠습니다.

### ■ 방향설정을 어떻게 할 것인가?

방향설정을 창조적으로 전개하는 일은 전략적 사고 프로세스 중에서도 관계인들이 고민을 많이 하게 되는 작업입니다. 그 이유는 무엇을 기준으로 삼을 것인가? 얼마나, 그리고 어떻게 세울 것인가에 대한 일반적 원칙이나 방법론을 제시하기 힘들기 때문입니다.

그러나 전혀 곤란한 것도 아닙니다. 어디로 가고자 하는가를 알고 싶을 때에, 그리고 그 어떠한 것도 확실한 것은 아무 것도 없을 때, 가장 먼저 착수해야 하는 것이 있습니다.

그것은 바로, 현재 처해있는 우리의 위치를 이해하는 것입니다.

---

34) I-I 매트릭스를 중심으로 기업지능과 기업행동의 균형적 전개에 대한 구체적 내용은 다음 도서를 참고하시기 바랍니다.
박동준, 뉴스와트전략, 소프트전략경영연구원, 2005.

따라서 현재의 위치를 파악하는 것이 가장 중요합니다. 필요하다면, 현재까지의 역사적 행보를 이해해보는 작업을 다시 수행합니다. 이는 미래의 목표를 설정할 때에도 현재의 자기인식이 결여되어 있다면, 쉽지 않은 것과 마찬가지입니다. 문제는 현재 우리의 위치가 어떻게 되는가에 대한 공간인식이 쉽지 않다는데 있습니다.

출발할 때에 어디로부터 출발하는가에 대한 공간인식이 불분명하다면, 도착지의 공간인식도 쉽지 않습니다. 그렇다면, '기업의 현재위치는 어떻게 되고, 미래좌표는 어떻게 될 것인가?'에 대한 인식, 즉 현재와 미래인식을 갖고 있지 못하다면, 기업의 행보는 멈칫거리거나 또는 표류하게 될 것입니다.

이와 마찬가지로, 문제현상에 대한 공간인식을 명확히 할 필요가 있습니다.

공간이라는 개념은 흔히 거리나 면적과 높이의 곱으로만 생각하는 경향이 있기 때문에, 생소하게 생각하는 경향이 있습니다. 더욱이 새로운 전략의 모색을 위하여 공간의 확장이나 변형, 축소와 같은 동태적 관점을 고려해보자고 하면, 조직구성원들중에는 갑자기 생각이 정지되는 사람들도 있습니다. 만약 공간의 변형이 전혀 곤란한 경우라면 대응해야 하는 공간에 대하여 어떻게 해야 할 것인지에 대하여 도저히 생각이 떠오르지 않는 경우입니다.

대표적인 경우가 백화점이나 은행지점, 심지어는 운수업이나 철도업과 같이 영업공간을 전제로 사업을 전개하는 경우입니다. 이와 같은 업종의 경우에도 사업의 공간을 재해석할 필요가 있습니다. 만약, 사업의 공간의 변형이 도저히 곤란한 경우라면, 이번에는 주어진 공간에 시간을 재구성하여 공간을 재해석합니다.

예를 들어 영업활동을 생각해보겠습니다. 영업이라고 하는 것은 분명한 우리의 기업행동이며 그에 의한 결과가 반드시 뒤따름니다. 또한 영업은 고객과의 만남에서 이루어지며, 고객과 만나는 물리적인 공간이 있습니다. 그 공간에는 단순히 건축물로 둘러싸인 매장만 있는 것이 아니라 심리적, 물질적, 그리고 시간적 공간들이 채워져 있습니다. 그것을 다시 분석해보면, 영업공간에는 시간, 제품, 서비스 장소가 어우러져 있는 것입니다. 시간을 변화시켜보면 영업공간이 변화합니다.

퇴근길에 들르는 지하철역사에 인접해있는 지역 백화점이 있습니다. 이 백화점은 지하철 유동인구를 주요 대상으로 하여 영업전략을 세우고 있습니다.

백화점의 물리적 점포공간은 쉽게 확장하거나 변형시키기 어렵습니다. 그러나 백화점의 영업활동을 분석해보면, 오전 9시부터 오후 9시까지 12시간 판매하는 매장과 24시간 판매하는 매장은 확실히 다른 것입니다.

오전 9시부터 오후 9시까지 같은 시간대에 판매하는 점포에서도 오후 5시부터 9시까지는 15%할인 판매를 하는 점포 A와 오전 9시부터 오후 5시까지 15%할인 판매를 하는 점포 B는 서로 다른 영업공간을 가지고 있음을 알 수 있습니다. 낮 시간의 주부고객들과 업무종료시간 이후의 직장인 고객들에 대한 배려가 다르기 때문입니다.

이 경우, 매출증대를 위한 접객 서비스를 개선하는 일에는 바로 동일한 공간에서도 시간대에 대한 고려가 달라지면서 그 내용이 달라집니다. 물론 두 마리의 토끼를 다 잡고자 한다면, 두 가지의 방법을 모두 사용할 수도 있습니다. 그러나 그러한 일을 생각해내려면, 소위 방향의 재점검과 방향설정을 제대로 할 필요가 있는 것입니다.

즉, 접객서비스를 시간과 공간에 따라 얼마나 세분화시켜볼 것인가, 즉 범위를 어떻게 정하고 어떠한 방향으로 세울 것인가에 따라, 그 대안이 근본적으로 달라진다는 점입니다.

비행기로 농약을 살포하듯 광범위한 대상을 겨냥하지 말고, 나무 한 그루 한 그루에서 해충을 잡고 가지를 치듯이 개별적 대상을 상대로 해야만 한다.  전천후형, 사계절형이 아니라 여름이면 여름의 맑은 날만을 목표로 삼는 사업구상이 필요하다.

잡지에는 월간지, 주간지, 일간지 등 다양한 종류가 있다.  앞으로는 시간지(時刊誌)나 시간취업지 등이 팔리는 시대가 올 것이다.

후지다 덴, 머니벤처, 장유원 역, 넥서스, 1996. p. 197

제3장의 서두에서 현상의 시공간요소에서도 간략히 언급된 바와 같이 공간개념은 이와 같이 분석적 사고를 통하여 얼마든지 분해와 결합, 그리고 재창조가 가능합니다.

사업공간의 개념이라는 것도 마찬가지입니다.  더욱이 창의성과 전략의지, 그리고 약간의 전략적 지혜를 동원한다면, 새로운 사업창조는 새로운 사업공간의 창조로부터 비롯된다고 볼 수도 있습니다.

다시 본론으로 돌아가서, 공간인식의 개념은 생소하여 실제로 적용을 잘 못하겠다고 하는 분들에게는 2차원적이나마 시장에서의 현재의 위치를 인식할 것을 권장합니다.

이 방법은 '현재(의 시각에) 우리는 시장에서 어디에 위치하고 있는가?'에 관한 점을 살펴보는 것입니다.  사실 이 질문은 경영전략이나 마케팅 과목에서 기본적으로 점검해야 할 질문으로 제시되고 있습니다.  이에 대한 가장 기본적인 분석틀이 바로 앤소프 교수님의 성장전략 매트릭스입니다.

이러한 질문의 요지는 현재 우리의 실정을 이해하고 앞으로는 얼마나 더 잘되고 싶은가를 알기 위함입니다.  사실 더 잘 못될 수도 없는 것은 아닙니다만, 그러나 현재의 진솔한 반성을 통하여

'앞으로는 좀더 잘되자, 잘해보자, 좀더 좋은 상황을 창조 또는 연출해보자'는 취지인 것입니다.

그러나 문제는 현실적으로는 진솔한 반성이 제대로 되지 못한다는 데에 이 방법의 한계가 있습니다. 그러다보니 제한적이나마 객관적 수치라고 할 수 있는 시장점유율과 같은 상대적 지표가 사용되기도 하고, 애매하지만 시장에서의 고객만족지수와 같은 것이 언급되기도 합니다. 때로는 업종에 대한 분석이나 제품 라이프사이클의 이해와 같은 시도를 하기도 합니다.

이와 같은 시도에 덧붙여 필자는 다음과 같은 네 가지의 방법을 점검할 것을 권장합니다.

우선 첫 번째의 방법은 본업에 대한 분석과 본업에 대한 충실한 정도를 살펴보는 것입니다. 예를 들어, 유통업이라면 현재 '우리가 유통업을 제대로 하고 있는가? 정말로 우리가 하는 일이 유통업이라고 할 수 있는가? 혹시 물건만 쌓아놓고 멍하니 손님만 기다리고 있는 것은 아닌가? 쓸데없는 물건들을 가지고 값만 잔뜩 올려놓고 할인해준다고 생색을 내며 고객을 희롱하면서 화려한 전단만 뿌려대는 것은 아닌가?'와 같은 본업의 충실도를 살펴보아야 하는 것입니다.

두 번째의 방법은 좀더 체계적으로 새로운 방향을 모색하기 위하여 성장전략벡터와 제3장에서 살펴본 창조성장전략벡터(3S Vector)를 활용하는 것입니다.[35] 성장전략벡터는 기본적으로 제품(또는 사업)과 시장, 그리고 기술(또는 니즈)을 중심으로 앞으로 어떠한 방향으로 나가야 할 것인가에 대한 방향설정을 용이하게 해줍니다. 더욱이 방향의 벡터를 구할 수 없을 경우에도, 다양한 형태의 사업과 시장, 기술의 조합을 통하여, 기업이 선택할 수 있는 사업 및 시장영역들을 착안해낼 수 있습니다.

---

[35] 성장전략벡터에 관한 논의는 이 책의 자매서 제1권을 참조하시기 바랍니다.

이렇게 도출된 각 사업 및 시장영역은 전략적 사업영역(SBA: Strategic Business Area)으로 편성할 수 있으며, 각 SBA별로 전략 대안들을 도출하여 신사업이나 기존사업의 정비, 새로운 형태의 사업결합이나 전개를 모색할 수 있습니다.  새로운 독창적 전략을 전개하기 위하여 기존의 사업을 중심으로 창조성장전략의 3S 벡터를 구성하여 새로운 방향을 설정할 수도 있습니다.

**전략 내용**

세 번째의 방법은 현재의 전략을 중심으로 판단해 보는 방법입니다.  즉, 전략성공요인의 각 요인들을 변화시켜보면서 어떻게 하는 것이 향후 몇 년 내에 우리의 사업을 성공적으로 전개할 수 있는가를 파악해봅니다.

즉, 미래의 전략을 막연히 그려보는 것은 쉽지 않지만, 현재의 전략에 대하여 성공요인을 중심으로 변화시켜서 바람직한 미래를 만들어보는 것은 조직구성원들의 전략적 발상을 좀 더 쉽게 전개할 수 있도록 합니다.

물론 이 방법에는 현재의 전략을 토대로 그 변화를 추구하고 있으므로 검토와 판단과정에서 주의를 기울일 필요가 있습니다. 그러나 전혀 그 어떠한 방향모색도 하지 못할 경우에는 <도표 5.13>과 같은 도표를 이용하여 전개하는 방법이 유용하게 활용될 수 있습니다.

이 도표를 작성할 때에는 전략의 성공요인들을 중심으로 현재 추진하는 전략을 한 가지씩 음미하면서 점검합니다.

예를 들면, 현재의 수요요인에 대하여, '가격을 어떻게 가져갈 것인가?  우리의 제품 서비스 품질은 어떤 수준으로 가는 것이 좋을까?  고객을 만나고 제품을 판매하고 전달하는 방식은 어떻게 하는 것이 좋을까?'와 같은 점검항목들에 대하여 새로운 전략은 어떻게 수정되는 것이 좋을까를 생각해냅니다.  그리고 그와

같이 전략변화를 추구하는 이유는 살펴보고 구체적으로 변화시키
고자 하는 전략의 내용은 무엇인가를 살펴봅니다.

<도표 5.13> 전략내용을 중심으로 방향수정을 모색

| 전략요인 | 세부요인 | 변화를 추구하고자 하는 내용 | 근거, 이유 | 변화된 전략의 내용 | 판단 |
|---|---|---|---|---|---|
| 1. 수요요인 | | | | | |
| 2. 고객요인 | | | | | |
| 3. 시장요인 | | | | | |
| 4. 공급요인 | | | | | |
| 5. 생산요인 | | | | | |
| 6. 자원요인 | | | | | |
| 7. 기술요인 | | | | | |
| 8. 관리요인 | | | | | |

(D. J. Park, 2007)

이와 같이 8가지의 성공요인들을 하나씩 점검해보면, 우리가 나아가고자 하는 방향과 전략적 비전을 구체화시켜볼 수 있습니다.

네 번째의 방법은 앞에서 예시한 환경명령의 변화내용과 그에 적절히 대응하는 전략의 내용을 참고하여 방향을 재정비할 수도 있습니다. 이 방법은 환경명령의 내용을 선행적으로 파악하고, 그에 대응하는 전략요소들을 점검함으로써 필요한 전략지능을 판별하고 대응할 수 있는 장점이 있습니다.

다섯 번째의 방법으로는 우리가 현재 추구하고 있는 원칙과 현실에 대한 점검을 통하여 실시하는 방법이 있습니다.

제3장에서 살펴본 바와 같이 당위에 대한 원칙에 대한 관점이 잘못되어 사업전개의 당위에 대한 실천이 잘못되어 있다면, 그것은 마땅히 수정되어야 합니다. 따라서 우리의 당위관점을 강화하고 그에 따라 사업의 전개원칙이나 주요한 사업내용의 변경이 요구된다면, 그에 입각하여 사업전개의 방향과 원칙을 수정합니다. 이 방법은 전략적 당위의 관점을 변화시킴으로써 기존의 사업행동에 대한 전면적 수정과 성과의 개선을 촉진할 수 있기 때문에, 새로운 전략적 투자나 시도에 앞서서 전개될 필요가 있습니다.

특히, 기존의 추진사업에 대한 전략적 과제들은 현재 우리가 추진하고 있는 사업의 실제에서 유발되는 내용들과 직접적으로 연관이 있습니다. 따라서 현재 사업의 전개를 위하여 여러 가지의 사업활동을 수행하고 있지만, 그 활동의 내용에서 제대로 실천되지 못하고 있는 것이나 잘못 실천하고 있는 내용들에 대한 점검과 방향이 제대로 설정되어 있는지의 여부가 전략적 대응의 방향과 내용을 규정하게 됩니다.

이와 마찬가지로 현재 우리가 추진하고 있는 사업과 관련하여 마땅히 추진해야 하는 과업들이 현실적으로 간과되고 실천되지 못하고 있다면, 그것은 전면적으로 재검토하여 반영할 수 있도록 사업수행의 원칙과 사업내용의 전개에 대한 각오를 새롭게 해야 할 것입니다.  이러한 것이 불분명한 채로 전략적 대응을 전개하게 될 경우, 제한적 방법과 내용으로 당면하고 있는 현상에 대응하게 되므로, 그 성과가 제한될 것이 분명하기 때문입니다.

이상과 같은 방법을 통하여 내용들을 점검하면, 대충 나가야 할 방향을 살펴볼 수 있게 됩니다.  그리고 그 방향이 설정되면, 이제부터는 대안을 만들어 갈 수 있는 것입니다.  물론 해결과제로 부각된 문제현상 뿐만 아니라 좀더 환경에 대하여 적극적으로 대응하여 향후에 대응해야 할 외부조건이나 내부적 조건들도 변화시켜 갈 수 있게 되는 것입니다.

## 제2단계 : 뉴스와트 대안 수립  New SWOT Analysis

---

**뉴스와트(New SWOT) 전략대안을 수립하기 위하여 필요한 활용도표**

기본 활용도표
- 환경분석 〈도표 2.3〉〈도표 4.15~18〉〈도표 4.23〉
- 능력분석 〈도표 2.4〉〈도표 4.19~22〉〈도표 4.24〉
- 목표의 점검 〈도표 2.5〉〈도표 3.8〉
- 뉴스와트 행동대안 매트릭스 〈도표 5.15〉

SI 프로세스로부터 연결수행을 전개할 경우
- 전략적 과제 파악을 위해 수행된 도표 〈도표 4.12~32〉
- 당면 문제현상에 대한 진단 도표 〈도표 4.14~19〉
  * 참고 도표 리스트는 〈도표 4.23〉를 참조

장기적 지평하에서 작업을 전개할 때에 추가적으로 필요한 도표
- 성장전략벡터, 전략큐브*

---

- ● 신기업전략의 결합 〈도표 3.30〉
- 창조적 전략구상을 전개할 때 사용하는 도표
- ● 창조성장 전략벡터 〈도표 3.31〉
- ● 전략성공요인 *
- ● 창조 리스크 대응방식 **(각주 참조)36)〉
- 당위적 관점을 강화하기 위하여 필요한 도표
- ● 당위적 관점의 차이 〈도표 3.9〉

---

**략적 과제 해결 (IS) 프로세스**

- 1. 전략적 과제의 확인
- 2. 기본방향의 확인, 수정, 재설정
- 3. 해결대안의 수립
- 3.1 개괄적인 전략적 대안의 모색
- 3.2 원인-상황-조건 대응방안수립
- 3.3 주력(핵심) 전략대안수립
- 3.4 연관조치/보완조치 수립
- 3.5 전반대응조치 수립
- 3.6 긴급조치 수립
- 4. 전략행동계획 수립
- 4.1 전략대응방안의 점검과 정비
- 4.2 행동계획전개방안 점검과 정비
- 5. 전략대안 종합검토와 정합성 점검

SI 프로세스에서도 환경과 조직의 역량을 중심으로 문제현상의 진단과 그 대응과제를 분석하기 위하여 뉴스와트 분석을 하였지만, IS 프로세스에서는 해결방안을 찾기 위하여 뉴스와트 분석을 합니다.

여기에서 주의해야 할 점으로, SI 프로세스에서 검토된 환경요인들과 내부역량에 관한 요소들이 그대로 기입될 수도 있으며, 일부 내용이 추가적으로 도출되어 변경될 수도 있습니다.

경우에 따라서는 해당 중점과제 또는 분야별로 그룹화된 중점과제에 대하여, 별도의 환경요소나 내부역량에 대한 검토가 필요하게 될 수도 있으며, 또는 일부 내용들은 제외될 수도 있습니다. 따라서 뉴

---

36) * 이 책의 자매서 「경영관리자의 성공전략」 제7장 참조
   ** 리스크 대응은 「전략적 위기경영-실천기법」을 참조

스와트 매트릭스에 필요한 검토요소들을 중심으로 기입 항목들을
정비합니다.

<도표 5.14> SWOT 매트릭스

| SWOT 분석 | **1. 기회**<br>O1. 자사 보유핵심기술의<br>　　시장저변확대<br>O2. 시장 니즈의 구체화 | **2. 위협**<br>T1. 신제품의 경쟁압력<br><br>T2. 시장규제 |
|---|---|---|
| **3. 강점**<br>S1. 핵심제품기술을 보유<br>S2. 영업망 확보<br>S3. 생산능력, 조달능력 | **기회:강점** | **위협:강점** |
| **4. 약점**<br>W1. 투자여력의 한계<br>W2. 사업확장에 대한<br>　　기업능력의 부족<br>W3. 조직정비 | **기회:약점** | **위협:약점** |

　이와 같은 준비 작업을 토대로 뉴스와트 분석을 실시합니다.
이 작업에서는 기존의 SWOT 분석작업에서의 대안도출과 마찬가
지의 방식을 사용합니다.
　워크샵을 진행할 때, 종종 목격하는 현상으로, SWOT 분석의
기본적인 개념을 이해하고 있는 사람들의 경우에도 행동대안을
제대로 도출하는 일에 서투르다는 점입니다.  그것은 SWOT 분석
기법의 실천적 방법을 제대로 학습하지 못한 까닭입니다.
　제2장에서 살펴본 SWOT 분석기법을 간략하게 살펴보겠습니다.

### ■ SWOT 매트릭스에서 대안을  만드는 방법
　SWOT 매트릭스는 수학적으로 보면 곱의 형태로 되어 있습니

다. 즉 환경의 요인 곱하기 자사의 역량인 것입니다.

그런데 SWOT매트릭스에서는 이를 단순히 곱한 것이 아니라, 이들 간의 관계성을 토대로 무엇을 할 것인가를 작성하는 것입니다. 이러한 점을 제대로 이해하지 못하게 될 경우, SWOT매트릭스가 무엇을 의미하고 있으며, 또한 어떻게 만들 것인가를 제대로 이해할 수 없게 됩니다. 예들 들어 <도표 5.14>에서 보는 바와 같이 환경요인에 4가지 요소가 파악되었고 역량에서는 6가지가 파악되었다고 해보겠습니다.

상황분석이 이와 같다면, 이제 행동대안을 모색해야 할 것입니다. 행동대안을 작성할 때에는 매트릭스의 특성을 감안하여 각기 환경요인들과 능력요인들에 대한 조합의 가능성을 고려해야 합니다.

물론 각 환경의 현상들이 자사의 역량과 모두 연관이 있는 것은 아닐 수도 있습니다. 컨설팅의 경우, 컨설턴트마다 이에 대한 견해가 다른 경우를 볼 수 있습니다만, 그러나 그것은 근본적인 SWOT 매트릭스의 기본적인 관점을 제대로 이해하지 못하고 있기 때문입니다.

SWOT 분석의 기본적인 관점은 환경요인과 능력요인들 간의 곱의 발상입니다.

<도표 5.14>에 예시된 기회항목을 예를 들어 살펴보면, O1 자사보유핵심기술의 시장저변확대에 대한 대응을 위하여 대안을 조립하게 될 경우, O1×(S1, S1, S3, W1, W2, W3)에 대응하는 방안들을 각기 선별합니다.

- O1×S1 에 대응하는 대안이라면 해당기술제품의 생산에 관련된 대안이 모색됩니다.
- O1×S2 에 대응하는 대안이라면 해당기술제품의 영업에 관

런된 대안이 모색됩니다.

- O1×S3 에 대응하는 대안이라면 해당기술제품의 생산과 조달을 위한 관련대안이 모색됩니다.

- O1×W1 에 대응하는 대안이라면 해당기술제품의 시장화에 관련된 재원조달에 관한 대안이 모색됩니다.

- O1×W2 에 대응하는 대안이라면 해당기술제품의 사업확장에 관련된 기업능력대안이 모색됩니다.

- O1×W3 에 대응하는 대안이라면 해당기술제품의 사업전개에 관련된 조직정비대안이 모색됩니다.

이와 같이 SWOT매트릭스에서의 대안의 모색은 각 환경요소와 기업의 역량의 각 내용을 구체적으로 대비하면서 그에 대한 대응방안을 모색하게 되는 것입니다.

물론 이 SWOT프로세스의 전개방식에 따라서 그 대응방안이 아주 구체적이고 세부적인 것을 반영할 수도 있고, 또는 개괄적인 윤곽이나 대응방향을 선정하는 경우도 있습니다.

앞에서 SWOT 프로세스의 기본적인 내용을 작성하는 방법을 살펴보았습니다. 이와 마찬가지로, 뉴스와트 매트릭스에서도 같은 논리로 대안을 모색합니다.

단, 뉴스와트 매트릭스에서는 SWOT 분석의 이분법적 분류방식으로는 포함될 수 없었던 중요한 검토요인들을 중립적 요인의 N항목(ENF, INF)으로 추가하였으므로 작업을 위한 종이의 면적이 좀더 크고 넓어야 하는 실무적 단점은 있습니다. 좀더 복잡하게 되었지만 이와 같이 구분하여 살펴보는 근본적인 이유는 앞에서 설명 드린 바와 같이 SWOT 분석기법의 단점을 보완하기 위한 것입니다.

**〈도표 5.15〉 New SWOT (SNWONT) 행동대안 매트릭스**

| New SWOT (SNWONT) 분석 | 1. 기회 | 2. 중립적 요인 ENF | 3. 위협 |
|---|---|---|---|
| 목표, 목적 : | | | |
| **4. 강점** | 기회:강점<br><br>**SO**<br>행동대안 | 중립요인:강점<br><br>**SE**<br>행동대안 | 위협:강점<br><br>**ST**<br>행동대안 |
| **5. 중립적 역량** INF | 기회:중립적 역량<br><br>**IO**<br>행동대안 | 중립요인:중립역량<br><br>**IE**<br>행동대안 | 위협:중립적 역량<br><br>**IT**<br>행동대안 |
| **6. 약점** | 기회:약점<br><br>**WO**<br>행동대안 | 중립요인:약점<br><br>**WE**<br>행동대안 | 위협:약점<br><br>**WT**<br>행동대안 |

(D. J. Park, 2002)

## <도표 5.16> A사의 뉴 스와트(SNWONT) 행동대안 매트릭스

| New SWOT<br>전략적 중점과제 확인차트<br>목적: 업계최고의 기업<br>목표: 1조 달성<br>기한: 4년내 | 1. 기회   O<br>①중국 시장의 식품수요 확대<br>②국내 시장의 고급식품 니즈 증대 | 2.중립적 요인 N(E)<br>①중국의 경제성장<br>②여성의 사회활동의 증대<br>③청소년 교육환경 | 3. 위협   T<br>①트랜스지방 규제와 반감<br>②국내경쟁의 확대<br>③외국 대기업의 시장참여 (국내, 중국) |
|---|---|---|---|
| **4. 강점   S**<br>①국내 제품 브랜드의 확립<br>②품질인증<br>③핵심기술 특허확보 | **SO**<br>ⓐ해외영업망의 확대(중국)<br>ⓑ현지 사업면허, 상호등록, 현지 영업제휴업체 후보확보<br>ⓒ특수원료의 개발 | **SE**<br>ⓐ대정부·정책대응 (특수영업·생산팀 발족)<br>ⓑ식사대용식품개발 | **ST**<br>ⓐ외국계 기업접촉, OEM생산(제안)<br>ⓑ외국 대기업 생산제휴<br>ⓒ언론방송에 대한 홍보전략수립 및 대응 프로그램의 방송 |
| **5. 중립적 역량   N(I)**<br>①기존 영업망의 확보<br>②외주하청업체 | **IO**<br>ⓐ중국 연락사무소 개설<br>ⓑ현지공동생산(합작투자) | **IE**<br>ⓐ영업대리점에서 현장생산 영업(지원)확대<br>ⓑ외주하청업체후보 추가 확보 | **IT**<br>ⓐ기존 거래처에 대한 A/S 확대<br>ⓑ하청업체 소액 지분제휴(상호출자) 유지관리<br>ⓒ대기업체와 소액 지분제휴(상호출자) |
| **6. 약점   W**<br>①조직효율성이 낮다<br>②자금의 유동성 한계<br>③전문인력의 부족<br>④낮은 수익성<br>⑤조직력의 취약<br>⑥자동화설비의 제약<br>⑦경영관리체제의 미흡<br>⑧낮은 시장인지도(해외) | **WO**<br>ⓐ조직력 강화 프로그램<br>ⓑ자본제휴를 통한 신규자금의 동원<br>ⓒ채산성이 낮은 사업부문의 정리<br>ⓓ전문인력의 확보<br>ⓔ설비투자계획수립<br>ⓕ경영개선 프로젝트의 수행<br>ⓖ해외 사업설명회의 전개(중국) | **WE**<br>ⓐ영업조직의 네트워크 확대,<br>ⓑ증자(50억)<br>ⓒ직무교육의 확대<br>ⓓ성과평가제도의 개선(사업수익중심)<br>ⓔ사업계획수립 및 집행에 대한 기획/감사/지원 제도의 개선<br>ⓕ자동화 설비확충,<br>ⓖ홍보 전략의 수립<br>ⓗ품질성과기준의 강화 | **WT**<br>ⓐ조직부문의 통합/ 여유인력의 재배치<br>ⓑ설비개체<br>ⓒ우리사주의 확대<br>ⓓ워크샵의 강화<br>ⓔ경영관리(규정)제도의 단순화,<br>ⓕ사업 책임자의 권한 강화 |

(D. J. Park 2007)

뉴스와트 매트릭스에서는 SWOT매트릭스에서의 경우보다 좀더 다양한 형태의 대안의 모색이 가능합니다. 즉 기회와 위협요인으로 분류되지 않는, 분류할 수 없는 중립적 요인들에 대한 고려가 가능해진 것입니다. 마찬가지로 강점과 약점으로 분류할 수 없는 역량이나 능력에 대한 고려도 가능해집니다.

이러한 중립적인 요소들의 추가로 불명확한 환경요소들을 추가할 수 있게 되었으며, SIS 프로그램을 통하여 그러한 환경요인들에 대한 감시와 수정 프로세스를 관리가능하게 할 수 있게 되었습니다.

앞에서도 언급한 바와 같이, 환경이나 능력에 대하여 중립적 요인들에 대하여 반영해야 할 해당사항이 없다면, 해당부문의 기입을 제외하여도 무방합니다.

예를 들어, 중립적 요소들은 다음과 같은 것들을 고려할 수 있습니다. 요즈음, 흔히 거론되는 IT혁명에 관한 것을 생각해보겠습니다. 앞에서의 사례에서 보는 바와 같이 이 회사에서는 기회와 위협요인으로 4가지를 고려하였지만, 정보기술의 발전이 자사에 기회로 작용하는지, 위협으로 작용하는지가 애매하여 이에 대한 고려를 제외하였습니다.

물론 이 회사에서 기회와 위협요소로 모두 반영하게 되었다면, 상황은 달라집니다만, 일단 IT기술혁명이 자사에 미치는 영향이나 타사에 미치는 영향은 어렴풋이 짐작은 하고 있었지만, 그러나 그것이 정확히 위협이나 기회요인으로 파악되지 않을 경우, 중립적 요인으로 고려대상에 편입할 수 있습니다.

그렇다면 다음과 같은 중요한 추가적인 대안들을 생각해 볼 수 있게 됩니다. 앞의 사례를 계속 전개하여, 중립적 요인으로 IT기술발전이 추가되었다고 해봅시다. 이를 N1이라고 하면, 다음과 같은 대안모색들이 가능해집니다.

- N1×S1에 대응하는 대안에는 해당기술제품의 생산에 관련된 정보기술대안이 모색됩니다.
- N1×S2에 대응하는 대안에는 해당기술제품의 영업에 관련된 정보 시스템 대안이 모색됩니다.
- N1×S3에 대응하는 대안에는 해당기술제품의 생산과 조달을 위한 생산 및 조달정보 시스템 관련대안이 모색됩니다.
- N1×W1에 대응하는 대안에는 해당기술제품의 시장화에 관련된 자금 및 재원확보를 위한 정보운영에 관한 대안이 모색됩니다.
- N1×W2에 대응하는 대안에는 해당기술제품의 사업확장에 관련된 기업정보능력대안이 모색됩니다.
- N1×W3에 대응하는 대안에는 해당기술제품의 사업전개에 관련된 조직운영 정보기술 대안이 모색됩니다.

이와 같이 중립적인 환경요소에 대한 대안모색의 가능성이 증대됨에 따라서, 기존의 기업전략이나 사업전략의 새로운 방향모색이나 새로운 전략과의 융합도를 높일 수도 있습니다.

이와 마찬가지로 내부역량에서도 중립적 요소들을 추가함으로써 그 대안의 내용을 충실히 할 수 있게 됩니다.

여기에서 대안들이 편성되면, 각 대안들을 다음과 같은 기준으로 다시 재분류합니다.

첫째, 환경의 원인치유나 조건해소, 또는 제약요건에 대응하는 것인가에 따라서 분류합니다.

둘째, 중점과제의 핵심적 이슈와 핵심조치와 관련된 연관조치나 보완조치를 분류합니다.

## ■ 중점과제의 대안수립을 구조적, 입체적으로 파악한다

마지막으로 중점과제를 해결하기 위한 핵심조치나 대안을 선별하여 다음 <도표 5.17>에서 보는 바와 같이 IS 대안차트를 완성합니다.[37] 이 도표는 제4장의 <도표 4.29> (p. 253) SI 현상 진단차트와 대응하는 도표입니다.

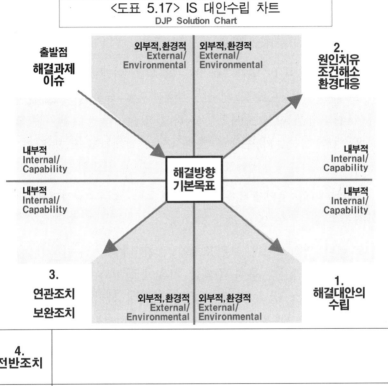

<도표 5.17> IS 대안수립 차트
DJP Solution Chart

| 4. 전반조치 | |
|---|---|
| 5. 긴급조치 | |

(D. J. Park, 2002, 2007)

<hr />

37) 작성사례는 <도표 5.30> (p. 443) 참조.
   다양한 문제해결에 초점을 두어 대안의 분석과정과 판단의 흐름을 강조하기 위하여 Dissolution Journal Process(DJP) Solution Chart라고 함.

<도표 5.17>에 기입할 때, 각 분류는 외부환경에 대응하는 것인지, 내부여건을 정비하는 것인지에 따라서 도표에 나누어진 위치에 외부대응행동과 내부대응행동을 나누어 기입합니다. 만약 그 분류가 명확하지 않거나 이 두 가지의 경우에 동시에 해당하는 것으로 판단될 경우에는 중간에 기입합니다. 이러한 기입을 통하여 대응방안의 성격이나 속성을 시각적으로 판별하는데 도움이 될 뿐만 아니라, 나중에 해결대안들의 정리과정에서 좀더 이해하기 쉬운 정리형태로 만들 수 있습니다.

<도표 5.17> IS 대안수립 차트의 왼쪽 아래에서 보는 바와 같이 IS 대안수립 프로세스에서는 부차적으로 극복해야 할 연관조치와 보완조치를 함께 모색하도록 하고 있습니다. 그것은 중점과제들에 대한 대안들의 수행을 효과적으로 전개하고 또한 당초의 방향과 목적을 달성할 수 있는 완성도를 높이기 위한 것입니다.

연관조치와 보완조치가 필요한 또 다른 이유는 설정된 대안이 완벽하지 않을 수 있기 때문입니다.

그러나 연관조치나 보완조치에 관한 대안을 수립하여 실행할 경우, 경영관리자가 특히 주의를 기울여 살펴봐야 할 것이 있습니다. 그것은 각 전략대안을 더욱 완벽하게 하기 위하여 불필요할 정도로 많은 연관조치와 보완조치를 강구하려는 우를 범하지 말아야 한다는 것입니다.

필요이상의 연관조치나 보완조치를 강구하게 될 경우, 전략행동은 과잉행동으로 전개될 소지가 있습니다.

이와 같은 과잉행동의 문제는 행동대안의 수립과정에서 예산계획이나 자원할당계획에서 자원이나 예산의 제약에 따라 저절로 해소되기도 합니다.

그러나 예산의 제약조건에도 불구하고 과잉행동이 실현될 경우도 있습니다.  즉, 불필요한 행동이 전개됨으로써 전체적인 성과에 영향을 미치게 될 수 있는 것입니다.  따라서 이에 대한 점검이 필요하게 됩니다.

이에 대하여는 <도표 5.41> (p. 458) 행동대안 구분작업의 행동우선순위평가를 통하여 검토합니다.

경영관리자가 이와 같은 결합도표를 작성하는데 불편하거나 어려움이 있을 경우에는 <도표 5.17>작업은 생략하고 <도표 5.31, 32> (pp. 445~446)을 통하여 작업을 수행합니다.

만약, <도표 5.31, 32>를 통하여 작업을 완료해도 좋다고 판단될 경우에는 다음에 살펴보는 제3단계의 후속작업을 생략하고 제4단계의 작업을 수행합니다.

그러나 당면하고 있는 상황이 복잡하고 그 대응을 정교하게 전개해야 할 경우에는 제3단계의 후속작업을 전개합니다.

## 三 제3단계 : 원인 조건대응 대안의 수립

**해결대안(원인치유, 상황 조건 해소) 수립작업을 위한 활용도표**

● 원인해소, 조건대응 (CC) 대안차트 <도표 5.18>
● 대응모드별 CC 대응전략 차트 <도표 5.19>

뉴스와트 행동대안 매트릭스에 전략적 과제들에 대한 대응방안들 중에서 원인 또는 상황조건에 대응하는 해결대안들이 모색되면, 환경의 주요 원인대응이나 상황의 개선, 또는 내부의 상황 조건 등을 개선 또는 해소하는 대안들을 모아 <도표 5.17> IS 대안수립 차트의 오른 쪽 위편에 기입합니다.

| 전략적 과제 해결 (IS) 프로세스 |
| --- |
| 1. 전략적 과제의 확인 |
| 2. 기본방향의 확인, 수정, 재설정 |
| 3. 해결대안의 수립 |
| 3.1 개괄적인 전략적 대안의 모색 |
| ▶ 3.2 원인-상황-조건 대응방안수립 |
| 3.3 주력(핵심) 전략대안수립 |
| 3.4 연관조치/보완조치 수립 |
| 3.5 전반대응조치 수립 |
| 3.6 긴급조치 수립 |
| 4. 전략행동계획 수립 |
| 4.1 전략대응방안의 점검과 정비 |
| 4.2 행동계획전개방안 점검과 정비 |
| 5. 전략대안 종합검토와 정합성 점검 |

그 대안들을 기입하는 과정에서 외부 환경에 관련된 것들을 정리하여 기회요인과 위협요인, 중립적 요인들에 대한 구분란에 따라 재편성하고, 내부 역량과 관련하여 강점, 약점, 중립적 역량의 구분란에 기입합니다.

이와 같이 항목별 배치를 전개하면서, 새로이 추가적으로 생각이 떠오르는 것들은 관련된 내용들과 연관성을 감안하여 배치합니다.

예를 들면, 원유와 같이 자원공급처가 제한되어 있고, 원료확보경쟁이 지나치게 치열해짐으로써, 경영압박이 심해지게 될 경우, 원부자재 조달에 있어서 경쟁업체들 간에 공정 도입규칙을 설정한다거나, 외화베이스로 구입하기 때문에 환차손이 많이 발생하게 될 경우, 판매가격을 환율에 연동시키는 방법과 같은 변동가격제와 같은 대안들이 이에 해당합니다.

<도표 5.17>보다 간편한 실무작업으로 수행하고자 할 때에는 원인해소와 상황 조건에 대응하는 대안의 초안을 모색하기 위하여 <도표 5.18>을 이용하여 작업을 전개합니다.  이 작업은 제4장에서 살펴본 진단작업 <도표 4.41> (p. 280)에 대응하는 작업으로, 당면문제현상과 사업과의 관련성을 염두에 두어 무엇을 해야 할 것인지에 대하여 대안을 모색하는 작업입니다.  따라서 이 도표의 맨 오른쪽 두 항목을 완성하는 것이 작업의 핵심입니다.

<도표 5.18> 원인해소, 조건대응 (CC) 대안차트

| 과제<br><도표 4.31>에서 | 원인조건현상<br><도표 4.36>에서 | 환경요인<br>ⓞⓔⓣ | 능력요인<br>ⓢⓘⓦ | 원인해소<br>조건대응<br>추진대안 | 목표 |
|---|---|---|---|---|---|
| 식품으로 인한 질병발생 | 제품성분의 변경이 곤란 | ⓣ식품안전성에 대한 검사규격 강화 | | 내부 품질표준의 정비<br>생산/제조체계 변경 | 유해물질 최소화<br>업계 선두지위 유지 |
| 경영관리자의 대응역량부족 | 기민하고 효과적인 전략대응이 어려움 | | ⓦ교육, 관리체계의 한계 | 경영관리자의 교육강화<br>전략정비 | 전략대응 및 위기대응 성과의 제고 |
| 여유자금의 부족 | 제품 구매 기피<br>매출의 저하 | ⓣ제품의 유해성 논란<br>ⓣ소비자보호 | | 재무 리스트럭처링의 전개<br>유해물질영향 분석강화 | 신규투자 재원의 확보<br>이미지와 신뢰회복 |
| [핵심현상] | | | | | |
| [연관현상] | | | | | |
| [전반현상] | | | | | |
| [긴급현상] | | | | | |
| | | | | | |

\* ⓞ: 기회 ⓔ: 중립적 환경요인 ⓣ: 위협 ⓢ: 강점 ⓘ: 중립적 능력요인 ⓦ약점

(D. J. Park, 2007)

　　제4장의 진단작업을 수행하지 않고 바로 대안수립 작업을 수행하는 경우에는 IS행동대안 매트릭스의 작성 작업에서 파악된 환경요인(O, E, T)과 능력요인(S, I, T)에서 파악된 요인들을 <도표 5.18>의 가운데에 배치하고, 그 요인들의 발생 또는 변화에 영향을 미치는 것이 무엇인가를 파악하여 왼쪽의 2번째 항에 기입합니다.　이어서 IS 행동대안 매트릭스에서 도출된 대안들을 중심으로 맨 오른쪽 두 항목에 배치합니다.

　　도출된 대안들 중에, 시급성이나 중요성이 높은 대안들은 우선

순위를 높게 번호를 붙여서 기입합니다.

원인대응을 강화하기 위하여 추가적인 발상을 전개해야 할 경우에는 이 도표의 하단에 핵심현상과 연관현상에 대한 대안들을 함께 병기하고, 추가적으로 점검하고 보완해야 할 것이 있는지를 살펴보고 추가하거나 수정하여 그 성과를 높입니다.

또한 고려하고 있는 전략대안들이 전반대응이나 긴급대응을 수반하여 전개해야 할 필요가 있을 경우, 관련된 필요 조치나 대응방안을 도표의 하단에 기입하고 그 검토를 강화합니다.

### ■ 사회적, 정치적 관점을 고려하라

환경조건이나 원인치유에 대한 대안설정에서는 시장뿐만 아니라 경영정치적 원칙의 재설정[38], 사회전략요소[39]를 감안할 경우, 보다 높은 전략적 성과를 가능하도록 합니다.

예를 들면, 환경요소에서 지역감정이라는 현상이 위협요인으로 작용하고 있고, 내부의 약점으로 기업이미지가 약할 경우, 이익의 일부를 지역사회에 환원하는 조치를 전개하거나 현지인을 영업활동과 다양한 대외봉사활동에 투입시키는 조치들이 이에 해당한다고 볼 수 있습니다. 의류판매나 전자제품 제조회사의 경우, 재고 물품을 이용하여 지역사회기금조성을 위한 바자회의 개최활동을 전개함으로써 지역침투를 개시하는 것도 이러한 활동의 일환이라고 할 수 있습니다.

그러나 이와 같은 활동의 전개에 있어서, 특히 유의할 점은 기업의 자세와 원칙을 분명하게 인식시키는 일이 확립되어야 한다는 점입니다. 환경조건의 개선이나 해소를 위한 대안을 추진함에

---

38) 경영정치에 관한 논의는 이 책의 자매서인 전략 마인드 또는 다음 자료를 참조. 박동준, <전자도서> 뉴패러다임의 전략경영, 2004. www.textpia.com

39) 앤소프, 전략경영실천원리, 제2.8장 영리기업의 사회전략, 소프트전략경영연구원

있어서 애매모호한 태도를 취할 경우, 환경조건은 더욱 악화될 수 있다는 점에 유의할 필요가 있습니다.

저는 원인치유, 조건해소에 대한 대응을 CC(Constraints and Causalities)대응전략이라고 부르고 있습니다만, 골프를 좋아하시는 분들은 원인이나 조건을 제대로 극복하지 못하면, 골프를 제대로 즐길 수 없고, 게임에서 이길 수도 없다고 하여 기억하기 좋게, 컨트리클럽 대응전략이라고 하기도 합니다.

이 CC전략은 해당기업의 기업지능에 따라 크게 좌우됩니다. 이 점에 대하여는 크게 세 가지로 방향으로 나누어지고 있습니다.

① 첫째로 기업이 성장하면서 CC전략에 대한 관점이 강화되어야 한다는 관점입니다. 이는 기업이 성장하게 되면, 그 기업행동의 범위도 넓어지고, 그 역할과 책임이 확대되기 때문에, 소위 사회전략이라고 불리는 대외관계관리를 보다 충실히 하고 강화해야 한다는 관점입니다.

사회전략적 요소들은 기업의 잉여이윤의 사회적 재분배라는 관점에서 고려될 수 있습니다. 기업이 이윤이 많아지게 되면, 소득재분배뿐만 아니라 생산이나 연구개발, 또는 기업활동을 강화하기 위하여 재투자활동을 전개합니다. 사회전략은 기업의 이윤을 대 사회활동에 투입하도록 함으로써, 기업의 사회관계를 개선하고 강화하기 위한 대안으로 추진됩니다.

여기에서 두 가지의 관점이 있는데, 그것은 이윤의 사회적 기여라는 관점에서보다도 기업의 사업확대와 대외관계를 관리하기 위하여 일종의 재투자와 같은 관점으로 보는 것입니다. 이 경우, 사회전략은 기업의 대외이미지의 관리를 위한 대외홍보전략과 유사한 차원에서 접근됩니다.

또 다른 관점은 기업의 이익을 사회에 직, 간접적으로 환원하는 관점입니다. 예를 들면, 비영리재단법인의 설립과 같이 기업의 사업활동과는 무관하게 사회기여활동을 전개하는 경우입니다. 이러한 경우에는 기업이 정신적 덕목이나 기업이 추구하는 바에 대하여 사회적 인식과 반응이 달라질 수 있게 됩니다.

② 두 번째의 관점으로는 기업의 사회적 역할은 자선활동이 아니라 기업본연의 역할수행이며, 여러 가지의 부차적인 활동을 증가시키게 되면, 그 비용이 원가에 전가되고 결국에는 소비자에게 부담이 되는 것이므로, 그것은 오히려 고객에게 바람직하지 않으며, 따라서 가급적 쓸데없는 짓은 삼가야 된다는 관점입니다.

이와 같은 기업들도 일종의 재투자라는 관점에서의 사회전략 활동은 필요하다면 실시한다는 태도를 취하기도 합니다.

이러한 점에서 볼 때, 사회전략이라는 관점이 실제로는 다르게 사용되고 있음을 알 수 있습니다. 따라서 사회전략이라고 여러 기업들에서 이야기할 경우에도, 그 내용과 표방하는 것의 차이가 엄청나게 다르다는 점을 이해할 수 있게 됩니다.

사회전략은 기업의 사회적 책임의 관점에서 고려되어야 할 필요가 있습니다. 따라서 기업의 사회적 역할과 책임에 대하여 그 내용과 범위를 어떻게 인식하는가에 따라 달라지는 것입니다.

### ■ 당위적 관점을 반영한 윤리기준을 강화하라

최근 기업의 윤리경영과 사회적 책임이라는 관점이 크게 부각되고 있는데, 대부분의 기업에서 주로 조직구성원들의 행동에 초점을 맞추어 행동원칙을 새로이 설정하는데 노력을 기울이고 있습니다.

기업행동의 내부적 윤리도 확립되어야 하지만, 기업의 외부행동에서의 사회적 역할과 책임에 대한 인식이 제대로 되어있지 못하다면, 기업행동의 윤리기준은 애매해질 수밖에 없습니다. 기업행동윤리는 내부적 행동과 외부적 행동이 균형있게 확립되어야 하기 때문입니다.

기업행동이 제멋대로라면 기업의 조직구성원들이 뇌물이나 편법을 사용하지 않고, 소위 건전한 행동을 한다고 해서, 그 기업의 활동이 윤리적일 수 있는가에 대한 판단은 제대로 내리기 힘들게 됩니다.

즉, 특정한 자원이나 역량이 떨어지는 유망기업을 매수하여 멋지게 포장하여 차익을 거두는 기업들이나, 또는 사업의 내용을 발전시키기 보다는 기업매수를 통한 기업성장에 열을 올리고 있는 기업들에서 조직구성원들의 일상행동이 건전하다고 해서, 윤리경영이 실현되고 있다고 볼 수는 없을 것입니다.

이와 같은 기업에서는 애매한 정신적 자세를 견지하게 되어, 제1장에서 설명된 경영관리자들 본인의 정신적 행동원칙(P8)을 애매하게 할 뿐만 아니라, 조직구성원들의 행동을 촉구하기 어렵고, 또한 사업전개에서의 열정(P7)을 불러일으키기 어렵습니다. 뿐만 아니라, 조직구성원들의 당위적 관점을 낮은 수준에 머물게 하기 때문에 <도표 3.9> (p.126)에서 설명된 B조직과 같은 우수한 성과를 거두기 어렵게 됩니다.

③ 세 번째의 관점으로는 경영정치적 관점에서의 상황조건의 발전적 조성, 또는 해결의 차원에서 기업행동을 전개하는 것입니다.

경영정치는 조직의 생존과 성공을 위하여 기업의 경영행동에 있어서 이해관계인과의 이해관계, 세력관계를 발전적으로 유지하기 위한 정치적 대응행동을 전개하는 것을 의미합니다.

경영정치적 관점에서의 상황 대응은 전략적 대응에 우선하여 전개될 수 있으며, 또한 보다 대국적 견지 하에서의 기업대응행동을 가능하게 합니다.

## ■ 선행적 대응을 전개하라

원인-상황 조건현상에 대응하는 CC 대응전략을 구사할 때, 경영관리자의 머릿속에 자주 떠오르는 것이 있습니다. '이런 일을 미리 했더라면, 좀더 유리한 상황으로 변했을텐데…'와 같은 생각들입니다.

<도표 5.19> 대응모드별 CC 대응전략 차트

| 원인-상황조건<br>대응차트<br>PRD-C | 선행(Proactive) | 실시간(Real time) | 지연(Delayed) |
|---|---|---|---|
| 핵심(M) | PM | RM | DM |
| | **PM**<br>핵심대응 | **RM**<br>핵심대응 | **DM**<br>핵심대응 |
| 원인, 상황 조건(C) | PC | RC | DC |
| | **PC**<br>원인-상황 조건<br>대응 | **RC**<br>원인-상황 조건<br>대응 | **DC**<br>원인-상황 조건<br>대응 |
| 전반(O) | PO | RO | DO |
| | **PO**<br>전반대응 | **RO**<br>전반대응 | **DO**<br>전반대응 |
| 긴급(U) | PU | RU | DU |
| | **PU**<br>대응 | **RU**<br>대응 | **DU**<br>대응 |

(D. J. Park, 2007)

'미리 대응했더라면' 즉, 선행대응을 전개할 수 있다면, 비용과 노력, 그리고 상황도 모두 유리하게 이끌 수 있습니다. 개인이 일상생활에서의 예를 들자면, 은행에서 대출이자를 선납해간다면,

개인의 금융신용에 유리한 것과 마찬가지입니다.

그러나 일이 벌어지고 난 다음에 CC 대응전략을 전개할 경우에는 자칫 잘못될 경우에는 사후약방문의 경우가 될 수도 있습니다. 따라서 <도표 5.19>에서 보는 바와 같이 지금 현재 시점에서라도 필요한 원인 조건대응의 조치를 전개하면서, 앞으로 선행대응이 가능한 것은 무엇인가에 초점을 맞추어 전략적 대안을 모색하는 것이 중요합니다.

이 도표작업은 SI진단작업의 <도표 4.42> (p. 283) 대응모드별 원인-상황 조건 현상분석과 대칭을 이루어 전개합니다. 따라서 이 작업의 초안을 완료하면 <도표 4.42>의 내용을 참조하여 추가적으로 필요한 CC 대안들을 모색하여 완성합니다.

## ■ 사후적 대응이라도 절대로 무시하지 말라

<도표 5.19>의 맨 오른 쪽에는 사후적 대응에 관한 대안들을 기입하고 있습니다. 사후적 대안들은 비록 늦었지만, 지금이라도 대응하지 않으면, 당면하고 있는 현상에 대하여 근본적인 해결이 수행되지 못하거나, 우리 조직의 사업 전개와 사업추진목표의 달성이 곤란한 일들에 대한 사후적 조치나 행동대안들이 여기에 기입됩니다.

따라서 지금이라도 원인이나 조건대응과 같이 문제의 핵심이나 근원에 대응해야 할 필요가 있다면, 현재 시점에서라도 필요한 원인-조건대응을 실시하는 것이 중요합니다. 이러한 조치들을 방치할 경우, 겉으로는 멋진 전략을 전개하는 것처럼 보여도, 병행적으로 수행되어야 할 대안들이 간과됨으로써, 전략성과는 차치하고 기업전체적으로 중대한 위기에 처하게 될 수도 있습니다.

경영관리자는 이러한 점에 유의할 필요가 있습니다. 대부분의 전략컨설팅 프로젝트에서 주력 전략대안들이 화려하게 포장되어 제시될 경우가 많지만 자세히 살펴보면, CC 대응전략에 대한 검토가 부실한 경우가 많습니다.

이러한 현상은 외부의 컨설턴트들은 해당 사업이나 사업영역에서 우리가 대응해야할 현실적인 상황이나 조건을 충분히 인지하지 못하기 때문에 유발되기도 하며, 조직구성원들이 현상과 대응의 논리에서 CC 대응에 대한 필요성을 확실하게 인지하지 못하기 때문에 비롯되기도 합니다.

이러한 현상을 예비할 수 있고 대응할 수 있는 유일한 책임자는 바로 경영관리자들입니다.  따라서 CC 대응전략의 각 항목에 대하여 경영관리자는 세심한 배려와 주의를 기울일 필요가 있습니다.

### ■ 위기대응전략의 핵심은 CC 대응전략

최근 여러 기업조직에서 위기관리와 위기대응전략에 관한 관심이 높아지고 있습니다.  바로 다음 달의 상황도 제대로 예측해내기 어렵고, 수시로 등장하는 위기요인들이 기업의 성과를 크게 억제할 뿐만 아니라, 그에 대하여 대응하고자하는 경영자와 경영관리자들의 판단과 사고를 혼란스럽게 하기 때문입니다.  이러한 현상의 저변에는 그 현상의 원인과 상황의 전개, 조건의 변화와 같은 요소들이 작용하고 있습니다.  따라서 CC 대응전략을 치밀하게 전개할 경우, 경영관리자와 조직구성원들의 위기대응능력이 향상됩니다.[40]

### ■ 전체를 바꾸려하지 말라, 일을 바꿔라

앞에서도 잠시 언급하였지만, 경영관리자는 문제를 완전히 해결하려고 모든 에너지를 낭비하지 말아야 한다는 점을 명심할 필

---

[40] 위기에 대응하기 위한 전략과 대응절차를 좀더 구체적으로 전개하고자 할 경우에는 리스크 클러스터링과 리스크 스와트 전략기법을 활용하여 리스크 대응방안을 전개합니다.  김승렬, 박동준, 「전략적 위기경영-실천기법」, 참조

요가 있습니다.  인간의 문제란 경우에 따라서는 지나치게 문제시 하게 되면, 오히려 그 문제성이 더욱 커질 수도 있으며, 때로는 문제자체가 생명력을 지니려는 경향을 보이기도 합니다.  흥미로운 것은 일단 문제에 대한 대안을 움직이기 시작하면 문제도 서서히 꼬리를 감추고 움츠려드는 경향이 있다는 점입니다.

그러한 점에 착안한다면, 핵심적인 것에 초점을 두어 움직이기 시작하는 것이 중요한 것입니다.  이는 마치 들판의 여우를 잡아가는 것과 마찬가지라고 볼 수 있습니다.  여우를 잡기 위하여 들판을 다 태울 필요는 없는 것입니다.  서서히 반경을 좁혀가는 과정이 필요한 것입니다.

여기에서 경영관리자로서 주목해야 할 점이 있습니다.  경영관리자가 재임 중에 소위 경영혁신이나 시스템 개선 등의 명칭으로 회사전모를 바꿔나가는 작업이나 활동을 추진해야 할 시점에 처하게 될 수도 있습니다.  이때, 외부컨설팅 기관에서는 흔히 회사를 바꾸기 위하여 전체를 들었다 놓아야 한다는 식의 일을 추진하게 됩니다.  이것도 일종의 실천적 오류라고 할 수 있습니다.

예를 들어서 빈집의 경우라면, 모두 뜯어서 새로 고치는 것도 가능할 것입니다.  완전히 새로 만든다면, 가능하다면 모두 바꿔도 되지요.  그러나 살고 있는 집을 완전히 들어서 뒤엎고 새로 구축한다면 그동안 어디에서 살아야 합니까?

회사의 경우에는 더욱이 그와 같이 한가하게 처신할 수 없습니다.  우선 현재 진행 중인 사업도 한 시간도 중단될 수 없을 뿐만 아니라, 상황이 어려워지고 있으므로 유휴자원조차도 함부로 처분할 수 있는 형편이 아닙니다.  이런 상황에서 무슨 회사를 뜯어고치라는 이야기입니까?

회사를 뜯어고친다는 발상, 즉 경영 시스템을 바꾸고, 구조를 바꾸고 한다고 해도, 회사의 일이 바뀌지 않는 한, 그것은 무의미한 일입니다. 일을 형편없이 하고 있는데 회사를 뜯어 고치면 일을 잘할 수 있다고 믿는 발상이 오히려 위험한 발상인 것입니다.

## ■ 경영관리자가 8가지의 성공요소를 제대로 발휘해야 일이 된다

더욱이 한꺼번에 모두 바꾼다고 하는 시도도 사실 말뿐입니다. 어떻게 한꺼번에 바꿉니까? 시스템이 바뀌면, 회사가 바뀝니까? 그럴 시간이 있으면, 오히려 한 가지 일이라도 명확하게 본업에 충실하게 전개할 수 있게 변화시키는 것이 훨씬 더 옳은 일(right thing)이며 효과적인 것입니다. 즉, 제1장에서 살펴본 바와 같이 쓸데없는 일을 하지 않으면서 경영관리자의 핵심성공요소인 8P를 높은 성과수준으로 발휘하는 것이 한결 효과적입니다.

회사는 일을 수행하기 위하여 시스템을 갖추고 있는 것뿐입니다. 그런데 그 시스템이라는 것은 '일이 바뀌지 않으면, 바뀌지 않는 것'입니다.

그런데 일의 본질에 대한 혁신은 하지 않고 시스템만을 바꾼다는 것은 무의미한 노력에 지나지 않습니다. 따라서 시스템을 변혁하기 이전에 우선 일 자체를 먼저 변혁해야 하는 것입니다. 물론 일이 바뀌면, 그에 합당하게 시스템을 변혁해야 합니다. 그러한 후속조치가 마련되지 않으면, 모처럼 어렵게 변화에 성공한 일의 내용이 다시 과거에 작용하던 시스템의 힘에 이끌려, 원상복귀하기 때문입니다. 따라서 경영관리자는 문제의 본질은 우리가 수행하는 일의 내용 그 자체에 있다는 점에 유의하여야 합니다.

또, 회사마다 조직 구조를 바꾼다고 난리입니다. 조직구조가 뭡니까? 조직구조는 일을 수행하기 위하여 사람들을 편성해놓은 것입니다. 그런데 일은 안 바꿨는데, 조직구조를 바꿉니다. 사람들의 명함이 바뀐 거지요. 그런데 하는 일은 똑 같습니다. 그러면 조직을 잘못 바꾸었다고, 한 해가 지나가면 또 바꿉니다. 그래서 승진하는 사람도 있고, 조직내 물갈이도 됩니다.  그래도 일은 안 바뀝니다.  다시 문제는 되돌아오고 개선되지 않습니다.

경영관리자는 이러한 점에 주목하여야 합니다.  회사는 일을 하기 위하여 모인 곳이고, 일이 잘 안 되서 사업이 부진하면, 일의 내용과 방식을 바꿔야 하는 것입니다.  부대명칭과 배속을 바꾸고, 의사전달체계를 바꾸고, 컴퓨터와 소프트웨어를 바꾼다고, 일이 바뀌는 것은 아니라는 점을 유념하실 필요가 있습니다.

일에 초점을 맞춘다.  이것이 시종일관 견지해야 할 경영관리자의 성공신조입니다.

따라서 경영관리자는 문제의 본질이 우리가 수행하는 일의 내용 그 자체에 있다는 점을 유의하여 제1장에서 살펴본 경영관리자의 8P 성공모델의 P1, P2, P3, P4, P5, P6, P7, P8를 점검하고 단계적으로 변화시켜 성과를 올리도록 하는 것이 중요합니다.

경영관리자가 이러한 일에 대하여 좀더 성공적으로 전개하고자 한다면, 상황에 대하여 좀더 일찍 판단하여 필요한 조직구성원을 동원하고 활용하여, 사후적으로 대응해야 할 일들을 줄여나가고 선행대응(proactive response)의 일을 확대해나갈 수 있도록 하는 일입니다.

### ■ 경영관리자의 선행적 업무비중을 높여나가라

따라서 경영관리자가 추진하고 있는 현재의 업무의 대응성을 선행적 대응으로 변화시키기 위하여 노력을 경주해야 합니다.  이것은 말로만 실천되는 것은 결코 아닙니다.

말로는 미리 대응하자고 매일 조직구성원에게 이야기를 해도, 현재 하고 있는 일을 근본적으로 변화시키지 않으면 그러한 선행적 업무수행은 사실 환상에 지나지 않습니다.

<도표 5.20> 경영관리자들의 업무실태 비교

| 업무수행 | | 선행적 업무 | 실시간 영업업무 | 사후적 처리업무 | 계 (%) |
|---|---|---|---|---|---|
| A 사 | 「부지런」 경영관리자 | 5 | 65 | 30 | 100 |
| B 사 | 「미리」 경영관리자 | 15 | 65 | 20 | 100 |
| C 사 | 「꾀돌이」 경영관리자 | 20 | 65 | 15 | 100 |

(D. J. Park, 2007)

<도표 5.20>에서는 유통업체들의 경영관리자를 중심으로 계획 업무와 매장영업업무 그리고 사후처리업무로 구분하여 비교한 결과를 예시하고 있습니다.

도표에서 보는 바와 같이 A회사의 「부지런」 관리자는 매장영업활동에 95%의 업무를 수행하고 있으며, 그중에 30%의 업무는 고객의 클레임, 환불, 교환, 납품업체에 대한 계약 이행관리와 같은 일로 분주합니다. 참으로 안타까운 것은 조직구성원들에게 리더십을 발휘하여 그렇게 분주하게 업무를 수행하고 있음에도 불구하고, 성과가 크게 개선되질 않습니다. 사정이 이와 같다보니, 관리자가 새로운 전략을 모색할 여유도 형편도 되질 못합니다.

새로운 전략은 그만두고라도, 갑자기 언론에서 특정 상품에서 유해물질 보도가 나오거나, 특정업체의 제조과정에서 문제가 있었다는 뉴스가 나오게 되면, 매장에 내려가 직원들과 상품을 재정리하고 가격을 조정하고 광고물제작을 새롭게 추진하느라 또한 부산합니다.

그런데도 매장에 찾는 고객들은 여태까지 그런 나쁜 물건을 팔고 있었다느니 야비한 상술만 쓰는 업체라느니 불편한 이야기들을 내뱉습니다. 언제나 최선을 다하고 있는 「부지런」 관리자의 사기가 말이 아닙니다.

<도표 5.21>환경대응 타이밍에 따른 업무 프로세스의 구분과 업무현실

| 업무수행 | | 선행적 업무 | 실시간 대응업무 | 사후적 처리업무 | 계 (%) |
|---|---|---|---|---|---|
| A 사 | X 경영관리자 | 5 | 65 | 30 | 100 |
| | 조직구성원 | 2 | 50 | 48 | 100 |
| B 사 | Y 경영관리자 | 15 | 65 | 20 | 100 |
| | 조직구성원 | 20 | 55 | 25 | 100 |
| C 사 | Z 경영관리자 | 20 | 65 | 15 | 100 |
| | 조직구성원 | 30 | 55 | 15 | 100 |

(D. J. Park, 2007)

그러나 B사의 「미리」 관리자의 경우에는 이보다는 좀더 유리합니다. 상품의 품질인증이나 식품안전기준에 합당하지 않은 제품들은 사전에 점검하여 상품으로 진열하지 않기 때문입니다. 따라서 좋은 품질의 상품을 엄선하고 공급자의 관리를 선행적으로 전개합니다. 따라서 사후적 처리의 업무비중이 줄고 그만큼 더, 선행적 경영관리행동을 전개하는 것입니다.

C사의 「꾀돌이」 관리자의 경우에는 최고의 가격품질만을 추구하는 형태입니다. 따라서 매장에서 고객에게 대응하는 노력은 동일하지만, 그 접근방법에 차이가 있는 것입니다. 이와 같은 약간의 차이가 경영관리자의 현실적 업무집행에서의 내용과 성과에 지대한 차이를 유발합니다.

따라서 경영관리자의 경영성공의 8P 모델의 두 번째 P에 해당하는 프로세스의 내용과 성과를 변화시키고자 한다면, 우선 사후적 대응의 업무를 최소화시킬 수 있는 방안을 모색해야 합니다. 사후적 대응의 업무비중을 줄이지 못할 경우, 선행대응은 불가능하기 때문입니다.

더욱이 <도표 5.21>에서 보는 바와 같이 조직구성원들의 활동을 감안한다면, 이와 같은 현상은 시급히 개선될 수 있도록 경영관리자가 조치해야만 합니다.

이상으로 CC 대응전략의 수립에 관하여 살펴보았습니다.

##  제4단계 : 주력대응 전략대안의 수립

### 주력대응 전략대안의 수립작업을 위한 활용도표

- 주력대응 전략대안 차트 〈도표 5.22〉
- 대응모드별 주력대응 전략대안 차트 〈도표 5.23〉

**전략적 과제 해결 (IS) 프로세스**

1. 전략적 과제의 확인
2. 기본방향의 확인, 수정, 재설정
3. 해결대안의 수립
   3.1 개괄적인 전략적 대안의 모색
   3.2 원인-상황-조건 대응방안수립
→  3.3 주력(핵심) 전략대안수립
   3.4 연관조치/보완조치 수립
   3.5 전반대응조치 수립
   3.6 긴급조치 수립
4. 전략행동계획 수립
   4.1 전략대응방안의 점검과 정비
   4.2 행동계획전개방안 점검과 정비
5. 전략대안 종합검토와 정합성 점검

이제부터는 핵심대응을 위한 대안들을 편성합니다.  편의상, 이를 주력으로 추진할 핵심대안들이라고 부르겠습니다.  이 작업은 〈도표 5.15〉 뉴스와트 행동대안 매트릭스에서 도출된 대안들을 점검함으로써 시작됩니다.

작업을 수행할 때에는 매트릭스에서 도출된 대안들 중에 환경요인의 조건이나 제약요건들에 대한 CC 대응조치들을 제외하고, 다음 단계에서 정리할 파생적, 보완적 조치들을 또한 걸러내고, 본원적 조치라고 할 수 있는 내용들만을 선별하여 핵심적으로 전개해야 할 대안들을 〈도표 5.22〉의 해결대안 차트에 기입하고, 그에 대한 핵심적인 해결대안들을 편성합니다. 여기에서 편성될 대안들은 전략적 과제의 해결을 위하여 주력대응행동을 구성하는 행동대안들로 구성합니다.

이 작업에서 필요한 본원적 조치들이 모두 강구되었는지에 대한 검토를 합니다. 만약 부진하다고 생각될 경우, 만족스러운 조치들이 모색될 때까지 뉴스와트 행동대안 매트릭스를 참조하여 새로운 주력 핵심대안들을 다각적으로 검토합니다.

<도표 5.22> 주력대응 전략대안 차트

| 과제 <도표 4.31>에서 | 환경요인 ⓞⓔⓣ | 능력요인 ⓢⓘⓦ | 해결대안 | 목표 |
|---|---|---|---|---|
| 해외시장수요 대응전략의 전개 | ⓞ중국시장의 식품수요 확대 | ⓢ국내 브랜드확립 | 현지 법인사업 전략의 정비<br>북경올림픽 대비 스포츠마케팅의 착수<br>중국사업전개를 위한 펀드조성 | 4년내 중국내 브랜드 확립 |
| | | | | |
| | | | | |
| [원인조건대응] | | | | |
| [연관조치] | | | | |
| [전반대응] | | | | |
| [긴급조치] | | | | |

\* ⓞ: 기회 ⓔ: 중립적 환경요인 ⓣ: 위협 ⓢ: 강점 ⓘ: 중립적 능력요인 ⓦ약점

(D. J. Park, 2007)

또한 CC 대응전략의 전개와 더불어 주력으로 대응해야 할 대안들이 있는지를 점검합니다. 예를 들어서 영업점의 매출이 늘지

않는 현상에 대한 주력대안은 영업활동을 개선하는 형태의 대안을 모색할 수 있습니다.

그러나 영업성과가 낮게 된 근본적인 이유가 영업의 문제가 아니라 판매제품의 구성에 문제가 있었다면, 상품도입방식을 변경하는 조치가 CC 대응전략으로 등장할 수 있습니다. 이와 같은 경우, 기존의 상품도입활동의 성과를 높이는 방안은 주력대안으로 채택될 수 있습니다.

필요하다면 <도표 5.22>의 작업을 수행할 때 <도표 5.23>의 대응모드별 대응전략 차트를 활용하여 그 내용과 관계를 점검하고 CC 대응전략과 주력대응전략의 내용을 정비합니다.

### ■ 주력대응의 대응모드를 검토하라

주력대응 전략대안을 모색할 때에도 현재 즉시 대응이 필요한 전략대안만을 모색할 것이 아니라 선행대응과 사후대응을 염두에 두어 전략대안들을 편성합니다.

이 때에 경영관리자가 주목해야 할 점은 현재 모색하고자 하는 전략대안의 실천시점입니다. 만약 도표의 정 가운데에 속하는 RM 대응방안을 현재시점에 대응할 수 없다면, 그 내용은 지연대응의 DM 대응방안의 내용으로 고려하도록 합니다.

따라서 만약 대응시점이 긴급하지만, 그에 대한 대책을 실천할 수 없을 경우에는 DM 대응방안으로 간주하는 것이 판단의 혼란을 줄이고, 또 다른 대비책을 강구할 수 있도록 합니다.

이와 마찬가지로 RM 대응방안이라고 할지라도, 아직 서둘러 대응할 필요가 없을 경우, 그 대응을 실시한다면, 그것은 상황에 대하여 선행적으로 대응하는 PM 대응으로 간주할 수 있습니다.

<도표 5.23> 대응모드별 주력대응 전략대안 차트

| | 선행(Proactive) | 실시간(Real time) | 지연(Delayed) |
|---|---|---|---|
| **주력(핵심)<br>대응차트<br>PRD-M** | | | |
| **원인, 상황 조건(C)** | PC | RC | DC |
| | PC<br>원인-상황 조건<br>대응 | RC<br>원인-상황 조건<br>대응 | DC<br>원인-상황 조건<br>대응 |
| **핵심(M)** | PM | RM | DM |
| **주력대응** | PM<br>주력(핵심)대응 | RM<br>주력(핵심)대응 | DM<br>주력(핵심)대응 |
| **연관(R)** | PR | RR | DR |
| | PR<br>연관대응 | RR<br>연관대응 | DR<br>연관대응 |
| **전반(O)** | PO | RO | DO |
| | PO<br>전반대응 | RO<br>전반대응 | DO<br>전반대응 |
| **긴급(U)** | PU | RU | DU |
| | PU<br>대응 | RU<br>대응 | DU<br>대응 |

(D. J. Park, 2007)

| 제5단계 | 연관조치, 보완조치의 수립 |
|---|---|

**연관조치, 보완조치의 수립작업을 위한 활용도표**

● 연관조치 차트 〈도표 5.24〉
● 대응모드별 연관대응 전략대안 차트 〈도표 5.25〉

**전략적 과제 해결 (IS) 프로세스**

1. 전략적 과제의 확인
2. 기본방향의 확인, 수정, 재설정
3. 해결대안의 수립
   3.1 개괄적인 전략적 대안의 모색
   3.2 원인-상황-조건 대응방안수립
   3.3 주력(핵심) 전략대안수립
   → 3.4 연관조치/보완조치 수립
   3.5 전반대응조치 수립
   3.6 긴급조치 수립
4. 전략행동계획 수립
   4.1 전략대응방안의 점검과 정비
   4.2 행동계획전개방안 점검과 정비
5. 전략대안 종합검토와 정합성 점검

다음 프로세스는 연관-보완조치의 수립으로 뉴스와트 행동대안 매트릭스에서 검토된 행동대안들 중에 외부 환경요인들의 발생조건이나 제약조건에 대응하는 조치들 (줄여서 CC 조치라고 함)과 본원적 조치를 제외하고, 본원적 조치와 CC조치를 지원하기 위한 조치들을 구분하여 정리하는 프로세스입니다.

연관조치, 보완조치는 본원적 조치는 아니지만, 전략적 대응에 있어서 그 본원적 대응을 원만하게 전개해 줄 뿐만 아니라, 부차적인 영향을 최소화할 수 있기 때문에 세심한 주의를 기울일 필요가 있습니다.  이에 대한 조치를 소홀히 할 경우, 본원적 조치들의 전략적 성과를 제약할 수 있습니다.

예를 들면, 공장신설에 따른 주민이나 지역사회와의 관계개선과 같은 조치들은 잘못될 경우, 사업계획 전체에 차질을 빚을 수 있게 됩니다.

몇 년 전에 정보통신분야의 발전을 위하여 정보통신부에서는 부가가치 통신망을 육성하는 정책을 편성하였습니다. 부가가치 통신산업의 발전은 국가의 정보통신산업의 중요한 정책대상으로 선정되어, 필요한 정책과 제도, 관련부처의 조직을 편성하였습니다.

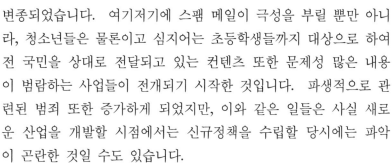

그런데, 그러한 사업중에 060이라는 회선을 이용한 부가정보사업은 의외로 이상한 형태의 사업들로 변종되었습니다. 여기저기에 스팸 메일이 극성을 부릴 뿐만 아니라, 청소년들은 물론이고 심지어는 초등학생들까지 대상으로 하여 전 국민을 상대로 전달되고 있는 컨텐츠 또한 문제성 많은 내용이 범람하는 사업들이 전개되기 시작한 것입니다. 파생적으로 관련된 범죄 또한 증가하게 되었지만, 이와 같은 일들은 사실 새로운 산업을 개발할 시점에서는 신규정책을 수립할 당시에는 파악이 곤란한 것일 수도 있습니다.

그러나 시야를 가까운 일본으로 돌려보면, 일찍부터 유사한 형태의 콘텐츠가 사회적으로 범람하던 풍속을 감안한다면, 전혀 예비할 수 없던 것은 아니었습니다. 사전에 이와 관련하여 의견을 수렴하고 숙의하여 대비할 수 있었다면, 충분히 예비할 수도 있는 일입니다. 이와 같은 일들은 연관조치나 보완조치들을 강구함으로써 사전에 예비할 수 있도록 하는 것이 보다 효과적이며, 그 대응성과 또한 높일 수 있게 됩니다.

경영현장에서는 이러한 조치들을 사소한 조치로 인식하고, 등한시하는 경우가 종종 있습니다. 그러나 이와 같은 사소한 조치들이 중대한 기업의 행동을 제약하게 되거나 성과에 지대한 영향을 미치게 됩니다. 따라서 경영관리자들은 이러한 조치들은 별도로 구분하여 우리의 주요 전략행동대안의 전개와 관련하여 전후 연관관계, 영향관계 등을 유의 깊게 살펴볼 필요가 있습니다.

<도표 5.24> 연관조치 차트 (Linkage Measures Chart)

| 과제<br><도표 4.31>에서 | 환경요인<br>ⓞⓔⓣ | 능력요인<br>ⓢⓘⓦ | 주요<br>해결대안 | 연관조치 | 목표 |
|---|---|---|---|---|---|
| 해외시장수요<br>대응전략의 전개 | ⓞ중국시장의<br>식품수요 확대 | ⓢ국내<br>브랜드확립 | 현지<br>법인사업전략<br>의 정비<br>북경올림픽<br>대비<br>스포츠마케팅<br>의 착수<br>중국사업전개<br>를위한<br>펀드조성 | 현지 파트너의<br>후보선정<br>중국사업전략<br>의 치밀한<br>수립과 정비<br>현지 여건의<br>조성<br>중국현지의<br>저항과 사업의<br>불확실성에<br>대비 | 4년내 중국내<br>브랜드 확립 |
| | | | | | |
| | | | | | |
| | | | | | |

\* ⓞ: 기회 ⓔ: 중립적 환경요인 ⓣ: 위협 ⓢ: 강점 ⓘ: 중립적 능력요인 ⓦ약점

(D. J. Park, 2007)

워크샵에서도 종종 목격되는 현상입니다만, 때로는 연관조치나 보완조치들을 본원적 조치로 이해하고 이에 대한 대안들을 주요 전략대안으로 설정하는 경우도 있습니다. 이러한 경우에는 소위 여건개선은 달성할 수 있지만, 핵심내용의 결여로 전략성과가 아주 미미한 상태로 끝나게 되거나 또는 역효과를 유발하게 될 수 있습니다.

예를 들면, 바이오기술을 중심으로 의욕적으로 출범한 기술계 벤처기업에서 새로운 신약개발사업을 수행하던 중에, 핵심기술과 연관된 기술을 도입하던 중에 그와 관련된 제품 및 사업화에 관심을 갖게 되는 경우를 생각해볼 수 있습니다.

이와 같은 경우, 막대한 자금과 개발노력이 투입되는 핵심기술

을 개발을 지속하면서, 이미 기술이 안정화되어 있는 연관 기술의 사업전개에 대한 추진전략을 병행함으로써, 전략의 포트폴리오를 구성하고 있는 것처럼 보이지만, 해당 벤처기업에서는 제한된 인력과 자원을 분산하게 됨으로써, 향후 더욱 높은 수익을 보장하는 핵심기술분야에 대한 개발 전개속도와 추진성과를 떨어뜨리게 되는 경우를 볼 수 있습니다.

또 다른 벤처기업의 경우에는 대대적인 사업의 혁신과 중점전략의 추진을 전개해야 할 시점에, 조직의 정비가 우선 시급하다고 판단함으로써, 업무의 정비는 수행하지 않고, 조직내 직원의 업무성과평가 제도의 도입과 정착에 치중하다가, 유능한 인재들을 퇴출시키고, 사업의 활력을 상실하는 경우도 있습니다.

때로는 경영활동이 전개되는 중에 무엇이 본업인지에 대한 판별력을 상실하기도 합니다.

알기 쉬운 예로, 동네 앞 수퍼마켓을 생각해보겠습니다. 마켓은 좋은 품질의 제품을 적정한 가격에 구입할 수 있도록 장을 펼친 곳입니다. 그렇다면, 무엇보다도 적정한 가격의 양질의 제품들을 편성하여야 하는 것입니다. 그런데, 수퍼의 주인이 유통기한도 점검하지 않고, 진열대의 모양과 배치에만 신경을 쓰고 있는 것입니다.

재고가 쌓이게 되면, 이제는 가격할인행사를 합니다. 가격이 최강의 경쟁무기가 되는 셈입니다. 이제는 좋은 제품을 선별관리하고 대응하는 것이 아니라, 들여온 제품을 할인 판매하여 현상을 유지하는 경영으로 변모합니다. 점포직원들의 대표적인 경영노력은 매장의 진열과 가격표시의 지속적인 변경, 그리고 그러한 활동을 지속적으로 고객 및 지역사회에 홍보하는 것입니다.

이런 상황이 일정 기간 지속되게 되면, 본업과 주변활동에 대한 구분이 불명확해지게 되고, 외부의 명령권자나 또는 압력요인이 작용하지 않을 경우, 본업의 전개는 제대로 실행되지 않고, 사업의 관리수준도 엉망이면서, 주변사업이나 부대사업에 대한 논의가 무성해지게 됩니다.  예를 들면 초특급할인이나 연예인의 동원, 광고매체와 활동의 혁신적 전개, 경품행사와 같은 기획안들입니다.

따라서 본원적 대안이 소홀히 되고, 보완적 조치들이나 연관조치들만이 난무하게 되는 현상을 점검하기 위하여, 기업의 목표와 목적에 대한 엄정한 점검과정이 필요하게 됩니다.  이러한 점검과정에서는 기업본연의 당위성에 대한 확고한 인식과 그 실천에 대한 실질적 점검이 요구됩니다.

## ■ 연관조치의 대응모드를 검토하라

CC 대응전략이나 주력대응 전략대안의 수립작업과 마찬가지로 연관조치를 위한 대응전략의 모색에서도 모드별 대응전략을 점검합니다.

<도표 5.25>에서 보는 바와 같이 핵심적으로 대응해야 할 대안들을 중심으로 연관적으로 수행해야 할 대안들에 대하여 사전에 선행적으로 대응해야 할 대안들과 실시간으로 대응해야 할 대안, 그리고 사후에 대응해야 할 대안들을 정리합니다.

연관조치, 보완조치들은 핵심적 전략대안들의 수행에 있어서 상황을 원만하게 해결해줄 뿐만 아니라, 경우에 따라서는 하나를 얻고 10개를 잃는 현상을 예비할 수 있도록 합니다.

따라서 유능한 경영관리자일수록 상황처리와 대응에 있어서 여유를 가지고 이와 같은 연관조치, 보완조치들을 미리 점검하여 대응함으로써 주력대안들의 성과를 높일 뿐만 아니라, 사후적으로 수습해야 할 부차적인 현상들을 사전에 제거해나갈 수 있도록 합니다.

<도표 5.25> 대응모드별 연관대응 전략대안 차트

| 원인-상황조건<br>대응차트<br>PRD-R | 선행(Proactive) | 실시간(Real time) | 지연(Delayed) |
|---|---|---|---|
| 원인, 상황조건(C) | PC | RC | DC |
| | PC<br>원인-상황 조건<br>대응 | RC<br>원인-상황 조건<br>대응 | DC<br>원인-상황 조건<br>대응 |
| 핵심(M) | PM | RM | DM |
| | PM<br>핵심대응 | RM<br>핵심대응 | DM<br>핵심대응 |
| 연관대응(R) | PR | RR | DR |
| | PR<br>연관대응 | RR<br>연관대응 | DR<br>연관대응 |
| 전반(O) | PO | RO | DO |
| | PO<br>전반대응 | RO<br>전반대응 | DO<br>전반대응 |
| 긴급(U) | PU | RU | DU |
| | PU<br>대응 | RU<br>대응 | DU<br>대응 |

(D. J. Park, 2007)

이상의 작업이 끝나면 전체적 관점에서 주력대응방안을 중심
으로 원인대응과 연관조치를 감안하여 전체적인 전략적 대응방안
을 정비합니다.

| 제6단계 | 전반조치의 수립 |
|---|---|

---

**전반조치의 수립작업을 위한 활용도표**

- 전반조치 차트 〈도표 5.26〉
- 대응모드별 전반조치 전략대안 차트 〈도표 5.27〉

---

**전략적 과제 해결 (IS) 프로세스**

1. 전략적 과제의 확인
2. 기본방향의 확인, 수정, 재설정
3. 해결대안의 수립
    3.1 개괄적인 전략적 대안의 모색
    3.2 원인-상황-조건 대응방안수립
    3.3 주력(핵심) 전략대안수립
    3.4 연관조치/보완조치 수립
    ➡ 3.5 전반대응조치 수립
    3.6 긴급조치 수립
4. 전략행동계획 수립
    4.1 전략대응방안의 점검과 정비
    4.2 행동계획전개방안 점검과 정비
5. 전략대안 종합검토와 정합성 점검

다음 프로세스는 뉴스와트 행동대안 매트릭스에서 검토된 행동대안들 중에 앞에서 검토한 조치들과 긴급하게 조치해야 할 대안들을 제외하고 전반적으로 대응해야 할 조치를 중심으로 대안들을 정비하는 정리 프로세스입니다.

전반조치는 특정한 기능, 제품, 사업이나 또는 특정조직부문에 국한하지 않고 전반적으로 대응하거나 또는 여러 조직의 여러 부문이 전사적으로 대응을 전개해야 하는 필요 조치들을 의미합니다.

전반조치를 따로 구분하는 이유는 전반조치가 필요할 경우에 특정부문만의 조치만으로 전략대응을 전개하게 되면, 그 성과가 미흡할 뿐만 아니라, 오히려 상황을 잘못 이끌어 갈 수도 있기 때문입니다.

## ■ 전반조치의 대응책무는 모든 경영관리자들의 전사적 연대책임

전반조치와 관련하여 경영관리자가 주목해야 할 또 한 가지 중요한 점은 책임의 할당에 관한 것입니다. 전반적으로 수행해야 할 과업을 축소하여 국부적 또는 특정부문, 예를 들면 A조직부문의 과업으로 제한하게 될 경우, 연관부문에서 수행해야 할 전략적 책무가 어떻게 면제되는지에 대하여 우선 주목할 필요가 있습니다.

만약, 여러 부문에서 함께 수행해야 할 주요한 전략과제에 대하여 A조직부문의 전략적 과업으로만 수행하게 된다면, 그 과업의 책무는 모두 A조직부문으로 귀속되며, 참여하지 않는 연관된 조직부분에서는 관련된 전략적 책무는 면제됩니다.

이 경우, 과업의 수행이후에 전체적 전략 성과가 미흡하거나 또는 상황이 오히려 악화된다면, 해당 과업과 관련된 수행 책무는 특정부문, 즉 A조직부문 뿐만 아니라 연관부문의 책임까지 확대할 수 있도록 조치하는 것이 중요합니다.

전략적 과제의 대응 책무는 기피하거나 방임한다고 해서 그 책임이 면제되는 것이 아니기 때문입니다.

이에 대하여 애매한 태도로 넘기기 때문에, 상당수의 조직 내에서는 종종 전사적으로 수행해야할 전략적 대응책무나 여러 부문에서 함께 수행해야 할 전략대응책무가 종종 불명확하게 제시되기도 하고, 심지어는 실종되는 현상까지 자주 등장합니다.

따라서 전략적 과제에 대응하기 위한 대안의 모색단계에서 이에 대하여 명확히 파악하고, 그 대안들을 구체화함으로써, 전사적 또는 여러 부문에서 공동대응을 전개해야 할 책무를 명시하고 그 과업수행을 관리할 수 있게 됩니다.

<도표 5.26> 전반조치 차트 (Overall Measures Chart)

| 과제<br><도표 4.31>에서 | 환경요인<br>ⓞⓔⓣ | 능력요인<br>ⓢⓘⓦ | 주요<br>해결대안 | 전반조치 | 목표 |
|---|---|---|---|---|---|
| 전문인력의 확보 | ⓞ해외시장<br>수요확대<br><br>ⓔ주력시장의<br>성장<br><br>ⓣ경쟁확대 | ⓢ기술력 확보<br><br>ⓘ영업망 확보<br><br>ⓦ전문인력의<br>부족 | 핵심기술인력<br>보강<br>중국진출인력<br>확보<br>하청업체관리<br>전담요원 충원<br>사업기획 및<br>현지관리요원<br>확보 | 기술인력<br>급여/성과급<br>조정<br>기술직<br>관리체계변경<br>직무교육 및<br>기술교육 확대<br>제품기술연구<br>소 조직분리<br>품질/공정관리<br>변경<br>전문인력<br>직무만족도<br>제고<br>전문인력 및<br>정보유출방지<br>를 위한<br>프로그램 추진<br>경영관리자<br>사기진작<br>프로그램<br>사원지주제<br>추진검토 | 4년내 업계<br>최고의<br>기업실현 |
| | | | | | |
| | | | | | |
| | | | | | |

\* ⓞ: 기회 ⓔ: 중립적 환경요인 ⓣ: 위협 ⓢ: 강점 ⓘ: 중립적 능력요인 ⓦ약점

(D. J. Park, 2007)

■ 전반적 조치를 통하여 외부적 효과성과 내부의 혁신을 도모한다

대체로 전반적인 조치가 요망되는 전략적 과제들은 단기간에 수행되는 특정한 국부적 사안들 보다는 보다 광범위하게 조직적 대응을 요구하고 있는 과제들이 많습니다.

이와 같은 과제들은 기업행동의 방향과 내용을 전면적으로 수정할 것을 요구하고 있으며, 이에 대한 대응을 소홀히 할 경우, 고식적이고 단편적인 대응으로 순간의 상황을 일시적으로는 모면

할 수는 있지만, 근본적으로는 지속적인 성장이나 사업의 유지, 발전을 저해하는 바람직하지 못한 상황을 초래하게 되고 그 대응 방식이나 성과 또한 제약되기 마련입니다.

따라서 전반적 조치가 요망되는 과제에 대응하는 대안들을 전사적으로 수행하게 될 경우, 이를 회피하거나 방임하기 보다는 조직의 발전과 성장을 위한 절호의 기회라는 인식을 강화하고 경영관리자들이 중심이 되어 상황의 전개와 내용을 주도면밀하게 파악하여, 전사적으로 집중행동을 전개하고 그 효과성을 제고하고 경쟁성과를 높이도록 지휘합니다. 뿐만 아니라 조직 내부적으로는 전략적 과제를 중심으로 전사적 혁신을 주도할 수 있도록 대안을 구성하여 신속히 대응할 수 있도록 조직을 정비시킵니다.

## ■ 전반조치 대응의 대응모드를 검토하라

전반조치대안들을 대응모드별로 구성해보면, 전사적 조직이 상황의 변화에 따라 선행적으로 수행해야 할 일들과 실시간으로 수행해야 할 일들을 파악할 수 있습니다.

만약 사후적으로 지연된 상황에서 상황대응의 방안들을 구성해야 한다면, 전사적 대응행동들은 부차적으로 사후수습책의 차원에서 대응해야 할 일들이 늘어나고 확대될 수 있습니다.

전사적 혁신활동들을 전개하고자 할 때, 다른 기업이 수행하여 성공했기 때문에, 따라잡기 형태의 대응방안을 전개하게 될 경우, 그 행동들은 실시간 대응이나 지연대응의 형태가 됩니다. 그러나 선두적 입장에서 사전에 대응을 주도하게 된다면, 선행대응을 전개할 수 있습니다.

따라서 경영관리자들은 <도표 5.27>에서 보는 바와 같이 전반조치의 대안들을 모색할 때, CC대응방안이나 연관대응, 핵심대응과 함께 대응모드별로 전개해야 할 대응행동들을 점검하도록 함으로써 대응모드별 성과를 더욱 높일 수 있도록 합니다.

<도표 5.27> 대응모드별 전반대응 전략대안 차트

| 대응모드별 전반대응 전략차트 PRD-O | 선행(Proactive) | 실시간(Real time) | 지연(Delayed) |
|---|---|---|---|
| **원인, 상황조건(C)** | PC | RC | DC |
| | PC 원인-상황 조건 대응 | RC 원인-상황 조건 대응 | DC 원인-상황 조건 대응 |
| **핵심(M)** | PM | RM | DM |
| | PM 핵심대응 | RM 핵심대응 | DM 핵심대응 |
| **연관대응(R)** | PR | RR | DR |
| | PR 연관대응 | RR 연관대응 | DR 연관대응 |
| **전반(O)** | PO | RO | DO |
| | PO 전반대응 | RO 전반대응 | DO 전반대응 |
| **긴급(U)** | PU | RU | DU |
| | PU 대응 | RU 대응 | DU 대응 |

(D. J. Park, 2007)

| 제7단계 | 긴급조치의 수립 |

### 긴급조치의 수립작업을 위한 활용도표

- 긴급조치 차트 〈도표 5.28〉
- 대응모드별 긴급조치 전략대안 차트 〈도표 5.29〉

**전략적 과제 해결 (IS) 프로세스**

- 1. 전략적 과제의 확인
- 2. 기본방향의 확인, 수정, 재설정
- 3. 해결대안의 수립
  - 3.1 개괄적인 전략적 대안의 모색
  - 3.2 원인-상황-조건 대응방안수립
  - 3.3 주력(핵심) 전략대안수립
  - 3.4 연관조치/보완조치 수립
  - 3.5 전반대응조치 수립
  - ➡ 3.6 긴급조치 수립
- 4. 전략행동계획 수립
  - 4.1 전략대응방안의 점검과 정비
  - 4.2 행동계획전개방안 점검과 정비
- 5. 전략대안 종합검토와 정합성 점검

다음 프로세스는 뉴스와트 행동대안 매트릭스에서 검토된 행동대안들 중에 우선적으로 긴급하게 대응해야 할 조치를 중심으로 대안들을 정비하는 정리 프로세스입니다.

긴급조치는 시기적으로 단기간 내에 우선적으로 대응해야 할 조치들을 중심으로 편성합니다. 여기에 편성되는 조치들은 앞에서 검토한 대안들과 관련되어 우선적으로 실시해야 하는 조치들도 있지만, 전혀 새로운 별개의 조치의 대안들이 구성될 수도 있습니다.

### ■ 5가지의 형태의 긴급조치를 고려하라

긴급조치에는 예비적 조치, 선행적 조치, 주력조치, 보완적 조치, 사후조치로 구분할 수 있습니다.

예비적 긴급조치에는 전략적 대응을 수행하기 좋게, 상황을 정

비하거나 저항이나 방해요인들을 제거하고, 상황의 전
개에 따라 유발될 수 있는 조건이나 추가적 상황의
등장에 대비하는 조치들이 전개됩니다.

선행적 긴급조치에는 전략적 대안을 전개하기 위
하여 미리 수행하는 조치나 상황이 전개되기 이전에
상황을 이끌어가기 위하여 긴급하게 대응하는 조치들
이 있습니다.

주력 긴급조치에는 주력으로 실시해야 할 전략적
대안들중에 우선적으로 긴급하게 수행해야 할 조치들
을 들 수 있습니다.

보완적 긴급조치에는 주력 또는 전략적 조치들을 수행함에 있
어서 긴요하게 지원 또는 보완해야 할 조치들이 있습니다.

마지막으로 사후적 긴급조치는 뒤늦게 상황에 대응하거나 또
는 진행상황이 급속하게 전개되어 긴급한 수습을 전개해야 할 경
우 대응하는 긴급조치라고 할 수 있습니다.

**<도표 5.28> 긴급조치 차트 (Urgency Measures Chart)**

| 과제<br><도표 4.31>에서 | 환경요인<br>ⓞⓔⓣ | 능력요인<br>ⓢⓘⓦ | 주요<br>해결대안 | 긴급조치 | 목표 |
|---|---|---|---|---|---|
| 전문인력의 확보 | ⓞ해외시장<br>수요확대<br>ⓔ주력시장의<br>성장<br>ⓣ경쟁확대 | ⓢ기술력 확보<br>ⓘ영업망 확보<br>ⓦ전문인력의<br>부족 | 핵심기술인력<br>보강<br>중국진출인력<br>확보<br>하청업체관리<br>전담요원 충원<br>사업기획 및<br>현지관리요원<br>확보 | [예비]<br>급여베이스<br>확보를 위한<br>신규자금확보<br>[주력]<br>인력스카웃 및<br>채용<br>[선행]<br>인사규정정비<br>[보완]<br>인센티브제도 | 4년내 업계<br>최고의<br>기업실현 |
|  |  |  |  |  |  |

* ⓞ: 기회 ⓔ: 중립적 환경요인 ⓣ: 위협 ⓢ: 강점 ⓘ: 중립적 능력요인 ⓦ약점
* 예비긴급조치(PreU), 선행긴급조치(ProU), 주력긴급조치(MU), 보완긴급조치(SU),
  사후긴급조치(PostU)

(D. J. Park, 2007)

## ■ 긴급과제 체증선호 신드롬을 경계하라

긴급조치는 그 대응을 미루거나 또는 제대로 전개하지 않을 경우, 위험한 상황으로 발전될 가능성이 있기 때문에 경영관리자들은 이에 대한 대응을 신속하고 효과적으로 전개하는 것이 중요합니다.

긴급한 과제에 제대로 대응을 하지 못할 때 경영실패와 조직실패가 유발되며, 대부분의 긴급한 과제들은 사전에 충분히 대비할 수 있는 평범한 문제들이 집적되면서 발전하게 됩니다.

그동안 기업조직현장에서 관찰하면서 깨달은 흥미로운 현상은 아주 돌발적이고 예외적인 경우를 제외하면, 평소에 경영과제들을 능숙하게 해결해오지 못하는 조직들에서 경영관리자들은 자신의 소속된 조직 내에 긴급하게 해결해야 할 과제들이 많다고 느끼고 있으며 또한 그러한 실정의 대부분이 경영자의 책임이라고 하는 현상이 만연되어 있다는 점입니다.

필자는 이러한 현상을 「긴급과제 체증선호 신드롬(Urgency stimulus syndrome)」이라고 부르고 경영관리자가 주의해야 할 업무행태로 경고하고 있습니다.

이러한 현상이 만연되어 있는 조직에서는 긴급하게 대응해야 하는 대부분의 경영과제나 전략적 과제들을 평소에 방임하거나 무시해오다가 사태가 심각해질 때야 비로소 대응하려고 하기 때문에, 경영관리자들이 해결해야 할 긴급 상황이나 긴급과제들이 일상적으로 많게 느껴진다는 것입니다.

따라서 긴급하게 수행해야 할 대안조치들의 양과 내용은 평소에 대응해야 할 과제들의 인식수준과 그 해결의 품질수준에 반비례하여 증대한다고 볼 수 있습니다.

긴급조치의 대안들은 그동안 편성한 전략적 과제에 대응하는 대안들의 성공적 수행을 위하여 추가적으로 전개하기도 하지만,

기업의 주요활동에 대한 유지와 보완, 그리고 새로운 전략적 행동에 대한 성과를 높이기 위하여 실시되기도 하며, 기업을 위험상황에 처하지 않게 하기 위한 조치들이 강구되기도 합니다.

## ■ 긴급조치의 대응역량을 강화하라

긴급과제체증선호 신드롬에 빠진 조직을 편의상 USS 조직이라고 하겠습니다. 공공조직이건 일반 기업조직이건 간에, USS 조직은 당면하고 있는 경영과제의 해결능력을 발휘하고자 할 때, 그 과업의 우선순위를 긴급도에 의하여 편성하려고 하는 경향을 보입니다.

우선 발등의 불을 끄는 일에 치중하다 보니, 당연히 중요한 경영과제나 전략과제보다는 긴급한 과제들이 최중요 현안과제로 등장하게 됩니다. 따라서 주요한 경영성과나 전략성과가 떨어져도, 이에 대하여 크게 주목받지 못합니다.

더욱이 이와 같은 USS 조직에서는, 경영자나 관리자는 물론 실무자들도 기업의 전략적 환경대응과 같은 사고방식이나 새로운 전략적 행동에는 거의 관심을 보이지 않으며, 심지어는 현재 당면하고 있는 주요 과제들에 대하여 전략적으로 대응하려고 하기 보다는 우선 상황을 최대한 원만하게 수습하는 것을 성공적 행동특성으로 간주하려는 경향을 보입니다.

따라서 조직구성원들이 힘을 합쳐 긴급하게 대응을 하지만, 그것이 전략적 대응과 무관하게 대응하기 때문에, 기업전체적인 최종성과가 미흡하게 되고, 대부분의 조직구성원들의 머릿속에서는 우리 조직은 무슨 이유에선지 정확히는 모르지만, 잘 안되는 조직이라는 인식이 팽배하게 됩니다.

이와 같은 USS 조직에서는 결과적으로 긴급대응의 양적인 문제와 질적인 문제에서 악순환을 반복하고 있으므로 경영관리자들이 중심이 되어, 긴급대응의 프로세스를 혁신하지 않으면 심각한 기업실패를 경험하게 됩니다.

따라서 전략적 긴급과제에 대응하는 조치를 제대로 파악하고 대응할 수 있도록 긴급대응의 방식을 혁신하고 그 능력을 강화해야 합니다. 물론 경영관리자의 긴급조치 지휘능력을 대폭적으로 개선하고 조직적 대응능력을 향상시켜야 합니다.

 **■ 긴급조치 대응의 대응모드를 검토하라**

긴급조치대안들을 대응모드별로 구성해보면, 긴급조치에서도 환경상황의 변화에 따라 선행적으로 수행해야 할 일들과 실시간으로 수행해야 할 일, 그리고 사후적으로 수행되는 일들을 파악할 수 있습니다.

만약 중대한 과제들이 대응해야 할 타이밍을 상실하고, 상황이 더욱 지연된 상황에서 사후적 처리를 위한 긴급대안을 구성하여 전개해야 한다면, 경영관리자들은 그러한 대안들에 대하여 아주 세심한 주의를 기울여 대응해야 합니다. 하나의 위기는 또 다른 위기의 씨앗이 되기 때문입니다.

대체로 상황대응에 미숙한 기업일수록 이와 같은 긴급조치대 응방안을 구성하고 전개하는 능력이 떨어지기 마련입니다. 여기에서 가장 중요한 요체는 경영관리자의 상황대응능력과 전략적 지휘능력입니다.

따라서 <도표 5.29>를 이용하여 긴급하게 대응해야 하는 대안들을 대응모드별로 그리고 원인과 상황, 조건에 대응하는 대안과 주력핵심대안, 연관대응, 전반대응의 각 전략적 대안들과 결합적으로 실행해야 할 내용들을 점검해보고 그 대응성과를 관리하는 습관을 들일 필요가 있습니다.

필요하다면, 이 도표를 중심으로 조직구성원들과 함께 긴급대응 훈련을 강화할 필요가 있습니다.

<도표 5.29> 대응모드별 긴급대응 전략대안 차트

| 대응모드별<br>긴급대응<br>전략차트<br>PRD-U | 선행(Proactive) | 실시간(Real time) | 지연(Delayed) |
|---|---|---|---|
| 원인, 상황조건(C) | PC | RC | DC |
| | PC<br>원인-상황 조건<br>대응 | RC<br>원인-상황 조건<br>대응 | DC<br>원인-상황 조건<br>대응 |
| 핵심(M) | PM | RM | DM |
| | PM<br>핵심대응 | RM<br>핵심대응 | DM<br>핵심대응 |
| 연관대응(R) | PR | RR | DR |
| | PR<br>연관대응 | RR<br>연관대응 | DR<br>연관대응 |
| 전반(O) | PO | RO | DO |
| | PO<br>전반대응 | RO<br>전반대응 | DO<br>전반대응 |
| 긴급(U) | PU | RU | DU |
| 긴급대응 | PU<br>대응 | RU<br>대응 | DU<br>대응 |
| 전반 긴급대응 | PUO<br>대응 | RUO<br>대응 | DUO<br>대응 |
| 주력 긴급대응 | PUM<br>대응 | RUM<br>대응 | DUM<br>대응 |
| 원인 긴급대응 | PUC<br>대응 | RUC<br>대응 | DUC<br>대응 |
| 보완 긴급대응 | PUR<br>대응 | RUR<br>대응 | DUR<br>대응 |

(D. J. Park, 2007)

## 제8단계  행동대안의 정비

이제부터는 그동안 파악한 전략적 과제에 대응하는 전략대안들의 내용과 성격을 전반적으로 파악하고 그 의미와 기대수준, 예상성과, 실현가능성, 그리고 추가적으로 검토해야 할 사항이 있는가에 대하여 살펴봅니다.

그동안 도출된 전략적 대안들은 당장 실천에 옮겨야 하는 긴급한 대안들도 있으며, 여러 부문의 전 조직구성원들이 힘을 합쳐 수행해야 하는 대안들도 있습니다.

또한 상당히 많은 투자와 경영자원이 동원되지 못하면 실시할 수 없는 것들도 있으며, 말이나 문자로는 표현되어 있지만, 실제로는 구체적인 대응을 전개하기 어려운 형태의 대안들도 있습니다.

따라서 이와 같은 대안들을 내용과 종류, 특성별로 분별하고 어느 것에 집중하여 대응할 것인가에 대한 판단을 내릴 수 있도록 정리할 필요가 있습니다. 또한 각 대안들에 대하여, 좀더 구체적인 실천행동계획으로 발전시킬 수 있도록 하기 위하여 경영관리자들은 전략적 대안들을 조직화할 필요가 있습니다.

이제부터는 이와 같은 판단에 도움이 되는 실무적 절차를 살펴보도록 하겠습니다.

---

## 전체적인 전략적 대응방안과 행동대안의 정비를 위한 활용도표

### 전체적인 전략대응방안의 점검과 정비
- IS 대안수립차트 <도표 5.30>
- IS 대안수립 실무 차트(1) <도표 5.31>
- IS 대안수립 실무 차트(2) <도표 5.32>
- 대응모드별 IS 대안수립 차트 <도표 5.33>
- SIS (작업용) 매트릭스 기본도표 <도표 5.35>
- IS 대안수립 매트릭스의 대안그룹 판별 <도표 5.36>
- IS 대안수립 매트릭스의 영역별 대응내용 <도표 5.37>
- 전략적 중점과제 해결(IS) 대안수립 관리차트 <도표 5.38>

### 행동계획전개방안의 점검과 정비
- 행동전개도의 작성 <도표 5.39>
- 행동대안의 구분 <도표 5.41>
- 전략 행동(계획)전개도 <도표 5.42>
- 구분 전략행동(계획)전개도 <도표 5.43>

### 전략적 중점과제 대응전략의 정합성 점검 및 대안검증
- 전략적 중점과제 대응전략의 정합성 점검차트 <도표 5.44>
- 대안검증의 주요 체크포인트 <도표 5.45>

---

<도표 5.30>은 이상의 작업들에서 작성한 도표들(CC 대응, 연관조치/보완조치, 주력대응 전략대안)을 제4장의 뒷부분에서 소개한 <도표 4.54~57>에 이르는 형태와 같은 양식에 의하여 대안을 편성하고 결합하여 완성한 도표입니다. 도표의 왼쪽 위에는 전략적 과제(SI) 진단 작업에서 제시된 주요 중점과제를 중심으로 무엇을 해야 할 것인가를 배치함으로써 추진해야 할 전략적 대안들의 전모를 파악할 수 있습니다.

이 도표를 통하여 전체적인 대응전략의 내용을 조감할 수 있습니다. 그러나 작업이 불편하거나 복잡하게 생각될 경우에는 이 도표작성작업을 생략하고 <도표 5.31 또는 5.32> 대안수립 실무 차트를 이용합니다. 이 작업도표는 SI 진단 프로세스에서의 <도표 4.50, 51> (pp. 302~3)에 대응하는 작업도표입니다.

**정밀작업**

<도표 5.30> IS 대안수립차트 (A사의 사례)
DJP Solution Chart

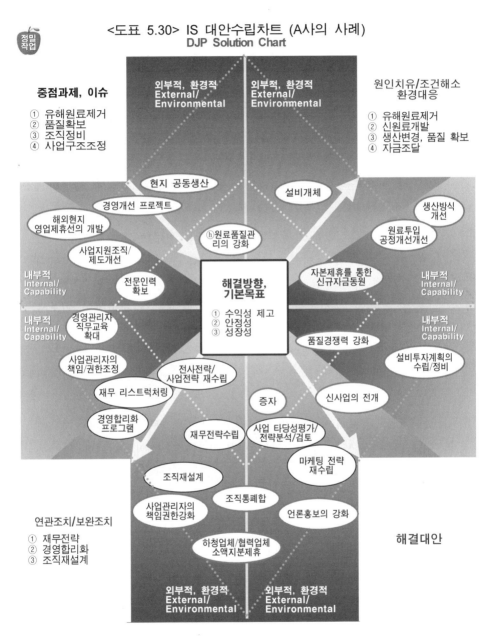

**중점과제, 이슈**

① 유해원료제거
② 품질확보
③ 조직정비
④ 사업구조조정

원인치유/조건해소
환경대응

① 유해원료제거
② 신원료개발
③ 생산변경, 품질 확보
④ 자금조달

외부적, 환경적
External/
Environmental

외부적, 환경적
External/
Environmental

현지 공동생산

설비개체

경영개선 프로젝트

생산방식
개선

해외현지
영업제휴선의 개발

ⓗ원료품질관리의 강화

원료투입
공정개선개선

사업지원조직/
제도개선

자본제휴를 통한
신규자금동원

내부적
Internal/
Capability

전문인력
확보

내부적
Internal/
Capability

해결방향,
기본목표

① 수익성 제고
② 안정성
③ 성장성

내부적
Internal/
Capability

경영관리자
직무교육
확대

품질경쟁력 강화

내부적
Internal/
Capability

사업관리자의
책임/권한조정

설비투자계획의
수립/정비

재무 리스트럭처링

전사전략/
사업전략 재수립

증자

신사업의 전개

경영합리화
프로그램

재무전략수립

사업 타당성평가/
전략분석/검토

마케팅 전략
재수립

조직재설계

조직통폐합

**연관조치/보완조치**

사업관리자의
책임권한강화

언론홍보의 강화

① 재무전략
② 경영합리화
③ 조직재설계

하청업체/협력업체
소액지분제휴

**해결대안**

외부적, 환경적
External/
Environmental

외부적, 환경적
External/
Environmental

\* 전반대응과 긴급조치대안은 생략

(D. J. Park, 2007)

참고로 <도표 5.30>를 살펴보겠습니다. 도표의 중심에 마름모 꼴의 다이아몬드가 크게 두 개로 배치되어 있습니다.

바깥쪽의 큰 다이아몬드의 외곽에는 위협과 약점에 해당하는 대응방안들이 배치되어 있으며 큰 다이아몬드와 작은 다이아몬드의 사이는 기회도 위협도 아니고, 강점도 약점도 아닌 중립적 요인들(ENF, INF)에 해당하는 대응방안들이 배치되어 있습니다.

도표 안쪽의 작은 다이아몬드 속에는 기회와 강점에 해당하는 대응방안들이 배치되어 있습니다.

이와 같은 배치를 통하여 어떤 것을 주력으로 대응할 것인가에 대한 시각적 분별력과 선택적 판단을 높일 수 있습니다. 구체적으로는 이와 같은 구분배치를 통하여, 경영관리자들은 당면하고 있는 전략적 중점과제는 무엇이며, 그에 대한 해결방안의 기본목표나 방향은 무엇이고, 핵심적인 해결대안과 이를 지원하는 연관조치와 보완조치가 무엇이고, 당면하고 있는 전략적 과제에 영향을 미치고 있는 원인대응의 조치가 무엇인지를 파악할 수 있습니다.

특히 추진해야 할 일들이 많고 선택적 판단이 어려울 경우에는 다이아몬드를 중심으로 상황을 바라보고 타개해나가는 방안을 전개할 수 있습니다. 그래서 이 도표를 다이아몬드 차트라고도 할 수 있습니다.

<도표 5.30>은 전사적 관점에서 당면하고 있는 전략적 과제를 원인대응, 연관대응 및 핵심 대응을 중심으로 배치한 것을 예시하고 있으므로 대단히 복잡해보일 수도 있습니다. 그러나 실제로 전사적 관점에서 이 작업을 실시할 때에는 훨씬 더 많은 항목들이 올라올 수도 있습니다.

그러나 특정한 사업이나 팀별 프로젝트를 중심으로 살펴보거

나, 또는 소관부서를 중심으로 전개하게 될 경우에는 좀더 간결한 형태로 작성됩니다.

최초로 이 작업을 수행할 경우에는 과제와 대안들의 성격이나 구분도 불분명할 수 있으며, 따라서 도표에 배치하는 것도 불편하게 느껴질 수 있습니다. 그러나 IS 프로세스의 작업을 반복적으로 전개하다보면, 나름대로의 작업요령을 터득하게 되어 좀더 신속하고 편리하게 전개할 수 있습니다.

**간이작업**

<도표 5.31> IS 대안수립 실무 차트

| 전략적 과제<br>대응방안수립<br>CMROU-IS | 전략적 과제의 현상요인 |
|---|---|
| | [주요당면과제 및 현상] |
| **원인, 상황 조건(C)**<br>원인/상황의 주요내용 | **원인/상황 대응방안**<br><br>CC 대응방안 |
| **핵심(M)**<br>핵심현상의 주요내용 | **핵심 대응방안**<br><br>핵심 대응방안 |
| **연관(R)**<br>연관현상의 주요내용 | **연관 대응방안**<br><br>연관 대응방안 |
| **전반(O)**<br>전반적 대응을 요구하는<br>현상의 주요내용 | **전반 대응방안**<br><br>전반 대응방안 |
| **긴급(U)**<br>긴급상황의 주요내용 | **긴급대응방안**<br><br>긴급대응방안 |

(D. J. Park, 2007)

<도표 5.32> IS 대안수립 실무 차트(요인별)

| 전략적 과제 대응방안수립 ENC-IS | 전략적 과제의 현상요인 | | |
|---|---|---|---|
| | [주요환경 현상] Environmental Factors | [중립적 요인] Neutral Factors | [주요내부 현상] Capability Factors |
| 원인, 상황 조건(C) | EC | NC | CC |
| | EC 중점대응방안 | NC 중점대응방안 | CC 중점대응방안 |
| 핵심(M) | EM | NM | CM |
| | EM 중점대응방안 | NM 중점대응방안 | CM 중점대응방안 |
| 연관(R) | ER | NR | CR |
| | ER 중점대응방안 | NR 중점대응방안 | CR 중점대응방안 |
| 전반(O) | EO | NO | CO |
| | EO 전반대응방안 | NO 전반대응방안 | CO 전반대응방안 |
| 긴급(U) | EU | NU | CU |
| | NU 긴급대응방안 | IU 긴급대응방안 | CU 긴급대응방안 |

(D. J. Park, 2007)

<도표 5.33> 대응모드별 IS 대안수립 차트

| 전략적 과제<br>대응방안수립<br>PRD-IS | 선행(Proactive) | 실시간(Real time) | 지연(Delayed) |
|---|---|---|---|
| 원인, 상황 조건(C) | PC | RC | DC |
|  | PC<br>중점대응방안 | RC<br>중점대응방안 | DC<br>중점대응방안 |
| 핵심(M) | PM | RM | DM |
|  | PM<br>중점대응방안 | RM<br>중점대응방안 | DM<br>중점대응방안 |
| 연관(R) | PR | RR | DR |
|  | PR<br>중점대응방안 | RR<br>중점대응방안 | DR<br>중점대응방안 |
| 전반(O) | PO | RO | DO |
|  | PO<br>전반대응방안 | RO<br>전반대응방안 | DO<br>전반대응방안 |
| 긴급(U) | PU | RU | DU |
|  | PU<br>중점대응방안 | RU<br>중점대응방안 | DU<br>중점대응방안 |

(D. J. Park, 2007)

## \<도표 5.34\> 대응모드별 IS 대안수립 차트(작성 예)

| 전략적 과제 대응방안수립차트<br><br>해결방향,기본목표<br>① 수익성 제고<br>② 안정성<br>③ 성장성 | 선행(Proactive) | 실시간(Real time)<br>① 유해원료제거<br>② 품질확보<br>③ 조직정비<br>④ 사업구조조정 | 지연(Delayed) |
|---|---|---|---|
| **원인, 상황 조건(C)** | PC | RC | DC |
| ① 유해원료제거<br>② 신원료개발<br>③ 생산변경, 품질확보<br>④ 자금조달 | 설비개체 | 품질경쟁력 강화<br><br>증자 | 사업 타당성평가/<br>전략분석/검토 |
| **핵심(M)** | PM | RM | DM |
| ① 원료투입공정개선<br>② 신사업의 전개<br>③ 품질향상<br>④ 해외영업본격전개<br>⑤ 현지생산체제구축 | ⓗ원료품질관리의 강화 | 신사업의 전개<br>해외현지<br>영업제휴선의 개발 | 원료투입<br>공정개선개선 |
| **연관(R)** | PR | RR | DR |
| ① 재무전략<br>② 경영합리화<br>③ 조직재설계 | 현지 공동생산 | 자본제휴를 통한<br>신규자금동원<br>설비투자계획의<br>수립/정비 | 경영합리화<br>프로그램 |
| **전반(O)** | PR | RR | DR |
| ① 전사전략 | 하청업체/협력업체<br>소액지분제휴 | 경영개선 프로젝트 | 전사전략/<br>사업전략 재수립 |
| **긴급(U)** | PU | RU | DU |
| | | 재무 리스트럭처링 | |

(D. J. Park, 2007)

## ■ 필요시 매트릭스 도표를 사용하여 SIS 프로그램을 전개한다

SIS 프로그램을 수행할 때에는 분석양식의 작성이 복잡하다고 판단되면, 뉴스와트 매트릭스 기본양식을 활용한 <도표 5.35> SIS 프로세스 작업용 매트릭스 기본도표를 편하게 활용하여 전개해도 무방합니다.

<도표 5.35> SIS 프로세스 작업용 매트릭스 기본도표

| SIS 프로세스 작성 도표 | | 작업명칭 | | |
|---|---|---|---|---|
| | | 목표와 방향 | 추진원칙 | 당위성/책임내용 |
| 작성일시 | 년 월 일 | | | |
| 도표관리번호 | | | | |
| 대외비 구분 | | | | |
| 관리책임자 | | | | |
| 비고 | | | | |
| 대상기간 : (    )개월 | | 1. 기회          O | 2. 중립적 요인   N | 3. 위협          T |
| 항목구분 | 해당항목에 표시 | | | |
| 과제진단 | 대안수립 | | | |
| 전반진단 | 전반대응 | | | |
| 원인진단 | CC 대응 | | | |
| 연관진단 | 연관대응 | | | |
| 핵심과제 | 핵심대응 | | | |
| 4. 강점          S | | 기회: 강점 | 중립요인: 강점 | 위협: 강점 |
| 5. 중립적 역량    N | | 기회: 중립역량 | 중립요인: 중립역량 | 위협: 중립역량 |
| 6. 약점          W | | 기회: 약점 | 중립요인: 약점 | 위협: 약점 |

(D. J. Park, 2006)

　　<도표 5.35>는 SIS 프로그램의 진단에서부터 대안수립에 이르는 전체 진행과정에서 범용으로 활용할 수 있습니다.

　　이 도표의 상단에는 작업명칭을 기입하고 왼쪽 상단에는 작업구분과 내용을 파악할 수 있도록 작성합니다.　오른 쪽 상단에는 작업의 명칭과 작업을 수행하는 데 유의해야 할 점이나 기본적으로 고려해야 할 원칙, 목표, 그 밖의 필요한 관점을 명시합니다.

<도표 5.36> IS 대안수립 매트릭스의 대안그룹 판별

| IS 대안수립 매트릭스 | 작업명칭 | | |
|---|---|---|---|
| | 목표와 방향 | 추진원칙 | 당위성/책임내용 |
| 도표관리번호 | | | |
| 대상기간　년 월( )개월 | | | |
| 작성일시　년 월 일 | 1. 기회　　　　O | 2. 중립적 요인　　N | 3. 위협　　　　T |
| 대외비 구분 | | | |
| 관리책임자 | | | |
| 비고 | | | |
| 4. 강점　　　　S | 기회: 강점　　SO | 중립요인: 강점　SN | 위협: 강점　　ST |
| | A | B1 | C1 |
| 5. 중립적 역량　N | 기회: 중립역량　NO | 중립요인: 중립역량 NN | 위협: 중립역량　NT |
| | B2 | D | E1 |
| 6. 약점　　　　W | 기회: 약점　　WO | 중립요인: 약점　WN | 위협: 약점　　WT |
| | C2 | E2 | F |

(D. J. Park, 2006)

  그 밖의 작업관리에 필요한 항목들을 구분하여 기입함으로써, 단계별 후속작업 및 추후 수정작업에 활용하도록 합니다.

  이와 같은 기본도표를 이용할 경우, 각 단계별작업이 완료되면, 최종적으로 정리하고 취합할 필요가 있습니다. 이 경우, 앞에서 살펴본 다이아몬드 차트와 같은 형태의 판별을 하고자 할 때에는 <도표 5.36>을 활용합니다.

  IS 대안수립 매트릭스에서 각 항목에 속하는 행동들에 대한 구분을 보면 다음 <도표 5.37>과 같이 살펴볼 수 있습니다.

<도표 5.37> IS 대안수립 매트릭스의 영역별 대응내용

| 구분 | A 영역 | B 영역 | C 영역 | D 영역 | E 영역 | F 영역 |
|------|--------|--------|--------|--------|--------|--------|
| 구성 | S X O | S X ENF*<br>O X INF* | S X T<br>O X W | ENF X INF | T X INF<br>W X ENF | W X T<br>영역 |
| 대응내용 | 강점을 살려서 기회를 최대한 활용한다 | 강점을 살려서 중립적 기회를 최대활용<br><br>보유능력을 최대한 활용하여 기회에 대응한다 | 강점으로 위기에 대응한다<br><br>기회에 대응하기 위하여 약점을 보완한다 | 주요 환경추세에 대응하기 위하여 우리의 능력을 최대한 활용한다 | 우리의 능력을 활용하여 위협을 극복한다.<br><br>우리의 약점을 극복하여 주요 환경추세에 대응한다 | 우리의 약점을 극복하여 위기에 대응한다. |

\* ENF: Environmental Neutral Factors, INF: Internal Neutral Factors

(D. J. Park, 2006)

  이상과 같은 작업을 마치면, 각 대안들을 검토하여, 본원적 대응행동에 대한 점검과 CC전략의 내용, 연관조치, 전반대응 및 긴급조치의 내용을 전체적인 구도 하에서 필요한 자리를 재배치합니다. 소위 교통정리작업을 하는 것입니다.

<도표 5.38> 전략적 중점과제 해결(IS) 대안수립 관리차트

| 대상 | 전사 / 사업본부 / 팀 | 보고대상 | | 기밀분류 | ( ) 등급 |
| --- | --- | --- | --- | --- | --- |
| 제목 | | | | 과제분류 | |
| 기간 | 년 월 | 작성자 | 작성일 / / | 폐기일 | 년 월 일 |

전략대안

- •
- •
- •
- •
- •

전반적으로  추진해야 하는 대안

- •
- •
- •
- •

긴급 대안

- •
- •
- •
- •
- •
- •

원인대응 대안

- •
- •
- •
- •
- •
- •

주력(핵심) 대안

- •
- •
- •
- •
- •
- •

연관/파생조치 대안

- •
- •
- •
- •
- •
- •

(D. J. Park, 2007)

대안조치들이 모두 나열되면, 행동대안들에 대한 주요 골격을
구체화하여 <도표 5.39>와 같이 행동전개도를 작성합니다. 도표
에서 예시된 바와 같이 행동전개도에서는 행동대안의 구체적인
전개를 위하여, 목표 또는 목적이 반영된 표현으로 도식화합니다.

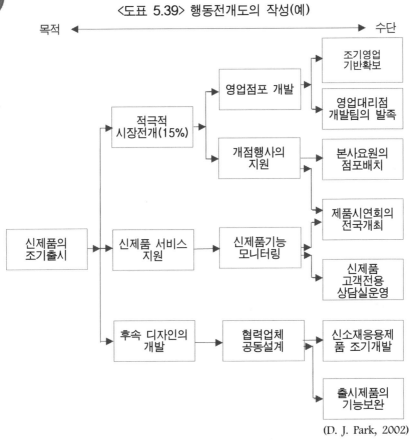

<도표 5.39> 행동전개도의 작성(예)

(D. J. Park, 2002)

행동전개도는 각 행동대안들이 해당목표를 중심으로 어떠한
내용으로 구성되고 어떠한 방향에서 행동을 전개해야 하는가를
<도표 5.39> 에서 보는 바와 같이 시각적으로 알 수 있도록 합

니다.  여기에서 예시한 행동전개도는 신제품의 조기출시라는 전
략적 대응을 위한 행동대안들의 전개를 나타내고 있습니다.  이
전개도에서는 영업활동을 중심으로 하는 행동대안들과 후속모델
의 조기 출시를 위한 대안들이 고려되고 있습니다.

전략적 행동전개를 위하여 각 대안들이 정리되면, 앞의 <도표
5.39>의 행동전개도를 발전시켜 <도표 5.42, 5.43>과 같이 최종
전략행동전개도(FSAP: Final Strategic Action Map)를 만듭니다.

최종 행동전개도는 CC전략, 본원적 전략, 보완적 전략, 전반전
전략, 긴급대응전략을 별도의 페이지로 구분하여 만들고 커다란
종이에 이들을 합쳐놓은 그림을 그립니다.  이때, 작업의 편의를
위하여 포스트잇을 사용하면 좀더 신속한 작업을 진행할 수 있습
니다.

전략적 행동대안을 살펴보면, 이미 특정 사업이 전개되기 시작
하여 초기 영업정상화를 위한 대안(operational action)과 향후
미래의 신제품 판매에 관한 대안, 즉 전략적 대안(strategic action)
으로 구분할 수 있습니다.  이러할 경우, 두 가지 종류의 대안들
은 그 성질상 별도로 나누어 관리하도록 할 필요가 있습니다.

그것은 전략적 행동대안을 구분할 때, 전략적 행동(strategic
activities)과 일상적 운영업무 행동(operational activities)[41]을 각
각 구분하여 각기 별도의 조치를 취하도록 함으로써 행동성과를
제고할 필요가 있기 때문입니다.

## ■ 전략행동과 운영업무행동

우선 전략적 행동과 운영업무행동이라고 하는 것에 대한 정의
를 살펴보아야 할 필요가 있습니다.  운영업무 행동은 기업의 환

---

[41] Operating activity, operational activity는 운영활동, 또는 일상적 업무활동이
라고 표현할 수 있습니다만, 여기에서는 전략적 활동과 대비하여 운영업무라
고 표현하였습니다.

경대응행동 중에 현재 사업의 일상적 운영에 관련된 행동입니다. 즉, 각 사업부문이나 현업부문에서 현재 사업과 관련하여 수행하고 있는 일들을 운영업무활동이라고 정의됩니다.  그러나 새로운 사업의 전개나, 새로운 시장의 개척과 같이 기업행동의 방향과 내용이 변화하는 것을 전략적 행동이라고 합니다.

<도표 5.40> 전략행동과 일상적 운영행동

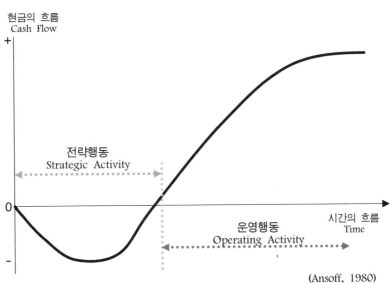

(Ansoff, 1980)

예를 들어 새로운 사업분야를 검토한다고 가정해보겠습니다. 그렇다면 새로운 사업분야에 대한 검토는 전략적 검토라고 할 수 있습니다.  사업검토가 끝나고 계획을 완료하여 사업에 착수합니다.  이 사업은 전략적 사업이라고 할 수 있습니다.

사업에 착수하여, 사업기반이 다져지고 궤도에 올라가게 되는 과정까지는 전략적 통제가 계속됩니다.  그동안은 전략사업팀, 또는 임시 사업프로젝트팀이 사업을 지휘하고, 사업의 진행이 궤도에 올라가기 시작하면, 이제는 조직을 정규적으로 편성하고 배치하며, 필요한 부서와 자원을 배치하여 사업기능을 수행시킵니다. 또한 그 사업을 최적의 조건으로 수행할 수 있는 시스템과 운영방식, 책임할당을 결정합니다.  이렇게 되면, 이제부터는 사업의 운영이 전략적 통제에서 운영업무 통제로 넘어갑니다.

초기의 사업개시단계의 노력들은 매뉴얼화되고, 방침과 부문목표가 확정되며, 부서별, 기능별 업무통제와 관리가 이어집니다. 이러한 일들을 일상적 운영업무(operating activities)라고 합니다. 따라서 당초에는 현행의 운영업무들이 정착되기 전에, 먼저 전략적 활동에 의하여 사업전개가 시작되었다고 할 수 있습니다.  즉, 일상 운영활동의 모태가 전략적 활동이라고 할 수 있는 것입니다.

이러한 운영업무가 전개되는 과정에서, 환경의 변화에 따라서 기존의 사업도 서서히 변화하게 되고, 이에 따라서 새로운 시장의 확대나 사업의 확대, 또는 사업구조의 변혁과 같은 시도가 필요하다고 인식하는 것은 전략적 인식입니다.  따라서 새로운 전략적 시도를 기획하게 되는데, 현실적으로는 그것이 생각처럼 쉽게 전개되지가 않는다는 점이 문제인 것입니다.

즉, 운영업무의 활동기준이나 특징적 성격은 새로운 것을 요구하기 보다는 설정된 매뉴얼, 즉 규정에 의하여 업무를 수행하게 하고, 기준에서 일탈하는 것을 거부하며, 모험을 감내하며 새로운 과감한 시도를 하면서 업무의 형태를 바꾸기보다는 현재의 진행성 속에서 최선을 다해줄 것을 요구하는 속성이 있기 때문입니다.

따라서 운영업무의 수행조직과 전략적 업무수행조직 간에는 근본적으로 조직의 특성이 다르고[42] 그 활동의 관심과 목적이 다

---

[42] 앤소프, 전략경영실천원리, 제3.1장 전략경영의 개념, 소프트전략경영연구원

릅니다.

이러한 운영업무 속성은 전략적 속성과 그 성질을 달리하기 때문에, 때로는 운영업무를 수행하는 부서에서 전략을 수립하게 될 경우, 일상적 운영업무의 연장선상하에서의 전략, 즉 현상연장적 전략43)이 많이 나오게 되는 것입니다.

전략 모색시에 고려해야 할 점으로는 이러한 점 이외에도, 그 실천적 측면에 대한 고려를 할 필요가 있습니다.

### ■ 외면당하는 전략적 행동의 실천

전략을 잘 모색하게 된다하더라도 전략계획, 전략경영에 있어서의 그레샴 법칙의 신드롬이라고도 소개되고 있는 주목해야 할 주요현상이 있습니다. 그것은 전략적 행동이 운영업무 행동에 의하여 구축(驅逐)된다는 점입니다.44)

그 이유는 운영업무 성과를 제고하기 위하여 최대의 관심이 집중되어 있는 상황에서는 현재의 수익을 올리는데 관심과 책임이 집중하게 되고, 상대적으로 미래의 수익실현을 위한 모험적 도전이나 시도가 경시되기 때문입니다.

---

43) 현상연장적 전략이란 과거의 연장선상에 오늘이 있고, 오늘의 연장선상에 미래가 있다는 관점에서 과거의 실적을 기준으로 장래의 전략을 편성하는 것을 말합니다. 그러나 환경의 난기류가 심해지고, 비연속적인 시장의 진화가 진행될 경우, 과거의 현상은 더 이상 미래로 연장되지 않고, 비연속적인 새로운 환경의 도래로, 새로운 기준과 형식에 의하여 전략을 수립해야 됩니다. 이러한 경우, 과거의 실적을 무시하고, 현재의 현상이 미래에는 거부되며 완전히 새로운 형태의 전략이 필요하다는 관점에서 현상을 전면부인하고 미래의 이질적이고 새로운 환경예측을 토대로 과거 형태의 전략과는 전혀 다른 차원의 전략을 모색하는 것을 현상부정형 전략이라고 합니다. 이에 관한 이해는 다음 자료를 참조하세요.
앤소프, 전략경영실천원리, 제4.2.5장 현상연장형 경영관리,
나까무라겐이치, 도표 50으로 배우는 전략경영, 실천전략경영진단매뉴얼, 이상 소프트전략경영연구원 간.

44) 앤소프, 최신전략경영, 전략경영실천원리, 제6.2장 시스템적 저항 참조

### <도표 5.41> 행동대안의 구분

| 행동대안 | 전략적 대안 | | | | | | | | 현업 대안 | | | | 우선순위 | 비고 | 완료시점 | |
| | 성장전략 | | | 경쟁전략 | 수단전략 | 기술개발 | 경영혁신 | ... | 부문 | | | | | | 계획 | 행동 |
| | 신사업확대 | 신시장진출 | 신제품개발 | | | | | | 전사 | 연관부문 | 소관부문 | 특정부문 | | | | |
| **■ 전략적 대안** | | | | | | | | | | | | | | | | |
| **1. 매출의 확대** | | | | | | | | | | | | | | | | |
| 유해원료 대응 | ● | | | ● | | ● | ● | | ● | ● | | | | | 8 | |
| 대정부 정책대응 | ● | | | ● | | | | | | | | | | | 3 | |
| 중국 등 해외영업 | | ● | | ● | | | | | | | | | | | 6 | |
| 해외 영업제휴 | | ● | | | ● | | | | | ● | ● | | | | 12 | |
| 해외 홍보 | | ● | | | | | | | | | | | | | 6 | |
| OEM생산 | ● | | | | | ● | | | | | | | | | 12 | |
| **2. 사업구조조정** | | | | | | | | | | | | | | | | |
| 제품/사업 구조조정 | ● | | | | | | | | | ● | ● | | | | 12 | |
| 부진사업 철수 | ● | | | | | | | | ● | | | | | | 8 | |
| **2. 자본 확충** | | | | | | | | | | | | | | | | |
| 증자 | | | | | | | ● | | ● | | | | | | 6 | |
| 자본/설비 제휴 | | | | | ● | | | | ● | | ● | | | | 12 | |
| 우리사주 | | | | | | | ● | | ● | | | | | | 6 | |
| **3. 생산 확대** | | | | | | | | | | | | | | | | |
| 생산제휴 | | | | | ● | | | | | ● | ● | | | | 12 | |
| 협력사 제휴 | | | | | ● | | | | ● | | ● | | | | 6 | |
| 품질우량기업 발굴 | | | | ● | | | | | | ● | | ● | | | 12 | |
| **4. 시스템개선** | | | | | | | | | | | | | | | | |
| (설비)투자/사업계획정비 | | | | ● | | | | | | ● | | | | | 4 | |
| **5. 조직정비** | | | | | | | | | | | | | | | | |
| 조직통폐합 | | | | | | | | | | ● | ● | | | | 6 | |
| 신규조직 신설 | | | | | | | | | ● | ● | | | | | 3 | |
| **6.** | | | | | | | | | | | | | | | | |
| **■ 운영업무 대안** | | | | | | | | | | | | | | | | |
| 1. 품질관리 강화 | | | | ● | | | | | | ● | ● | | | | | |
| 2. 경영관리제도 개선 | | | | | | | | | ● | ● | | | | | | |
| 3. 직무교육확대 | | | | | | | | | ● | ● | ● | | | | | |
| 4. 작업공정개선 | | | | | | | | | | | ● | ● | | | | |
| 5. | | | | | | | | | | | | | | | | |

(D. J. Park, 2007)

더욱이 미래의 수익을 확보하기 위한 전략적 대안을 전개하게 될 경우에도, 운영업무 수행조직에서는 전략자원의 확보가 어렵거나 그 실천에 대한 리스크를 감내하기도 쉽지 않습니다. 뿐만 아니라 전략적 과업에 대하여 관심을 기울일 경우에도, 경영관리자가 운영업무추진에 기울이는 관심이 상대적으로 줄어들게 되는 일은 현실적으로 허용되지 않기 때문입니다.

따라서 중점과제들에 대한 대안들을 전략적 행동과 운영행동으로 구분하여 그 실천을 별도로 관리하지 않고, 이를 혼합하여 대안추진을 전개할 것을 기획한다면, 그것은 현실적으로 전략적 행동들을 방치하는 것과 마찬가지의 일이 되는 것입니다. 그러므로 이에 대하여 별도로 구분하여 「전략적 행동 전개도」와 「운영행동 전개도」로 재분류하여 정리할 필요가 있습니다.

<도표 5.41>의 행동대안 구분 도표는 이와 같은 전략적 중점과제들에 대한 대안들을 구분하여 전체적으로 살펴볼 수 있도록 합니다. 이 작업에서 유의할 점은, 도표의 오른 쪽의 우선순위항목의 작성입니다.

### ■ 행동대안의 우선순위의 작성시의 유의사항

<도표 5.41>에서의 우선순위의 결정에 대하여, 참조하는 기준에는 3가지의 기준이 있습니다.

첫 번째의 기준은 가장 편리하게 활용하는 기준으로 SI 프로세스의 제5단계 작업, 즉 전략적 과제정의 작업에서 도출한 <도표 4.63> (p. 326) 중점과제들에 대한 우선순위선정 도표의 작업결과입니다. 여기에서 파악된 중점과제들에 대응하는 행동대안들에 대한 판별을 통하여 행동우선순위의 기준을 정하도록 합니다.

두 번째의 기준은 각 행동대안들의 전략대안의 성과가 높은 것을 중심으로 선정하는 것입니다.

세 번째의 기준은 자원투입성과기준으로, IS 프로세스의 제2단계 뉴스와트 행동대안 작성 작업에서 언급한 바와 같이, 전략대안들의 성과를 높이기 위하여 연관조치나 보완조치, 전반조치, 긴급조치를 지나치게 많이 편성하여 과잉대응행동을 전개하지 않도록

하고, 귀중한 경영자원, 기업자원, 사업자원, 전략자원을 낭비하게
되는 일을 억제하기 위하여 설정됩니다.

이러한 기준은 다음에 설명하는 전략행동전개도를 통하여, 그
전략대안들의 연관성과 상호보완성을 점검하고, 반드시 필요한 것
인가를 점검하고 그 필요정도를 판별함으로써 우선순위를 선정합
니다. 따라서 세 번째의 기준은 <도표 5.41>의 우선순위 항목의
옆 칸의 비고에 기입합니다.

### ■ 전략 행동전개도의 작성

이제 IS 대안수립작업의 마지막 단계로 접어들고 있습니다.
그동안 준비된 IS 대안수립의 각 단계를 종합하여 행동전개도
(SAP)를 작성합니다.[45]    행동전개도는 두 가지의 형태가 있습니
다.

<도표 5.42>에서 보는 바와 같이 첫 번째 형태의 「전략 행동
전개도」는 추진해야할 사업이나 전략적 대안들을 중심으로 부문
별, 종류별, 특성별, 기능별로 구분하여 그 실천행동방안을 구체
화한 행동전개도입니다.

두 번째 형태의 행동전개도인 「구분 전략행동전개도(CSAP)」는
<도표 5.43>과 같습니다.

전략행동전개도에서는 본원적 전략과 CC전략, 보완적 전략,
전반적 대응전략 및 긴급대응전략을 각각 구분하여 이를 통합합
니다. 이와 같은 전략행동전개도는 핵심적(본원적, 주력대응) 전
략과 조건대응, 보완적 전략, 전반적 전략, 긴급대응 전략을 구분
함으로써 주력과 핵심 전략에 대한 주안점을 높이고, 전략적 대
응의 초점을 명확히 함으로써 그 전략의 추진관리에 유용한 관점
을 제공하게 됩니다.

---

[45] SAP: Strategic Action Program

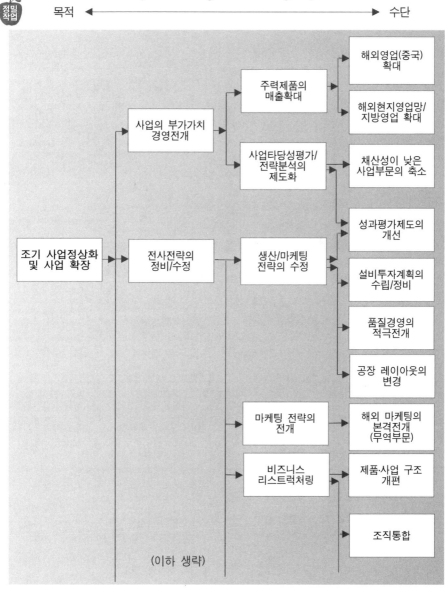

<도표 5.42> 전략 행동(계획)전개도
(SAP: Strategic Action Program)

(D. J. Park, 2007)

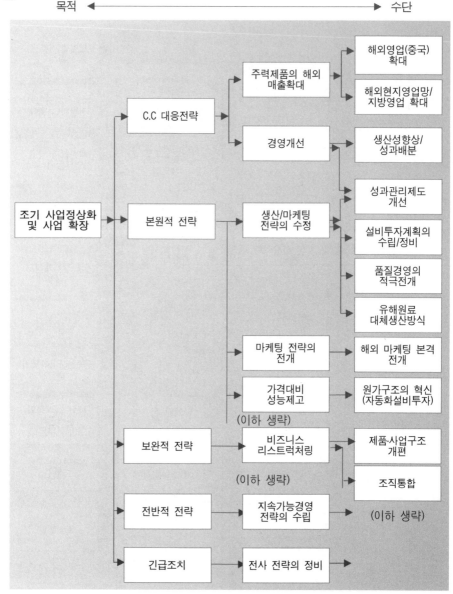

**〈도표 5.43〉 A사의 구분 전략행동(계획)전개도**
(CSAP: Classified Strategic Action Program)

목적 ◄─────────────────────────────────► 수단

(D. J. Park, 2004)

따라서 경영관리자는 전략행동전개도를 이와 같이 2가지 형태로 검토를 강화하여 최종 전략행동전개도를 완성함으로써 전략적 대응성과를 높이도록 합니다.

**제9단계  정합성의 점검**

**적 과제 해결 (IS) 프로세스**

1. 전략적 과제의 확인

2. 기본방향의 확인, 수정, 재설정

3. 해결대안의 수립

  3.1 개괄적인 전략적 대안의 모색

  3.2 원인-상황-조건 대응방안수립

  3.3 주력(핵심) 전략대안수립

  3.4 연관조치/보완조치 수립

  3.5 전반대응조치 수립

  3.6 긴급조치 수립

4. 전략행동계획 수립

  4.1 전략대응방안의 점검과 정비

  4.2 행동계획전개방안 점검과 정비

5. 전략대안 종합검토와 정합성 점검

이상과 같은 작업이 끝나면 이제부터는 수학의 검산을 하듯이, 그동안의 SI 프로세스와 IS 대안수립 프로세스를 통하여 모색한 전략대안들이 과연 당초의 문제현상에 충분히 대응할 수 있는 것인가에 대한 점검을 합니다.

좀더 정밀한 작업을 수행하고자 할 때에는 전략적 대안들의 실행가능성과 효과성을 점검하도록 합니다. 예를 들면, 기업의 내부적 조치와 외부의 환경대응이나 고객 및 제품시장, 관계사 등의 외부조치의 편성이 적절한지에 대한 점검을 실시합니다.

또한 전략의 내용과 우리의 추진역량간의 균형은 어떠한가를 살펴봅니다.

<도표 5.44> 전략적 중점과제 대응전략의 정합성 점검차트

| 원인/상황 | 전략적 중점과제 |
|---|---|
| ● ● ● ● ● ● | ● ● ● ● ● <br><br> (전반적 과제) |

| 핵심 |
|---|
| ● ● ● ● ● ● |

| 연관/파생 | 긴급대응과제 |
|---|---|
| ● ● ● ● ● ● | ● ● ● ● ● ● ● |

전략대안

- 
- 
- 
- 
- 

(전반적 대응)

원인대응 대안

- 
- 
- 
- 
- 
- 

주력(핵심) 대안

- 
- 
- 
- 
- 
- 

긴급 대안

- 
- 
- 
- 
- 
- 

연관/파생조치 대안

- 
- 
- 
- 
- 
- 

(D. J. Park, 2007)

## 3. SIS의 정합성을 점검한다

일단 IS 대안수립 프로세스에서 대안이 수립되면, 설정된 대안들이 당초 문제시 되었던 현상의 해결을 완수할 수 있을 것인가를 점검합니다.  이와 같은 점검이 필요한 이유는 문제현상을 극복하기 위하여 대안을 만들어내는 과정에서는 본래의 본질적인 목적을 잊거나 또는 대안의 모색과정 중에 기본목적이 변질되는 현상을 관리하기 위한 것입니다.

<도표 5.44>는 이와 같은 점검을 위하여 과제의 분석과 대안의 모색을 최종적으로 비교검토하고 점검할 수 있도록 하기 위하여 사용하는 <도표 4.53>+<도표 5.38>의 결합 도표입니다.  이 도표의 점검을 통하여 최종적으로 보완해야 할 전략내용이나 대안들을 정비하고, 전략행동계획을 조직화합니다.

전략 워크샵에서 종종 목격되는 현상입니다만, 처음부터 문제의 본질을 제대로 파악하지 못하는 경우가 종종 발생합니다.  뿐만 아니라, 당면하고 있는 상황과 과제들을 제대로 파악한 이후에도 그 대안을 수립하는 과정에서 추진하기 쉬운 대안을 중심으로 편성한다거나, 또는 추진하기 어렵거나 거추장스러운 내용들을 기피함으로써 문제의 성격이나 내용을 축소, 변경하는 경향을 종종 목격할 수도 있습니다.

따라서 해결대안의 수립목적은 거창한데, 대안의 내용을 보면 부실하기 짝이 없는 경우가 종종 나타나는 것입니다.  악의는 아니겠지만, 경영관리자들을 더욱 혼란스럽게 하는 것은 부실한 대안의 내용을 표현하는 방식이 아주 두루뭉술하다는 점입니다.  예를 들면, 홍보강화, 교육 강화, 리더십 확충과 같은 식의 표현으로 이루어진 대안들이 넘쳐납니다.

예를 들면 홍보강화, 교육 강화, 리더십 확충, 관리 강화와 같은 표현은 지향하고 있는 바는 알 수 있는 듯하지만 실천대안으로는 거의 내용이 없는 것과 다를 바 없는 표현입니다.

홍보강화가 의미하는 바가 무엇입니까? 언뜻 들어보면, 홍보의 횟수를 늘린다는 것인지, 매체를 다양하게 하여 홍보를 한다는 것인지, 아니면 방법을 바꾼다는 것인지, 대상을 바꾼다는 것인지, 아니면 홍보예산만 올린다는 것인지 전혀 종잡을 수가 없습니다.

교육강화는 또 어떻습니까? 교육내용을 더욱 심도 깊게 한다는 것인지, 교육대상을 넓히겠다는 것인지, 횟수를 늘리겠다는 것인지에 대한 내용적 의미가 거의 들어있지 않습니다. 그런데도 상당히 많은 기업에서 이런 표현의 대안들이 모아서 전략대안이라고 표현하는 곳이 많이 있습니다. 이는 마치 빈 박스의 포장지에 '전략적'이라는 말만 붙이면 박스의 내용물과 박스 자체가 모두 전략적인 것으로 변하는 것과 같은 언어적 유희의 마법에 걸린 행동처럼 보입니다.

그래서 정합성 점검이 반드시 필요하게 되는 것입니다.

### ■ 평가팀을 구성한다

SI 프로세스에서 설정된 과제들이 IS 대안수립 프로세스에서 충분히 검토되고 대응되었는지에 대하여 경영층과 SI 프로세스 수행팀, 또는 경영층을 평가팀으로 선정하여 상황대응가능성과 성과예상에 관한 평가회의를 실시합니다.

그리고 경영관리자를 중심으로 부록에서 제시하고 있는 전략감사 체크리스트를 세세히 음미하여 우리 조직의 전략대응에 관한 SIS 프로세스와 내용을 점검하고 개선합니다. 이 경우, IS 대안수립 프로세스 수행팀의 문제해결능력이나 또는 환경대응능력에 대한 지나친 비판을 삼가도록 특별히 주의하도록 합니다.

또한 평가팀에서 제시되는 질문이나 반대의견, 또는 이런 대안들이 결여되어 있다는 지적이 나오게 될 경우, IS 대안수립 프로세스 팀에서는 이러한 의견을 겸허히 받아들여, 새로운 대안을 모색하도록 합니다.  전략적 수립이나 대안의 모색, 검토라는 것은 원래가 다양한 반대의견을 수렴하는 과정이라고 해도 과언이 아닐 것입니다.

여러 가지의 반론을 많이 받아서 이에 대한 의견을 반영할수록, 실제로는 실행단계에서 대응할 수 있는 논리와 여지를 많이 확보할 수 있게 됩니다.  또한 반대논리에 대한 대응과정에서 그동안 무시되고 간과된 점들이 새로이 발견되기도 하고, 보완해야 할 중요한 요소들을 사전에 충분히 점검할 수 있게 됩니다.  이것이 전략을 점검하고 완성하는 데 필요한 절차입니다.

따라서 전략을 수립하는 과정에서 전혀 반론이나 논쟁이 나오지 않게 되는 경우를 가장 경계해야 할 현상이라고 할 것입니다.

이와 같은 경우에는 사전에 다양한 논리검증을 거칠 수 있는 기회를 상실함으로써, 전략논리의 약점과 맹점을 보완할 수 없게 되고, 더욱 치명적인 것은 현재의 전략대안을 완벽한 기획으로 간주함으로써, 기획안의 수정이나 보완의 여지를 제한하게 된다는 점입니다.

또한 유의해야 할 점으로, 현실적으로는 경영관리자들이 전략적 행동을 하지 않을 경우 최고경영층에서 전략논리를 구사하게 됩니다.  이러한 경우, 조직구성원들은 이를 실천하는 역할을 수행하게 되는데, 이 경우 거의 전략검토에서 반론이 없이 해바라기 신드롬46)과 같은 현상이 작용하면서 내려온 전략이 일사천리로 수행되는 현상을 종종 목격하게 됩니다.

이러한 상황이 전개되면, 비록 전략적 방향이나 구도가 제대로 설정되었을 경우에도, 그 실행상의 문제점이나 반대논리에 대한 검증을 거치게 되지 못하여, 실제로 문제가 발생할 때에도 대응이 잘못 되거나, 또는 심각한 실행위기에 처하게 될 수도 있습니다.

---

46) 이민광, 박동준 공저, 「기업병」, 소프트전략경영연구원, 1994

<도표 5.45> 대안검증의 주요 체크포인트

---

(1) 대안의 추진을 위한 조건이나 가정은 무엇인가?

(2) 해당 가정이나 상황의 조건이 변화될 경우에는 어떤 결과가 예상되는가?

(3) 이에 대한 대안은 어떻게 준비되어 있는가?

(4) 대안이 준비되지 못하였다면, 언제, 누가 어떤 방식으로, 예비자원의 범위나 그 동원가능성은 어떻게 확보하고, 어떤 식으로 의사결정할 것인가? 이에 대한 성과의 평가기준은 무엇인가?

(5) 원인치유, 조건해소나 외부환경에 원인이 있을 경우, 이의 해결을 위한 대안은 누가 추진하는가?

(6) 대안이 당면현상이나 과제를 해소할 수 있는 범위는 어디까지이고, 그 실효성은 어느 정도인가?

(7) 관련법과 제도, 또는 연관산업에서 유발되는 문제를 해소하는 일이 주어진 기간이내에 실천 가능한가?

(8) 각 대안을 모두 추진하게 될 경우, 그 우선순위는 어떻게 편성되었는가? 그 순서가 바꾸어야 한다면, 어떤 결과가 나타날 것인가?

(9) 각 대안을 모두 추진하게 될 경우, 드는 비용과 인력, 시간은 어떠한가? 그러한 자원투입을 통하여 거두는 효과, 성과는 과연 타당한 것인가?

(10) 각 대안들중에 반드시 추진해야 할 것과 포기해야 할 것을 구분할 수 있는가? 그렇다면, 최소한의 대안을 추진할 경우, 그것이 당초의 문제점을 어느 정도로 해결할 수 있겠는가?

(11) 각 대안들은 얼마나 구체적으로 명시되었는가? 해결대안에서 막연한 내용의 대안으로 설정된 것은 없는가?

(12) 해결대안은 해당 부서 또는 연관부서에서 실행이 가능한 것인가? 그 실행여력에 대하여 고려되었는가?

(13) 우리 내부에서 해결될 수 없을 경우, 누구에게 해결의 추진을 맡겨야 하는가? 또한 그 비용, 기간 및 실효성은 어느 정도인가?

(14) 각 해결대안의 실행에 따라 파생적으로 유발되는 현상이나 추가로 대응해야 할 이슈들에 대하여 점검되었는가? 만일 그러한 현상이나 이슈가 있다면, 언제, 누가, 어떻게 대응할 것인가?

(15) 각 대안들은 우리 기업의 주요 이해관계인 그룹에 대하여, 우호적 성과를 제고하는가?

---

(D. J. Park, 2002)

## ■ 검토회의와 반박논리는 사전모의훈련의 기회

전략에 대한 검토 논의와 전략논리에 대한 철저한 반론, 그리고 그러한 반대논리를 극복하기 위한 의견수렴과 대안의 정비는 전략의 실전을 위한 사전점검과 예비훈련이라는 인식으로 검토회의를 전개할 필요가 있습니다.

검토회의에서 문제점으로 지적된 내용들은 즉시 수렴하여 가급적 빠른 시간 내에 수정대안을 모색하는 조치를 하고, 긴급성이 높은 행동대안들 중에 별도의 보완이나 수정이 필요 없는 조치는 일단, 조기대응실천 착수팀에게 실행검토 및 착수준비작업을 실시하도록 합니다.

필요한 수정을 마치면, 제2차 검토회의를 주도하여 평가팀과의 검토작업을 실시합니다.  사안에 따라서는 2차, 3차를 넘겨서 5차, 6차와 같이 길어질 수도 있으며, 조직의 의사결정방식이나 회의문화에 따라, 그 진행속도나 수정행동이 달라집니다.

검토회의를 거치면서 대안들이 점차 다듬어지게 되고, 점점 더 착수준비에 들어가는 대응행동들이 늘어가게 되면서, 본격적인 전략적 중점과제에 대한 대응을 착수할 수 있게 됩니다.

### ■ 난상토론으로 정합성을 점검하고 2차 IS 대안수립작업을 수행한다

정합성의 점검은 다음과 같이 수행합니다.  즉, 해결대안들로 선정된 내용들과 환경대응의 항목에서 전개할 추진대안들, 원인치유-조건해소, 연관조치, 보완조치, 전반적 조치, 긴급조치로 수행할 내용들을 추진하게 된다면, 기본목표나 해결방향을 중심으로 당초에 SI 프로세스에서 문제현상으로 제시되었던 상황이 해소될 것인가를 추론, 예측해보는 것입니다.

이 작업은 대안을 세우지 않은 사람들을 중심으로 편성하고, 가급적 철저한 논리검증을 요구합니다.  대안을 수립한 측에서는 이에 대하여, 설득논리를 제시할 수 있어야 하고, 검증하는 측에서는 현실적인 문제점으로 유발될 수 있는 사안들을 중심으로 논쟁에 들어갑니다.  여기에서의 점검해야 할 주요 체크포인트를 예시해보면 <도표 5.45>에서 보는 바와 같습니다.

이와 같은 대안검증의 난상토론이 전개되기 시작하면, 사실상 대안을 수립한 쪽은 제대로 답변을 못할 수도 있습니다. 예를 들면, 준비된 대안의 수립이 실천을 전제로 하였지만 현실적으로 즉시 실천에 옮길 수 있을 정도의 수준이 아닌 개략적인 윤곽을 중심으로 대안을 제시할 수도 있습니다.

또는 비교적 기초적이고 윤곽정도를 편성하는 수준에서 대안이 마무리될 수도 있고, 또는 아주 세밀하고 구체적인 내용의 대안들이 작성될 수도 있습니다. 그러나 정합성을 점검하는 과정에서 이러한 정밀심사를 요구하는 까닭은 이와 같은 작업을 통하여 좀더 구체적인 관점에서 IS 대안의 수립을 다듬고 정비할 수 있게 되기 때문입니다.

예를 들면, 대안검증의 논박의 자리에서 평가팀에서 여러 가지의 새로운 전략적 대응방안들이 언급됩니다. 이러한 방안들은 다시 IS 대안수립 프로세스를 전개하면서 반영되어 그 실현가능성을 점검하고, 필요한 조치를 보강할 수 있습니다.

따라서 이러한 검증작업을 통하여 1차 IS 대안수립 프로세스 작업에서 만든 대안들 중에 거품대안들이 걸러지게 되고, 좀더 구체적이고 실효성이 있는 대안을 중심으로 실천적인 대안을 편성하는 작업에 들어가게 됩니다.

이와 같은 피드백 작업을 통하여 2차 IS 대안수립 작업이 완료됩니다.

물론 2차 작업을 수행할 필요가 없거나 또는 정밀도가 떨어지는 1차 작업내용만으로도 본격적인 대응활동을 착수해야 할 경우가 있습니다.

만약 미흡한 작업내용을 토대로 실행계획을 작성하게 되거나 또는 바로 실천행동을 전개해야 할 경우에는, 신중하게 실천행동을 전개해 나가면서, 소관부서나 또는 지원부서내 여유인력을 확보하여 2차 작업을 병행함으로써, 수시로 대응방안을 정비하고, 수정하여 대응성과를 높일 수 있도록 조치합니다.

# 제6장
# 실천과 관리
## 뉴스와트 전략과 전략적 과제해결기법

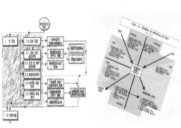

왜 이와 같은 번거로운 일을 하는가?
그것은 지속적으로 기업가치와 사회가치를 창조하고
보다 높은 전략적 성과를 창조하여
보다 나은 미래를 완성하기 위함이다.
그것이 바로 우리의 경영관리자의 책무이기 때문이다.

## 1. 대안별 실행계획의 작성

제2차 IS 대안수립 작업이 완료되면, 「(최종) 전략행동전개도」를 중심으로 「각 대안별 실행계획」을 구체적으로 작성합니다. 대안별 실행계획은 누가, 무엇을, 언제, 얼마나, 어떻게 할 것인지를 구체적으로 작성합니다. 또한 예상되는 비용도 산정하여, 개략적인 비용수치의 윤곽을 기입합니다.

이 비용예측작업은 추후에 재조정할 수 있도록 합니다. 그러나 이러한 예산조정작업은 목표의 중요성에 따라, 반드시 「여유율」을 둘 수 있도록 하는 것이 중요합니다. 흔히 이 대목에서 계획과 실행과정의 편차가 크게 발생합니다.

예산관리부서에서도 여유율을 두지 않기 때문에, 일단 결정되면 추후의 조정이 생각처럼 쉽지 않게 됩니다. 따라서 예산부서와의 협조를 원활히 하고 그 순조로운 집행을 위해서라도 여유율은 확보해야 할 것입니다.

한편, 비용의 통제와 원가의 절감이라는 입장에서 또한 그 대안의 실행계획에 대한 검토가 주도면밀하게 이루어져야 할 것입니다.

## 2. 대안의 실행

대안별 실행계획의 작성이 완료되면 대안의 실행과정을 지휘하고 관리합니다. 이 때, 각 대안의 성과와 효율성을 높이기 위한 일반적 계획실천의 관리기법이 동원됩니다.

목표의 달성상황을 일정별로 점검하고 조건 및 당초의 가정상황의 변화에 따른 수정조치들을 실시하기 위한 관리행동들을 수행합니다. 여러 부문에 걸친 대안들의 경우, 조정과 통합, 그리고 과업할당의 과정을 통하여 대안을 실천하고 주관부서에서는 그 진행과정을 통솔합니다.

<도표 6.1> SIS 추진관리표는 SIS의 전반적인 추진의 관리와 그 진행과정 및 검토작업을 효과적으로 수행하기 위하여 경영관리자와 SIS추진팀, 그리고 SIS 평가팀에서 활용하는 관리장표입니다.

이 도표의 양식을 활용하여, SIS 전체 프로세스에서 제기된 과제와 그 대응내용을 일목요연하게 파악할 수 있을 뿐만 아니라, 대응조치들의 내용과 관련성 및 유의성을 파악하고, 처리 및 진행상황을 관리할 수 있습니다.

도표의 추진행동 항목에는 IS 해결대안의 전개를 위하여 필요한 조치를 기입하고, IS 해결대안과 추진행동을 외부조치와 내부조치로 구분하여, 그 옆에 기입합니다.  그리고 이를 주력대응조치와 CC 대응조치, LM 대응조치들을 구분하여 기입합니다.

도표의 오른 쪽에는 그와 같은 조치들을 수행하기 위하여 필요한 선결요건을 기입하고, 각 항목에 대한 달성기준 또는 성과기준을 그 옆에 기입합니다.  해결주체에는 전략대안을 실시할 조직주체를 기입하고 그 최종책임자를 기입합니다.  이와 같은 SIS 추진관리표를 활용하여, 검토 작업의 품질을 높입니다.

### ■ 대안 추진성과의 관리가 필요하다

대안의 실행에서 경영관리자가 유의해야 할 점은, 이러한 대안이 당초의 연도별 사업계획에 반영되어 있는 추진과제가 아닐 경우, 현업부서에서의 대응이 비공식적인 형태로 전개되거나, 또는 기존의 사업과제보다 우선순위를 늦추어 수행하게 되는 현상이 나타나게 될 경우, 이를 주목하여 해결해야 한다는 것입니다.

<도표 6.1> SIS 추진관리표

| 관리<br>번호<br>SI No. | 구분<br>Classification | 중점과제(SI)<br>Strategic<br>Issues | 해결대안<br>Issue<br>Solution | 추진행동<br>Action<br>Required | 외부대응<br>EMB | 내부대응<br>IMB | 주력대응<br>MAIS | 조건대응<br>CC | 연관조치<br>LM |
|---|---|---|---|---|---|---|---|---|---|
| | | | | | | | | | |

즉, 중점과제로 설정되어 해결해야 할 전략적 조치들에 대한 관심이 현재 추진되고 있는 사업활동에 밀려 뒤쳐지게 되는 전략경영에 있어서의 그레샴 법칙의 신드롬 현상을 경험할 수 있습니다.

(SIS  Program  Management  Organizer)

| 전반조치 OM | 긴급조치 UM | 선결요건 Prereq | 성과기준 Performance Criteria | 해결주체 Solution Owner | 책임자 Manager | 우선순위 Priority | 목표일정 Due Date | 완료일자 Done | 비고 Remarks |
|---|---|---|---|---|---|---|---|---|---|
| | | | | | | | | | |

(D. J. Park, 2005, 2007)

이와 같은 현상이 일어나는 이유로는 여러 가지의 다면적인 이
유가 있습니다만, 여기에서 주목해야 할 점은, 대부분의 각 부서
나 개인의 성과에 대한 평가가 기존에 할당된 일과 확보된 예산
및 자원을 중심으로 전개되기 때문입니다.  따라서 신규로 추가

할당된 일을 수행하게 될 경우, 기존에 할당된 일을 수행하는데 부담과 지장을 주게 되고, 현업에서는 이를 기피하려는 경향이 나타납니다.

따라서 이에 대한 원만할 해결을 위해서는 경영관리자는 현재 과업을 중심으로 일부 과업을 재조정하여, 추가적인 대안의 수행에 대한 시간 및 업무부담을 줄여주는 일이 병행되어야 합니다. 또한 필요자원을 파악하여 이를 제공하며, 추가적인 업무추진을 통한 전략대안 달성에 대한 성과평가를 새롭게 함으로써, 조직 및 개인의 전략적 대응활동에 대한 성과평가 시스템을 수정합니다.

### ■ 추진전담반은 현업부서와 주기적인 협의를 해야 한다

이와 같은 조치가 어려운 경우라면, 추가적인 전략대안의 전개에 대한 책임과 역할을 수행하는 별도의 추진전담반을 둘 필요가 있습니다. 흔히, 태스크포스라는 형태로 전개되는 추진전담반에서는 일단 현업에서의 역할부담을 면제받고, 새로 할당된 전략대안을 실천하는데 주력합니다.

이 경우, 현업부서의 기존기능과 마찰이나 또는 혼란이 오지 않도록 유의할 필요가 있습니다. 그것은 일단 기존 사업의 전개는 현재의 업무전개기능을 중심으로 편성된 현업조직 활동에 전념하여 수행하고 있기 때문에, 새로운 방식의 접근이 그러한 업무기능의 전개에 혼선을 가져올 수 있기 때문입니다.

이러한 점이 흔히 목격되는 태스크포스 조직운영의 단점이기도 합니다. 따라서 이러한 문제를 해결하기 위하여, 태스크포스팀의 운영에는 경영자를 비롯하여 현업부서장이나 관련 경영관리자들과의 주기적인 협의과정이 중요한 역할을 하게 됩니다.

이러한 협의과정을 원만하게 수행함으로써 추후 대안실천이 마무리되고, 각 관계부문으로 업무가 이양될 때에도 순조로운 인계가 가능해집니다. 물론, 업무의 인계이전에도 당초에 설정된 실천대안들에 대한 실행상의 문제점이 발생할 경우, 이의 신속한 조치를 가능하게 합니다.

| 제10단계 | **진행과정평가 및 피드백** |
|---|---|

### ■ 피드백 프로세스

태스크포스팀을 중심으로 실행을 관리하거나, 또는 실무자들을 중심으로 관련부서의 협조적 관계 하에서 대안을 실천하건 어떤 방법을 취하건 간에, 대안의 실천 중에 SI 프로세스 작업 중에서는 파악되지 못한 새로운 문제나 조건들이 발견되거나, 또는 IS 대안수립 프로세스의 대안들을 보완해야 할 상황이 발생하면, 즉시 SI 프로세스와 IS 프로세스를 신속히 전개하여 대안을 정비합니다.  이러한 기동성 있는 작업을 통하여 신속하고 효과적인 대응을 가능하게 합니다.

SIS 프로그램의 장점은 이와 같이 신속한 문제의 점검(SI)에서부터 신속한 대안의 모색과 착수, 그리고 신속한 보완(IS)이 가능하다는 점입니다.

물론 이러한 피드백 프로세스가 원활하게 수행되고자 한다면, 내부 및 외부의 정보채널이 잘 정비되어야 함은 물론입니다.

내부의 정보채널, 즉 커뮤니케이션을 잘 수행하려면, 경영층과 대안수립 및 추진팀으로 구성된 긴급의사전달망이 제대로 가동되어야 합니다.[47]

이상으로 간략히 뉴스와트 분석기법과 SIS 프로그램의 절차와 전개기법을 살펴보았습니다.

---

[47] 앤소프, 전략경영실천원리, 제1부 2.6장 전략적 불측상황 경영, 소프트전략경영연구원

그동안 작업 단계별로 설명된 내용을 간추려서 제3장부터 5장까지 살펴본 전략기법에 대하여 종합적으로 요약정리를 해보겠습니다.

## 3. SIS 프로그램 전체과정의 리뷰

SIS(Strategic Issues Solution) 프로그램은 기업이 당면하고 있는 환경내에서 난기류가 증대될 경우, 신속히 환경에 대응하기 위하여 필요한 절차와 기법을 제공하고 있습니다.

### ■ 1대1 대응 원리의 한계

그동안의 주요 경영현안과제나 외부환경에 대한 대응을 모색하고자 할 때, 일반적인 사고방식과 대응원칙은 「자극과 반응모델」과 유사한 형태의 사고방식이 일반적 경향이었습니다. 1대1대 대응의 사고방식은 당면하고 있는 현상이나 원인을 한 가지로 구분할 수 있을 때, 그에 대하여 한 가지의 대응행동으로 대응하는 사고방식으로 특징지을 수 있습니다.

이와 같은 사고방식은 환경의 복잡성이 낮고, 그 대응의 리스크가 적을 경우에는 별다른 문제없이, 환경적응활동을 전개하는 데, 실용적인 기법으로 활용됩니다.

그러나 환경의 복잡성이 증대하게 되면 눈에 보이는 현상들은 그 원인이 한 가지의 원인이나 하나의 현상으로 등장하는 것이 아니라, 복잡한 연관관계를 형성하며, 구조적으로 등장하게 됩니다.

이와 같은 경우, 1대1 대응원리를 적용하게 되면, 그 대응성과를 제대로 보장할 수 없으며, 경우에 따라서는 또 다른 파생적 문제점을 유발하게 되기도 합니다.

복잡하고 난기류가 증대되는 환경에 처해 있는 기업이나 정부 부문의 경우, 1대1 대응 원칙은 실제로는 그 대응성과를 보장하기 어려울 뿐만 아니라, 경우에 따라서는 오히려 위기상황을 증폭시킬 수 있는 소지를 내포하고 있다고 할 수 있습니다.

따라서 이와 같은 1대1 대응 원리의 한계점을 극복하고, 효과적인 환경대응을 전개하기 위하여, 필요한 절차와 기법의 필요성을 인지하여 개발한 전략적 중점과제의 해결기법이 SIS 프로그램입니다.

### ■ SIS 프로그램 기법의 환경대응 논리구조

따라서 SIS프로그램에서는 환경대응성과를 높이기 위하여 1대1 대응 원리를 더욱 세분화하여 정교한 대응원칙으로 발전시켜 「5:5 대응원리」로 전개한 것이 근본적인 특징이라고 할 수 있습니다.

물론 당면 상황의 복잡성이나 구조적 연관관계가 복잡하지 않을 경우, 다섯 가지로 전개되지 않고, 두 가지나 그 이하로 전개될 경우에도 이 기법은 1대1 대응 원리와 동일하게 사용할 수 있습니다.

<도표 6.2>의 왼쪽에서 보는 바와 같이 SIS 프로그램에서는 환경현상이나 당면과제를 ①발생원인과 전제조건 또는 상황조건, ②본원적 현상과 문제, ③파생적으로 유발되고 있는 현상이나 과제, ④전반적 대응이 필요한 현상이나 과제, ⑤긴급대응이 필요한 현상이나 과제의 5가지로 구분합니다.

<도표 6.2> 환경의 문제현상과 환경대응 전략대안의 대응구조

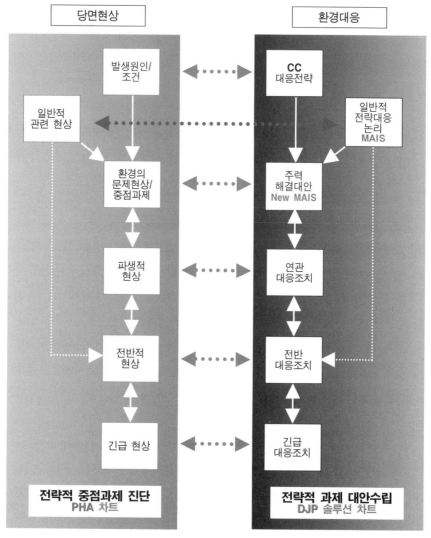

(D. J. Park, P. Antoniou, 2004, 2007)

이와 같이 구분함으로써 당면하고 있는 현상을 입체적으로 이
해하고 그에 대한 대응의 방향과 내용을 사전에 점검함으로써 대

응방안의 모색과정에서의 혼란을 단축하고, 그 대응의 적합성과
효과성을 높일 수 있습니다.

또한 그 대응방안의 도출과 편성에 있어서도, ①발생원인과 전
제조건 또는 상황조건에 대응하는 방안, ②본원적 현상과 문제에
대응하는 주력해결방안, ③파생적으로 유발되는 현상이나 과제에
대응하기 위한 연관조치, ④전반적 대응이 필요한 조치, ⑤긴급대
응이 필요한 조치의 5가지로 구분하여 대응합니다.

앞에서도 언급한 바와 같이, 특정한 당면과제가 ①발생원인과
전제조건 또는 상황조건, ②본원적 현상과 문제는 파악되고 있지
만, ③파생적 현상이나 과제가 유발되지 않고 있다면, 그에 대응
하여 두 가지 형태의 대응에 집중하여 전략대안만을 편성할 수도
있습니다.

그러나 연관조치나 전반적 조치, 또는 긴급조치를 취할 경우,
보다 효과성이 높은 환경대응성과를 거둘 수 있으며, 추후 그와
같은 상황이 다시 유발되는 것을 예비할 수 있다면, 다섯 가지 형
태의 대응전략을 모색할 수도 있습니다.

이와 같이 구조적으로 대응방법을 결정하여 조직 내에서 전략
적 판단에 의하여 선별적으로 사용할 수 있다는 점이 SIS 프로그
램의 환경대응 논리의 구조적 장점이라고 할 수 있습니다.

## ■ SIS 프로그램 기법의 환경대응 절차

SIS 프로그램은 진단과 대응의 프로세스로 그 절차를 구분하고
있습니다.

진단 프로세스에서는 전략적 이슈들을 중심으로 '당면하고 있는
환경상황에 무엇에 대응해야 하는가?  무엇을 해결해야 하는가?'
하는 과제들을 도출합니다.  이 작업을 통하여 우리 조직이 환경
에 대응하기 위하여 '해야 할 일'을 파악합니다.

진단 작업에서는 환경현상이나 당면과제에 대하여 일반적 과제 진단을 New SWOT 매트릭스에 의하여 전개하고, 전반적으로 대응해야 할 현상과 일들을 조감합니다.

그리고 그 현상과 과제를 ①발생원인과 전제조건 또는 상황조건, ②본원적 현상과 문제, ③파생적으로 유발되고 있는 현상이나 과제, ④전반적 대응이 필요한 현상이나 과제, ⑤긴급대응이 필요한 현상이나 과제의 5가지로 구분하여 전체적인 윤곽을 파악합니다.

진단이 완료되면, 대응방안과 전략을 모색합니다. 물론, 당면하고 있는 환경상황에 대응해야 할 과제가 명확하여, 진단작업이 필요하지 않을 경우, 진단 프로세스를 생략하고, 바로 대안모색을 위한 프로세스를 전개할 수도 있습니다.

대안모색 프로세스에서는 ①발생원인과 전제조건 또는 상황조건에 대응하는 전략, ②본원적 현상과 문제에 대응하는 주력해결방안, ③파생적으로 유발되는 현상이나 과제에 대응하기 위한 연관조치의 도출, ④전반적 대응이 필요한 조치, ⑤긴급대응이 필요한 조치의 대안들을 도출하기 위한 단계별 작업을 전개합니다.

각 단계별 작업에서 필요한 검토사항이 추가되거나 보완이 요구될 경우에는 즉시 피드백과 피드포워드를 통하여, 해결대안이나 전략대안의 정교성을 높여갑니다.

최종적인 결론이 나오기 이전에도, 특정한 대안들에 대한 대응을 시급히 전개해야 할 경우, 의사결정과정을 통하여 신속한 대응을 전개하면서, 추가적인 또는 병행적인 대안모색 프로세스를 계속하면서 지속적인 보완을 수행합니다.

이와 같이 SIS 프로세스를 전개하면서 수시로 환경대응의 전개를 수행하며, 그 상황의 전개를 주시하면서 피드백 할 수 있다는 점이 기존의 전략계획 프로세스와 문제해결 프로세스보다 유연하고 신속한 대응을 가능하게 합니다.

　SIS 기법의 활용에서 늘 견지해야 할 중요원칙은 절차적 구조적 사고와 전략적 논리의 전개를 통하여, 당면하고 있는 환경에 대응할 수 있는 우리의 전략지능을 강화하고, 전략적 대응성과를 높이겠다는 활용주체의 사용의지입니다.

　따라서 여러 가지 형태의 도표들을 보기 좋게 채워서 멋진 보고서를 만들어서 자료화 하려고 하는 것 보다는 SIS의 각 프로세스의 활용을 통하여, 무엇이 가장 좋은 전략일까를 생각하게 하고, 보다 개선된 전략적 대응을 가능하게 할 수 있는 지능적 도구로 활용할 수 있도록 하는 것이 중요합니다.

　SIS 프로그램은 경영관리자들이 당면하고 있는 환경하에서 등장하고 있는 전략적 과제를 신속하고 효과적인 해결하는데 도움을 주기 위하여 개발된 절차적 기법입니다.

　따라서 이 기법에 대한 사용절차가 미숙할 때에는 상당히 번거롭고 활용하기 힘들게 생각될 수도 있습니다. 그러나 이 기법은 마치 자동차의 운전과 같아서, 몇 번만 실천해보면, 의외로 간편하게 사용할 수 있는 요령을 터득할 수 있습니다.

　더욱이 작업을 진행할 때마다, 작업수행자의 전략적 상황인식과 판단, 그리고 전략적 문제해결능력이 개선되는 특징이 있습니다. 따라서 경영관리자의 전략지능, 환경지능을 강화하는데 유용한 도움이 됩니다.

　SIS 프로그램의 각 프로세스에 대한 작업의 전개를 위하여 필요한 도표와 관리항목들은 본문에서 설명된 바와 같습니다. 그러나, 도표의 작성이 복잡하다고 생각될 경우에는 좀더 간명한 형태의 메모형식으로 전개할 수도 있습니다. 각 진단 및 대안도출을 전개하는 도표들은 각 기업 및 정부조직에서 필요에 따라 간편하게 재설계하고 재구성하여 사용할 수도 있습니다.

## <도표 6.3> SIS 프로그램의 실천 프로세스

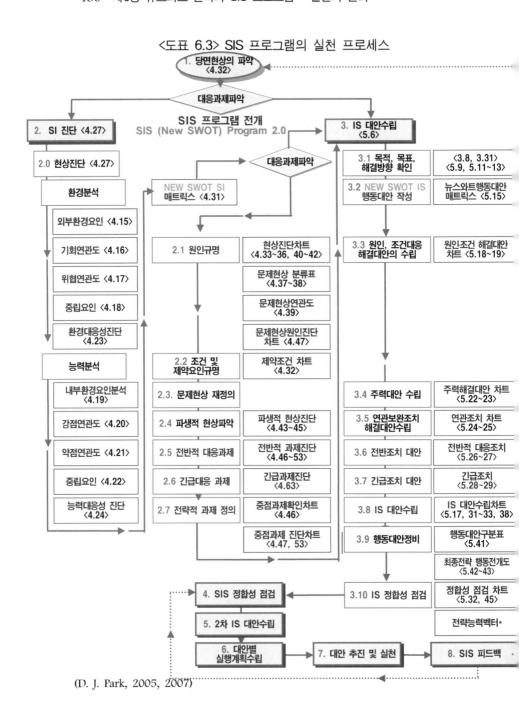

(D. J. Park, 2005, 2007)

이 책의 본문에서 최종적인 진단도표(PHA Chart)와 IS 대안수립 도표(DJP Chart)를 다이아몬드 형태로 구성한 이유는 도표의 가운데를 중심으로 기회와 강점으로 대응하는 대안들을 배치함으로써 시각적 선별력을 높이고 대안들의 구성과 추진력을 높일 수 있도록 하기 위한 것입니다.

이러한 진단과 대안도출을 위한 기본적인 분석틀은 기존의 SWOT기법을 개량하여 만든 New SWOT (SNWONT) Matrix를 사용하였습니다.

뉴스와트 매트릭스는 기존의 스와트 매트릭스에 중립적인 항목을 추가하고, 진단과 대안모색시 구분하여 사용하도록 함으로써 부적절한 생략이나, 편향된 전략의 전개를 예비하도록 하였습니다.

SIS 프로그램의 전체적인 작업개요도는 <도표 6.3>에서 보는 바와 같습니다. <도표 6.3>에서는 각 작업단계별로 활용되는 도표들의 종류와 명칭 및 도표 번호를 병기하였습니다.

## ■ New SWOT 분석기법과 SIS 프로그램 추진의 장점

■ 당면과제의 인식과 대응방안의 모색에 있어서 **구조적 사고를 증진**

우선, 전략적 중점과제에 대응하기 위하여 프로세스를 진단과 대안수립으로 구분하여 상황에 따라 전개하므로, SI 진단 프로세스와 IS 대안수립 프로세스의 실제의 진행이 의외로 편리하고, 그 유용성이 높습니다.

특히 뉴스와트 매트릭스에서 중립적 요소를 추가함으로써 주요한 본원적 전략대안들을 강화할 수 있습니다.

그동안의 지도경험을 참고해보면, 조건 및 제약요건에 대한 C&C 분석이나 파생적 현상에 대한 과제분석, C&C 대응전략이나 관련조치·보완조치를 위한 대안수립 작업에서는 참여자들이 작업의 전개에 다소 혼란을 느끼는 사람들이 많았습니다.

그러한 이유는 방법론에서 요구하는 내용과 같은 방식과 구분으로 생각하는 습관이 되어 있지 않고, 따라서 그와 같이 구분하고 연관지어 생각하는 방식에 서툴기 때문입니다. 그러나 2차 피드백 작업에서는 좀더 그와 같이 구분하여 현상을 파악하고 구조적으로 대응하는 사고가 증진되는 효과를 경험할 수 있습니다.

물론 공간배치를 통한 도식화작업이 불편하다고 생각되는 작업팀들은 기본형 매트릭스 도표를 이용하여 전개할 수도 있습니다. SIS 프로그램 기법은 도표를 훌륭하게 완성하는 것보다 작업단계를 전개하면서 절차적으로 사용하면서 환경의 요인들과 대응과제, 그리고 그에 적합한 대응방안의 모색논리를 정교하게 만드는데 보다 더 효과적입니다. 즉, 경영관리자와 조직구성원들의 전략적 환경대응지능을 더욱 강화하는데 유용합니다.

■ 도표 작성을 활용하여 작업을 시각적으로 전개하는 실용적 방법

SIS 프로그램은 주요 기본도표를 중심으로 상황의 인식과 대안의 모색작업을 수행합니다. 따라서, 여러 개의 책상을 마주 붙여서 커다란 워크시트를 깔아 놓고, 팀별로 둘러앉아서 진지하게 SI 진단차트, IS 대안수립 차트를 완성해가는 작업에서 시각적 분별력을 높일 수 있을 뿐만 아니라, 작업의 진행이 흥미롭게 전개됩니다.

그것은 SIS 프로그램의 진행이 기본 도표에 구성되어 있는 구조적 논리에 따라, 환경의 이해와 분석, 전략대안의 모색으로 이어지는 전략적 사고와 판단을 도표를 중심으로 말로만 거론되던 의견이나 대안들을 구체적으로 자료화할 수 있으며, 도표작성을 통하여 전략수립의 참여자들과 의사결정자들 간에 의견교환과 판단이 용이해지기 때문입니다.

작업의 진행 중에는 참가자들이 New SWOT 매트릭스를 통하여 파악된 과제들이나 대안들을 진단(SI)작업과 대안모색(IS) 작업을 단계적으로 작성해나가면서, 다양한 관점들이 공유되고 그 논리들이 점검됩니다.

즉, 진단 및 대안수립의 기본도표들을 작성하면서 기회, 위협, 강점, 약점, 그리고 중립적 요소의 각 구분란에 배치해나가는 과정에서, 당면하고 있는 환경과 과제의 인식, 해결방안의 모색에 대하여 그 구조적 관점을 학습하게 되고, 그 성과를 높이기 위하여 궁리하는 과정에서 다양한 전략적 관점이 충실해지고 대폭 강화됩니다.

■ 조직부문의 환경대응논리와 경영오류 극복의지가 강화된다

또한, 조직부문의 환경대응활동에서 유발되고 있는 과제와 그 해결방안을 모색하는 과정에서, SIS 프로그램의 수행을 통하여 각 조직부문에서 전개하고 있는 기존의 환경대응논리를 점검하고, 새로운 환경대응활동에 필요한 전략적 논리를 구축할 수 있습니다.

그 뿐만 아니라, 각 부문별로 환경에 대응하는 조직논리를 다각도로 점검하고 조직부문별로 또는 전사적으로 발생하고 있는 경영오류를 감지하고 파악할 수 있으며, 이에 대한 오류극복의 의지를 강화하고 그 대응에 대한 일체감(consensus)을 조성할 수 있습니다.[48]

■ 전략의 정합성과 실천적 성과를 제고

SIS 프로그램의 수행을 통하여 전략적 환경대응의 해결방안의 모색활동을 진행하는 과정에서 전략대안들의 정합성을 제고하고 그 결합관계를 고려하여 전략의 결합효과(synergy)를 높일 수 있습니다. 뿐만 아니라, 외부대응 전략행동과 내부적 조치간의 연

---

[48] 경영오류의 파악에 대하여는 박동준, 뉴스와트전략, (소프트전략경영연구원, 2005) 제8장 참조.

관관계를 점검하여 그 전략실행의 타당성 및 성과를 높일 수 있습니다.

### ■ 신속한 예비대응을 통하여 환경성과를 향상

SIS 프로그램은 실무적, 실천적 해결을 지향하기 위하여 편성된 논리입니다. 따라서 경영과제의 진단과정 중에서도 특정한 주요 해결과제가 인식되고, 그에 대응해야 한다는 판단이 내려지게 되면, 즉각적으로 그 대응활동을 기획하며, 실천적 대응활동의 전개를 기획하고 주도합니다.

### ■ 전략진단과 대안수립의 신속한 전략활동의 전개

필요에 따라 단계별로 진단 프로세스와 대안수립 프로세스를 전개함으로써 환경의 변화에 대하여 예비대응활동을 신속히 전개할 수 있습니다. 뿐만 아니라 수정대응활동과 본격대응활동의 수행에서도 SIS 프로그램을 일상적으로 수행할 수 있습니다.

### ■ 기존의 전략적 중점과제 경영(SIM)의 구조적 오류를 극복

전략적 중점과제 경영의 핵심적 주제이자 목적이라고 할 수 있는「환경의 불확실성에 대응하기 위한 약한 신호 하에서의 경영대응」이라는 기존의 논리에서는 환경에 대한 계속감시활동이 요구되고, 특정한 환경대응을 유보하는 논리가 지배적으로 작용하였습니다.

그러나 현실적으로는 이와 같은 유보의 논리가 예비환경대응의 타이밍을 상실하게 하고, 본연의 취지라고 할 수 있는 불확실성에 대응하기 위한 경영논리의 타당성을 상실하게 되어, 기업조직의 환경대응성과를 스스로 억제하는 오류를 내포하고 있었습니다.

그러나 New SWOT 분석기법과 SIS 프로그램을 수행함으로써, 신속한 상황대응의 논리와 방법을 확립하고 실천적 성과를 제고할 수 있게 되었습니다.

## ■ 기획부문, 경영관리부문과의 융화

SIS 프로그램의 추진에는 기존의 기획부문, 경영관리부문과의 마찰이 유발되지 않습니다. 그 이유는 SIS 프로그램에서 주로 해결하는 경영과제나 전략과제들이 기존의 기획부문, 경영관리부문의 골칫거리들이며, 이를 SIS 프로그램을 통하여 조직적, 구조적으로 해소하려고 추진하기 때문에, SIS 프로그램과 기존의 연관조직 간의 업무마찰이 발생하지 않습니다.

오히려 부문간 업무의 밀접한 협조관계가 발생하며, 그 추진관리에 대한 조직의 주의력이 집중되고, 환경의 위협요소 및 성공요소에 성공적으로 대응하기 위하여 조직력이 향상됩니다.

## ■ 수시로 당면하고 있는 경영과제, 전략과제의 일상적 대응이 가능

SIS 프로그램의 수행을 통하여 수시로 등장하고 있는 새로운 경영과제의 해결을 위한 기본적인 절차를 마련함으로써, 주기적 계획수립의 제도적 해결기법으로 처리하지 못하고 있는 주요 과제들을 집중적으로 관리할 수 있게 되었습니다.

따라서, 경영과제나 전략적 중점과제들이 경영관리진의 주위에 산적되어 관리되지 않고 유보·방치되는 일을 줄일 수 있고 예방할 수 있을 뿐만 아니라, 전담조직을 공식화할 경우, 이에 대한 일상적 대응이 수월하게 진행됩니다.

SIS 프로그램은 불확실한 상황조건하에서 수시로 등장하게 되는 불측상황하에서의 전략과제, 경영과제의 해결에 활용할 수 있을 뿐만 아니라, 신규사업 또는 신년도 사업계획이나 중장기 전략을 모색할 경우에도 SIS 프로그램이 활용될 수 있습니다.

따라서 기존의 연도별 전략수립 프로세스의 일환으로 SIS 프로그램을 활용할 수 있으며, SIS의 전략과제의 진단에서 그 대응전략의 모색에 이르기까지 기업의 기본적인 전략기획의 방법으로 채택될 수 있습니다.

■ 필요에 따라 단계별 작업을 독자적, 개별적으로 수행

SIS 프로그램은 경영과제 및 전략과제의 인식과 진단, 그리고 그 해결방안의 모색을 단계별로 수행할 수 있으며, 필요에 따라 단계별 작업을 건너뛰어 필요한 작업들만을 선별적으로 수행함으로써, 기업의 환경 대응성을 높입니다.

또한 사업부문별로, 또는 특정 프로젝트를 중심으로 전개함으로써 당면하고 있는 문제나 현안과제들을 종합적으로 대응할 경우에도 활용이 가능합니다.

■ 어느 조직에서나, 언제나 수시로 착수하기 쉬운 실용적 방법

뿐만 아니라 SIS 프로그램의 전개논리와 기법을 학습한 뒤에는 언세든지, 어디에서나 당면하고 있는 과제들의 종류에 상관없이 해당 과제들을 분석하고 대안의 모색이 가능합니다. 더욱이 이 방법은 숙달될수록 문제인식과 그 대안의 모색이 용이하게 실시됩니다.

또한 과제의 대상분야를 그 필요에 따라 확대하거나 축소할 수 있기 때문에, 전사적 환경대응과제를 비롯하여 사업별, 부문별, 개인별 추진도 가능합니다. 또한 기업의 업종이나 규모에 제약받지 않습니다. 즉, 일반 제조업은 물론이고, 전산업의 일반 기업이나 정부부문의 조직에서도 활용할 수 있으며, 대기업과 중소기업, 또는 이제 막 창업한 기업의 경우에도 활용됩니다.

그것은 SIS 프로그램이 환경에 대응하는 조직의 논리적 체계와 분석기법을 구조화하고 있는 특성이 있기 때문입니다.

■ 성과중심의 과제인식에서 탈피하여 환경중심의 중점과제로 인식전환

기존의 경영과제의 인식은 주로 성과중심적 판단에 의하였습니다. 즉, 성과가 떨어지면, 그에 대응한다는 논리가 지배적이었지만, SIS 프로그램의 추진을 통하여, 현재중심적 성과뿐만 아니라,

환경과 능력요소를 상황별로 구분하여 구조적으로 파악하고 그에 입각하여 대응행동을 모색하기 때문에, 기업의 과제를 환경중심적 중점과제로 분석하여 판별해낼 수 있습니다.

또한 환경 및 과제인식과 대안의 모색·수립에 있어서 주력 대안과 조건대응, 연관조치를 구분함으로써 경영과제, 전략과제의 선별력이 높아지게 될 뿐만 아니라, 그 해결의 효과성을 대폭 향상시킬 수 있습니다.

■ SIS 전담조직을 활용하여, 기획부문과 경영층의 업무부담의 감소

또한 SIS 전담조직을 활용할 경우, 기존의 기획업무부문의 직무품질을 향상시킬 수 있으며, 수시로 등장하고 있는 경영과제, 전략과제들의 파악과 이에 대한 주요한 의사결정과정에서 경영층의 업무부담을 상당히 경감할 수 있기 때문에, 기업경영의 최고경영층, Top Management의 업무성과가 개선됩니다.

■ 워크샵을 통한 교육효과와 실무적 성과를 동시에 충족

SIS 프로그램은 조직의 실천적 환경대응기법과 분석적 논리로 편성되어 있습니다. 따라서 실전 워크샵을 통하여, SIS 기법을 학습할 수 있으며, 그와 동시에 실천대안을 작성할 수 있습니다. 뿐만 아니라, 후속적인 피드백 과정을 포함하여, 새로운 경영과제나 전략과제의 진단과 대응활동에서도 계속 활용할 수 있습니다.


## 4. 경영관리자를 위한 제언

이와 같은 장점에도 불구하고 New SWOT 전략기법과 SIS 프로그램의 수행에 있어서 경영관리자는 다음과 같은 점에 대하여 유의할 필요가 있습니다.

■ 좋은 기법이나 방법만으로는 성공을 보장할 수 없다

아무리 획기적인 방법이 제공되어도, 우선 환경대응에 대한 의지가 결여되면 환경대응의 성과를 거둘 수 없습니다.  전략기법이나 착상 및 대응방법들은 환경대응의 주체가 적극적인 환경대응 의지를 발휘하여 환경행동을 전개할 때에, 그 성과를 촉진하고 보완하기 위하여 행사되는 것에 불과하기 때문입니다.

아무리 막강한 전략무기를 확보하고 있을 경우에도 이를 사용하는 조직의 의지와 행동이 결여되어 있을 경우, 해당 전략무기는 무용지물에 지나지 않습니다.  이와는 반대로 막강한 전략무기는 부족할 경우에도, 확보하고 있는 제한적인 경쟁적 수단을 통하여 지혜를 강구하기 위한 노력을 투입하고 그 대응의지를 높일 경우에는 그 환경대응의 성과를 높일 수 있습니다.

New SWOT 전략기법과 SIS 프로그램의 경우에도, 방법적 특징과 구조적 논리를 잘 활용하고 기업조직에서 이를 적극적이고 편리하게 활용하고자 하는 의지가 결여되고 또한 실천하지 않을 경우, 그 성과를 보장할 수 없습니다.  따라서 환경의지의 촉구를 위하여 필요한 조치를 강구하고 기법활용에 대한 경영관리진의 연구가 되어 있어야 합니다.

■ 피드백, 피드백, 피드백, 그리고 또 중단 없는 전진

New SWOT 분석기법과 SIS 프로그램은 1회성으로 완성되지 않습니다.  건설현장에서 흔히 볼 수 있는, 자갈과 모래를 걸러내는 망체와 같은 도구를 잘 개발하여 제공하더라도, 그것만으로는 훌륭한 집을 건설할 수 없습니다.

당면하고 있는 환경의 변화조짐에 대하여 아무리 자갈과 모래를 걸러내는 망체들을 많이 갖다 대고 있어도, 실제로 그 망체에 환경변화의 조짐들을 올려놓고, 쓱쓱 걸러내는 작업을 수행하지 않는다면, 그러한 도구들은 아무런 성과도 제공하지 않습니다.

어쩌다 한 번 실시하는 것으로 작업을 종료해버리고 말 경우, SIS 프로그램은 더 이상 제대로 기능하지 않습니다.  따라서 지속적으로 피드백 하는 과정이 배제될 경우, New SWOT 분석기법과 SIS 프로그램의 성과는 보장할 수 없습니다.

그러므로 피드백을 하여 그 작업품질을 높이고 또 다시 피드백 하여 결과품질을 높입니다.  그리고도 한 번 더 피드백 하는 자세를 견지하여 최종 환경대응의 성과품질을 높이도록 하는 것에 유의합니다.


■ 기업조직 내에서 독자적으로 활용할 경우

New SWOT 분석기법과 SIS 프로그램을 기업조직 내에서 독자적으로 활용할 경우, 작업수행의 전반에 걸쳐 근시안이나 에고이즘에 빠질 수 있습니다.  또한 조직을 지배하고 있는 논리에 입각하여, 편향적인 결과를 도출해낼 수 있습니다.

그러나 이를 극복하기 위하여 외부인을 초빙하여 SIS 프로그램의 수행에 개입될 경우, 기업의 전략기밀의 보장의 문제가 유발될 수 있으며, 외부인의 기량, 환경문제의 해결능력, 우리 기업에 대한 관심과 정성, 애정의 투입정도에 따라, 그 성과가 좌우될 수 있습니다.  따라서 이와 같은 문제점에 대하여 적절한 균형을 유지하며, 그 대책을 강구할 필요가 있습니다.

SIS 전담조직을 활용할 경우, 해당 조직에서 이에 대한 보완책을 전개하도록 합니다.  SIS 전담조직에서는 연차별 사업계획에 의거하여 기업행동을 전개하는 과정에서 수시로 등장하고 있는 경영과제, 전략과제 당면하는 문제를 해결하는 일을 맡기 때문에, 기존의 기획업무부문의 직무 품질을 향상시킬 수 있다는 장점이 있습니다.

그러나 SIS 전담조직이 근시안에 빠져있거나 부서 이기주의 현상과 같은 조직부조리를 보이게 될 경우, SIS 프로그램은 기업의 환경행동성과에 중대한 악영향을 미치게 될 수 있습니다.

따라서 이를 견제할 수 있는 전략감사기능의 수행과 외부적 관점에서 객관성 및 합리성을 보정해줄 수 있는 조치를 취하도록 할 필요가 있습니다.[49] 또한 외부적 관점에서 객관성 및 합리성을 보정하기 위하여, 경영관리진은 필요한 SIS 컨설턴트를 내부적으로 양성하여 활용하도록 합니다.[50]

### ■ 워크샵의 성과를 극대화하라

기업현장에서 워크샵은 종종 분임토의와 같이 이해되고 있습니다. 그러나 워크샵(workshop)은 분임토의만을 의미하는 것이 아닙니다. 워크샵의 근본 목적은 성과(result)입니다. 즉, 일을 수행하는 과정에서 기존의 기능부문의 일로 처리되지 못하는 것들을 묶어서(shop) 이를 해결하기 위하여 추진되는 공식적이고 제도적인 기업조직의 기능활동인 것입니다. 따라서 워크샵에서는 반드시 워크(work)가 되어야 하며, 그 워크의 결과가 도출되어 실행되어야 하는 것입니다. 그러므로 경영관리자는 SIS 추진을 위한 워크샵의 전개에 있어서 반드시 결과품질을 염두에 두고, 자신의 과업뿐만 아니라 조직구성원들을 지도하고 이끌어갈 필요가 있습니다.

New SWOT 분석기법과 SIS 프로그램의 핵심은 사무 작업이 아니라 워크샵 작업이라고 해도 과언이 아닐 것입니다. 따라서 워크샵의 성과를 높일 수 있도록, 워크샵 지도요령과 도표작성 및 활용-분석요령, 보고 및 발표요령을 숙지하여 그 지휘활동의 품질과 성과를 제고하도록 유의합니다.

---

[49] 전략감사의 실천에 대하여는 이 책의 후반 부록을 참조.

[50] SIS-New SWOT 컨설턴트는 앤소프코리아-소프트전략경영연구원에서 주관하여 양성합니다.

■ 최고경영자와 함께 움직여야 한다

New SWOT 분석기법과 SIS 프로그램은 기업의 환경행동을 규정하고 촉진하여, 그 대응성과를 관찰하고, 이에 대한 교정을 실시하는 기업의 경영논리입니다.  따라서 각 작업단계마다 최고경영자의 의지와 목적, 그리고 그 판단이 반영될 경우, 후속적인 작업의 내용과 진행속도가 빨라지게 됩니다.

그러나 그와 같은 조치가 결여될 경우, New SWOT 분석기법과 SIS 프로그램은 주인공이 빠진 영화를 보는 것과 같이 무의미하게 됩니다.  따라서 이를 위하여, 경영상층부에게 단계별 작업의 결과를 신속히 보고하고 그 결과를 피드백할 수 있도록 조치를 받는 것이 중요합니다.

때로는 작업이 모두 완료된 다음에 깜짝쇼를 하듯이 경영층에게 최종 보고를 하고 싶은 충동도 들 수 있습니다.  물론, New SWOT 분석기법과 SIS 프로그램을 실시하여 도출된 최종결과를 제시하여, 경영층의 판단을 구하고, 그에 입각하여 수정하여 최종적인 행동을 전개해나갈 수도 있습니다.

그러나 신속히 환경에 대응하여야 할 긴급한 상황이라면, 작업이 끝날 때까지 시간을 소비하고, 다시 최고경영층의 의견을 구하여, 이를 수정하여 예비대응행동을 전개한다면, 귀중한 기업의 환경대응시간을 소진해버릴 수도 있습니다.  따라서 긴급하다고 판단되는 경영과제나 전략과제들의 경우, 수시로 단계별 작업의 진행결과를 보고하고, 그에 대하여 피드백 받도록 유의합니다.

이와 같은 유의사항을 염두에 두어 경영관리자는 필요시 당면 현안과제들에 대응함에 있어서 SIS 프로그램을 적절히, 그리고 유효하게 활용할 수 있도록 대비합니다.

### ■ 경영관리자의 전략지능이 조직의 전략지능을 책임진다

미국에서 뉴스와트 전략 매트릭스와 이 기법을 이용한 SIS 프로그램의 핵심을 고안할 당시, 머릿속에 계속 떠오르던 형상은 깊은 지하터널을 뚫고 있는 드릴머신이었습니다. 우리의 경영관리자들이 만약에 이와 같은 전략 드릴머신이 있다면 아무리 당면하고 있는 상황이 복잡해도 과제분석과 대안수립의 다이아몬드 차트를 돌려서 잘 해결해낼 수 있을 텐데…하는 생각이 늘 자리 잡고 있었습니다.

그런 생각이 필자로 하여금 경영관리자가 당면하고 있는 환경에 대응하는 전략적 과제해결의 지능을 높일 수 있는 도구를 개발하는 계기가 되었습니다.

국내에서 여러 기업 및 기관에서 3년째 이 기법을 지도하면서 깨달은 것은 기법 사용을 반복적으로 전개해본 경영관리자들과 조직구성원들은 자신의 전략적 지능이 강화되고 그 기량이 향상될 뿐만 아니라 환경을 바라보는 시각과 대응방안들을 편성하는 전략적 대응논리와 전개방법이 달라지는 것을 알게 되었습니다.

경영관리자들이 어떠한 환경을 선택할 것인가, 그리고 그것을 어떻게 뚫고 나갈 것인가는 결국 경영관리자 여러분의 착상과 도전에 달려있다고 할 것입니다. SIS 프로그램 기법은 경영관리자 여러분들의 전략적 대응지능을 향상하고 당면하는 여러 가지의 전략적 과제해결능력과 성과를 높이는 데 유용하게 활용할 수 있습니다.

여러분의 전략적 노력이 우리나라의 산업 발전과 정부부문활동에서의 귀중한 전략적 창조를 실현하고, 환경대응성과를 높일 수 있도록 부단히 노력해주실 당부드립니다.

---

### 부록 : 전략감사의 실시를 위한 체크리스트와 활용

---

## 전략오류와 전략감사51)

### 1. 방치되고 있는 전략감사 활동

전략적 대안을 모색하고 실천하는 과정에서 경영관리자가 유의해야 할 점은 바로 전략오류를 예비하고 교정하는 일입니다.

현재 우리 기업조직의 경영활동에 대한 평가나 감독, 교정에 관한 공식적 기능은 내부감사제도를 통하여 전개됩니다. 그러나 전략적 행동에 대한 감사기능은 대부분의 조직에서 현재 제대로 실행되지 못하고 있습니다.

---

내부감사는 기업 또는 기타 경영조직체의 최고 경영자에게 부과된 경영책임의 수행을 보좌하고, 또한 스탭으로서 경영에 관한 제반활동 및 관리가 경영방침, 계획, 절차에 준거해서 효과적으로 운영되고 있는지를 확인하는 것이다.

또한 내부감사는 기업 및 기타 경영조직체 전체의 입장에서 볼 때 제반활동 및 관리를 위한 방침, 계획, 절차가 유효하고 적절하게 수행되고 있는지의 여부를 집행활동으로부터 독립된 입장에 입각하여 전반적, 종합적 시야에서 검토, 평가하는 것이다.

따라서 내부감사는 기업 및 기타 경영조직체의 최고 경영자, 관리자에게 경영 제반활동과 그 관리에 대한 정보를 제공하고, 재산의 보전과 경영능률의 증진 및 수익성의 향상을 도모하고, 경영활동의 적정하고 효과적인 수행에 기여한다.

내부감사실천매뉴얼, 소프트전략경영연구원,1996

---

51) 박동준, 뉴스와트 전략, 소프트전략경영연구원, 2005. 제8장 참조

앞에서 인용한 내부감사기능이 각 조직에서 제대로 수행되고 있는지에 대한 판단은 각 기업의 실상에 따라 상당한 차이를 보이고 있습니다. 더욱이 기존의 감사영역에서는 전략행동에 관한 분야는 다음 <도표 7.1>에서 보는 바와 같이 현실적인 이유로 방임 및 배제되고 있습니다.

<도표 7.1> 전략감사의 방임 및 거부현상

---

### 전략감사에 대한 내부감사 관점

◆ 감사실의 입장 :
"불확실성하에서의 의사결정이므로 시행착오는 당연한 것."
"신속히 대응해 나가야 할 전략적 사업전개에, '불필요한' 감사활동은 오히려 전략적 성공을 지연시킬 것"

◆ 전략부문의 입장 :
"전략적 사업이 조기 안정이 되면, 일반 사업부문이 맡게 될 것이므로, 그때에 감사 항목을 준비하여 제시할 것"
"현재 상황에서는 감사의 대상 업무가 아니다."

◆ 전략 관련 임원의 입장 :
"지금은 아직 타당성조차 모르겠고, 가능성을 모색하는 단계이므로, 일단 위임하세요. 좀더 두고 봅시다."
"아직 병아리가 부화되지도 않았는데, 그 무슨 '닭 잡고 오리발' 감사를 한다는 것인가?"

이와 같은 3박자로 전략에 대한 감사는 거의 방치됨

### 기술적 관점

◆ 기술적 측면 :
"기획부문에서도 명확한 환경예측이나 합당한 전략기법의 전개에 익숙하지 못하고, 감사실에서도 사정은 마찬가지."
"소형 경비정 출신 해군 장교의 핵 잠수함 전략 전개에 대한 육본 경리처의 감사"

---

(D. J. Park, 2004)

즉, 대부분의 조직에서 감사실과 기획부문, 그리고 경영진의 공동 방임에 의한 감사기능의 부전이 많이 목격되고 있으며, 따라서 전략부문의 성과를 제도적으로 그리고 제대로 실시하지 못하고 있으며 그나마 주로 대인적 관리나 사안별 특별 관리의 형태로 유지해오고 있습니다.

<도표 7.1>에서 보는 바와 같이 전략기능에 대한 공적(公的) 평가기능의 방치는 기업조직의 사업 및 전략의 입안 및 집행, 사후관리부문의 오류에 대한 평가와 감독, 그리고 그 집행과 오류수정을 통한 기업의 진화의 기회를 스스로 억제하는 일과 다를 바 없는 것입니다.

최근 글로벌 시장에서의 무한경쟁, 지속가능성장을 실현시키고자 한다면, 이제부터라도 경영관리자들은 전략감사에 관하여 주목을 하고, 이에 대하여 충실한 대비를 해야 할 것입니다.

### ■ 기존 감사활동의 한계

기업의 성장과 사활을 관장하는 주요활동인 전략기능에 대한 감사활동의 주무부서는 역시 내부경영감사를 수행하는 감사실에서 수행하여야 합니다.

현재 기업의 경영오류를 파악하고 이의 시정을 관장하는 감사활동과 관련되어 있는 감사주체, 또는 감사기능의 수행활동을 보면 외부감사와 내부감사가 있습니다.

외부감사의 경우, 외부공시를 목적으로 하는 재무제표중심의 감사로 현재 및 미래 수익의 건전성에 초점을 두어 총량중심, 결과중심의 감사를 실시하고 있습니다.

한편 내부감사의 경우에는 내규, 업무규정을 중심으로 법규준수여부, 예산실행의 초과여부, 사업전개의 합당성, 기업재산의 유지존속, 업무수행의 성과의 점검과 이의 교정활동에 주력하여 업무중심, 과정중심, 과거에 설정한 기준에 초점을 맞추어 감사행동을 실시하고 있습니다.

따라서 전략적 투자의 적정성, 전략적 현안과제의 설정 및 대응 여부, 전략행동의 합당성 여부, 전략적 시행착오에 대한 평가와 피드백과 같은 기본적인 전략행동들이 조직 내에서 방임되고 있는 실정입니다.

## ■ 집단침몰의 위험성이 상존

이와 같은 기업경영의 체제를 구성하는 핵심인자라고 할 수 있는 전략부문의 기본적 기능에 대한 감사기능의 부재와 방임은 전략오류의 증폭과 경영오류의 확산으로, 기업조직은 아주 치명적이고도 심각한 상태에 처하게 될 수 있으며, 집단침몰의 위험성이 상존하고 있다고 할 수 있습니다.

예를 들어, 새로운 신규사업을 모색할 경우를 생각해보겠습니다. 신규사업의 전개에 대한 전략적 투자규모가 클 경우, 전략적 시행착오의 리스크는 더욱 증대하게 됩니다. 또한, 전략적 투자규모가 적을 경우에도, 오늘날과 같은 글로벌 경쟁, 복합경쟁, 위기관리 경영, 원가를 쥐어짜는 가격경쟁, 수익압박의 상황에서는 시행착오를 최소화시켜 나가려는 노력이 절대적으로 필요한 실정입니다.

이와 같은 상황에 대응하기 위하여 경영진과 경영관리자들은 경영과제와 전략과제들을 선별하여 기존의 사업의 성과를 유지함과 동시에 새로운 환경에 대하여 필요한 대응을 새로이 전개하지 않을 수 없게 됩니다. 그러나 이에 대한 대응활동에 있어서, 과연 적합한 대응을 하고 있는가에 대한 제도적 평가 및 감시 장치의 부재는 기업경영의 시행착오를 우발적으로 관리하게 되는 파생적인 오류를 유발시키게 됩니다. 뿐만 아니라, 그와 같은 시행착오에 대하여 대인적으로 관리하게 됨으로써, 각 개인의 경영과제와 전략과제의 관리 성과에 따라 기업의 전체적 행동과 성과가 좌우되는 현상이 유발됩니다.

한편, 기업의 환경대응공간이 확장되고 그에 대응하는 규모가 커지게 됨에 따라 필요한 자금의 규모도 증대됩니다. 따라서 외부자금유입(주식 등을 통한 직접금융)의 확대로 외부의 이해관계인들을 포함하여 특히, 자금과 관련하여 직접적인 이해관계인인 주주들은 기업의 전략적 행동에 대한 감시, 간섭활동이 확대됩니다.

여기에 기업 활동의 현상유지에 대한 압력이 조직의 전략적 활동에 대한 투자를 압박하는, 소위 그레샴 법칙의 신드롬을 가중시키게 되고, 기업의 경영진 및 경영관리자들의 경영의사결정과 전략대응을 압박하게 됩니다.

## 2. 전략감사의 목적과 정의 및 대상 업무

내부 경영감사는 경영조직체에 대한 서비스활동으로써 경영에 관련된 제반활동을 검토평가하기 위해 경영조직체내에 설치된 독립적 평가기능입니다. 이와 같은 내부감사의 목적은 "경영조직체 내의 각 개인이 효과적으로 그 책임을 수행하도록 지원하는 것이며 검토 평가한 제반활동에 관한 분석과 평가·권고·조언·정보를 각 개인에게 제공"하기 위한 것입니다.[52]

따라서 전략감사는 '기업조직에서 전개되는 전략행동의 타당성, 합리성, 적합성을 판단하고, 그 오류를 교정함으로써 기업행동의 건전성, 수익성을 확보하고, 기업의 전략적 노력의 낭비를 제거하고 효과성을 높이기 위한 자정적 활동'이라고 정의할 수 있습니다.

---

52) 카키시마카즈미, 내부감사실천매뉴얼, 소프트전략경영연구원, 1996

즉, 전략감사는 '기업의 전략적 성과를 제고하고 기업발전의 역동성을 관리하기 위하여 내부감사의 일환으로 수행하는 것'입니다.

<도표 7.2>과 <도표 7.3>은 전략감사에서 제외되는 업무와 전략감사의 대상 업무를 예시한 것입니다.

### <도표 7.2> 전략감사에서 제외되는 업무

- 일상적 내부감사 대상 업무: (예시) 경리, 영업, 생산활동

  그러나 다음과 같은 경우, 전략감사대상 업무로 편입한다.

- 해당 업무기능이 전략적 환경대응활동, 전략직 사업전개활동과 연관되어 있을 경우
- 해당 업무기능에서 전략적 능력의 제약, 취약성을 보일 경우
- 해당부문으로부터 긴박한 전략적 자원 동원이 필요할 경우

(D. J. Park, 2004)

<도표 7.2>에서 보는 바와 같이 일상적 내부감사의 대상 업무들은 기존의 감사업무에서 취급합니다.   그러나 기존의 감사업무에서 예외사항들로 취급하는 항목들 중에, 전략적 대응에 관련된 항목들은 전략감사의 범주로 편입시켜 관리하도록 합니다.   이와 같이 기존의 내부감사활동과 전략감사활동을 분리하여 관리하는 이유는 기존의 내부감사기능의 혼란을 예방하여 기존의 감사업무를 보호하는 한편, 전략감사활동에 대한 감사기능을 별도로 주목하고 관리함으로써 두 가지의 감사기능을 모두 보호하고, 그 성과를 높이기 위한 것입니다.

<도표 7.3>은 전략감사의 대상 업무로 다루어야 할 주요 과제와 업무들을 예시한 것입니다.   여기에서는 24가지의 항목으로 감사대상항목을 구성하였습니다.   이 항목들 중에는 기존의 내부

감사에서 다루고 있는 항목들도 있습니다.

<도표 7.3> 전략감사의 대상 업무의 예시

```
(1) 전략기획, 사업기획, 생산기획, 자금기획, 영업기획, 인사기획 등의
    기획업무
(2) 전략 프로젝트팀의 전략수립활동
(3) 돌발 상황에 대한 대처
(4) 새로운 기획활동과 그 업무 이관
(5) 전략적 의사결정과정
(6) 전략기법의 선택 및 그 운영
(7) 전략 프로젝트의 외주화
(8) 연구개발 프로젝트
(9) 전략정보의 관리상황, 기밀유지
(10) 신규투자, 신규설비 도입
(11) 사업, 자원, 설비 매각
(12) 인수합병, 전략적 제휴 활동
(13) 관계사간의 협력관계
(14) 공동 사업, 기술, 시장 개발활동
(15) 기존 기획부문과 신규 전략팀간의 업무조정 협조관계
(16) 전략적 기획, 변혁활동에 대한 조직저항활동
(17) 전략적 투자의 집행 및 평가
(18) 전략추진의 결과 및 결과검토방법
(19) 전략추진과정에서의 전략변경실태
(20) 전략능력의 개선활동
(21) 전략 책임부문, 지원부문의 책무이행
(22) 전략 촉진활동
(23) 전략 추진 및 관리 성과
(24) 전략 시스템
```

(D. J. Park, 2004)

예를 들면, 연구개발 프로젝트, 전략정보의 기밀유지, 신규투자 및 설비도입, 사업/자원/설비매각, 아웃소싱, 인수합병, 관계사 감사, 조인트 벤처 등의 공동사업, 전략지원부문의 책무이행과 같은 항목들입니다. 그러나 이와 같은 항목들을 감사함에 있어서 그 실제를 보면, 기본적인 전략적 구도와 목표, 그리고 전략중점관리

항목들을 점검하기 보다는 최종 실행계획에서 고려하고 있는 목표의 타당성이나 그 이행여부에 초점을 맞추게 됩니다.

따라서 최종 실행계획 목표의 전략적 타당성이나 그 전략적 관리의 핵심적 지표를 파악할 수 없을 경우에는 제대로 된 평가를 내릴 수 없게 될 뿐만 아니라, 바람직한 방향으로의 수정행동 또한 관리할 수 없게 됩니다.

전략분야에 대한 과제들과 업무전개에 대한 문제의식과 중요성을 인식한다고 해도 구체적으로 어떻게 해야 할 것인지를 명확히 파악할 수 없기 때문에, 감사를 실시할 수 없다고 하는 내부감사인의 지적도 들을 수 있습니다.

그러나 방법이 없다고 그대로 주저앉아 있을 수는 없습니다. 사안이 중요하다면, 최소한의 감사 체크리스트의 기본적인 틀만이라도 구성해서 해결해나가지 않으면 안 되는 것입니다.

<도표 7.4> 전략감사 체크리스트의 개발 동기

● 감사 체크리스트가 없어서 감사를 할 수 없다.

● 감사의 직분으로 전략에 관하여 무엇을 점검해야 할지를 모르겠다.

● 전략이 관계되는 분야가 광범위해서 구체적인 특정한 점검항목을 세분화해도, 전체적인 것을 놓치기 쉽다.

● 직접 전략분야에 대하여 개입하려고 해도, (기획)관리부서인데 공연히 간섭하는 것과 같은 인상을 주어서 관망할 수밖에 없다.

● 계획수립분야의 입장에서도 내 자신의 전략계획 업무가 제대로 되고 있는지 업무기준을 확립할 필요가 있다.  업무기준을 이해하고 설정할 수 있는 체크리스트가 있으면 좋겠다.

● 전략 프로젝트 팀의 일원으로서 우리 팀의 활동에 대한 작업품질을 점검할 수 있는 판단기준을 세웠으면 좋겠다.  기존의 프로젝트관리의 기준으로 전략계획수립 프로젝트를 평가하는 데에는 어려움이 있다.

● 전략경영분야의 전문가의 도움이 필요하다.  무엇인가 체계를 잡아 달라.

## ■ 전략감사 기본항목의 설정

따라서 우선적으로 다음과 같이 필수적으로 고려해야 할 기본 항목을 설정하였습니다.

● 10개 기준 항목과 세부 항목의 설정
  ● 목표, 목적을 점검한다 : 30개 항목
  ● 전략 수립 프로세스의 점검 : 12개 항목
  ● 전략방법론의 검토 :  6개 항목
  ● 의사결정 프로세스의 점검 :  10개 항목
  ● 조직의 대응성의 점검 :  10개 항목
  ● 전략 시스템의 점검 : 10개 항목
  ● 전략적 투자의 점검 : 11개 항목
  ● 책임과 실행에 대한 점검 :  7개 항목
  ● 평가와 유지에 대한 점검 : 8개 항목
  ● 기밀유지에 대한 점검 : 6개 항목  (총 110개 항목)

이와 같은 기본적인 평가항목은 전략감사기능이 확충되고, 그 기법이 강화됨에 따라서 더욱 수정되고 보강되어야 할 것입니다.

일단은 이 110개 항목을 중심으로 체크리스트를 구성하고 그에 입각하여 적정여부와 당면하고 있는 문제점에 대하여 경영관리자 와 감사, 그리고 경영자의 공통적인 인식을 조성하고, 그에 대한 대책을 강구해나가는 과정을 경영조직 내에서 공식화할 수 있습 니다.

이에 대한 구체적인 체크리스트를 살펴보기 전에, 전략감사 체 크리스트를 사용할 때의 유의사항에 대하여 먼저 살펴보겠습니다.

## 3. 전략감사 체크리스트를 사용할 때의 유의사항

### ■ 유의사항

경영자, 경영관리자 및 전략감사가 이 전략감사 체크리스트를 사용할 때의 유의사항으로는 다음 <도표 7.5>와 같은 네 가지 사항에 유의할 필요가 있습니다.

<도표 7.5> 전략감사 체크리스트 사용시의 유의사항

● 체크리스트의 대상항목에 대한 유의성에 주의
　● 회사의 실정에 따라 특정 검토항목이 여타의 검토항목과의 연관성을 보임
　● 검토항목간의 중심성, 관련성, 영향관계를 보임

● 감사자의 독단에 유의
　● 전략부문, 관련부문에서 필요한 정보, 사실관계, 진행과정중의 이해관계에 관한 확인을 배제할 경우, 판단의 오류에 빠질 수 있음

● 사실 확인을 위한 전후관계의 이해
　● 정치적 영향관계가 있는 사안이나 항목의 경우, 감사자에게 해당 사실이 노출되지 못할 소지가 있음
　● 기존의 내부감사업무와는 달리, 대상영역이 넓고, 불확실성이 높기 때문에, 합리적 논거를 위한 정보, 자료, 지식수집이 필요

● 감사의 목적에 충실
　● 전략, 전략활동을 통제, 억제하는 방향이 아니라 지원, 촉진, 성과제고의 목적으로 전개하지 않을 경우, 전략기능이 위축되는 현상을 보일 수 있음

(D. J. Park, 2004)

<도표 7.5>에서 보는 바와 같이 전략감사는 일반적인 업무감사와는 달리, 점검하고 검토해야 할 항목과 정보, 자료들이 많으며, 또한 유관분야를 비롯하여 대상영역이 넓고, 그 대상 업무의 속성과 관계자의 계층이 다양합니다.

따라서 감사의 목적을 전향적이고 지원적이며, 성과촉진의 방향으로 설정하여 경영자 및 전략부문을 지원하는 특성을 유지하도록 하는 것이 중요합니다.

때로는 전략감사는 그 대상 업무를 수행하다 보면, 경영진 및 임원의 의사결정에 대한 심판과 같은 평가를 내려야 할 경우도 발생합니다. 비록, 감사의 대상으로 하는 전략과제나 전략계획에 대하여 그 전략대안을 최종 의사결정자가 직접 입안한 것이 아닐지라도, 최종적으로 결재를 한 당사자 책임이라는 것이 있기 때문에, 부득이 경영진에 대하여 최종 의사결정자로서의 의견과 그 판단의 근거를 구하게 될 수도 있습니다.

경영진뿐만 아니라, 관련된 부문의 요원이나 이해관계인들에게 전략적 판단과 전략논리에 대한 의견과 진술을 구할 때에도 사정은 마찬가지입니다.

이와 같은 과정에서 심판자의 역할을 수행하거나 또는 처벌적 감사를 실시하게 된다면, 제대로 된 답변을 구할 수 없을 뿐만 아니라, 전략감사의 기본취지를 달성할 가능성도 희박하게 됩니다. 따라서 전략 감사실시의 유의사항으로 <도표 7.5>의 네 가지 항목에 유의합니다.

다음으로는 전략감사의 실시에 있어서 체크리스트를 사용할 때 유의해야 할 권장사항에 대하여 살펴보겠습니다.

### ■ 전략감사의 실시에 있어서 체크리스트를 사용할 때의 권고사항

여기에서 소개하고 있는 체크리스트를 필자가 개발할 때에는 처음부터 전략감사활동을 어떤 1인이 수행하는 것을 염두에 두고 고안된 것이 아닙니다. 이 체크리스트는 필자가 워크샵에서 경영 간부와 전략 리더들을 중심으로 기업의 전략감사를 위한 진단 워크샵을 수행하는 과정에서 고안하고 적용하는 체크리스트입니다.

따라서 기업에서 전략감사를 실시할 경우, 이 체크리스트를 사

용할 때의 권고사항으로 다음 <도표 7.6>과 같은 점에 반드시 유
의하여 수행할 것을 권고합니다.


<도표 7.6> 전략감사 체크리스트 사용의 권고사항

● 팀 활동, 워크샵을 권고
　● 회사의 당면과제, 전략점검, 주요 환경변화의 추이, 이해관계인의 요구사
　　항의 수렴, 전략 수립 및 전략적 대응에 관련된 관계인으로 구성된 워크샵
　　에 참여하여 필요한 체크리스트의 항목을 점검할 것
● 주요한 외부적 요구사항의 파악을 위해 외부 회의, 세미나 참석, 정보의 수집
　● 전략감사를 수행하는 감사인들은 업계, 회사 외부에서 주최하는 관련된
　　주제의 세미나, 노사협의, 소비자관련 회의, 정부 정책관련 회의, 협력사,
　　관계사 관계자 회의에의 적극적으로 참석할 것
● 주요 자문(인)의 활용
　● 기술, 지식관련 관계자의 의견을 참작할 것
　　(주의사항: 전문가 의견에 지나치게 예속되지 않도록 주의)
　● 외부 감사의 의견을 경청, 판단할 것

(D. J. Park, 2004)


### ■ 문제고려의 10원칙에 유의하라

전략감사를 수행하다보면, 이상하게도 처음에 주목했던 문제를
추적하는 과정에서 또 다른 문제들이 자꾸 유발되는 현상에 스스
로 기가 질리거나, 시간이 갈수록 중도에 포기하고 싶은 생각이
자주 들게 됩니다.

이러한 경우에 대비하기 위하여, 저는 처음부터 제3장의 <도표
3.2>에서 살펴본 바와 같이 문제고려에 대한 10원칙에 따라 당면
하게 될 문제에 대한 마음가짐을 공고히 하도록 합니다.

이러한 10원칙을 염두에 두면, 적어도 문제라는 대상에 대하여
안이하게 접근하는 마음가짐은 줄어들게 됩니다.  또한 제1원칙에

서 보는 바와 같이 문제는 언제나 계속 발생하는 것이라는 현실
감을 정확하게 인식하는 것이 오히려 경영자나 감사인이 문제를
해결하려는 마음에 자세와 각오를 새롭게 할 수 있습니다.

## 4. 전략감사의 항목별 체크리스트53)

현재까지 완성한 전략감사의 항목별 체크리스트는 다음과 같습
니다. 이 체크리스트를 사용할 때에는 앞 페이지의 전략감사 체
크리스트 사용시의 유의사항과 권고사항을 반드시 참고하시기 바
랍니다.

### 1. 목표설정에 대한 감사 체크리스트

1. 목표, 목적의 설정동기가 무엇인가?
2. 그 동기는 합당하며, 추진에 무리가 따를 소지가 있는가?
3. 설정된 목표, 목적을 기각하게 될 경우, 차선책으로 고려될 수 있는
   목표, 목적은 어떠한 것이 있는가?
4. 설정된 목표는 조직이 성장, 발전 가능한 목표로 편성되어 있는가?
5. 우리 조직의 역량의 한계를 뛰어 넘는 목표, 목적이 편성되어 있는
   것은 아닌가?
6. 해당 목표달성에서 얻는 기대이익과 투입노력, 비용의 정도는 어떠한
   가?
7. 투입대비 기대이익은 합리적으로 계산되었는가?
8. 기대이익의 부풀리기, 지나친 낙관이 개입되어 있지는 않은가?
9. 추진사업과 무관한 사업수익이 반영되지는 않았는가?
10. 환경상황이 비관적으로 전개될 경우, 해당 목표, 목적을 추구해야
    할 당위성이 존재하는가?

---

53) 간이용 110항목의 전략감사 체크리스트는 필자가 개발한 정밀진단용 250항
목의 전략감사 체크리스트와 진단기법에서 발췌한 것입니다.

11. 해당목표에서 유발되는 반사이익, 부대적 이익은 무엇인가? 누가 그 혜택을 누리는가?

12. 해당 목적을 달성하기 위하여 추가적으로 투입되어야 하는 부대적 기업노력은 어떠한 것들이 있으며 어느 부문에서 부담해야 하는가?

13. 해당목표, 목적을 전개할 경우, 소외되는 계층, 부문이 발생하게 되는가?

14. 명백히 성장가능성이 존재함에도 특정 수요, 제품부문, 시장부문, 기술부문에 집착하여 목표를 설정하고 있는 것은 아닌가?

15. 왜곡된 목표, 목적이 설정되어 있지는 않은가? 예를 들면, 기존 사업의 실패를 눈가림하기 위한 목표를 그럴듯하게 포장하는 것은 아닌가?

16. 목표의 수정이 필요할 경우에 대한 조건이 명시되어 있는가? 목표의 수정이 필요할 경우, 신속히 목표변경을 위한 절차를 제도화 하고 있는가?

17. 목표의 진척, 달성조건, 평가기준이 명시되어 있는가?

18. 우발적 상황, 돌발적 환경변화에 대한 목표와 수단의 보완에 대한 여지를 마련하고 있는가?

19. 추상적, 형식적 표현의 목표, 목적이 나열되어 있는가?

20. 목표가 최고경영층으로부터 부여된 것이라면, 그 당위성, 합목적성, 실현가능성에 대한 검토내용, 경영층에 대한 피드백 내용은 어떠한 것인가?

21. 전략수립단계에서 임시로 설정된 목표를 최종목표로 고집하는 경우는 없는가?

22. 전략적 중점과제의 선정방법은 어떠한가? 외부 환경의 요소와 조직의 역량은 감안하여 중점과제를 선정하고 있는가?

23. 선정된 현안 중점과제들의 추진목표는 어떻게 설정되고 있는가? 이에 대한 평가를 위한 제도적, 기능적 조치가 취해지고 있는가?

24. 전략적 중점과제가 등장할 경우, 이를 조직 내에서 감지할 수 있는 절차나 방법이 있는가?

25. 전략적 목표의 전개, 중점과제들의 감지, 해결을 위한 책임부문과 관계자에 대한 직무책임, 권한, 보고 시스템은 부여되어 있는가?

26. 목표수립에서 고려하고 있는 수요, 잠재수요는 어떻게 반영되어 있는가? 가수요, 허수요, 환상수요를 고려하고 있는 것은 아닌가?

27. 제품/서비스 분야의 생산공급 목표는 수요변화의 탄력성에 대응할 수 있는가?

28. 광고에는 성공했지만 마케팅에 실패하는 경우와 같이, 실천목표의 내용과 체계와 그 전개방법이 궁극적인 목적에 합당한가?

29. 새로 설정된 목표들은 협력관계에 있는 조직, 개인들에게 어떠한 영향을 미치는가? 부정적 영향관계를 예상하고 있는가? 그에 대한 대책이 강구되어 있는가?

30. 기존, 신규 또는 상위, 하위 목표들 간의 대립관계에 대한 점검이 되어 있는가? 목표전개 과정 중에 목표들 간에 마찰, 대립, 모순이 발생할 경우, 어떠한 우선순위에 입각하여 조율하고 있는가?

## 2. 전략 수립활동의 감사 체크리스트

31. 전략 수립활동의 기획책임, 의사결정책임, 평가책임은 누가 맡고 있는가?

32. 정기적 전략수립활동과 수시로 발생하는 전략적 현안과제들에 대한 대응행동의 조직화는 어떻게 실시되고 있는가?

33. 전략수립활동의 프로세스는 합리적으로 전개되고 있는가?

34. 전략수립활동의 일정 및 진척사항이 관리되고 있는가? 난제에 봉착할 경우, 그 대응은 신속하게 전개되고 있는가?

35. 특정한 정보부재의 이유로, 전략수립활동이 지연되는 일은 없는가?

36. 전략 수립활동의 수행에 특정 조직, 개인의 이해관계가 조직의 성장보다 우선하는 일은 없는가?

37. 전략 수립활동의 기획내용에 활동지원, 보좌부문과 지원내용이 명시되어 있는가?

38. 수립 활동 중에 활용, 생산되는 정보, 자료에 대한 보안, 기밀유지에 대한 관리에 철저를 기하고 있는가?

39. 전략수립활동에 참여하는 작업팀, 관계자들의 언행, 정보, 자료에 대한 보안규정이 확립되어 있는가?

40. 전략수립활동 중에 취득한 정보, 지식, 기밀, 조직의 문제현상 등에 대한 내용을 누설할 수 없다는 규정, 협약서를 개인별로 징구하고 있는가? 해당 협약서에는 전략수립활동에 참여한 요원이 퇴사할 경우를 대비하고 있는가?

41. 전략수립활동을 전개하기 위한 사무공간, 장비, 시설, 협력체제, 보안유지, 회의개최, 통신, 문서의 전달 및 폐기, 인력의 구성 및 배치, 책임관계의 부여, 감독활동은 제대로 관리되고 있는가?

42. 외부의 조직, 개인에게 외주를 주거나 또는 공동으로 작업을 전개할 경우, 이에 대한 책임 관리자는 누구인가? 해당 프로젝트를 감독, 지휘할 역량을 갖추었는가?

## 3. 전략수립 방법선택의 감사 체크리스트

43. 해결해야 할 전략상황, 당면환경대응에 합당한 전략방법론을 선택하고 있는가?

44. 전략수립방법론의 구성논리, 최종지향, 방법론은 합리적이며, 우리 조직 상황에 적용가능한가?

45. 전략수립방법론의 제약점, 한계점을 인식하고 있는가? 그에 대한 대응방안이 고려되고 있는가?

46. 전략의 실무자, 책임자는 해당 방법론의 내용, 방법의 운영에 관하여 정통한 지식을 확보하고, 충분한 활용능력이 있는가?

47. 해당 방법론은 목표 간의 상충, 전략적 대안들의 종합, 효과성의 확보에 관하여 어떠한 해결책을 제시하고 있는가?

48. 기업전략, 경영전략, 사업전략의 방법론과의 연계성은 어떠한가? 연계적인 논리와 체계가 갖춰져 있다면, 해당방법론은 최종적으로 어떠한 전략적 목표로 귀결되는가?

## 4. 전략적 의사결정 프로세스의 감사 체크리스트

49. 최종 의사결정자, 경영진에게 제공되는 전략수립과정의 단계별, 과정별 보고내용은 충실히 제공되고 있는가?

50. 전략수립의 각 중간단계에서 의사결정을 구해야 할 때, 책임자는 이에 대한 의사결정회의를 제대로 실시하고 있는가?

51. 경영자의 시간, 주의, 관심의 낭비를 제거하기 위하여 경영자의 의사결정에서 논의되어야 할 결론을 중심으로 검토항목, 의사결정의 내용이 명확히 정의된 회의 자료를 제공하고 있는가?

52. 의사결정과 판단에 시간이 필요한 의제의 경우, 의사결정회의 개최 이전에 사전 판단보조자료를 제공하고 있는가?

53. 전략수립 팀에서 자체적으로 의사결정을 내릴 수 있는 범위, 내용은

확정되어 있는가?

54. 경영진에게까지 의사결정을 구하지 않아도 될 사안들을 의사결정회의에 제의하는 경우는 없는가?

55. 경영진에게 보고되는 사안 중에 중간 지위에서 중요 전략과제와 대안에 대하여 차단되는 일은 없는가?

56. 전략수립과정에 특정 상급자나 특정 조직부문, 특정 계층부문으로부터 공식적인 경로를 통하지 않고, 전략과제로 채택할 것을 돌연 제의하거나 지시되는 일은 없는가?

57. 전략적 의사결정을 실시하기 위한 의사결정의 원칙이나 체크리스트를 확정하고 있는가?

58. 전략적 의사결정회의를 소집하는 자는 누구인가?  작업 팀의 전략활동 진행과정이 지연되어, 작업 단계별 회의가 제대로 이루어지지 않을 경우, 정기적인 회의운영(예, 주간)이 실시되고 있는가?

## 5. 조직의 대응성에 대한 감사 체크리스트

59. 조직편성은 기업의 환경대응활동을 효과적, 효율적으로 전개할 수 있도록 편성되어 있는가?

60. 편성된 조직이 조직관성, 조직의 이해관계를 중심으로 새로운 전략 모색과 전개에 반대하는 경향은 없는가?  그러한 경향이 노동조합 활동, 외부세력 활용으로 전이되는 현상은 없는가?

61. 조직이 전략적 근시안 등의 주체오류, 또는 운영오류에 빠져있지는 않은가?

62. 새로운 전략모색을 수행할 수 있는 조직구성원을 현장조직에서 염출해낼 수 있는가?  현업과 동시수행의 경우, 그 업무할당의 내용은 적합한가?

63. 조직구성원의 상황인식, 문제해결 능력, 과제의 장악력, 해결의지의 수준은 어떠한가?

64. 전략수립활동에 직, 간접적으로 참여하게 되는 각 개인들의 동기부여는 어떠한가?

65. 조직구조의 특성이 작용하여, 부서이기주의 현상이 전략수립활동의 진행을 방해하는 경우는 없는가?

66. 새로운 전략상황의 개척, 적극적 전략대응활동에 대하여 반대, 소극적 저항을 보이는 개인, 부서는 없는가?

67. 외부에서 경영진이 영입 된 경우, 이에 대한 조직, 개인의 신뢰성, 충성심은 어떠한가?

68. 새로운 경영진, 관리자가 제시하는 전략적 대응활동에 대한 수용성은 어떠한가? 그에 대한 대응책을 강구하고 있는가?

## 6. 전략 시스템의 감사 체크리스트

69. 계획수립 시스템, 정기적인 계획수립 방식의 절차(주체, 기간, 내용, 방법, 전개방법)는 당면하고 있는 환경대응을 전개하는데 합당하게 편성되어 있는가?

70. 현재 전개되고 있는 계획절차에 구속되어 새로운 환경대응과제를 해결하는 일이 지연되는 일은 없는가?

71. 현재 사용되고 있는 계획수립의 방법, 절차의 수명은 몇 살인가?

72. 사업, 예산회계 시스템의 핵심적 목적과 논리는 무엇인가?

73. 현행 계획수립 절차(시스템)의 1회전 기간은 어떻게 편성되어 있는가?

74. 현행 계획수립 시스템의 외부작동계기(trigger, interrupt)에는 어떠한 것들이 있는가? 그러한 계기에 대하여, 현행 계획 시스템은 어떻게 대응하도록 되어 있는가?

75. 컨틴전시, 돌발 상황에 대비하는 계획을 유연하게 반영할 수 있는 절차와 시스템을 갖추고 있는가?

76. 전략계획수립, 전략적 대응에 필요한 자료, 정보, 조치를 강구하는데 걸리는 시간은 어느 정도인가?

77. 계획수립 활동에 필수적인 정보, 첩보, 사실자료, 판단자료, 지식, 기술, 경쟁사의 대응에 관한 입력 자료와 자료원에 대한 유지, 관리가 되고 있는가?

78. 외부 자료원, 지식, 기술, 전문가, 조직을 활용할 경우, 이에 대한 내용의 품질, 보안유지에 대한 관리가 가능한가?

## 7. 전략적 투자의 점검에 대한 감사 체크리스트

79. 손익분기점에 대한 판단이 합리적인가?

80. 전략적 임계규모(critical mass)의 판단이 합리적인가?

81. 전략적 통제와 운영적 통제간의 이행관계에 대한 원칙이 명확하고 구체적으로 설정되어 있는가?

82. 전략적 투자와 운영적 통제주체간의 이해관계의 대립을 조정하는 규칙이 합리적으로 편성되어 있는가?

83. 전략적 투자손실에 대한 조치, 처우, 보호기준은 설정되어 있는가?

84. 철퇴계획을 포함하여 투자 리스크에 대한 검토와 대책이 구체화 되어 있는가?

85. 전략적 통제를 위한 사업, 예산, 기업행동에 대한 원칙과 관리항목이 수립되어 있는가?

86. 협력관계를 통한 투자의 경우, 전략적 통제활동과 관련하여 협약의 기본원칙에 불합리한 사항은 없는가?

87. 전략수립 및 통제활동의 전개과정에서 예측하지 못한 상황이 발생하였을 경우, 협약관계에 있는 투자자들 간의 합의사항, 조정의 여지에 관한 조치가 준비되어 있는가?

88. 전략적 투자활동의 전개 중에 예상보다 과다한 지출, 투자노력이 소요될 경우의 대비책은 확보되어 있는가?

89. 전략적 통제를 효과적으로 하기 위한 소규모 시험착수활동이 적기에 전개되었는가?

## 8. 책임, 실행에 대한 감사 체크리스트

90. 전략수립, 전략대응행동의 책임자의 책임권한범위는 명시되어 있는가?

91. 전략 수립요원, 책임자의 과실에 대한 책임면제 범위는 명시되어 있는가?

92. 전략수립과 대응행동에 대한 책임관계가 조직의 전략 행동의 성과를 제고하는 관점에서 편성되어 있는가?

93. 전략 수립활동에 참여하는 각 개인들의 업무구분과 행동, 평가기준 및 성과보상에 관한 내용을 확정하는 직무기술(job description)이 명시되어 있는가?

94. 전략활동에 참여하는 각 개인들의 업적에 대한 평가원칙, 방법은 합리적으로 편성되어 있는가?

95. 각 개인들의 작업윤리규정, 행동원칙이 확립되어 있는가?

96. 전략활동에 참여하는 각 개인들이 개인적 동기, 이해관계에 의하여 전략활동을 왜곡하거나 전략품질을 저해하는 경우는 없는가?

## 9. 평가와 유지에 대한 감사 체크리스트

97. 수립된 전략계획안의 평가를 위한 평가 조직이 확립되어 있는가?

98. 계획수립과 실행결과 간의 시차가 존재한다는 이유로 추적평가를 하지 않는 경우는 없는가?

99. 이전에 추진한 계획결과가 바람직할 경우, 또는 부정적일 경우, 그 평가는 공정하게 실시되고 있는가?

100. 장기간의 계획 활동의 결과로 추진하게 된 전략대응활동에서 환경의 급작스러운 변화로 계획을 수정해야 할 경우, 이에 대한 판단을 위한 담당자, 담당부문이 배정되어 있는가?

101. 계획의 내용을 수정해야 할 경우, 이에 대한 보완조직, 책임자의 계속 배정에 대한 대비책이 있는가?

102. 상황이 불리하게 전개될 경우에도 계획의 내용을 수정하지 않고, 계속 추진해야 할 경우, 그에 대한 판단기준의 원칙이 설정되어 있는가?

103. 계획평가의 방법과 절차, 계획보완 및 수정에 대한 방법과 절차가 마련되어 있는가?  그에 대한 책임부문이 할당되어 있는가?

104. 계획부분의 계획품질, 전략추진부문의 전략활동품질을 모니터링하기 위한 절차, 방법이 강구되고 있는가?

## 10. 기밀유지에 대한 감사 체크리스트

105. 직위, 부문을 막론하고 계획수립작업 및 전략활동에 직, 간접적으로 참여하는 각 개인들의 기밀유지, 보안에 관한 협약서를 징구하였는가?

106. 해당 협약서에는 퇴사 이후의 기밀유출에 관한 규정, 협약이 구비되어 있는가?

107. 전략활동에서 확보, 생산되는 기밀사항에 대하여 조직 내외부에서의 접근보호조치가 되어 있는가?

108. 이상에 관한 각 개인에 대한 교육, 홍보가 되어 있는가?

109. 기밀유지의 대상이 되는 정보, 첩보, 사실자료, 판단자료, 지식, 기술, 경쟁사의 대응에 관한 입력 자료와 자료원에 대한 내용이 기밀항목으로 정의되어 있는가?

110. 기밀유지에 대한 자율적 통제, 감시활동은 전개되고 있는가? 책임자가 이에 대하여 필요한 조치를 구체적으로 문서를 통한 관리의 형태로 전개하고 있는가?

## 5. 전략감사의 실시

전략감사의 실시의 계획은 다음 <도표 7.7>에서 보는 바와 같이 내부감사시 감사계획의 수립과 마찬가지의 내용으로 수립합니다.54)

<도표 7.7> 전략감사의 계획

● **감사주체** : 내부감사, 전략 감사인으로 임무를 수여받은 자
● **전략감사의 계획** :
  ● 전략감사 대상 업무의 결정 (전략과제의 내용, 범위, 규모, 추진방법)
  ● 전략감사 대상 부문의 결정
    (책임자, 추진조직, 일정, 예산, 대응행동계획, 초기 대응행동, 이해관계인)
  ● 전략감사 기술, 방법의 결정
    (수시, 특별, 기간, 개별감사기술의 제 방법, 분석, 평가방법)
  ● 기간, 투입노력의 결정
  ● 전략감사 워크샵의 실시 절차, 기간, 회수, 방법, 참가자 결정
  ● 문제점의 발생시 조치방법(권고, 보고 등)
  ● 보고회, 피드백의 절차

(D. J. Park, 2004)

---

54) 감사계획의 수립에 대하여는 카키시마카즈미, 내부감사실천매뉴얼, 소프트전략경영연구원간, 1996, 참조

앞에서 전략감사는 '기업의 전략적 성과를 제고하고 기업발전의 역동성을 관리하기 위하여 내부감사의 일환으로 수행하는 것'이라고 정의한 것과 마찬가지로 전략감사는 기업의 경영 프로세스의 전반을 조명합니다.  이와 같은 특성이 여타의 경영활동에 대한 기능감사나 업무감사와는 달리 포괄적이며, 장기적이고 때로는 기업의 존립구도에 결정적 영향을 미치는 전략구도와 같은 주제를 다루게 됩니다.

이와 같은 감사활동은 그 관리대상의 범위나 속성, 내용이 광범위할 뿐만 아니라, 기업경영의 프로세스를 망라하여 전개됩니다.

<도표 7.8> 경영 프로세스와 감사 프로세스

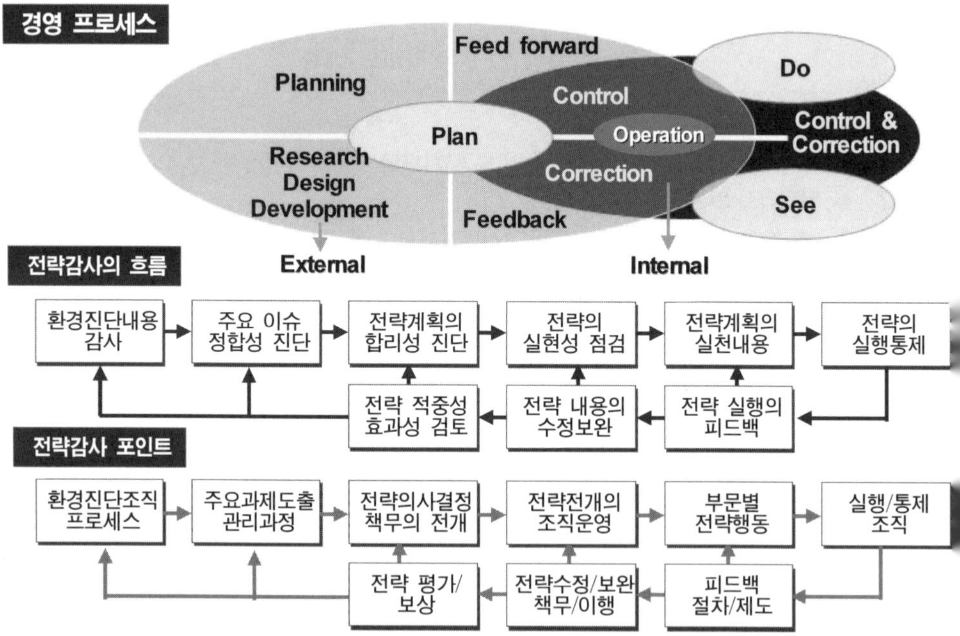

(D. J. Park, 2004)

<도표 7.8>에서는 감사 실천을 위한 계획수립에 참고할 수 있는 경영 프로세스와 그에 대응하는 전략감사 프로세스를 설명하고, 전략감사의 흐름에 따라 살펴보아야 할 감사 포인트를 요약하였습니다.

이와 같은 전략감사의 프로세스를 참고하여 회사의 실정에 합당하게 필요한 감사대상 업무와 감사행동계획을 수립합니다.

감사계획에서 유의할 점으로 내부감사실시의 경우와 다른 점으로는 전략감사 워크샵의 실시와 보고회, 피드백의 절차에 관한 것입니다.   전략감사 워크샵은 특별한 전형이 있는 것은 아니지만, 대체로 다음과 같은 핵심적인 내용을 중심으로 기업의 형편에 따라 기획하여 전개할 수 있습니다.

### ■ 전략감사 워크샵

전략감사 워크샵을 실시하는 주요 목적은 우리 기업조직이 당면하고 있는 환경의 실상을 파악하고, 그에 합당한 경영오류, 전략오류가 있는가에 대한 진단과 판단을 내리고, 필요한 대응조치가 요망되는 과제나 오류의 수정이 요구될 경우, 이를 신속히 조치함으로써 기업의 오류를 제거하고 경영의 성과를 제고하기 위한 것입니다.

필요하다면, 설문조사나 현장조사, 또는 실사 등의 내부감사의 기본적인 검사기법을 통하여 감사대상과제를 선별합니다.   이와 같은 조사기법을 활용할 경우에도 조사 담당자의 식견에 따라 과제선별력이 좌우되기 때문에, 이러한 대인적 편향을 줄이기 위하여 SI 진단 프로세스를 병행하는 것이 유용합니다.

또한 전략대안에 대한 점검과 검토를 위하여 IS 프로세스를 점검하거나 그 내용을 음미함으로써 전략적 논리와 배경, 그리고 그 필연성을 점검해볼 수 있습니다.

이러한 전략감사 워크샵의 편성과 집행을 위하여 필요하다면, 외부의 전문가를 워크샵의 내용의 전개에 따라 부분적으로 활용할 수도 있습니다. 단, 여기에서 주의할 점은 외부인을 비롯하여 관계인들에 대하여 기업의 기밀과 보안의 유지에 철저를 기해야 한다는 점입니다. 따라서 필요하다면, 워크샵과 관련된 모든 사람들에게 이에 대한 확약서를 징구할 수 있는 등의 대인적 방법을 포함하여 방법적, 기술적 보안유지에 만전을 기할 필요가 있다는 점입니다.[55]

감사보다 더 중요한 것은 감사기능이 수행되기 이전에 조직구성원들이 스스로 각자의 현장에서 자신의 성과를 이행하고 달성하는 것입니다.

따라서 조직구성원들이 스스로 각각의 자신이 대응해야 하는 전략적 과제들에 대하여 보다 성의있고 체계적인 자세로 접근하고 대응할 때, 전략적 성과는 제고되기 마련입니다.

---

[55] 전략감사와 경영오류에 대한 논의는 다음 자료를 참고하세요.
박동준, 뉴스와트 전략, 제8장, 2005

# 맺음말

세계의 경제와 산업은 새로운 형태의 질서(秩序: order)를 제시하고 있습니다. 새로운 형태의 질서의 대표적인 특징을 개략적으로 살펴보면 규모화, 조직화, 통합화, 전문화(고도화), 세력화, 네트워킹, 정보화, 지식화, 지능화, 창조화가 진행되고 있습니다.

글로벌라이제이션은 이러한 세계경제와 산업의 새로운 질서를 더욱 강화시켜가고 있으며 새로운 질서는 새로운 형태의 기업대응을 요구하고 있습니다. 이제는 과거의 경영관리의 논리와 대응방식으로 안이하게 대응할 경우, 새로운 질서에 제대로 대응할 수 없을 뿐만 아니라, 조직의 관리적 성과도 보장할 수 없으며, 존립의 기반도 위태롭게 됩니다.

새로운 질서 하에서는 새로운 대응이 요구됩니다. 필자는 우리의 기업 및 정부조직에 종사하는 경영관리자들의 전략대응능력을 강화하고 업무성과를 제고하기 위하여 무엇을 어떻게 해야 할 것인가에 대하여 고민해왔습니다.

이 책에서 다루고 있는 대부분의 절차와 기법은 그러한 고민과 연구에 의하여 새로이 개발된 전략적 대응기법의 노하우입니다. 필자가 이 기법과 논리체계 및 활용절차를 개발하고 보완해오는 과정에서 늘 뇌리에 담고 있던 것이 세 가지 있었습니다.

첫째는 '지배하지 않으면 지배된다'는 메시지였습니다. 우리의 경제구조가 점차 고도화되면서, 산업내분업과 협업이 지속적으로 확대되고 있습니다. 우리가 해외수출을 많이 할수록 대일본무역적자가 늘어나는 현상은 중국이 해외수출을 많이 할수록 대한국무역적자가 늘어나는 현상과 동일하게 볼 수도 있습니다.

그러나 새로운 경제와 산업질서 하에서는 그러한 논리가 더 이상 통용되지 못하게 될 수도 있습니다. 우리의 최대 교역국가들인 중국, 미국과의 무역수지관계는 급속히 역전될 가능성도 높기 때문입니다.

이러한 상황에 대하여 제대로 대응하지 못할 경우, 경제와 산업의 주체인 우리의 기업들은 환경의 동향에 크게 영향을 받지 않을 수 없게 됩니다. 원부자재의 가격변동이나 환율의 등락과 같은 환경요소들이 즉각적으로 기업의 위기로 발전하게 되기 때문입니다. 이제는 더욱더 세련된 전략을 구사하지 않으면 안 되는 상황에 처하게 된 것입니다.

두 번째는 '대비하지 않으면 대응할 수 없다'는 메시지입니다. 아무리 임기응변에 능한 사람이나 조직도 사전에 대비하지 않으면, 환경변화에 대하여 효과적으로 대응할 수 없습니다. 누구나 다 알고 있는 듯한 유비무환의 사고방식은 실제로 행동되지 않을 경우, 무의미하고 무용한 것으로 전락하게 됩니다. 대비에도 방법과 논리가 있으며, 그 행동에도 필요한 절차와 선결요건들이 있기 때문입니다.

그런데 우리의 경영관리자들이 현장에서 활용할 수 있는 대비를 위한 노하우와 실천방법 및 절차를 가지고 있는가에 대하여 반성해보면, 지극히 상식적인 수준에서 환경대응의 일처리가 전개되고 있음을 알 수 있습니다. 이러한 현상에 대하여 실천적인 보완 또는 해결조치를 강구하지 않고, 막연히 경영관리자의 전략능력을 강화하기 위하여 무엇인가를 해보겠다는 식의 대응은 역시 한계가 있기 때문입니다.

세 번째는 '구체적인 활용방법과 도구가 있어야 한다'는 메시지입니다. 구체적으로는 문서자료의 형태로라도 만들어 낼 수 있는 장표나 도표와 같은 도구와 작성방법, 활용기법이 제시되어야 한다는 생각이 떠오르게 되었습니다.

이 책자에서는 경영관리자가 실무적으로 직접 활용하고 참고할 수 있는 180개의 도표들이 소개되고 있습니다. 어쩌면 이러한 도표들이 너무 많기 때문에 오히려 편안한 독서에 지장을 줄 수도 있습니다. 그러나 독서의 편안한 즐거움을 다소 희생하더라도, 실전 현장에서 필요한 도표를 찾게 되고 그것이 유용하게 활용될 수 있다면, 그것이 필자의 보람이라고 생각하고 가급적이면, 다양한 형태의 도표를 제시하고자 하였습니다.

여기에서 제시한 도표들은 대충 그려낸 도표들이 아닙니다. 어떤 도표들은 창안하고 적용하는데 몇 달이 걸린 도표들도 많습니다. 그러나 실용적 차원에서 독자 여러분께서는 현장에서 사용하기 좋게 다양하게 가공하고 변형하여 실전에 활용하실 수 있습니다.

이 책은 여러분의 일을 더욱 더 힘들게 만들기 위하여 작성된 것이 아닙니다. 이 책은 경영관리자와 경영관리자 여러분께 경영사고, 기업사고, 전략사고, 정치사고, 창조사고를 심화시키고, 그러한 사고를 통하여 기업의 일과 행동에서의 시행착오를 줄이고, 여러분의 기업행동과 경영행동의 기획에 도움이 되기 위하여 작성된 책입니다.

이 책을 통하여 경영관리자와 경영관리진의 전략적 관점과 지능을 전략의지를 더욱 강화하고 나아가 여러분의 직업인생에서의 전략적 성공과 조직의 전략적 성공을 지속적으로 창조하는 과정에 도움이 될 수 있기를 소망합니다.

경영관리자의 전략적 성공역량강화를 위한 8P 교육프로그램이나 SIS 프로그램, 전략경영, 전략적 위기경영, 창조경영과 관련하여 사내에 도입하고자 하거나 컨설팅을 수행하고자 하시는 분들께서는 필자가 직접 지도하고 있는 경영관리자 전략적 핵심성공역량(8P)강화 교육프로그램, SIS 워크샵이나 SIS 컨설턴트과정, 전략경영워크샵, 창조경영 워크샵, 전략적 위기경영워크샵을 학습하시기 바랍니다.

이 책자에서 제공된 기법이나 사고체계는 현장의 컨설팅의 실제에서도 직접 활용될 수 있는 방법들이며 필자가 2005년부터 우리나라에 역점을 두어 소개하고 있는 최신의 방법들입니다. 또한 새로 개발된 일부 기법들은 이 책자를 통하여 새로이 소개하도록 하였습니다.

이 책자에서 제시하는 개념과 방법론들이 여러분과 여러분 기업의 전략적 성과에 많은 도움이 되기를 진심으로 기원합니다.

늘 책을 마칠 즈음에는 아쉬움이 많이 남게 됩니다. 이 책에서 다루지 못한 내용은 추후 여러분과 함께 논의할 수 있도록 관련된 세미나와 워크샵, 그리고 후속적으로 저술하는 책자를 통하여 살펴보고자 합니다.

이 책자의 내용에 관하여 문의가 필요하신 분께서는 소프트전략경영연구원으로 문의하시기 바랍니다. 여러분과 함께 논의할 수 있기를 간절히 희망합니다.

박동준
소프트전략경영연구원장

# 참고문헌

1. 金敬琢 譯著, (新完譯) 周易, 명문당, 1991

2. 김승렬, 박동준 공저, 전략적 위기경영-실천기법, 소프트전략경영연구원, 2008

3. 남경희, '아리스토텔레스-경험과 상식세계의 형이상학,'『철학하는 방법』, 이화여자대학교 출판부, 1993.

4. 박동준, <전자도서>뉴패러다임의 전략경영, 소프트전략경영연구원, 2003.

5. 박동준, 거시경영으로써의 전략경영, 전략경영저널, 소프트전략경영연구원, 2003년 6월호

6. 박동준, 경영관리자의 성공전략, 소프트전략경영연구원, 2008

7. 박동준, 경영관리자의 전략적 핵심성공(8P) 역량 강화, 경영관리자 전략능력 향상 워크샵 교재, 소프트전략경영연구원, 2005.

8. 박동준, 경영정치론의 전략경영 패러다임, 소프트전략경영연구원, 2003년 10월호

9. 박동준, 뉴스와트전략, 소프트전략경영연구원, 2005.

10. 박동준, 성공경영을 위한 전략 C, 1997 <전자도서명: 전략경영노트 1>, 소프트전략경영연구원, 2002.

11. 박동준, 소프트파워전략, 도서출판 성림, 1993.

12. 박동준, 신경쟁전략, 경영관리자 전략경영워크샵 교재(2), 소프트전략경영연구원, 2006.

13. 박동준, 신임 경영관리자의 전략관리, <전자도서> 소프트전략경영연구원, 2003.

14. 박동준, 전략경영, 경영자 전략경영워크샵 교재(1), 소프트전략경영연구원, 2005.

15. 朴東濬, 戰略創造プロセスに關する考察 : 5C モデル, 日本戰略經營協會, Strategic Management Review 戰略經營研究, (2005 Vol. 30 No.2), 2005. 12.

16. 박동준, 지속가능경영 - 수익도 좋지만 환경·윤리 무시하면 실패, 매경Economy (창간 28주년 특집호) 2007.

17. 박동준, 창조경영, 경영관리자 전략경영워크샵 교재(5), 소프트전략경영연구원, 2006.

18. 박동준, 피터 앤토니오 공저, 경영과 나 - 윤리경영을 생각하는 100제, 소프트전략경영연구원, 2003.

19. 박동준, 피터 앤토니오 공저, 경영관리자의 성공전략을 위한 「전략포맷」, 소프트전략경영연구원, 2008

20. 이민광·박동준 공저, 기업병, 소프트전략경영연구원, 1994.

21. 이승주, 경영전략 실천 매뉴얼, 시그마인사이트컴, 1999.

22. 백련선서간행회, 碧巖錄(中), 21면, 선림고경총서, 장경각, 1993

23. 전성현, 뉴 비즈니스 모델 - 신경제시대의 가치창출, 아산재단연구총서 제79집, 집문당, 2001.

24. 정갑영, 이정우, 이제경 외, 잘 나가는 기업, 경영비법은 있다 - IT경영전문가 14명의 교수들이 밝히는 32개 기업의 성공전략, 영진미디어, 2005

25. 조동성, 21세기를 위한 전략경영 (개정판), 도서출판 서울경제경영, 1999.

26. 나까무라겐이치(中村元一) 외, 實踐戰略經營診斷, ダイヤモンド社, 1994, 박동준 역, 실천전략경영진단매뉴얼, 소프트전략경영연구원, 1998.

27. 나까무라겐이치(中村元一) 외, 實踐ライアンス型經營, ダイヤモンド社, 1993, 박동준 역, 제휴의 전략경영, 소프트전략경영연구원, 1994

28. 나까무라겐이치(中村元一), 圖表50で讀む戰略經營, 박동준 역, 소프트전략경영연구원, 1993

29. 노나카 이쿠지로·곤노 노보루 저, 나상억 역, 지식경영, 21세기 북스, 1998.

30. 竹田志郎 編著, 國際經營論, 中央經濟社, 1994

31. 野村總合研究所 總合研究本部編, 共生の戰略ーグローバル共生企業のマネジメント革新, 1992, 3.

32. 齋藤嘉則, 問題解決プロフェッショナル - 思考と技術, ダイヤモンド社, 1997

33. 齋藤嘉則, 問題解決プロフェッショナル - 構想力と分析力, ダイヤモンド社, 2001

34. 오마에 겐이치(大前研一), 異端者の時代, マネジマント社, 1994, 박동준 역, 이단자시대의 공격우위, 소프트전략경영연구원, 1997.

35. 우치케 고지(氏家康二), 간부가 변하지 않으면 회사는 망한다, 한국생산성본부, 1990.

36. 쯔무라 타케오(都村長生), 企業變身, ダイヤモンド社, 1992, 박동준 역, 리스트럭쳐링을 통한 기업변신전략, 1993

37. 카키시마 카즈미, 現代實踐内部監査, 白桃書房, 1992, 박동준 역, 실천내부감사매뉴얼, 소프트전략경영연구원, 1996.

38. 키타야 유키오(北矢行男), 10年後の一流企業, かんき出版, 1992, 박동준 역, 21세기 초일류기업, 소프트전략경영연구원, 1993.

39. 토머스 데이븐 포트 외, IT 경영전략, 현대경제연구원 역, 21세기북스, 1998.

40. 후지타 덴(藤田 田), 머니 벤처, 장유원 역, 넥서스, 1996.

41. Adizes, I.., *Corporate Lifecycle: How and Why Corporations Grow and Die and What to do About it*, Prentice-Hall, 1988.

42. Andrews, Kenneth R. (ed), *Ethics in Practice - Managing the Moral Corporation*, Harvard Business School Press, 1989.

43. Ansoff, H. I., et al., *Implanting Strategic management*, Prentice-hall, 1992, 박동준·신준성 역, 전략경영실천원리, 소프트전략경영연구원, 1997.

44. Ansoff, H. I., *The New Corporate Strategy*, Wiley, 1988, 박동준 역, 최신전략경영, 소프트전략경영연구원, 1993.

45. Ansoff, H. I. and Antoniou P. H., The Secrets of Strategic Management: the Ansoffian approach, The Ansoff Institute, BookSurge, 2005.

46. Antoniou, P. H. and Sullivan, P. A. (ed), *The H. Igor Ansoff Anthology*, BookSurge, 2006.

47. Baumhart, R. C., 'How Ethical Are Businessmen?,' *HBR*, July-August 1961

48. Bellman, G. M., *Getting things done when you are not in charge*, Fireside, 1992.
49. Blake R. B. (et al.), *Executive Achievement: Making it at the Top*, McGraw-Hill, 1989.
50. Bourgeois III, L. J., et al., *Strategic Management - Managerial Perspective* (2nd ed.), The Dryden Press, 1999.
51. Brown, S. L. and Eisenhardt, K. M., *Competing on the Edge: Strategy as Structured Chaos*, Harvard Business School Press, 1998.
52. Collins J. C. and Porras, J. I., *Built to last: successful habits of visionary companies*, HarperCollins Publishers Inc., 2002.
53. Collins J. C. and Lazier W. C., Beyond Entrepreneurship, Wisdom House Publishing Co. 1992, 임정재 역, 짐 콜린스의 경영전략, 위즈덤하우스, 2002
54. Dauphinais, G W. et al., *Wisdom of the CEO*, PriceWaterhouseCoopers, 2000.
55. Davenport T. H. and Prusak, L., *Working Knowledge: How Organizations Manage What They Know*, Harvard Business School Press, 1998.
56. David, Fred R., *Strategic Management* (6th ed.), Prentice-hall, 1997.
57. Drucker, Peter F., *Managing in a Time of Great Change*, Truman Talley Books/Plum, 1998
58. Drucker, Peter F., *The Executive in Action*, HarperBusiness, 1996.
59. Enis, B. M. and Cox, K. K., *Marketing Classics: A Selection of Influential Articles*, Simon & Schuster, 1988.
60. Enriquez, M. L., Preiger, H. W., *Compendium of Strategic Management Research at USIU*, USIU, 1997
61. Finkelstein, R. L., 'The Businessman's Moral Failure,' *Fortune*, September 1958
62. Fradettte M. and Michaud, S., *The Power of Corporate Kinetics: create the self-adapting, self-renewing, instant-action enterprise*, Simon & Schuster, 1998.
63. Gen-Ichi Nakamura, *Core Competence-based Approach in a Practical Perspective*, 1994, <전자도서> 나까무라겐이치 교수 논문모음집, 소프트전략 경영연구원, 2003
64. Globis Corporation, MBA Strategy, 1999, 김영환 역, 전략기획, 21세기북 스, 2005
65. Hamel, G, Heene, A.(ed), *Competitence Based Competition*, John Wiley & Sons, 1994.
66. Hamel, G., Praharad, C. K., *Competing for the Future*, Harvard Business School Press, 1994
67. Hammer M. and Stanton, S. A., *Reengineering the Corporation: A Manifesto For Business Revolution*, HaperBusiness, 1993.
68. Hammer M. and Stanton, S. A., *The Reengineering Revolution*,

HarperCollins, 1995.

69. Hamner W. C. et al., *Organizational Behavior - an applied psychological approach*, Business Publications, 1978.

70. Handy C., *Beyond Certainty*, Harvard Business School Press, 1996.

71. Harvard Business School, *Harvard Business Review on Advances in Strategy*, Harvard Business School Press, 2002.

72. Harvard Business School, *Harvard Business Review on Change*, Harvard Business School Press, 1998.

73. Harvard Business School, *Harvard Business Review on Knowledge Management*, Harvard Business School Press, 1998, 현대경제연구원 역, 지식경영, 21세기북스, 1999.

74. Harvard Business School, *Harvard Business Review on Measuring Corporate Performance*, Harvard Business School Press, 1998.

75. Harvard Business School, *Harvard Business Review on Strategies for Growth*, Harvard Business School Press, 1998.

76. Hax, A. C. and Majluf, N. S., *The Strategy Concept and Process: A Pragmatic Approach*, Prentice-Hall, 1996.

77. Hesselbein F. (et al.), *The Organization of the Future*, The Drucker Foundation Series, Jossey-Bass Publishers, 1997.

78. Hickman, Craig R., The Strategy Game, 김해겸 역, 전략게임, 오롬 시스템(주), 1994

79. Hilb, M., *Integriertes Personal-Management*, Luchterhand, 1994.

80. Hilb, M., *Personalpolitik für Multinationale Unternehmen*, Verlag Industrielle Organisation des Betriebswissenschaftlichen Insitituts der ETH Zürich, 1985.

81. Hilb, M., *Transnational Management of Human Resources: The 4P Model of Glocalpreneuring)*, Univ. of St. Gallen (Switzerland), 1999.

82. Hitt, Michael A. et al., *Strategic Management - Competition and Globalization* (2nd ed.), West Publishing Company, 1997.

83. Hitt, Michael A. et al., *Strategic Management - Competition and Globalization (Concepts)* (4th ed.), SouthWstern College Publishing, 2001.

84. Hussey, David E., *Business Driven Human Resource Management*, John Wiley & Sons, 1996.

85. Hussey, David E., *How to Manage Organisational Change* (2nd ed.), Kogan Page, 2000

86. Hussey, David E., *Business Driven Human Resource Management*, John Wiley & Sons, 1996.

87. Hussey, David E., *Strategy and Planning: A Manager's Guide*, John Wiley & Sons, 1999.

88. Hussey, David E., *Strategic Management - Theory and Practice* (3rd ed.), Pergamon, 1994.

89. Hussey, David E., *Strategic Management from theory to implementation* (4th ed.), Butterworth-Heinemann, 1998.

90. Ivancevich, John M., Duening, Thomas N., Gilbert, Jacqueline A., Konopaske, Robert, *Deterring white-collar crime*, Academy of Management Executive, 2003, Vol. 17, No. 2.

91. Juran, J. M., *Juran on Leadership for Quality*, The Free Press, 1989.

92. Juran, J. M., *Managerial Breakthrough: The Classic Book on Improving Management Performance* (2nd ed.), McGraw-Hill, 1995.

93. Kaplan, R. S. and Norton, D. P., *The Balanced Scorecard: Translating Strategy into Action*, Harvard Business School Press, 1996.

94. Kaplan, R. S., Norton, D. P., *Balanced Score Card*, Harvard Business School Press, 1996.

95. Keeney R. L., *Value-Focused Thinking*, Harvard University Press, 1992.

96. Kotler P., *Marketing Management: Analysis, Planning, Implementation, and Control*, Simon & Schuster, 1988.

97. Lewis, J. D., *Partnerships for Profit*, Free Press, 이덕실 역, 협력경영, 소프트 전략경영연구원, 1993

98. Lipton, M., *Guiding Growth: How Vision Keeps Companies on Course*, Harvard Business School Press, 2003.

99. MicroStrategy, *Business Intelligence: An Architecture for Next Generation*, MicroStrategy Inc, 2002.

100. Mintzberg, H. and Quinn, J. B., *The Strategy Process: Concepts, Contexts, Cases* (3rd ed.), Prentice-Hall, 1996.

101. Mintzberg, H., *The Rise and Fall of Strategic Planning*, Free Press, 1994.

102. Montgomery C. A., Porter, Michael E. (ed.), *Strategy - Seeking and Securing Competitive Advantage*, Harvard Business Review Book, Harvard Business School Press, 1991.

103. Porter, M. E., *Competitive Advantage: Creating and Sustaining Superior Performance*, The Free Press, 1985.

104. Porter, M. E., *The Competitive Advantage of Nations*, The Free Press, 1990.

105. Rangan V. K. (et. al), *Business Marketing Strategy*, Irwin, 1995.

106. Rosenhead, J., *Rational Analysis For A Problematic World*, John Wiley & Sons, 1989, 木嶋恭一 監譯, ソフト戰略思考, 日刊工業新聞社, 1992

107. Rothschild, W. E., *Risktaker, Caretaker, Surgeon, Undertaker*, John Wiley & Sons, 1993, 梅津祐良 譯, 戰略型リーダーシップ, ダイヤモンド社, 1994.

108. Senge, Peter M., *The Fifth Discipline: The Art & Practice of The Learning Organization*, Currency Doubleday, 1990.

# 박 동 준 ( 朴 東 濬 )

지은이는 삼성그룹 공채입문, 용인연수원에 근무를
시작으로 한국상업은행, 한국생산성본부 교육기획실
장, 포스데이타(주) 교육과장, 서강대 경영회계연수
원 실장(책임연구원)을 거쳐, 1993년 소프트전략경
영연구원을 설립하여 대기업, 중견기업, 벤처기업을 포함하여 공기업, 정부
투자기관의 경영관리자들의 전략경영능력강화를 위한 교육, 컨설팅지도, 관
련 도서의 저술 및 번역 출판활동에 매진해오고 있습니다.

현) 미국 법인 ESPRO Inc.의 대표이사. 소프트전략경영연구원장.  미국 현
지에서는 전략경영컨설턴트 프로그램과 새로운 전략기법을 개발하고 이의
보급에 주력하고 있습니다.  일본전략경영협회(JSMS) 이사로 활동하고 있으
며, Strategic Change(John Wiley) editorial board, 앤소프 코리아(Ansoff
Korea) 대표, 앤소프전략경영스쿨(USIU/AIU MBA과정) 주임교수를 역임하였
습니다.

숭실대학교 철학과, 연세대학교 경영대학원 경제학 석사를 거쳐 국민대학
교 BIT 대학원 박사과정 재학중.

주요저서로는 경영관리자의 성공전략(2008), 전략포맷(P. H. Antoniou 공저,
2008), 전략적 위기경영-실천기법(김승렬 공저, 2008), 경영명상 100제(P.
H. Antoniou 공저, 2008), 뉴스와트전략(2005), Management, Zen and
I(2003), 경영과 나-윤리경영을 생각하는 100제(2003), 뉴 패러다임의 전략
경영(2003), 성공경영을 위한 전략 C(1997), 기업병(李民光 공저, 1994, 이
상 소프트전략경영연구원 출간), 소프트파워전략(1993),  무계획은 실패를
계획하는 것이다(1992, 이상 도서출판 성림), ソフトパワ-戦略, (都市文化社,
日本 東京, 1993) 등이 있으며,

주요역서로는 최신전략경영(H. I. Ansoff), 전략경영실천원리(H. I. Ansoff), 협
상의 전략(Peter H. Antoniou, K. Whitman), 최고경영자를 위한 전략경영매
뉴얼(나까무라겐이치 中村元一), 리스트럭춰링을 통한 기업변신전략(쯔무라
타케오, 都村長生),  21세기의 초일류기업(키타야 유키오 北矢行男), 제휴의
전략경영(나까무라겐이치 中村元一), 실천내부감사매뉴얼(카키시마 카즈미),
실천전략경영진단매뉴얼(나까무라겐이치 中村元一), 이단자시대의 공격우위
(오마에 겐이치 大前研一). 알기 쉬운 업무개선매뉴얼(일본능률협회) (이상
소프트전략경영연구원 간) 등이 있습니다.

# 찾아보기